中国区际商事仲裁制度研究

詹礼愿 著

中国社会科学出版社

图书在版编目(CIP)数据

中国区际商事仲裁制度研究/詹礼愿著 . — 北京:中国
社会科学出版社,2007. 10
ISBN 978-7-5004-6468-6

Ⅰ. 中… Ⅱ. 詹… Ⅲ. 国际商事仲裁—研究—中国
Ⅳ. D997. 4

中国版本图书馆 CIP 数据核字(2007)第 159218 号

责任编辑	韩育良
责任校对	尹 力
封面设计	毛国宣
版式设计	戴 宽

出版发行　中国社会科学出版社

社　址	北京鼓楼西大街甲 158 号	邮　编	100720
电　话	010—84029450(邮购)		
网　址	http://www.csspw.cn		
经　销	新华书店		
印　刷	华审印刷厂	装　订	广增装订厂
版　次	2007 年 10 月第 1 版	印　次	2007 年 10 月第 1 次印刷
开　本	880×1230　1/32		
印　张	13.75	插　页	2
字　数	360 千字		
定　价	37.00 元		

内容摘要

本书在分析我国内地与港澳台现行区域仲裁制度共识与分歧基础上，将其放在国际商事仲裁制度大背景下进行考量，并充分考虑我国一国两制的政治现实，通过吸取共识，甄别选择分歧点的方式，力图建立适合我国国情的"中国区际商事仲裁制度"。

本书的主要结论是：

1. 区际仲裁制度是克服我国一国两制下区际司法独立障碍，解决区际商事争议的最有效的方式；

2. 中国区际商事仲裁制度应该形成独立研究并发展的新的法学分支学科；

3. 建立中国区际商事仲裁中心是当前解决区际商事争议，推进区际商事仲裁制度形成与发展的最重要、最迫切的又切实可行的举措；

4. 建立我国区际商事仲裁裁决的委托承认与执行的机制是提高区际商事仲裁裁决承认与执行效率的有效及可行方式；

5. 建立与推广中国区际商事仲裁制度应该充分尊重各法域意见，采取区际双边或多边协议，到修订区域仲裁法，最后形成中国区际商事仲裁法的渐进过程；

6. 区际商事仲裁理论、行为及制度对统一区际实体法，融合区际司法理念，协调区际司法价值观及统一区际政治法制理念

等将发挥巨大的示范作用;

7. 本书根据分析论证的结果形成了《中国区际商事仲裁示范法》建议草案。

关键词:仲裁 区域 区际 商事 仲裁中心 示范

Abstract

This paper is to set up an interregional commercial arbitration system of China which is to suit the national conditions of China, based on the common grounds and differences of the present domestic arbitration systems among the China inland, Hong-Kong, Macao and Taiwan, and while researching, the author has considered the large backgrounds of international commercial arbitration systems, and has taken into account "One country two systems" political realities of our country. Absorption of the common grounds and examination of the differences are the main studying method.

The paper comes to the following main conclusions:

1. Interregional arbitration is the most effective way to overcome the obstacle of interregional judicial independence, and to resolve the interregional commercial disputes.

2. Interregional commercial arbitration of China shall be a new branch science of law, which shall develop and be researched independently.

3. Setting up the Interregional Commercial Arbitration Center of China is the most important, urgent and practicable measure which can resolve the interregional commercial disputes and improve estab-

lishment and development of interregional commercial arbitration system.

4. Establishing an entrusting recognition and enforcement system of interregional commercial arbitration awards is an effective and praticable pattern to improve the efficiency of recognition and enforcement of the interregional commercial arbitration awards.

5. To establish and popularize the interregional commercial arbitration of China, the opinions of all four legal regions shall be fully respected. A gradual process shall be adopted, from interregional bilateral or multilateral agreements to revising domestic arbitration law, and to drafting the interregional commercial arbitration law of China finally.

6. The theory and action and system of interregional commercial arbitration shall be a better model function to integrate interregional substantive law, merge the interregional judicial concept, and to coordinate the interregional judicial value ideal and to unite interregional political and legal ideas.

7. The author has given a draft of Chinese interregional commercial arbitration model law under the analysis and demonstration of this paper.

Key words:

Arbitration; domestic region; interregional; commercial; center of arbitration; model

目 录

前　　言

　　自香港与澳门回归以来，我国内地与港澳台事实上已经形成了多法域并存的政治与法制格局，在这种体制下，我国内地与港澳台已经分别建立起了独立的仲裁法律体系。这种以司法独立为政治基础的仲裁法律制度，作者称为区域仲裁制度或者地区仲裁制度。由于各法域的历史发展的差异，反映在区域仲裁制度上也表现为具体仲裁制度的或大或小的分歧。然而，仲裁制度在世界法制史上毕竟是取得较多共识的少数法律学科，因而，体现在我国区域仲裁法律制度上也反映出了较多的共性。本书的宗旨就是综合考量区域仲裁制度的异同，结合国际商事仲裁的发展趋势，倡导建立起为各法域共同接受的中国区际仲裁制度。由于本书之研究以服务区际商事交流为目的，且在国际仲裁制度领域关于可仲裁范围的问题上，商事的可仲裁性争议最小。因而，本书集中于"中国区际商事仲裁制度"研究。

　　中国区际商事仲裁制度研究的启动正当其时。如同许多新兴的社会科学一样，中国区际商事仲裁制度的研究与倡导也是我国区际社会经济基础与区际市场经济交流的必然产物，作者认为，目前已经具备了研究与倡导制定中国区际商事仲裁制度的基本条件。

　　作者在香港回归前攻读博士期间曾经系统研究了我国内地与

港澳台地区各自的仲裁制度（即区域仲裁制度），并撰写了《中国内地与港澳台仲裁制度比较研究》，该书已于 2006 年 8 月由武汉大学出版社出版。然而，自 1997 年 7 月以来，我国区际政治经济形势发展迅速，1997 年 7 月 1 日、1999 年 12 月 31 日香港、澳门先后回归。2003 年 6 月 29 日，中国内地与香港特别行政区达成《内地与香港关于建立更紧密经贸关系的安排》（Closer Economic Partnership Arrangement（CEPA））。2003 年 10 月 17 日中国内地与澳门特别行政区达成《内地与澳门关于建立更紧密经贸关系的安排》及其六个附件。以 CEPA 为代表的内地与港澳紧密型经贸关系给我国区际经贸关系的加强注入了强大的活力，因此，引起的民商纠纷明显增多。如果说实施 CEPA 以前，内地与港澳之间的争议多半集中于以婚姻家庭、继承、房屋等纯民间个人往来关系的性质居多的话，实施 CEPA 后，则明显转向集中于贸易、投资、成套设备租赁、担保甚至保理等经贸纠纷。显然，与简单的民事交往相比，经贸纠纷，无论从深度还是广度都复杂得多，因而对寻求迅速、方便、廉价解决争议方法的需要更加迫切。在古今中外的法制史上，私法领域解决争议的模式，只有司法审判、民间仲裁、民间调解等三种主要模式。如前所述，司法审判在司法独立的体制下，暂时尚不能满足这一需求，而民间调解的契约性质，使得其调解成果的功能性受到一定的限制。因而，不论民间仲裁优劣与否，解决大量涌现的区际民商争议的历史责任已经落在区际仲裁机制身上。令人忧心的是，目前我国各法域自身的仲裁制度虽然已经发展得相当成熟，但是，以解决区际民商争议为直接目的的区际仲裁制度的研究并没有引起相当的重视。作者多年来一直致力于区际仲裁制度的研究，虽并无大成，但为解决区际仲裁制度难题而挖山不止。本书既为博士后研究课题，同时也是为了推进区际仲裁制度的建立的又一次呐喊。

第一章

中国区际商事仲裁制度的催生与契机

仲裁制度作为我国上层建筑的一部分，同样是我国经济基础的反映，中国区际商事仲裁制度构建正是我国区际政治经济发展的必然产物。建立该新型仲裁制度的必要性基于港澳回归后形成的"一国两制"多法域的政治格局以及主权回归所诱发的巨大区际商品交流的动力，其可行性在于回归后政治上的区际合作与仲裁立法上认识趋同所产生的共性。

第一节　区际商事交往催生中国
区际商事仲裁制度

一　建立中国区际商事仲裁制度的经济基础

经济基础决定上层建筑，这一客观规律在构建中国区际商事仲裁制度过程中同样发挥着重要的作用。分析构建中国区际商事仲裁制度的最基本诱因必须首先剖析我国区际经济贸易（或称商事）交流的现状。

内地与港澳台地区密切的经贸往来由来已久，尽管受我国政治变迁的影响，在不同历史时期经贸交流的规模有所变化。可以说，港澳台地区无论是在历史上，还是地缘上始终无法割断与内地的联系，尤其是在商事交流领域。

作者将内地与港澳的经贸交流按照经济类型及密切程度划分为如下几个阶段：

第一个阶段是新中国成立至 1978 年。在中国内地改革开放以前，内地与港澳的经贸交流以转口贸易为主。特别是香港作为国际港口可以说是中国内地对外贸易的窗口，对中国内地发展以外贸代理、转口贸易为特点的对外经济交流模式发挥了重要作用。尤其是在解放初期，以香港为中转站的转口贸易对突破帝国主义的经济封锁发挥了特殊的作用。

第二阶段是 1978 年至港澳回归。这一阶段，随着内地的改革开放，内地与港澳之间在传统的成品转口贸易基础上，发展起来较多的以"三来一补"为特色的直接订单的委托加工贸易形式。后来直接投资逐步增多，许多港澳商人在国内投资设厂，成立三资企业对外承接订单。但是，转口贸易则逐渐走向衰落。

第三阶段应该是港澳回归后至 CEPA 机制建立。这一阶段，港澳回归带来的惊喜极大地刺激了内地与港澳的经济往来。特别是 1997 年前后，中央政府帮助香港成功地抗拒了席卷亚洲的金融风暴，树立了回归后的港澳居民对中央政府的信心。因此，港澳地区对内地的投资规模进一步增加，同时，内地许多国有企业寻求在香港上市，利用香港的国际金融地位筹集资本。当然，期间也发生了看法分歧的广东省国投破产等发生重要区际影响的案件。对港澳金融资本的投资信心产生了一定的负面影响（因为广东省国投许多债权人系香港金融机构）。但同时，中央政府一系列包括扩大香港游在内的政策，对香港的旅游业以及与旅游业相联系的其他行业的迅速恢复与发展产生了举足轻重的刺激作用。

第四个阶段是 CEPA 机制建立至今。2003 年 6 月 29 日及

10 月 17 日，内地与港澳分别签订了《内地与香港关于建立更紧密经贸关系的安排》及《内地与澳门关于建立更紧密经贸关系的安排》，后来内地与港澳还就具体落实上述文件又签订了一系列补充协议。人们按照其英文缩写将其称为 CEPA。CEPA 机制重要意义不仅仅在于使得港澳产品对内地可以享受零关税进口的待遇，从而进一步促进了内地与香港、澳门进出口贸易的稳定增长。更重要的是基本上完全清除了港澳对内地"准入"的障碍。CEPA 建立后，港澳居民在内地的"香港城"甚至可以设计类似内地个体工商户性质的小型实体。作者长期在毗邻港澳的广东从事法律服务工作，亲历了后三个阶段，其变化非常明显。而且，作者上述看法，从官方公布的一些重要经济数据与指标中得到印证。为此，特别引用如下两组数据加以说明：

数据一 1990—2005 年香港对内地投资情况一览表[①]

年度	项目个数			合同外资金额			实际使用外资金额		
	全国	香港	比重%	全国	香港	比重%	全国	香港	比重%
1990	7273	4751	65.32	659611	383334	58.12	348711	188000	53.91
1991	12978	8502	65.51	1197682	721510	60.24	436634	240525	55.09
1992	48764	30781	63.12	5812351	4004379	68.89	1100751	750707	68.2
1993	83437	49134	58.89	11143566	7393852	66.35	2751495	1727475	62.78
1994	47549	24622	51.78	8267977	4697141	56.81	3376650	1966544	58.24
1995	37011	17186	46.43	9128153	4099555	44.91	3752053	2006037	53.47

---

① 文章来源于中华人民共和国台港澳司，http://tga.mofcom.gov.cn/aarticle/jingmaotongji/jingxx/200604/，2006—7—11，9:11 登录。

续表

年度	项目个数			合同外资金额			实际使用外资金额		
	全国	香港	比重%	全国	香港	比重%	全国	香港	比重%
1996	24556	10397	42.34	7327642	2800172	38.21	4172552	2067732	49.56
1997	21001	8405	40.02	5100353	1822229	35.73	4525704	2063200	45.59
1998	19799	7805	39.42	5210205	1761328	33.81	4546275	1850836	40.71
1999	16918	5902	34.89	4122302	1332892	32.33	4031871	1636305	40.58
2000	22347	7199	32.21	6237952	1696105	27.19	4071481	1549998	38.07
2001	26140	8008	30.64	6919455	2068586	29.9	4687759	1671730	35.66
2002	34171	10845	31.74	8276833	2520183	30.45	5274286	1786093	33.86
2003	41081	13633	33.19	11506969	4070803	35.38	5350467	1770010	33.08
2004	43664	14719	33.71	15347895	5013753	32.67	6062998	1899830	31.33
2005	44001	14831	33.71	18906454	6323467	33.45	6023467	1794879	29.75

数据二　1990—2005 年澳门对内地投资情况一览表①

年度	项目个数			合同外资金额			实际使用外资金额		
	全国	澳门	比重%	全国	澳门	比重%	全国	澳门	比重%
1990	7273	250	3.44	659611	11015	1.67	348711	3342	0.96
1991	12978	377	2.9	1197682	29219	2.44	436634	8162	1.87
1992	48764	1111	2.28	5812351	148733	2.56	1100751	20200	1.84
1993	83437	1734	2.08	11143566	281466	2.53	2751495	58650	2.13
1994	47549	905	1.9	8267977	172111	2.08	3376650	50937	1.51
1995	37011	527	1.42	9128153	111529	1.22	3752053	43982	1.17
1996	24556	285	1.16	7327642	44873	0.61	4172552	58039	1.39
1997	21001	266	1.27	5100353	35865	0.7	4525704	39455	0.87

---

　① 数据来源于中华人民共和国台港澳司。http://tga.mofcom.gov.cn/aarticle/ jingmaotongji/jingjxx/, 2006—7—11, 9:15 登录。

续表

年度	项目个数			合同外资金额			实际使用外资金额		
	全国	香港	比重%	全国	香港	比重%	全国	香港	比重%
1998	19799	264	1.33	5210205	30718	0.59	4546275	42157	0.93
1999	16918	254	1.5	4122302	42656	1.03	4031871	30864	0.77
2000	22347	433	1.94	6237952	34801	0.56	4071481	34728	0.85
2001	26140	458	1.75	6919455	50300	0.73	4687759	32112	0.69
2002	34171	518	1.52	8276833	63154	0.76	5274286	46838	0.89
2003	41081	580	1.41	11506969	129517	1.13	5350467	41660	0.78
2004	43664	715	1.64	15347895	188214	1.23	6062998	54639	0.9
2005	44001	707	1.61	18906454	175033	0.93	6023467	60046	1

就政治角度而言，台湾地区是中华民族身上一道正在流血的伤疤，而且，这一伤疤还不知道流血到何时。作者期盼海峡两岸人民，特别是政治领导人发挥自己的智慧，拿出最大的诚意早日解决两岸统一问题，共同抚平中华民族的创伤。尽管这一问题并非本书讨论对象，但是，作者渴盼国家早日统一拳拳之心可昭日月。

应该说，海峡两岸的政治不统一对两岸经贸往来产生了大的负面影响。特别是台湾当局对两岸经贸交流的限制措施导致了内地对台贸易的巨大逆差。这种不平衡状态，自20世纪80年代两岸贸易恢复以来，就一直存在而且逐年扩大。目前台湾地区是内地的逆差来源地，截至2005年11月，内地累计贸易逆差达3263.8亿美元。台湾当局限制内地产品进口，目前，仍有2200多种内地商品，如家用电器、化工、服装及农产品等不能进入岛内，导致两岸经贸关系长期处于"单向、间接"的不平衡状态，这是内地对台贸易逆差的主要原因。同时，台湾当局限制对内地投资的政策，不仅直接造成了内地对台贸易持续增长，台商对内地投资有所下降的矛盾局面，而且，使得内地企业根本无法到台湾投资。但是，尽管如此，中央政府仍然以最大的诚意采取促进两岸经贸交流的措施。例如内地单方面积极落实中共与国、亲、新三党达成的共识，推动两岸经贸交流；同时，为了维护台湾果农的实际利益，中国内地在认真研究并充分准备的基础上，决定从 2005 年 8 月 1 日开始正式实施对芒果、番石榴、蕃荔枝、莲雾等 15 种台湾水果的零关税进口措施。目前，内地一直努力推动两岸直接"通商"，为保障和促进两岸"通商"的正常和有序发展，保护台商的正当权益，内地方面还在不同发展时期制定了一系列相关的法律法规，并采取了各种灵活措施促进两岸经贸交流与合作。

当然，我们必须看到，尽管台湾当局人为地制造了两岸经贸发展障碍。但是，两岸血浓于水的亲情以及经济发展的自身规律却不以人的意志为转移的。内地与台湾的贸易与投资的总体规模还是相当可观的。下述权威的两岸经济关系数据向我们揭示了内地与台湾地区之间密切的经贸关系。

数据三　历年两岸经济关系统计数字①

一、历年两岸贸易统计表

资料来源：海关总署　　单位：亿美元

年度	贸易总额	增长率%	对台出口	增长率%	自台进口	增长率%
1978	0.46	—	0.46	—	0	—
1979	0.77	67.4	0.56	21.7	0.21	

① 资料来自国务院台湾事务办公室网站 http://www.gwytb.gov.cn/lajmsj.htm。2006 年 8 月 6 日，22：16 登录。

续表

一、历年两岸贸易统计表

资料来源：海关总署 单位：亿美元

年度	贸易总额	增长率%	对台出口	增长率%	自台进口	增长率%
1980	3.11	303.9	0.76	35.7	2.35	1019.1
1981	4.59	47.6	0.75	-1.3	3.84	63.4
1982	2.78	-39.4	0.84	12	1.94	-49.5
1983	2.48	-10.8	0.9	7.1	1.58	-18.6
1984	5.53	123	1.28	42.2	4.25	169
1985	11.01	99.1	1.16	-9.4	9.85	131.8
1986	9.55	-13.3	1.44	24.1	8.11	-17.7
1987	15.16	58.7	2.89	100.7	12.27	51.3
1988	27.21	79.5	4.79	65.7	22.42	82.7
1989	34.84	28	5.87	22.5	28.97	29.2
1990	40.43	16.08	7.65	30.41	32.78	13.18
1991	57.93	43.26	11.26	47.11	46.67	42.36
1992	74.1	23.9	11.2	-0.6	62.9	34.7
1993	143.95	94.26	14.62	30.54	129.33	105.6
1994	163.2	13.44	22.4	53.21	140.8	8.87
1995	178.8	9.49	31	38.39	147.8	4.97
1996	189.8	6.1	28	-9.6	161.8	9.5
1997	198.38	4.5	33.96	21.2	164.42	1.6
1998	204.98	3.3	38.69	13.9	166.29	1.1
1999	234.79	14.5	39.5	2.1	195.29	17.4
2000	305.3	31.1	50.4	27.6	254.9	30.6
2001	323.4	5.9	50	-0.8	273.4	7.2
2002	446.2	38.1	65.9	31.7	380.3	39.3
2003	583.7	30.7	90	36.7	493.7	29.7

续表

一、历年两岸贸易统计表

资料来源：海关总署　单位：亿美元

年度	贸易总额	增长率%	对台出口	增长率%	自台进口	增长率%
2004	783.2	34.2	135.5	50.4	647.8	31.28
2005	912.3	16.5	165.5	22.2	746.8	15.3
累计	4957.95	—	817.28	—	4140.77	—

二、历年台商投资中国内地统计

资料来源：商务部 单位：亿美元

年份	台资项目	增长率%	合同台资	增长率%	实际利用	增长率%
1988以前	437	—	6	—	0.22	—
1989	540	23.57	4.32	-8.33	1.55	600
1990	1103	104.26	8.9	61.82	2.22	44.16
1991	1735	57.3	13.9	56.18	4.66	109.91
1992	6430	270.61	55.43	298.78	10.5	125.32
1993	10948	70.27	99.65	79.78	31.39	198.95
1994	6247	-42.94	53.95	-45.86	33.91	8.03
1995	4847	-22.4	58.49	8.4	31.61	-6.8
1996	3184	-34.3	51.41	-12.07	34.74	10.19
1997	3014	-5.3	28.14	-45.3	32.89	-5.54
1998	2970	-2.55	29.82	10.38	29.15	-7.43
1999	2499	-14.1	33.74	10.2	25.99	-13.82
2000	3108	22.16	40.42	16.49	22.96	-9.39
2001	4214	36.15	69.14	73.1	29.8	32.82
2002	4853	15.2	67.4	-2.5	39.7	33.2
2003	4495	-7.38	85.58	26.96	33.77	-14.94
2004	4002	-10.97	93.06	8.74	31.17	-7.69
2005	3907	-2.4	103.6	11.31	21.5	-31
累计	68533	——	902.95	——	417.73	——

我们通过上述三组翔实数据证明了港澳地区与内地密切的经贸（或商事）关系，同时也说明了港澳台地区在内地的重要的经贸地位。正如商务部唐炜司长所总结的那样："目前，台港澳地区是我第一大贸易伙伴（前5位依次为台港澳、欧盟、美国、日本及东盟）、最大的境外投资来源地（前5位依次为台港澳、日本、美国、维尔京群岛及韩国）和对外投资目的地、重要的承包工程和劳务合作市场，已成为我最重要的经贸合作伙伴。"①

伴随密切的商贸往来的是日渐增多的区际商事争议，妥善解决这些争议不仅仅是为了达成法律意义上的所谓公平正义，更重要的是为了保障内地与港澳台地区的畅通的商贸交流，既通过经贸手段提高了各地区人民的生活水平，解决了两岸四区人民的就业，也增加了区际的思想文化交流，有利于建立良好和谐的区际政治经济秩序。作者提出构建中国区际商事仲裁制度正是为这一现实的经济基础服务的。

二　区域仲裁制度是目前解决区际商事仲裁争议的唯一选择

争议与交流（交往）在任何时代、任何国家都是相生相随的伙伴。内地与港澳台的民事交往的历史从来没有中断过。但是，相对于商事交流而言，区际民事交往及其相应发生的民事争议的影响显然比区际商事交流过程中发生的商事争议要小得多。因而，港澳回归后，尽管区际交流的政治环境及司法协助环境有了相当大的改善，但是，在有效解决区际商事争议的途径方面反而显现出更多的困局。

---

① http://logistics.nankai.edu.cn/lv2—page/detail.asp? id＝75500&area_ name＝%C1%BD%B0%B6%C8%FD%B5%D8%CE%EF%C1%F7，006—7—11，9：31登录。

我们知道，尽管法理上解决争议的可选择机制很多，特别是近年来国际上日益看重的 ADR 机制提供了更多解决争议方式的选择。然而，就具有强制执行效力的法律文书而言，只有审判与仲裁两种广为接受的形式。

司法审判当然是解决民商争议最权威的方式。然而，我国的复合法域体制与国际上其他多法域国家不同，由于历史原因，我国内部并没有统一的共同适用的宪法，也没有共同的终审法院，这与英国、美国、加拿大等多法域国家情形完全不同。这就造成了我国法域之间在相互承认与执行法院判决的司法协助方面在可以预见的将来还难以解决。1958 年《承认与执行外国仲裁裁决公约》的广泛签署，1985 年联合国《国际商事仲裁示范法》的广泛采用，印证了国际商事仲裁制度的高度成功。原因就在于，各国虽然对仲裁制度的规范不完全相同，但是，在国际仲裁领域的主要理念是趋同的。那么，国际仲裁制度的趋同理念能否在解决区际商事制度中发挥克服区际司法独立壁垒的作用呢？这一问题实际上已经无须论证。因为区际政治发展的现实已经告诉我们，内地与港澳台各法域的区域仲裁制度实际上已经成功地，也可以说无可奈何地担当起解决区际商事争议的重任。而且，目前至少从法理上，内地与港澳台之间相互执行仲裁裁决并无任何困难。对比各法域法院的判决在其他法域的承认与执行所面对的困难（至少以作者执业经历，各法域的商人大部分都将去另一法域以诉讼方式解决商事争议视为畏途），可以说区域商事仲裁为许多从事区际商事往来的商人更乐意选择。

三 区域仲裁制度存在难以有效推广的瑕疵

从上述分析我们不难看出，区域仲裁制度能否克服区际司法独立壁垒发挥为区际商事争议"定纷止争"的作用并不是问题所在。现在的问题是，现行的区域仲裁制度是否解决区际商事争议的最科学、最快捷、最有效的途径？答案显然是否定的。因为从现象上看，凡从事区际商事交流的人都可以看到下列现象：

（一）作为仲裁制度的普遍规律，区域仲裁的前提也是当事人的合意选择。各法域虽然对本法域的仲裁制度与仲裁机构宣传有加，但对其他法域的仲裁制度与仲裁机构的宣传几乎是零。而各法域仲裁机构自身进行跨法域的宣传也非常少。当然，在这方面，作者对香港国际仲裁中心一直抱有真诚的崇敬态度，因为香港国际仲裁中心的工作人员近年来在中国内地进行了大量的演讲甚至开庭表演，为在内地推介香港仲裁制度与香港国际仲裁中心作出了大量的努力。但是，除香港国际仲裁中心外，内地与台湾的仲裁机构很少进行跨法域的仲裁制度的宣传与仲裁机构的推介。至于澳门目前尚没有综合性、全面性、权威性常设仲裁机构，对其作这样的期望，未免要求太高。

（二）偶然的选择与当事人及其代理人对其他法域仲裁制度的苍白认识，使得仲裁制度应有的优越性难以发挥。即便当事人选择了某一法域的仲裁机构，但是，除非双方当事人共同约定选择大家共同熟悉的仲裁程序，仲裁程序一般适用该仲裁机构所属法域的仲裁法及该仲裁机构或者仲裁庭的仲裁程序或者仲裁规则。而这个规则或者程序对非属于本法域的当事人或者其代理人无疑是难以逾越的障碍。面对一套不熟悉的游戏规则，当事人往往很难适应，至少很难运用自如。因此，引起当事人的排斥甚至是对仲裁结果公正性的怀疑是难免的。这些种种不利的因素完全类似于当事人对其他法域司法审判体系的怀疑或者排斥，因而，在这些因素影响下，仲裁制度应有的优越性无法得到充分发挥。

（三）仲裁员资格条件的差异，使得各法域仲裁机构对其他法域仲裁员的吸收有限，继而使得当事人在外法域仲裁机构的名册上有限的本法域仲裁员中选择满意仲裁员的概率较低，这实际上会抵消当事人对仲裁制度的信任与期望。而来自本语言区的仲裁员的存在会使得当事人对仲裁庭的公正性的信任度大幅度提高（当然严格按照法律办事，无论仲裁员是否与当事人一方来自同一语言区域，其结果应该是一致的，作者仅仅作仲裁心理分析而已）。我国四法域尽管官方语言都是中文，但是，英语也是香港的官方语言，葡语也属于澳门官方语言，而闽南话在台湾存在着无可争议的市场。更重要的是，我国四个地区长期政治分离，对各自区域人的思维方式、是非价值判断已经产生了实质性影响。来自不同法域的仲裁员即使适用相同的实体法，都有可能就统一事实作出不同的判断，当事人的疑虑并非多余。然而，如前所述，现行各法域仲裁制度对仲裁员的遴选标准不同，而且对外法域的专业人士了解甚少，使得各法域的仲裁机构的仲裁员名册中外法域的仲裁员寥若晨星。据作者所知，目前中国内地中国国际经济贸易仲裁委员会与中国海事仲裁委员会及沿海地区的仲裁机构比较注意吸收香港、台湾的仲裁员，香港国际商事仲裁中心也吸收了部分内地仲裁员进入仲裁员名册，但是，到目前为止，据说台湾中华仲裁协会以及澳门成立的少数几家民间仲裁机构并无吸收内地仲裁员。而且值得注意的是，即使目前列入仲裁员名册的仲裁员也多半是其他法域法律专业人士，甚至主要是外法域仲裁机构的专职仲裁人员甚至秘书人员，而对外法域法律专业以外的专业人士（例如房产、建筑、广告领域等）的吸收几乎没有。由于可供挑选的外法域仲裁员较少，外法域当事人在异地仲裁时要选择本法域的仲裁员就很难尽如人意了。

（四）过分夸张的域外仲裁费用，使得跨区仲裁成为许多商家的奢侈的服务消费，难以迅速扩大其服务市场。在区域仲裁制度下一个无法回避的问题是，除非双方协商一致，否则一般在仲裁机构或者仲裁庭所在地开庭，相关的许多仲裁程序都在仲裁庭所在地运转，对外法域的当事人来说这是一项巨大的费用支出。更为重要的是，由于各区域仲裁制度对仲裁费用的要求不同，特别是崇尚临时仲裁制度的法域，仲裁费用本身就往往令人畏惧。例如，在我国四法域中香港仲裁制度应该说是比较完善，比较与国际接轨。然而，香港仲裁制度最大的软肋在于，由于香港国际商事仲裁中心本质上是提供仲裁服务的机构，而临时组建的仲裁庭一般由专业人士组成。这些专业人士往往是按照自己的专业地位、专业标准进行收费的，因此，大律师按照大律师的收费标准计算仲裁费用，事务律师按照事务律师的收费标准计费，建筑师按照建筑师的标准收费，而专业人士的费用标准本来就高，加上仲裁费用的数量往往是仲裁员自己核算的，这无疑给个别生性贪婪的仲裁员以可乘之机，综合因素的结果造就了天价仲裁员与天价裁决①。其结果是仲裁制度相对于诉讼制度在国际上所广为宣传的费用优势就这样无端被吞并了。寻求商事仲裁反而异化为一种奢侈的社会服务，这无疑成为仲裁制度推广的克星。

上述几点仅仅是作者在区域仲裁制度的表层就可以信手拈来的瑕疵，但这几点就足以说明目前的区域商事仲裁制度很难满足因区际商事交流迅速发展所产生的解决区际商事争议的需求，这就决定了区域仲裁制度始终的发展只能局限于区域范围，而无法向其他法域推广。区际商事交往的现实呼唤新型的解决区际商事争议的有效仲裁制度，作者称之为区际商事仲裁制度。就国际仲

---

① 参见杨良宜《国际商事仲裁》，中国政法大学出版社 1997 年版，第 429—431 页。

裁制度的大背景而言，全称应该是"中国区际商事仲裁制度"。下文为写作方便不一定使用全称，主要使用简称"区际商事仲裁制度"。

第二节 构建中国区际商事仲裁 制度的目标与基础

一 区际商事仲裁制度需要实现的目标

构建一个新的法律理论体系，首先必须确立这一新的理论体系需要实现的目标。构建新型区际商事仲裁制度的呼声既然来自区际商事交流的实践，我们就有理由期望新型的仲裁制度能够适应区际商事交流实践的需求，因此，必须克服区域仲裁制度的缺陷与不足。那么，新型区际商事仲裁制度应该实现如下目标：

（一）区际仲裁制度必须适应我国"一国两制"多法域的政治与司法格局的现状

区际仲裁制度存在的社会基础是我国"一国两制"多法域的政治与司法格局，这就决定了我们构建区际商事仲裁法时必须意识到，区际商事仲裁制度调整的仲裁事务既非单纯的同一法域内的商事争议，也非国际商事仲裁。从法域划分角度，区际商事仲裁制度服务对象一般都具备涉外因素（当然这里的"外"是指外法域，而非外国），因而不能套用照搬同一法域内的简单仲裁制度。具体实施区际商事仲裁制度时应该对各法域自身的司法体制给予充分的尊重。例如，在对仲裁制度的监督与保障的措施上，必须依靠各相关法域自身的司法系统，而不能另立新的司法体系，甚至也不应规定与相关法域剧烈冲突的司法监督或者保障措施。同时，既然区际仲裁制度并非典型的国际商事仲裁，而属于同一国家主权下，那么，许多以主权为前提的限制措施，例如公共政策，以互惠为前提的司法互助等政策就应该严格限制在合理范围内。这样做的目的就是既给区际商事交流提供了经济、快捷、有效的争议解决途径，又充分尊重基本法，从而能够保持区际仲裁制度的生命力。

（二）区际仲裁制度必须是各法域仲裁理念共识的凝聚

区际仲裁制度生存的一个前提是该仲裁制度能够为各法域共同理解、支持与接纳。为此，与各法域域内法律制度不同，这种仲裁制度的构建必须取得四法域的共识，才能最后转化为各法域支持与理解的具体行动，而区域立法往往无须顾及其他法域的意见，只需要考虑本法域的立法需要即可。因此，我们构建的区际商事仲裁法应该是各法域仲裁理念共识的凝聚，至少是某种形式的共同妥协。离开这个前提，我行我素地闭门造法，必然使得区际仲裁制度最终搁置甚至夭折。

（三）区际商事仲裁制度应该提供比较宽松的仲裁环境

关于仲裁的理念尽管目前国际上取得的共识较多，但是很明显分歧仍不少。这些没有取得共识的部分，作为一个完整的区际商事仲裁体系是无法回避的，必须作出应有的表态。然而，两岸三地四法域长期政治分离对司法文化的影响是根深蒂固的，企图说服或者强制抹平是不合适的。区际商事仲裁制度的根本宗旨是为了建立起解决区际商事争议的有效体系，因而，以仲裁的精髓"意思自治"为基础，对尚未取得共识部分应宽容对待。例如对仲裁协议的形式要求，对仲裁庭的组织形式，对仲裁程序的安排，对是否允许约定裁决上诉问题，对强制指定仲裁员的机构等均应该作出较宽松的规范，这样让区际商事争议当事人有更多的选择机会，造就一个比较宽松的仲裁环境，这才是区际商事仲裁应该实现的目标。

（四）区际商事仲裁制度应该能够为当事人提供相对实惠的仲裁服务

长期以来，推行仲裁制度的人士往往宣称仲裁制度具有比诉讼解决争议更廉价实惠的优点。然而，如前所述，由于各法域仲裁理念的不同，仲裁服务的商业化经营，导致仲裁费用与诉讼费用相比有过之而无不及。在新型的区际商事仲裁制度中，应该强化服务概念，仲裁服务应该带有某种准公益性质，无论是仲裁员的收费还是仲裁秘书机构的服务收费应该以弥补支出而略有盈余为原则。这就要求仲裁费用的收取必须制定相对固定一定比例的收费标准，而不能允许仲裁员自我拔高的计时收费。常设仲裁机构除收取一定比例的仲裁费用弥补支出外，也应该允许接受社会或政府捐助或资助以帮助仲裁机构的发展。

（五）区际商事仲裁制度应该能够实现法院对仲裁监督与保障的基本平衡

仲裁与司法是公认的解决国际商事争议比较权威的机制。然而，这两种体制存在一定的权力甚至利益冲突，有时候表现出更多冲突的一面，有时候表现出更多兼容的一面。司法以保障仲裁裁决权为诱饵，换取对仲裁的监督。而且，各国法院只要有机会，都梦想加强对仲裁的监督力度。各国立法者不断地在法院对仲裁的监督与保障的态度上寻求某种符合当时当地政治利益的平衡。法院与仲裁制度这种既互相依存，又互相对立的矛盾关系在区际商事仲裁里面也不会例外。作者也认为，在目前仲裁不能摆脱法院监督的前提下，也应该维持某种程度的平衡。在区际商事仲裁制度中，法院对仲裁的监督与保障应该并重，但应该更多的侧重保障。因为区际商事仲裁制度的建立本身就是为了克服区际司法独立的障碍，解决目前区域商事仲裁制度所不能解决的问题，因而，各法域为促进区际经贸更流畅的交流，应该给予区际仲裁制度更多的支持与保障。而且，在一个法域之内，司法与仲裁的可仲裁范围之争是此消彼长的关系，司法与仲裁之间存在可竞争之利益。但根据我国区际政治之现状，在可以预见的将来，区域法院的判决应该不可能被其他法域无差别地执行（就如本法域判决一样），因而，就区际商事争议而言，司法与仲裁之间应该没有太大的可竞争利益，具备加强保障，限制监督的条件。

（六）区际商事仲裁制度应该为仲裁裁决在各法域的承认与执行提供最宽松的条件

按照目前的区域商事仲裁制度，各法域相互承认与执行仲裁裁决的障碍已经解决，从法理上讲各法域的仲裁裁决除非按照仲裁法符合拒绝承认与执行的条件，基本上能够得到其他法域承认与执行。区际商事仲裁制度既要继承区域仲裁制度的共识，又要有所突破，有所发展。作者自 1996 年开始对内地与港澳台区域仲裁制度进行比较研究工作，近年来诸如两个法域（主要是内地与香港）仲裁制度的全面或者部分比较或者四法域之间仲裁制度的局部比较的文章也时有出现，但对区域仲裁制度之间存在的分歧是否需要协调以及如何协调并无明确主张。仲裁裁决的承认与执行领域由于 1958 年《承认与执行外国仲裁裁决的纽约公约》（简称《纽约公约》）的重点解决，使得无论在国际仲裁领域还是在区域仲裁制度中取得的共识在区域仲裁制度的各个分项制度中应该是最多的。在构建新型的仲裁制度时应该首先实现在这一具体制度上进行突破，基本消除区域仲裁制度留下的微小分歧，在区际商事仲裁制度中，为区际仲裁裁决在各法域的承认与执行提供最宽松的便利条件。具体说来，应该考虑我国四法域司属于一个主权国家及各地仲裁制度水平不平衡的具体情况，放弃那种以主权对等互惠甚至"裁决承认程序"本身，并且限制公共政策适用范围，条件成熟时应该尽快废除公共政策原则在区际法律关系中的适用。从而为区际仲裁制度的繁荣及区际仲裁裁决在各法域畅通无阻的承认与执行奠定基础。

二　构建区际商事仲裁制度的基础

仲裁制度发展到今天，在世界上纷繁复杂的法学学科分类中应该说当属比较成熟、分歧较少之法律学科。因此，我们构建区际商事仲裁制度必须继承和发展基本仲裁制度在全世界已经取得的成果。然后才能结合区际政治经济关系的现实加以调整与发展。为此，作者认为，构建区际商事仲裁制度应该依靠下述三个基础：

（一）区域商事仲裁制度中就具体仲裁制度已经形成的共识

如前分析，由于国际商事仲裁制度源远流长，以及《联合国国际商事仲裁示范法》（简称《国际商事示范法》或联合国示范法）与《纽约公约》的影响非常广泛，并且被许多国家或者司法独立的国内法域所采纳，因而，目前在仲裁领域已经存在大量共识，这些共识也反映在区域仲裁制度中。作者认为，我国区域仲裁制度中的共识应该成为构建区际商事仲裁制度的骨干基础。因为能够在各区域中达成共识的仲裁制度不仅说明该具体仲裁制度的成熟程度，同时也说明这一共识适合各区域或者法域的经济基础与区情、民情。这些能够反映最广大中国人民利益的共识如果不加以吸收，我们任何的法律政策恐怕都将成为无源之水，无本之木。

（二）国际商事仲裁制度中优势观点

对于区域仲裁制度中分歧点的取舍是个关键。在学理上，各种理论观点都是可以并存的，然而，既然是制度，就必须给遵守制度的人一个相对明确的答案，这样使得区际仲裁制度具有可预见性，更像一种成熟负责任的制度。因而，上升到区际商事仲裁制度的仲裁争议观点应该是确定的，必要时是唯一的。例如，仲裁裁决究竟是否允许上诉，向什么样的机构上诉，就不能像对待学术争鸣那样兼收并蓄。那么，升格为区际仲裁制度观点的标准是什么呢？作者认为，区际仲裁制度系因应我国两岸四法域的具体政经形势而产生，因此，不仅在学理上具有一定的说服力，而且，应该是经过实践检验具有现实可行性及权威性的观点。因此，对区域仲裁制度的分歧点中纯学理分歧部分的选择应该参照国际商事仲裁制度为多数学者赞成且在许多国家特别是在仲裁制度发达国家为立法吸收的观点。例如联合示范法及美国、英国、瑞典等仲裁制度比较发达国家的仲裁立法。而程序规则的选择则应该参照联合国贸发会国际商事仲裁示范规则及国际上许多著名仲裁机构的仲裁规则。例如斯德哥尔摩仲裁院、伦敦国际仲裁院及美国仲裁协会等。

（三）我国"一国两制"的国情及中华民族传统法律文化

国际商事仲裁制度中的优势观点是平衡区域仲裁制度分歧的重要而公平的砝码。然而，必须满足一个大前提，那就是这种选择必须符合我国"一国两制"的国情及中华民族传统法律文化的特色。例如，临时仲裁制度依照我国香港地区的《仲裁条例》中是比较正常的仲裁形式，而且也是国际商事仲裁制度中被普遍接受的形式，甚至我国作为《纽约公约》的成员国，对来自外国的临时仲裁裁决还承担了承认与执行的义务。但是，我国内地仲裁法中就对这一形式采取否定态度。那么区际商事仲裁制度中是否应该给予临时仲裁以适当的法律地位呢？作者认为，这就必须结合中华民族的传统法律文化予以综合考量。对这一仲裁制度的具体意见将留待后文相应章节中再行探讨。

第三节　构建中国区际商事
仲裁制度的契机

一　《联合国国际商事仲裁示范法》统一了区域仲裁理念

内地与港澳台区域仲裁制度受历史政治因素的影响，曾经有相当大的分歧。内地在 1994 年以前根本就没有完整的仲裁法，所谓仲裁法实际上主要以中国国际经济贸易仲裁委员会及中国海事仲裁委员会的仲裁规则为代表辅之以实际上带有某种准行政性质的经济合同仲裁与劳动仲裁技术仲裁等等。以英国仲裁法为翻版的香港 1963 年仲裁条例曾经主宰了香港相当长时间。1996 年 6 月 1 日澳门《本地仲裁法》颁布前，澳门并没有自己的仲裁法，只是适用《葡国民事诉讼法典》第四章（1508 条至 1524 条）有关仲裁的规定。由于并非针对澳门地区的情况制定，因此，对澳门仲裁制度的发展发挥的作用十分有限，以至于澳门回归前，澳门甚至连严格意义上的常设仲裁机构都没有。台湾在 1961 年以前实际上适用的是北洋政府时期的《商事公断处章程》，1961 年颁布的《商务仲裁条例》一直沿用了几十年。这些区域仲裁制度受当时政治经济形势的影响分歧是相当大的，如果按照各法域旧的仲裁制度，本书研究恐怕为时尚早。我们认为，1985 年 6 月 21 日联合国国际贸易法委员会通过采用的《国际商事仲裁示范法》可以说是吹响了革命性的号角，它为统一全世界各国的仲裁理念发挥了核心作用。自其发布后，各国纷纷按照该示范法的精神制定或者修改本国或本法域仲裁法。我国内地与港澳台地区也正是受其影响制定或者修改了各自的区域仲裁法。各法域修订仲裁法后，尽管分歧仍然存在，但是仲裁制度的主要理念基本达成了共识，例如仲裁条款独立原则，管辖权自裁原则，无合意第三名仲裁员的协助指定原则，仲裁的监督与保障原则等。这些主流仲裁理念的统一以及因此逐步形成并趋同的区际仲裁术语都大大加强了区际仲裁领域的交流与沟通，为区际仲裁制度的建立奠定了坚实的法理基础。

二　港澳回归后形成的区际理性合作的政治格局

我国区际关系中一个公认的历史性转折是港澳的回归。回归前无论是港英政府还是澳葡政府，由于执政与司法理念完全是照搬西方思维方式，因而在处理与内地的政治、经济及司法关系上都自觉或者不自觉地形成抵触甚至局部对抗的局面。在这种背景下，区际政治、经济的交流规则几乎完全为各自的对外政策所替代。区际商事交往过程中形成的争议即便适用商事仲裁方式解决，也因为主权尚未回归实际上是适用国际商事仲裁程序。可以说，港澳回归前，不仅无法构建区际商事仲裁制度，连区际商事仲裁的概念也无法提出，因为没有伴随"一国两制"而产生的多法域司法格局这个前提。

港澳的回归（"一国两制"从理论走向现实），不仅仅从法律角度形成了我国多法域的司法格局，最革命性的意义还在于内地与港澳之间终于处于一个国家的主权之下，区际政治、经济及司法交往已经从抵触（局部对抗）走向全面合作。实际上，回归后，内地与港澳签订的紧密型经贸安排，内地与香港就相互执行仲裁裁决的安排等不仅在内容上翔实具体具有可操作性，而且最令人惊讶的是其形成的速度，没有主权回归这个前提，内地与港澳达成这样的安排恐怕不知道要等到何年何月。如前所述，由于《联合国国际商事仲裁示范法》统一了主流区域仲裁理念，内地与港澳在仲裁领域的共识远比在关税领域的共识要多（因为区域利益所在）。作者相信，按照目前区际政治经济司法领域合作的势头，在各法域政治领导人认识到建立区际仲裁制度的重要性后，区际商事仲裁制度的建立的速度甚至要超过区际紧密型经贸安排的形成。

台湾问题始终是中华民族的创伤，以目前的政治形势分析，看来海峡两岸的统独问题发展到了不能含糊的时候。这当然会影响到本书的论证，因为本书的一个大前提是台湾与内地及港澳一样也属于一个中国主权之下的独立法域。如果台湾误入"台独"的歧途，不管是否为国际上其他主权国家所承认，至少其充满"台独"思想的政治领导人对本书的构想应该是兴味索然。然而，尽管作者一介律师，对政治权术并不了解，但以本人作为专业律师的敏感认为，中华民族几千年的血脉关系绝不可能为少数人的党派利益所阻隔，作者坚信海峡两岸的统一如同明天的太阳从东方升起那样必然。所以，作者决心一如既往地将本书研究进行到底，并且仍然将台湾法域（或区域）列入本书考虑范畴。

三 中华民族认同感及相似文化理念产生的凝聚力

尽管一百多年来我国国土处于政治分离状态，然而，两岸四区人民始终都属于中华民族。同根同祖的历史渊源所形成的民族认同感，以及因此衍生的相似的文化理念对建立区际仲裁制度将发挥巨大的作用。因为民族认同感会使得各法域人民在探讨是否接纳区际仲裁制度这一新型法律制度时，没有本质上的抵触情绪。既不会产生不同主权国家之间的那种基于主权利益或者主权竞争的猜忌，也不会基于民族尊严而产生自觉与不自觉的排斥。相信各法域未来在决定对待这一新型制度立场时，仅仅纯粹从是否对发展区域经济有利，以及采纳这种制度是否同各法域现行的仲裁或者其他法律制度相冲突等纯技术角度考量。而中华民族相似的文化理念会使得各法域有关部门在审视这一新型仲裁制度时，更容易接受其具体的制度，即便存有异议也可能理性对待，而不至于深恶痛绝，毫无妥协余地。可以直接地说，在审视区际商事仲裁制度过程中，民族认同感可能转化为对新型法律制度的认同感；而相似的文化理念可能转化为对新型法律制度的相同或者相似的评价。这些正面因素所产生的凝聚力终将推动区际商事仲裁制度从理想转化为现实的区际法律制度。

第二章

中国区际商事仲裁制度概述

第一节　中国区际商事仲裁的内涵与外延

一　区际商事仲裁的内涵

作者曾经对仲裁的各类概念进行了比较研究，并形成了自己的仲裁定义，即"仲裁是当事人在法律允许的范围内就特定的民商事件于发生争议前或发生争议后达成一致的仲裁意向，约定将已经发生或将要发生的争议提交指定的仲裁机构按约定或仲裁庭选定的仲裁规则组成仲裁庭并进行公正聆讯或书面审理，然后依据法律或依公平原则作出裁决，由当事各方自觉履行，而由法院予以监督和保障的一种解决争议的制度"。①

但是，上述概念是针对普通仲裁进行的归纳。区际商事仲裁的概念必须着重"商事"领域，并且必须反映我国区际司法独立的特色。因而，至少必须包含如下内容：

（一）必须包含普通仲裁概念的一般内容。当事人的意思自治与法院的监督与保障是仲裁制度的灵魂，离开了这一灵魂，我

---

① 参见詹礼愿《中国内地与中国港澳台地区仲裁制度比较研究》，武汉大学出版社 2006 年版。

们将无法定义任何种类的仲裁概念。

（二）必须包含地域限制概念。本书所研究的区际商事仲裁本质上也属于普通仲裁制度的一部分，只是作为本书研究的特殊需要，需要进行范围界定。

（三）必须强调商事领域。如本书前言所述，CEPA 实施后，我国三法域之间的经贸交往以及因此附属产生的商事争议明显激增，需要通过仲裁制度解决争议。更重要的是，本书研究的目的是切合区际交往的实际需要，为了回避集中存在于普通民事法律关系中"不可仲裁性"问题，我们在本书集中研究各法律对其"可仲裁性"很少歧义的商事仲裁。

（四）必须反映尊重"一国两制"、法域平等的原则。

我国区际仲裁制度存在的基础就是"一国两制"、司法独立的政治制度。因此，区际商事仲裁的含义必须反映这一现实，否则区际仲裁也就不可能形成并融入国内仲裁或者国际仲裁。

根据上述分析，作者定义"区际商事仲裁"概念如下：

区际商事仲裁是我国"一国两制"政治体制下，各司法独立的法域的当事人就具有区际因素的经贸商事争议于争议发生前或发生后达成一致的仲裁意向，约定将已经发生或将要发生的争议提交指定的仲裁机构或者临时仲裁庭按约定或仲裁庭选定的仲裁规则进行审理，然后依据区际私法指引的实体法或依公平原则作出裁决，而由法院予以监督和保障的一种区际商事争议解决的制度。

二　区际商事仲裁的外延

区际商事仲裁的外延可以用各种方式进行分析与归纳，但是，作者认为，区际商事仲裁的内涵所包含的许许多多的因素中，"区际因素"才是决定区际商事仲裁与其他普通仲裁的根本因素。因此，我们认为应该以是否具备"区际因素"来作为界定区际商事仲裁的外延。所谓区际因素，就是在区际商事往来的各个环节中，任何一个环节涉及另外一个法域因素的，均成为区际因素。我们知道涉及区际因素的环节很多，不可能每一个细微环节具有区际因素就认定为"区际因素"，从而判定为区际商事。例如，两位中国内地的学生，曾经共同就学于香港城市大学，在香港城市大学就学期间双方习惯用英语交流。毕业返回内地后，各自建立了一个纯内地的实体，在某年某月某日，因为资金周转问题，双方签订了一份人民币借款合同，合同的语言为英语。那么，这样的一份合同是否具有区际因素呢？如果勉强联系似乎也可以。例如合同主体的香港求学背景及合同语言英语属于香港官方语言之一等。但如果我们深入分析，我们就会发现，在这份借款合同的诸多环节中，只有合同主体身份、借款币种、合同签约地、合同履行地、合同的法律适用才有实际意义，而合同主体的求学背景及合同语言并没有任何实质的法律意义，因而该借款合同仍然属于纯国内性质的合同，不具备区际因素，也不能因此认定为区际商事行为。从这一虚拟案例我们不难认识到，作为界定是否具有区际性质或者是否能认定区际商事行为的环节必须具有一定的法律意义。而在这一领域，有必要借鉴国际私法学科关于"涉外民事法律关系"问题上对"涉外因素"的认定。

按照目前比较通行的国际私法学说与司法实践，涉外民事法律关系与涉外民事案件一般都支持根据民商事法律关系主体、内容和客体具备涉外因素的方式进行界定①。1988 年 1 月 26 日，最高人民法院《关于贯彻执行〈中华人民共和国民法通则〉若干问题的意见（试行）》第 178 条从涉外民事法律关系的角度规

_____

① 参见黄进主编《国际私法》，法律出版社 1999 年版，第 2 页。

定："凡民事关系的一方或者双方当事人是外国人、无国籍人、外国法人的，民事关系的标的物在外国领域内的，产生、变更或者消灭民事权利义务关系的法律事实发生在外国的，均为涉外民事法律关系。"1992 年 7 月 14 日最高人民法院《关于适用〈中华人民共和国民事诉讼法〉若干问题的意见》第 304 条对涉外民事案件作出更明确的概括："当事人一方或双方是外国人、无国籍人、外国企业或组织，或者当事人之间民事法律关系的设立、变更、终止的法律事实发生在外国，或者诉讼标的物在外国的民事案件，为涉外民事案件。"2002 年开始提交全国讨论的《中华人民共和国民法（草案）》第九编《涉外民事关系的法律适用法》采用列举的方式界定的涉外民事关系基本与前述内容相同。由此可见，在界定具有涉外因素的环节（我们借鉴国际私法的名词称为"连接点"）中，目前普遍要求民商事法律关系的主体、内容和客体等重要连接点具备涉外因素，才能认定为涉外民商事法律关系。作者我们在认定区际因素、区际商事行为性质问题上也应以上述连接点为界定参照标准。另外，如前所述，由于最高法院的司法解释以及《中华人民共和国民法（草案）》第九编《涉外民事关系的法律适用法》认定"涉外因素"时显然是以我国内地法域为参照地，也就是说，针对我国内地法域具有的"涉外连接点"才构成涉外因素。而本书所讨论的"区际因素"显然不能仅仅以内地法域为参照地，因为本书所讨论的区际商事仲裁是存在于我国四个法域相互之间的"区际"因素，并不固定以具体某个法域为参照地点，而是以处理有关商事仲裁案件的仲裁机构（在临时仲裁情况下为仲裁庭）所在地为参照地点。因此，在我们界定区际因素连接点时还必须把仲裁机构或者仲裁庭所在地考虑进去。

为此，我们将区际商事仲裁的外延具体归纳为：

（一）当事人分别属于我国两个不同的法域；

（二）当事人之间商事法律关系的设立、变更、终止法律事实发生在仲裁机构（仲裁庭）以外的其他法域；

（三）仲裁争议的标的物在仲裁机构（仲裁庭）以外的其他法域；

（四）仲裁争议的以上连接点虽属于同一法域，但是争议双方却选择一个外法域仲裁机构进行仲裁或者虽然选择本法域的仲裁机构，却约定在外法域进行仲裁（因此产生的裁决可能被认为具有其他法域的籍贯）。

第二节　中国区际商事仲裁的特征

一　仲裁制度的一般特征

仲裁制度的特征主要是其作为一种为国家司法机关解决民商争议的诉讼替代方式所具备的基本特点。因此，所谓仲裁制度的特征主要是与诉讼比较而进行的区别性特点归纳。我们知道，与诉讼比较，仲裁的主要特征有四点：（1）仲裁属于协议管辖，即（当事人）自愿（接受）管辖，而诉讼则是强制管辖；（2）当事人可以选择仲裁机构和指定仲裁员，但不得选择法院或指定法官；（3）仲裁裁决通常都是终局的，而判决则一般是实行二审终审制；（4）仲裁时间较短，而诉讼时间较长。这不仅表现在仲裁的一审终局，一般没有上诉阶段，而且表现在当事人可以自行选定仲裁的程序规则。仲裁庭既可以适用法律裁决，如果案情需要，经征得当事人同意也可以不适用法律而适用公平原则进行裁决。仲裁的审限时间较短，一般为6—9个月。仲裁庭认为事实已经清楚时，甚至可以即时裁决。根据上述比较，我们对普通仲裁制度的一般特征归纳如下：

（一）仲裁管辖权的依据是法律授权和当事人的意思自治。这是仲裁与诉讼的最大区别所在。诉讼管辖权的依据全部来自法律的强制性。而仲裁程序的展开除必须符合法律授权外（即可仲裁性问题）还必须以当事人于争议发生前或发生后所签订的仲裁条款或仲裁协议。否则，仲裁机构将无权受理。

（二）可仲裁争议法律关系的性质由法律界定。综观世界各国及我国内地和港澳台地区的仲裁法，无不对可仲裁的范围加以界定，超越界定范围的争议即便当事人订有仲裁协议，也是不允许提交仲裁，当事人意思自治原则在可仲裁法律关系之外没有任何效力。

（三）仲裁的程序依据从当事人之协定，无协定时由仲裁庭依职权选定仲裁规则。诉讼的程序只能严格遵守民事诉讼法，当事人无权改变，只有遵守的义务。而仲裁当事人可以选择仲裁规则。即便在国内仲裁的情况下，当事人也可以通过选择仲裁机构来达到选择仲裁规则的目的。

（四）裁决的依据既可以依法也可以依公平原则。而诉讼只能严格依法办事。

（五）裁决的公平正确性由法院进行监督，裁决的权威性由法院进行保障。这一特征表现了仲裁制度本质的双重性，即既有其非司法性的一面，又有其司法性的一面。仲裁的权利从本质上说来源于当事人的意思自治，但作为民间解决争议的一种方式，仲裁并不能保证其自身的准确性和公平性，而仲裁的惯例是一审终局，因而产生的问题不能由其自身纠正；同时，仲裁机构（包括仲裁庭及常设机构）是由于当事人的协议授权才与某一具体案件联系在一起的。一旦案件结案，仲裁庭立即解散，而其常设机构也与该案脱离了联系。一旦败诉方拒不执行裁决，胜诉方的权益将失去保障。为了解决这些问题，仲裁制度中又引入了法院的监督和保障机制。

二 区际商事仲裁的特征

区际商事仲裁制度的特征实际上是针对仲裁制度的一般特色而归纳出来的既有或应有的基本特点。

根据对区际商事仲裁制度的理想设计，归纳出区际商事仲裁制度应该具备如下基本特征：

（一）区际商事仲裁是因应我国"一国两制"、多法域、多法系并存的政治格局而设计的一种仲裁制度

这一特征之所以成为特征，是因为并非所有的多法域国家都需要区际商事仲裁制度。例如许多英美法系国家也是多法域国家，例如英国、美国等等。但是这些国家并未出现区际商事仲裁的概念，我们认为这些国家不一定需要区际商事仲裁制度。因为这些国家虽然也属于多法域国家，但是他们都有共同的终审法院。即便各法域（例如州、省等）都享有自己的立法权，但是由于共同终审法院的存在，使得国内对来自其他法域的判决、裁决或者其他法律文书没有任何歧视。例如在英国，苏格兰的最高民事法院可以仅就某一点权利允许当事人到英国上议院起诉①。许多西方多法域国家甚至处理法域之间的关系如同国际关系。例如美国州际法律冲突规则与国际冲突规范是相同的。而我国的多法域制度可以说是人类自从有国家以来最复杂的多法域制度。因为我国各法域之间，并不是简单的司法独立而已，而且存在政治制度（资本主义与社会主义的区别）与法律体系的巨大差异（大陆法系与英美法系的区别）等。政治体

---

① 参见丁建忠著《外国仲裁法与实践》，中国对外经济贸易出版社 1992 年版，第 164 页。

制与法律体系的巨大差异使得各法域与生俱来地产生对于本法域的司法制度（包括仲裁制度）的优越感，从而排斥对其他法域相关法律制度的认同。就实体法而言，这可以定性为区际法律冲突；就程序法而言，本法域的程序法具有排他的适用垄断权。然而，仲裁制度如果仅仅是一种规范当事人具体权利义务的法律制度，可以通过区际冲突规范进行调整。但仲裁制度是一个解决争议的替代途径，作为解决区际商事争议的工具，它自身必须具有确定性、可预见性。不允许适用冲突规范随意指定，从而使得仲裁法律关系处于不稳定状态。因此，解决区际仲裁制度的冲突，必须跳过冲突规范指引的过渡阶段，直接进入区际合作制定共同的法律制度阶段。因此形成的制度就是区际商事仲裁制度。按照这种制度进行的仲裁行为就是区际商事仲裁行为。

（二）区际商事仲裁的管辖范围应以区际商事争议为主

区际交往过程中会发生各种不同性质的矛盾、冲突，除商事争议外，尚有民事争议，甚至区际刑事犯罪问题等。但是，区际商事仲裁不仅不应受理不属于仲裁管辖范围的刑事争议等，而且，对按照仲裁法理具有可仲裁性的其他民事争议事项也暂时不能列入收案范围。因为区际商事仲裁主要系为集中有限资源解决区际经贸交往中的商事争议，促进流通。至于那些普通民事争议暂时只能通过区域仲裁或者区域诉讼形式解决。另外，这些商事争议也只能限制于区际商事争议，同样道理，区域内部的商事或者民事争议大可借助区域内部诉讼或者仲裁程序解决。

（三）区际商事仲裁制度是一种实践的新型法律制度

关于区际法律关系的学说很多，例如区际私法、区际刑法等早有许多学者提出并进行研究。然而，这些学说在可以预见的未来主要还是停留于学理研究，因为两岸四区在短期内不可能真正就区际冲突或者区际刑法问题达成统一的文件（尽管作者坚信这一天迟早到来）。而且，像区际刑法涉及更多的是司法独立现实问题，即便两岸四区真的形成了统一法律文本，恐怕也只能在各自法域分别实施，难以采取共同认知的有效行动，也暂时难以组建共同的组织机构，例如区际法院、区际检察机构、区际警署等。而区际仲裁制度由于本质上定性为民间性质司法独立的障碍相对较小，而且，如前所述就具体制度本身各法域之间差距相对较小，达成两岸四区的共同法律文件是完全可行的。区际商事仲裁制度形成后将很快会由理论走向实践。因此，区际商事仲裁制度是一个实践性极强的新型区际法律制度。

第三节　中国区际商事仲裁的价值取向

研究仲裁的价值取向在于确定仲裁制度需要实现的最终目标。就本书而言，确定区际商事仲裁的价值取向实际上是在甄别四法域具体仲裁制度分歧时的取舍依据。

一　区际商事仲裁的价值取向的可比性

仲裁的价值取向是指通过以仲裁的方式解决民商事法律争议从而达到的最终目的，并因此决定其作为解决纷争的替代手段的社会价值。简单地讲就是仲裁所要实现的社会目标。

由于仲裁与诉讼都是解决社会纷争的一种手段，其价值取向的实践意义与诉讼大致相同。因而，仲裁的价值取向与诉讼价值取向有许多共同之处。但是，仲裁与诉讼的区别又是非常显著的。诉讼作为国家强制性定纷止争的手段，是由国家强权来保证的。相比较诉讼制度而言，仲裁制度的生命力更脆弱，它必须通过仲裁实践向公众展示其自身的优越性，才能得到当事人在个案中的协议选择。选择频率越高，其生命力越强。而吸引当事人协议选择的动力便是仲裁立法和仲裁实践向世人所昭示的仲裁价值取向。仲裁的价值取向必须区别于诉讼的实质内容。

然而，区际商事仲裁的价值取向并不能仅仅以诉讼为参照对象，否则，区际商事仲裁制度就无法与现行的区域仲裁制度划分界限。作者认为，在审订区际商事仲裁制度的价值取向时还必须以区域仲裁制度为参照对象，选取能够区别于区域仲裁制度的价值目标。

因此，在归纳或者建议新型区际商事仲裁制度时，诉讼的价值取向与区域仲裁的价值取向具有一定的可比性。但是，正是二者之间具有相当的可比性，我们在审订区际商事仲裁制度的价值取向时，应该既注意吸收二者的共性价值取向，又必须发掘自己的特色价值目标，从而将区际商事仲裁制度与诉讼与区域仲裁制度同时区别开来。

二　区际商事仲裁的价值取向

根据上述区际商事仲裁价值取向可比性分析，我们将区际商事仲裁的价值取向分三类，即诉讼、区域仲裁、区际商事仲裁共同的价值取向，区域仲裁与区际商事仲裁共同的价值取向以及区际商事仲裁独特的价值取向。分别论述如下：

（一）诉讼、区域仲裁、区际商事仲裁共同的价值取向——公正

"公正"是千百年来人们对理想社会乌托邦式的追求，然而，在阶级社会里绝对的公正是从来没有过，也永远不会有的。但并不能因此将古今先贤们为实现平等、公正的理想社会所付出的努力全盘否定。特别在社会的某些领域，我们至少可以通过努力达到相对的和形式的公平，诉讼和仲裁正好为我们提供了这

一实现途径。对公正的追求是仲裁与诉讼共同的价值取向，追求公正是人们千百年来追求的永恒的法律价值①。由于仲裁和诉讼都是以解决社会纷争为己任，所不同的只是解决争议的方式。只有公正地解决纷争，才能成功地化解社会矛盾。否则，不仅不能解决社会矛盾，有时反而会激化社会矛盾。仲裁与诉讼制度自其诞生之日即以追求公正为价值目标，力求通过仲裁使仲裁各方的争议得到公正而满意的解决，仲裁的公正性是仲裁所追求的最大的基本价值目标②。仲裁对公正性的追求主要体现在两个方面：其一是程序的公正。从仲裁当事人的角度来讲，它要求仲裁当事人各方享有平等陈述和答辩权；从仲裁员的角度来讲，它要求仲裁员必须严守中立，独立裁判。为此，仲裁法为仲裁员规定了回避制度，而为当事人规定了针对不公正的仲裁员的异议制度。同时法院在对仲裁裁决进行审查时尤为注重当事人在仲裁程序中是否受到公正待遇，如是否就争议主题甚至一个证据获得充分陈述的权利，否则，当事人有权以此为理由，申请法院撤销仲裁裁决。其二是实体的公正。即要求仲裁员必须根据仲裁庭质证的证据作出不偏不倚的公正裁决。仲裁裁决的结果公正也就是仲裁实体的公正，其标准是案件事实之真实发现与法律的正确适用。当事人总是通过仲裁裁决的结果来看待和认识仲裁制度的，程序是为实体服务的，离开实体裁决的公正，多么公正的仲裁程序都是徒劳无益的。

由于公正是诉讼与区域仲裁的共同价值取向，而区际商事仲裁制度是区域仲裁制度中共识部分提炼而构建的，因而，适合区

---

① 参见汪祖兴："浅谈仲裁的公正性——兼论中国仲裁的监督机制与国际惯例的接轨"，载《仲裁与法律通讯》1998 年第 2 期，第 19 页。
② 同上。

域仲裁制度的"公正"价值目标同样是区际商事仲裁的价值目标。

（二）区域仲裁与区际商事仲裁共同的价值取向——经济与意思自治

1. 经济。经济性是仲裁的第二基本价值目标[1]，指通过仲裁方式解决争议所要实现的经济目标。仲裁的经济性应包含两种含义：其一，必须通过仲裁实现经济的目标；其二，实现这种经济目标必须较之诉讼更具有效率。仲裁经济性的价值目标一般通过三个层面反映出来：（1）程序的经济性。仲裁程序的经济性，主要指仲裁程序较之于诉讼更为简洁。仲裁程序的简洁、迅速正好适合对繁琐的法律程序不甚了解的商业人士的需要，而且避免了当事人过久地陷于讼争泥潭，也避免了争议的久拖不决。（2）实体的经济性。仲裁实体的经济性指的是仲裁裁决不仅要公正地保护仲裁当事人的合法利益，满足当事人合法的经济期望，而且在具体处理有关财产时应注重考虑仲裁标的的实用及合理利用。"仲裁裁决结果的经济性，要求仲裁裁决的内容有利于合理利用当事人的财富。"[2]（3）仲裁成本的经济性。仲裁从经济学的角度来说，也是投入产出过程。仲裁过程中，当事人各方及仲裁庭成员都得为仲裁而消耗一定的人力、物力和财力，比照经济学的名词，这种花费相当于仲裁的投入过程，而仲裁庭作出裁决的过程，相当于仲裁的产出过程。只有减少投入的成本，才能提高仲裁的经济效益，这就是仲裁成本的经济性。仲裁人力的投入很难控制和统计，但仲裁中仲裁费的支出却能够精确地计算出来。因而，人们对仲裁经济性判别的一个重要尺度就是仲裁费的支出。

---

[1] 参见汪祖兴："浅谈仲裁的公正性——兼论中国仲裁的监督机制与国际惯例的接轨"，载《仲裁与法律通讯》1993年第2期，第19页。

[2] 参见谭兵《中国仲裁制度研究》，法律出版社1995年版，第66页。

关于仲裁取费，各个国家和地区的常设仲裁机构都对外公布，其标准参差不齐。但众多的标准中，我们可以看到，仲裁的总体收费大于诉讼的一审的费用，小于两审的费用总和。因而，从总体上来说，只要仲裁裁决无足以让法院撤销的瑕疵，仲裁比诉讼更经济、实惠。

2. 高度的意思自治。仲裁的意思自治性是仲裁制度的最基本特征。意思自治不仅是仲裁的特征和基本原则，而且还是仲裁的一个重要价值取向。意思自治这一特点千百年来转化成吸引无数当事人选择仲裁的永恒魅力，因而意思自治不仅是仲裁与诉讼最具区别的特点所在，而且是仲裁制度生命力的源泉。反向思之，高度的意思自治又成为发展仲裁制度所追求的目标，成为仲裁永恒的价值取向。近一百年来，国际商事仲裁制度迅猛发展，但仔细分析，我们不难看出，仲裁制度的每一次变革和革命，都伴随着仲裁意思自治性的又一次提高。实际上一个国家仲裁制度的意思自治水平的高低是该国家仲裁制度先进与否的重要标志之一。意思自治作为仲裁制度的一个重要基本原则，渗透了仲裁的各个环节，如仲裁员的选择、仲裁规则的选择、仲裁准据法的选择、裁决方式的选择甚至对裁决是否上诉的选择，而当仲裁以意思自治作为自己的价值取向时，它要求仲裁制度适应市场经济的发展需要，不断完善、扩大当事人在仲裁制度中的选择权利，从而提高仲裁的意思自治水平。

（三）区际商事仲裁独特的价值取向——促统

促统就是促进统一的意思。然而，本书的"促统"并非政治意义上的促统。本书的促统含义更多地接近于国际私法或者区际私法中关于冲突法最终的目标就是为了实现实体法的统一。国际私法含义中的实现实体法统一目标的含义显然与促进各国融合、建立所谓"世界政府"是完全不同的概念。

作者设计的区际商事仲裁制度除发挥正常的区域仲裁制度解决争议的基本功能外，还必须通过区际商事仲裁制度的构建与区际仲裁机构的创立及区际仲裁行为的实施，逐步实现或者促进如下几个统一：

1. 统一区际法律名词。例如仲裁员在内地称仲裁员，台湾称仲裁人，香港称仲裁员，但是两仲裁员共同指派的仲裁员称为"公断人"。法官是从事司法审判人员的通用名词，然而，台湾称为"推事"。这些法律名词的不统一，经常给区际法律沟通造成了很大障碍，特别是对刚刚研究其他区域的学者来说，往往会有一种陌生感觉。建立区际商事仲裁制度后，为了使得区际商事仲裁制度得到顺利推广，应首先给予相关的法律概念一个统一的名词。

2. 统一法律文化理念。例如，同样是启动仲裁程序，内地仲裁机构需要申请人到仲裁机构申请立案，获准后，即启动仲裁程序。此时，被申请人并未收到仲裁申请书，及相关证据资料。而在香港，仲裁程序的启动系有申请人向被申请人送达仲裁申请资料后方发动。两者差别虽然仅仅是程序问题，却关系到仲裁程序发动的主权理念。新型区际商事仲裁制度中究竟是作出选择，还是由当事人选择必须给予一个说法。

3. 统一区际是非价值理念。区际商事仲裁进行过程中，涉及实体问题的部分当然需要通过区际私法适用相关法域的实体法。然而，仲裁制度有别于诉讼制度的一个显著之处就是，在特定情况下，仲裁员可以不根据实体法进行裁决，而根据公平原则进行裁判。特别是在友好仲裁下。那么，出现这种情形就必须判断什么是公平，什么是不公平。如果企图进行明确界定可以说完全不可能，因为每个仲裁员的公平理念并不相同。然而，如果放任仲裁员无限地畅想制造非凡的公平理念会造成统一区际商事仲裁机构就同类案件的裁定完全不同，从而大大影响了区际商事仲裁机构的权威。因此，有必要通过研讨，摸索在相同或相似的案件中的相对合乎情理的公平理念。这可以说是区际商事仲裁制度一个相当艰难而又必须着力实现的价值取向。

第四节　中国区际商事仲裁的基本原则

区际商事仲裁的基本原则是区际商事仲裁价值取向在区际商事仲裁立法及区际商事仲裁实践中的具体精神体现。

一　一般仲裁制度的基本原则

仲裁的基本原则也是贯彻于仲裁过程中的基本行为准则。学者先贤们对仲裁基本原则的总结很多，各有千秋。有的学者归纳得比较简单，如自愿原则、以事实为依据，以法律为准绳，公平合理地解决纠纷原则、依法独立行使仲裁权的原则[1]；有的归纳得比较详细，如自愿原则、依法独立仲裁，不受干涉原则、以事实为依据，以法律为准绳原则、仲裁当事人地位平等和权利义务对等原则、对当事人在适用法律上一律平等原则、先行调解原则、辩论原则、处分原则以及民族语言文字原则和法院监督原则等多达十条[2]。就本书论题而言，考虑到内地与港澳台地区仲裁制度的共性、基本原则固有的特点即贯穿于仲裁各个环节的行为准则以及为未来必将发生的区际仲裁的健康发展发挥指导作用的目的，仲裁的基本原则应该简单而精炼，因此，我们将仲裁的基

---

[1]　参见杨荣新《仲裁法理论与适用》，中国经济出版社1998年版，第115—118页。

[2]　参见谭兵《中国仲裁制度研究》，法律出版社1995年版，第200页。

本原则归纳为：自愿原则、自然公正原则和司法监督与保障原则。

（一）自愿原则

仲裁的基础是当事人的意思自治，因此我们引申出仲裁的自愿原则。自愿原则贯穿了仲裁程序的始终，是仲裁制度的灵魂，具体表现在如下几个方面：

1. 仲裁管辖权取得的依据。仲裁与诉讼一个重要的区别是诉讼的管辖权来源于法律的强制性，而仲裁的管辖权则源于当事人的协商和选择（当事人自愿）。选择的方式便是当事人订立充分、真实地表达自己意志的仲裁条款或仲裁协议。世界各国及港澳台地区的仲裁制度都规定违反当事人意愿的仲裁条款或仲裁协议是无效的，不能成为仲裁管辖权的依据，在无效仲裁协议基础上产生的仲裁裁决将得不到法院的承认与执行。

2. 仲裁庭组成的依据。仲裁庭的组成有两种主要方式：其一是以当事人仲裁协议为依据直接组成仲裁庭；其二是依当事人选择的仲裁规则组成。两种方式都强调当事人的意志。违背当事人意志所组成的仲裁庭经当事人申请可被撤销，这种仲裁庭作出的裁决不会被法院认可。

3. 仲裁规则的适用依据。仲裁制度允许当事人自行制定仲裁规则或者约定适用任一仲裁机构的仲裁规则，在无特别约定的情况下只要当事人不表示异议，当事人所选择的仲裁机构的仲裁规则即视为应适用的仲裁规则。无论从什么角度看，实际上是当事人的意愿决定了应适用的仲裁规则。

4. 准据法的重要依据。根据国际私法的法律适用规则，国际经济贸易争议的准据法的选择采用意思自治原则。只有当事人未作选择时，才采用其他的法律选择规范。

5. 仲裁裁决终局与否重要依据之一。仲裁制度一般要求一裁终局，但是有的国家允许当事人就裁决进行上诉。一般是上诉到法院，有的也允许向当事人约定的仲裁机构上诉，当然也同时允许当事人约定不得就裁决进行上诉，这样一来，当事人的意愿还决定着仲裁裁决终局与否的问题。实践中，当事人往往约定一裁终局。

自愿原则是仲裁制度中争议较少的一项基本原则，原因就在于是这一原则反映了仲裁的本质特征。可以说，缺乏当事人的意愿的争议解决方式，无论其多么完美，不能成其为仲裁。虽然在这个世界上还存在着有限的强制仲裁，如前文提到的劳资关系和证券买卖关系，也只是为了借鉴仲裁这一民间解决问题的容易缓和矛盾的优点，在有关争议由司法部门介入前必须先行仲裁，从而便于解决问题后不留下矛盾的种子，因为这类纠纷的双方今后还会继续合作。仲裁的自愿原则散布于我国内地与港澳台地区的仲裁规范之中。内地仲裁法强调当事人选择仲裁方式解决纠纷必须双方自愿①；澳门政府为颁布本地仲裁法的第 29/96/M 号法令中将当事人自治原则（自愿原则）列为"最为显著的"原则，而且仲裁条例的第一章叫做"自愿仲裁"，使得澳门仲裁法的名称出现争议。有些学者因此称其为《自愿仲裁法》（实际上由于澳门对本地和国际仲裁分别立法，因此现行的仲裁法称为澳门《本地仲裁法》更合适）；香港《仲裁条例》和台湾的《仲裁法》虽然并未将自愿原则作为单独的条款直接规定出来，但显然这两个法规处处都体现了对当事人意愿的充分尊重。

（二）自然公正原则

自然公正原则至少包含两个基本内容：1. 仲裁员必须独立

---

① 见《中华人民共和国仲裁法》第 4 条。

行使仲裁权利，不受任何单位或个人的影响（包括指派其担任仲裁员的一方当事人）；2. 当事人的陈述和意见必须被充分听取。自然公正原则原是一项自然法则，后发展成各国司法程序的必不可少的基本原则，这一原则也为仲裁制度而借鉴。如果说"仲裁自愿原则"系仲裁与诉讼的重要区别的一个标志的话，自然正义原则就是成为仲裁和司法联系和交叉点，也即两种制度的共同点。这种既相互区别又互相联系的特点更说明了仲裁与司法审判只是解决争议方式的转换，其目的是一致的——即解决社会纷争，维护社会稳定。自然正义原则对仲裁基本要求如下：

1. 仲裁当事双方程序权利（仲裁员的指派、仲裁过程中对争议事项的陈述权、申辩权等）对等。各国和地区的仲裁规范都规定仲裁庭的组成必须尊重仲裁当事人的意见。无论是两人制仲裁庭，还是三人制仲裁庭抑或其他奇数制仲裁庭，其基本方式一般是由仲裁各方各指定一名仲裁员，然后由双方或双方指派的仲裁员共同推举一名首席仲裁员或公断人。在当事人一方未行使指派仲裁员或首席仲裁员或公断人时才由仲裁规则或法定的指派机构代为指派。有对双方当事人订立仲裁协议时便确定由第三方指派仲裁员或首席仲裁员或公断人。这样规定的目的是为了保持仲裁过程中双方处于同等的法律地位。

2. 仲裁员必须独立仲裁。仲裁员虽然系双方委派，但与代理人不同，因为仲裁员并不代表任何一方（包括委派自己的一方），只能依据事实和法律或当事人约定的其他方式进行裁决。不仅如此，除法院依法进行的监督和保障外，仲裁员也不得受任何其他部门（包括政府部门）的干预。如果仲裁过程中发现仲裁员与任何当事人有足以影响其公正裁决的或仲裁过程中出现明显偏袒一方当事人的现象，当事人可以申请回避，在有些国家和地区当事人还可以向法院申请将有污点的仲裁员赶走。

3. 仲裁过程中双方当事人的意见必须被充分听取。这是自然公正原则最基本的含义。这些意见包括申请人的起诉意见、被申请人的答辩意见、申请人的举证及就证据所作的说明、被申请人的反驳意见及必要的反证、对专家证人意见的意见、有反诉时反诉各方就反诉问题的证据和意见、当事人最后的陈述意见以及是否同意调解的意见。无视当事人意见的裁决将会受到质疑，严重时会被撤销。1991 年香港高等法院判决拒绝执行中国国际经济贸易仲裁委员会（CIETAC）裁决的 Paklito v. Klockner 一案的裁决，其理由便是 CIETAC 仲裁庭未能给被执行人请求就仲裁庭指定的专家对争议的标的物进行检验后所提出的专家报告作出评论的机会。①

4. 法院对仲裁裁决进行监督机构的重要依据。在当今世界上，可以说凡是有仲裁的地方，就有对仲裁的监督，因为任何一个政权决不会放任一种可以处理其国民或实体、或行为、财产实体权利的制度超越于其国家机器的控制之外，区别的只是干预的程度不同。为了尊重仲裁的民间性，保持仲裁制度的本质特色，各国和地区现在都趋向淡化对仲裁的干预②，但同时为保证其公正性，又将对仲裁的有限审查（主要是形式、程序审查）作为保留领域。法院对仲裁的形式审查主要审查其是否违背了自然公正原则。联合国贸法会制定的《国际商事仲裁示范法》是世界各法系斗争和妥协的产物，该示范法已经将法院对仲裁的干预降低到了最低水平，但就在硕果仅存的 5 项被法院拒绝承认和执

---

① 参见赵秀文《香港仲裁制度》，河南人民出版社 1997 年版，第 337—354 页。

② 参见肖永平："也谈我国法院对仲裁的监督范围——向陈安先生请教"，载《仲裁与法律通讯》1997 年第 6 期，第 7 页。

行仲裁裁决的理白中，就有两项涉及自然公正的问题，[①]　与前文所说的司法审查的淡化趋势相反的是各国仲裁制度对当事人的仲裁程序上所享有的自然公正的权利保护却日趋严格。

自然公正原则是法制社会处理争议的理论基石，该原则作为仲裁程序中的起码要求已经渗透到仲裁的各个环节，成为一项公认的仲裁基本原则。自然公正原则的精神在我国内地与港澳台四个地区的仲裁规范中也毫无疑问地得到了体现。《中华人民共和国仲裁法》（以下简称内地《仲裁法》）第 58 条在规定人民法院撤销仲裁裁决的条件中就有两条与该原则有关。其中第（三）款规定："仲裁庭的组成或者仲裁的程序违反法定程序的"；第（六）款规定："仲裁员在仲裁该案时有索贿受贿、徇私舞弊、枉法裁决行为的"；另外，《中华人民共和国民事诉讼法》（以下简称内地民事诉讼法）第 256 条和第 260 条也从仲裁的司法审查角度把握仲裁的自然公正。[②]　香港《仲裁条例》不仅规定了仲裁当事人选择仲裁员或公断人的平等权利而且其第 25 条和第 26 条还具体规定了在仲裁员或公断人无论是其自身行为不当还是在仲裁程序中行为不当时，法院均有权将该仲裁员或公断人撤职，或者另行委派仲裁员或公断人，或者应一方当事人的要求下令该仲裁协议不再有效。有行为不当的仲裁员和公断人作出的仲裁裁决

---

①　示范法第 36 条第（1）款 a 项第（二）目规定："未将指定仲裁员或仲裁程序的事情适当地通知依据裁决被提出要求的当事一方，或该方因其他理由未能陈述其案情；或"……第（四）目规定："仲裁庭的组成或仲裁程序与当事各方的协议不一致，或并无这种协议，则与仲裁所在国的法律不符。"

②　内地民事诉讼法第 256 条规定人民法院拒绝承认与执行国内仲裁机构的仲裁裁决时规定："（三）仲裁庭的组成或者仲裁的程序违反法定程序的"；"（六）仲裁员在仲裁该案时有贪污受贿，徇私舞弊，枉法裁决行为的"。该法第 260 条规定拒绝执行涉外仲裁机构裁决的条件中规定："（二）被申请人没有得到指定仲裁员或者进行仲裁程序的通知，或者由于其他不属于被申请人负责的原因未能陈述意见的"；"（三）仲裁庭的组成或者仲裁的程序与仲裁规则不符的"。

法院有权撤销。对国际仲裁，香港《仲裁条例》规定完全适用联合国示范法第1—7章的内容，因此前文引用的该示范法中有关自然公正规定同样适用于香港。澳门《本地仲裁法》第11条规定了仲裁当事人各方指派仲裁员的平等权利，第14条规定仲裁员如存在妨害仲裁的独立和公正性因素时，仲裁员应自行回避，当事人也可以"拒却"该类仲裁员，第37条规定（如仲裁裁决）"未依据第20条c项之规定传唤被诉人，且被诉人未参与有关程序"时仲裁裁决无效。台湾《仲裁法》更加注重仲裁的自然公正问题。条例规定了当事人指派仲裁员的平权原则的同时规定了对仲裁人的回避和拒却制度。该法第15条规定仲裁人必须告知当事人的四种情况实际上均涉及自然公正中的"披露义务"（duty of disclosure）问题，这一款实际上吸取了联合国《国际商事仲裁示范法》第12条的内容。台湾法院在审查仲裁裁决时有更多的有关自然公正的理由撤销仲裁裁决。其中第40条为保证仲裁的自然公正，更加详细地将许多违反自然公正的细节列入法院有权撤销的范围。① 前引我国四个地区的仲裁法规条文表明，仲裁的自然公正原则早已体现在仲裁规范的字里行间，我国四个地区仲裁规范的具体制度虽各有千秋，但并未脱离于国际仲裁大家庭之外。

（三）法院的监督与保障原则

仲裁与纯民间性的调解与和解的最大不同之处在于法院的介入，仲裁裁决具有法律强制力，而调解、和解协议都没有强制

---

① 台湾《仲裁法》第40条有关规定如下："三、仲裁庭于询问终结前未使当事人陈述，或当事人于仲裁程序未作合法代理者；""四、仲裁庭之组成或仲裁程序，违反仲裁协议或法律规定者；""五、仲裁人违反第15条第2项所规定的告知义务而显有偏颇或被申请回避而仍参与仲裁者。但回避之申请，经依本法驳回者不在此限。""六、参与仲裁之仲裁人，关于仲裁违背职务，犯刑事上之罪者"。

力，即不能强制当事人遵守。国际商事仲裁实践中，从仲裁员的指定和异议、财产或证据的保全、仲裁管辖权的限制和支持、仲裁时效的救济、针对仲裁裁决提出的上诉或司法审查、仲裁裁决的承认与执行，甚至当事人有异议的情况下仲裁员费用的最后核定等环节都可以发现法院的保障和监督功能在发挥作用。虽然法院在仲裁制度中的具体地位和作用及作用大小尚有分歧，但是，各个国家和地区的仲裁法律制度及有关仲裁的国际条约，如《纽约公约》等，都支持法院对仲裁的监督和保障。我国内地与港澳台地区的仲裁制度中都在或多或少的环节上明文规定了法院对仲裁的监督和保障的职能。

区际商事仲裁制度本质上只是普通仲裁制度的一个分支特例。按照逻辑学原理，局部的事物具有整体的属性。因此，适用于普通仲裁制度的基本原则，在区际商事仲裁制度中同样适用。

二　我国区际商事仲裁制度特别基本原则

区际商事仲裁制度生存于我国"一国两制"的政治背景下，因此，必然反映我国的基本国情与政治制度。根据作者判断，受我国特殊政治制度影响，区际商事仲裁制度应当增加如下基本原则：

（一）法域平等原则

区际商事仲裁制度存在的前提就是我国多法域体系的形成。政治上的"一国两制"反映在司法上就是法域平等。这种原则几乎适用我国区际之间一切类型的法律关系。然而，就区际商事仲裁制度而言，作者认为至少应该体现在如下方面：

1. 为建立区际商事仲裁制度而进行的协商程序，必须体现对各法域的充分尊重，不得因人口多寡、面积大小、法律文化差异而有所歧视。新型的区际商事仲裁制度应该是各法域关于仲裁理念共性共识的聚合，至少是妥协的产物，而不能厚此薄彼。

2. 各法域执行区际商事仲裁制度的仲裁机构无论大小历史是否悠久，其法律地位一律平等。这些仲裁机构作出的仲裁裁决应该获得各法域一体尊重。

3. 在区际商事仲裁过程中涉及准据法的适用时，应该严格按照区际私法的指引适用，对各法域的有关实体法应该给予同等对待。没有足够的法律依据不得拒绝适用当事人协商选择或者根据区际私法指引应当适用的相关区域的实体法。

4. 在仲裁员名单的遴选或者个案仲裁员的选择上，应当给予当事人自由选择各法域仲裁员的机会，来自各法域的仲裁员除按照仲裁制度本身赋予首席仲裁员更多的程序发动权外，在进行区际商事仲裁程序中享有同等的法律地位，尤其是拥有同等的投票权。

（二）"一国两制"原则

"一国两制"原则本属我国一个政治现实，然而，作者需要将这一政治术语借用于区际商事仲裁制度，是因为目前暂时没有更合适的术语取代，只得以一个政治概念先行适用。"一国两制"原则在区际商事仲裁制度中体现在如下方面：

1. 允许各法域按照本法域制度确定的相关机构行使指定缺位仲裁员的权利。《联合国国际商事仲裁示范法》第 6 条规定：

"履行协助和监督仲裁的某种职责的法院或其他机构

第 11 条第（3）和第（4）款、第 13 条第（3）款、第 14 条、第 16 条第（3）款和第 34 条第（2）款所指的职责应由……［实施本示范法的每个国家具体指明履行这些职责的一个法院或一个以上的法院或其他有权力的机构］履行。"

上述示范法对指定缺失仲裁员的机构只是笼统地作出了选择性规定，实际上是允许各国根据自己的法律制度加以规定。其目的是为了尊重各国司法主权，尊重各国人民自己选择的法律制度。我国各法域在制定本法域仲裁制度时，分别根据各自的情况作出了相应规定。例如我国内地的仲裁法规定由各相应的仲裁机构代为指定，例如中国国际经济贸易仲裁委员会、广州仲裁委员会等，香港以前的仲裁制度曾经规定由法院代为指定，1996 年修订仲裁法后，改为由香港国际仲裁中心指定。而我国台湾与澳门仍然规定由法院指定。考虑到我国"一国两制"的现实，尽管我们在建立区际商事仲裁制度时一般都力求达成共识或者妥协。有些地方当然可以达成共识，然而，涉及根本性的司法体制问题并非仲裁领域的专家所能作为的，因而，基于政治上的"一国两制"，恐怕不能强行规定，只能作出允许多重选择的示范条文，由各区域自己选择与决定。

2. 尽管本书提倡在区际商事仲裁制度中，严格控制公共秩序保留的适用，但是，由于我国各法域之间政治经济制度差距实在太大，允许各法域根据本法域的社会制度将一些与本法域根本性社会公德或者最基本法律制度严重抵触的实践或者行为列为公共秩序范围。例如，我国内地无论立法还是社会公德一贯反对赌博，而在澳门博彩业是财政收入的重要来源。如果内地居民在澳门的赌场进行的赌金融资，且协议通过仲裁解决争议，约定适用澳门准据法。这样因此形成的裁决，如果需要在内地强制执行，恐怕会有一定的障碍。同样，各法域对其他法域也会有些认定为不可接受的行为，需要列入公共秩序予以排除。作者认为，必须尊重"一国两制"的现实，应当允许必要的公共秩序保留，但是，应该尽可能地限制在最基本的必不可少的范围内，并且事先公示，确保诚信。

第三章

中国区际商事仲裁管辖权问题

第一节 国际商事仲裁的管辖权

一 协议管辖是仲裁管辖权制度的基石。

无论是各国立法还是学术研究，均倾向于认定仲裁管辖最基本的原则是协议管辖。研究仲裁管辖权首先应该从仲裁协议研究入手。

（一）仲裁协议的概念与性质

仲裁协议，根据联合国国际贸易法委员会《国际商事仲裁示范法》第 7 条第（1）款之规定："指当事各方同意将在他们之间确定的不论是契约性或非契约性的法律关系上已经发生或可以发生的一切或某些争议提交仲裁的协议。仲裁协议可以采取合同中的仲裁条款形式或单独的仲裁协议形式。"① 用通俗语言表述就是：仲裁协议是指有关各方当事人自愿将他们之间已经发生或将要发生的财产性权益争议提交仲裁解决的法律文件。

上述定义中的"财产性权益争议"系与联合国示范法中"契

---

① 参见高菲《中国海事仲裁的理论与实践》，中国人民大学出版社 1998 年版，第 553 页。

约性"和"非契约性"相对应的综合概念，它既包括因合同关系
而发生的争议，如买卖合同、承包合同引起的争议，也包括因非
合同关系而产生的争议，如产品责任、侵权行为引起的争议。

仲裁协议的性质指的是仲裁协议的法律归类，即仲裁协议究
竟是属于实体法上的契约，还是属于诉讼法上的契约，抑或是自
成一家的独立型契约。

仲裁协议性质的观点分歧很大，归纳起来至少有四种①：

1. 诉讼法上契约说

本说认为，仲裁协议是一种受诉讼法调整，处分契约各方诉
讼上的权利和义务的特殊协议，而不是处分实体权利的普通民商
事契约。理由是：

（1）仲裁协议的内容并不为协议各方设定实体上具体的权
利义务关系，它仅仅是解决当事人之间实体上权利义务争端的方
式、方法及规则，其功能在于通过授权第三人（仲裁员）处理
争议，而解决当事人之间的争执，因而，其内容与诉讼程序问题
相似。

（2）仲裁协议的目的在于排除法院对协议项下争议的诉讼
管辖权，实际上是当事人以协议的形式对自己诉权（通过诉讼
寻求法院解决纷争，保护自己合法财产利益的权利）的处分，
而有关诉权的协议显然应该适用诉讼法加以调整。

（3）世界上大多数国家将仲裁协议问题规定在诉讼法之中，
诉讼法是仲裁协议赖以存在的法律基础。

诉讼法上契约说曾经为多数国家和学者所赞同，在德国、日
本、意大利、法国等国颇具影响。前述国家及赞同仲裁协议应受
诉讼法调整观点的学者许多也是仲裁司法权论的支持者。他们从

---

① 参见谭兵《中国仲裁制度研究》，法律出版社 1995 年版，第 177—181 页。

仲裁司法权说出发，必然地将仲裁协议演绎成受诉讼法调整的契约，因为，在他们看来，仲裁就是另一种形式的司法行为。

2. 实体法契约说

该说为西方许多国家所支持。以公私法划分为前提，将仲裁协议划归私法范畴。认为仲裁协议本质上就是民商事契约的一种形式。其理由是：

（1）仲裁协议规定在诉讼法中并不意味着仲裁协议即属诉讼法上之契约，契约之性质不应取决于契约的内容，而取决于契约的形成条件及其约束效力。仲裁协议的主体资格、协议之一般原则、形式及法律效力都应适用民商实体法，而诉讼法仅就仲裁协议的局部或特别问题作出规定，属立法技术问题，并非法律性质所决定。

（2）仲裁制度本是依私法上契约自治原则建立起来的私法纷争自主解决制度，如果视为诉讼法上的契约，必将受到公力干预，不能发挥正常作用，从而有违创设仲裁制度的初衷。

（3）仲裁协议的内容从浅层次上看大多具有程序性质，但它是为保护实体权利而设定的。仲裁协议是间接地、附条件地处置了实体权。只不过这种处置不是当事人对其实体权利的直接处置，而是由仲裁员根据其授权来进行间接处置。

实体法契约说依托的是"私法行为说"，由于它在某种程度上反映了仲裁起源的本质，因此，近年来它在西方国家已逐步取得支配地位，以前支持诉讼法上契约说的日本也已改变了立场，转而支持实体法契约说。在美国和意大利等国，实体法契约说也是占主流之学说。从各国仲裁制度及仲裁实务的发展趋势来看，实体法上契约说代表着各国发展的方向。①

---

① 参见谭兵《中国仲裁制度研究》，法律出版社 1995 年版，第 180 页。

3. 混合说

本说为前两种观点之折中。它认为仲裁协议既有诉讼法上的效力，也有实体法上的约束力，它以诉讼法和实体法作为其共同的法律基础。这一观点回避了仲裁协议的根本性质问题，实际上，无助于国际仲裁的立法和实践。

4. 独立类型契约说

此说正好和第3种观点相反，它对诉讼法上契约说和实体法上契约说均予以否定，认为仲裁协议属于一种新的契约类型，应建立新的法律体系加以调整。由于各国尚未有专门针对仲裁协议这种"新型契约"的法律体系，这种观点在实践中很难实施。

我们认为上述四说，实体法上契约说比较可取。除前文介绍的"实体法上契约说"所列举之理由外，尚有如下因素应予考虑：

1. 从仲裁和诉讼的历史起源看，先有仲裁后有诉讼。早在法院这个国家机器产生前，仲裁作为解决民间纷争的原始方式即已存在，而诉讼则是阶级社会才有的以国家强制力解决人民之间争议的方式。诉讼法则专门是为保证法院运转的正常进行而制定的程序规范。实体权利的存在与消灭，并不以实体法是否正式颁布为前提条件，而诉权的存在与否则必须以诉讼法的生效为前提。那么，产生于诉讼之前的仲裁所赖以发生的仲裁协议（体现的形式比较灵活），又怎么可能由远在其之后产生的诉讼法的调整和约束呢？

2. 诉讼法和实体法是两种绝对不同的法律体系。诉讼程序的展开来自国家强制力，而仲裁程序的展开则来自当事人在仲裁协议中的授权。作为国家强制力赋予的诉权是不能在诉讼真正展开之前预先处理和放弃自己的诉权的，而在争议展开之前通过仲裁协议就有关争议仲裁权利和义务作出规定，正是仲裁协议和仲裁制度的根本特征。而且，诉讼法上的契约所处分的权利和义务只能针对协议双方，而不能为第三方（法院或法官）设定义务。而仲裁协议不仅约束双方当事人，而且对仲裁员都有约束力，甚至对法院的管辖权都有排除效力（所谓"妨诉抗辩"权），显然，仲裁协议与诉讼法上的其他契约是格格不入的，它不可能同时以诉讼法和实体法作为其法律基础。那么，当事人之间的仲裁协议究竟凭什么有那么高的效力，不仅约束协议各方，而且对仲裁员均具有约束力，甚至可以妨碍法院的司法管辖权？很简单，仲裁协议，它是一种实体契约，它相当于民事委托书，通过仲裁协议，双方共同委托第三人（仲裁庭）对当事各方的权利进行处分。显然，当事人最终真正处分的是相互之间的实体权利，而国家和法院在正常情况下是不应该否定当事人对自己实体权利的处置。

3. "独立类型契约说"在对"诉讼法上契约说"和"实体法上契约说"否定的同时，只是提出了一个空泛的新型契约的概念，仲裁协议究竟怎么调整，无法作出回答。一个对理论及实践无任何指导作用的理论学说是没有什么实际意义的，因此，这种观点更不可取。

（二）仲裁协议的法律特征与类型

1. 仲裁协议的基本特征

仲裁协议一般性法律特征可归纳为以下几点：

（1）仲裁协议是间接协议。它并不直接处理当事人之间的实体上的权利、义务，而是就解决他们之间的民商事争议的方式作出规定，从而对实体上的权利与义务作了间接的处分。

（2）仲裁协议约束的不仅仅是协议的各方，而且对缔约以外的第三方都具有约束力。仲裁协议所规定的仲裁员资格和选择方式、仲裁过程中应适用的仲裁规则、仲裁适用的实体法甚至裁决的具体方式等仲裁员都应严格执行，否则其裁决的效力将会遭到质疑。而且，因为仲裁协议的存在，法院不得就协议范围内的争议行使诉讼管辖权，除非仲裁协议被仲裁庭或法院认定为无效。另外，法院在根据当事人的申请对仲裁裁决时，也必须充分尊重该仲裁案的仲裁协议。

（3）仲裁协议中缔约各方的权利和义务具有同一性。一般合同中，缔约各方的权利和义务表现为对应和互易，即一方当事人的权利同时就是另一方当事人的义务。而仲裁协议中权利与义务往往很难绝对区分开来，而且权利往往就是当事人共同的权利，如共同享有通过仲裁方式解决有关争议，而义务也是双方当事人共同履行的义务，如在仲裁程序中双方均应遵守仲裁协议约定的仲裁规则。

（4）以仲裁条款形式表现的仲裁协议具有独立性，附着于民商事合同的仲裁条款不受实体效力的影响。但仲裁条款与其所附着的民商事协议属于两种完全不同类型的协议，当民商合同被当事人双方或其他权力机关认定为无效或予以解除时，仲裁条款并不因此而随之无效或中止，相反它的作用还会更加突出表现出来，因为当事人将会依据它而寻求仲裁方式以解决因此产生的纠纷。

2. 仲裁协议的形式

仲裁协议的形式丰富多彩，根据不同的分类方法可以划分出各种不同类型。我们仅采用比较常见的分类方式作出几种归类：

（1）仲裁条款与独立仲裁协议

根据仲裁协议的外在表现形态可将仲裁协议划分为依附于民商合同的仲裁条款（下文简称仲裁条款）和独立仲裁协议两种形式。

仲裁条款是附着于民商实体合同的一种约定将可能发生的与

该合同有关联的争议提交仲裁解决的合同条款。这是现代商业社会中，仲裁协议最常见、最简便的表现形式；为商人们所喜闻乐"用"。其特点是形式上寄生于实体合同，构成实体合同的一个条款，从效力上独立于实体合同之外；只适用于可能引起的仲裁争议，不适用于已经产生的实体争议；只能适用于契约纠纷，对因侵权引起的争议，不可能以仲裁条款的形式达成仲裁协议。

独立仲裁协议是指当事人专门就可能发生或已经发生的契约或非契约财产争议约定提交仲裁解决的独立协议的法律文件。独立仲裁协议的特点是：无须寄生于实体合同，无论从形式上，还是从法律效力上都是独立的；既可以适用于可能发生的仲裁争议，也可以适用于已经发生的仲裁争议；既可以适用于契约纠纷，又可以适用于非契约性财产纠纷。

（2）明示仲裁协议和默示仲裁协议

以当事人之间是否存在积极、明确的仲裁意思表示为标准，仲裁协议可以划分为明示仲裁协议和默示仲裁协议两种形式。明示仲裁协议是当事人通过书面或口头等方式积极、明确地将以仲裁方式解决双方争议的意思表达出来。明示仲裁协议的形式中包含了前述两种具体方式。而默示仲裁协议则是指一方当事人并没有明确表达以仲裁方式解决双方之间的民事争议，但对他方的推进仲裁行为不表示异议，反而以积极作为的方式参与仲裁程序，根据有些国家的成文法或者判例，推定出其仲裁的意图。世界各国的仲裁制度多支持以明示的仲裁协议作为仲裁的合法依据，而支持默示仲裁协议作为仲裁依据的只有英美等少数几个国家。即便承认默示仲裁协议的国家对这种仲裁协议生效的方式也有严格的限制。一般是等到被动地卷入仲裁的那一方对仲裁的实质即案件的是非曲直问题作出答辩，默示仲裁协议才算成立，如英国即是如此。

（三）仲裁协议的内容

由于各国对仲裁协议的形式一般都采取比较宽容的态度，相应地对仲裁协议的内容要求也并不十分严格，或者根本不作具体规定。无论何种形式的仲裁协议只要能表达出当事人仲裁的真实意图即可，至于其他问题，当事人在仲裁程序中可以临时约定。有些国家或地区的法律甚至为不完善的仲裁协议规定了补救措施。我们将仲裁协议一般应包含的内容归纳如下，但不作展开：

1. 当事人真实的仲裁意愿；

2. 明确的仲裁事项；

3. 选定仲裁机构或仲裁员的产生方式。

二　仲裁协议的效力和仲裁协议的独立性问题

（一）仲裁协议效力问题

仲裁协议的效力涉及有效仲裁协议的基本条件、仲裁协议效力的认定和仲裁协议法律效力的表现等三个方面。

1. 有效仲裁协议的基本条件

关于仲裁协议的性质，我们倾向于实体法上合同之观点，前文已有论述。按照此说必然得出这样的结论，即实体法上有效合同的必备要件同样适用于仲裁协议。不过，由于仲裁协议是一种专门化合同，这些必备要件在仲裁协议上有不同的表现形式。作者认为有效的仲裁协议至少应具备下列要件：

（1）仲裁协议的主体资格

各国仲裁制度对仲裁协议的主体资格并没有作特别规定，但是，根据实体合同法的原理，有效的合同首先必须主体合格，至少必须具有必要的缔约行为能力。根据国际私法，决定当事人主体资格的属人准据法，是民事实体法。因此，只要仲裁协议的当事人根据其属人法具备民事行为能力，该当事人即具备仲裁制度所要求仲裁协议合法的主体资格。

（2）真实的意思表示

意思表示真实不仅仅是仲裁协议有效的条件，而且是所有民商契约，甚至诉讼法上合同有效的必备要件。不同的是，仲裁协议的真实意思不是处理实体上的权利和义务，而是同意以仲裁方式解决实体争议。而且，仲裁协议对意思表示的要求远比超过其他实体合同要高。仲裁协议中如果缺乏仲裁的真实意思表示，除非补签协议，否则效力无法补救。而其他实体合同即便因缺乏真实意思表示导致合同无效时，依据无效合同所进行的交换在无法返还或者当事人也不要求返还的情况下，对方同样会承担相应的支付责任，因此发生的事实上的货币交换，法律同样予以承认。只不过，无效合同可以终止继续履行，任何一方均无须向对方承担违约责任。而仲裁协议缺乏真实的仲裁意图从而被认定无效时，不仅仲裁程序不应该发生，而且即便根据无效仲裁协议已经作出的裁决，都将被法院撤销，除非当事人不申请法院审查，也不请求法院承认和执行该仲裁裁决。

（3）内容合法

仲裁协议的内容合法性应该关注两个问题：其一，仲裁协议规定的仲裁事项，必须符合仲裁适用的仲裁法关于可仲裁事项的要求；其二，仲裁协议不得违反社会的公共秩序。仲裁协议规定的事项如果属于不可仲裁范围，则不发生约束力；公共秩序主要意思是仲裁协议的内容不得与社会最基本的法律制度或社会公共道德和利益相冲突。如仲裁协议不得规定就买卖海洛因争议进行仲裁，也不得约定由仲裁机构强制执行仲裁裁决，从而剥夺本应由法院行使的诉讼权利。

（4）形式要件

仲裁协议的形式要件中，较多要求是必须采用书面形式。联合国《国际商事仲裁示范法》第 7 条要求仲裁协议必须是书面形式的规定。不过，示范法对所谓的"书面形式"作了扩大的解释，不仅仅包括本书前文提到的各种明示的仲裁协议形式，而且包括默示形式。一方在仲裁申诉书或者答辩书中声称有仲裁协议存在而对方不予以否定时都被认定为满足了书面形式的要求。仲裁协议书书面形式要件已成为世界绝大多数国和地区对仲裁协议的共同要求，只看英美等少数国家例外。除书面形式外，极少数国家还要求仲裁协议必须公证，如西班牙、葡萄牙等国。不过，对这种形式要件的要求由于影响面太小，很少人专门讨论它。我们认为，这是一种落后的阻碍仲裁事业和即将被淘汰的形式要件，实践意义并不大，也不作讨论。

2. 仲裁协议效力的认定

仲裁协议效力直接关系到仲裁庭对仲裁案件的管辖权。目前，有权认定仲裁协议效力的机构主要有两个：即仲裁机构和管辖法院。

（1）仲裁机构对仲裁协议效力的认定

仲裁机构是仲裁协议的执行机构，仲裁协议的效力影响最直接的就是仲裁机构。仲裁协议的效力不仅仅关系到仲裁庭对仲裁案件的管辖权，而且决定了仲裁裁决能否得到法院的承认与执行。无效的仲裁协议不能构成仲裁管辖权的依据，根据无效的仲裁协议作出的仲裁裁决将得不到法院的承认和执行。因此，仲裁协议效力是仲裁机构首先应该关心的问题，各国仲裁法规为方便仲裁机构开展工作也通常赋予仲裁机构以认定仲裁协议效力的权力，这一做法逐渐成为国际仲裁领域的共识。仲裁庭在两种情况下必须评判仲裁协议的效力：

其一，立案阶段。申请人申请仲裁，仲裁机构准备组成仲裁庭时，当事人必须向有关仲裁机构提交作为仲裁管辖权依据的仲裁协议，而仲裁机构必须对该仲裁协议作出初步审查，如果仲裁机构不能识别无效的仲裁协议将会面临仲裁裁决被撤销的危险。这一阶段审查仲裁协议效力的意义在于确定仲裁机构对争议案件的管辖权。仲裁机构对仲裁协议的判别旨在建立起受理仲裁案件管辖权的信心，也不必要以书面形式表达出来。

其二，答辩阶段。被诉方当事人于答辩书中就仲裁协议的效力提出异议时，仲裁机构应该予以答复，这种答复往往以临时仲裁裁决的形式表现出来，在少数国家，针对这种裁决，当事人可以提起上诉。

（2）法院对仲裁协议效力的认定

法院是仲裁裁决的承认和执行机构，仲裁协议的效力也关系到有关法院对仲裁协议下的民事争议是否拥有管辖权。因此，法院同样关心仲裁协议的管辖权问题。一般的说，法院对仲裁协议有效性问题的关注，在三个阶段表现出来：

其一，诉讼答辩阶段。在存在仲裁协议的情况下，一方向法院起诉，另一方在答辩期内以仲裁协议为依据对法院管辖权提出异议，则法院必须就该管辖权问题先行作出裁定，其中，必须就仲裁协议的有效性问题作出认定，如果仲裁协议有效，则法院决定撤销（有些国家和地区采取诉讼搁置的形式）已经受理的案件，责令当事人向仲裁机构申请仲裁争议；如果仲裁协议被认定无效，法院将裁定自己对争议享有管辖权，从而驳回当事人的管辖权的异议。

其二，申请撤销仲裁裁决阶段。仲裁机构作出仲裁裁决后，虽然法律规定仲裁裁决的一审终局，但往往并不能排除当事人在仲裁裁决作出后法定时间内向法院申请撤销仲裁裁决或拒绝执行。法院在对该申请进行审查时，首先要审查的问题就是该裁决据以产生的仲裁协议是否有效，如果认定仲裁协议无效，则法院将裁定撤销该案仲裁裁决，如果有效，还得审查其他情节，如仍未有问题，则法院将裁定驳回当事人的撤销仲裁裁决的申请。

其三，裁决的承认与执行阶段。仲裁裁决的最终阶段是仲裁裁决的承认和执行阶段。这一阶段法院在裁定仲裁裁决的承认与执行前，一般对仲裁裁决的效力问题作出决定。

3. 仲裁协议法律效力的内容

仲裁协议的法律效力主要表现在对当事人、仲裁机构（仲裁员）和法院等三个主体的约束力方面。

（1）仲裁协议对当事人的约束力

仲裁协议一经成立首先约束的就是仲裁当事人。仲裁协议使双方当事人承担义务在发生协议争议事项时，当事人只能向仲裁机构寻求解决，不得起诉至法院。不仅如此，当事各方还必须承认仲裁协议中约定的仲裁机构或仲裁员的资格，并无条件履行约定仲裁机构或仲裁庭所作出的仲裁裁决，除非该裁决被法院依法撤销或被法院拒绝承认和执行。

（2）仲裁协议对仲裁机构（仲裁员）的约束力

仲裁协议既是仲裁机构行使仲裁管辖权的依据，也是仲裁机构承担义务的重要渊源之一。仲裁协议中规定的仲裁员资格、仲裁规则、仲裁准据法等仲裁机构（仲裁员）都必须遵守。同时仲裁机构（仲裁员）行使仲裁权力时必须限制在仲裁协议所约定的仲裁事项范围内，超越仲裁协议范围的裁决无效，不仅对当事人无约束力，而且也将得不到法院的承认和执行。

（3）仲裁协议对法院的约束力

按照契约相对性原则，一般实体法合同只能约束缔约各方，不得为合同外第三方约定义务。仲裁协议比较特别，它不仅约束缔约各方，还可以约束仲裁机构，甚至对与仲裁协议并无直接联系的法院也有相当的约束力。仲裁协议排除了法院对协议争议事项的诉讼管辖权，除非仲裁协议被法院或仲裁机构认定无效，或者仲裁协议当事人的行为表明其放弃了仲裁协议，例如，一方当事人向法院起诉，另一方当事人出庭应诉而未对法院管辖权提出抗辩或在法庭上提出了反诉。法律上将仲裁协议这种功能称为妨诉权。除妨诉权外，仲裁协议还决定了法院审查仲裁裁决时应当适用的实体法，是法院对仲裁行使监督权的重要依据。

（二）仲裁条款的独立性问题

1. 仲裁条款独立性的含义

仲裁条款的独立性是指仲裁条款独立于包含该条款的实体合同，与实体合同处于并列平行的法律地位。当该实体合同的法律效力受到质疑时，仲裁条款的效力并不因此受到影响，仲裁条款不因实体合同的无效或失效而当然地无效或失效。

在现代国际经济贸易实践上，承认仲裁条款的独立性已经成为国际仲裁的理论基石。[①] 目前，包括我国内地与港澳台四个地区在内的世界绝大多数国家和地区的仲裁制度中都认可仲裁条款的独立性，联合国《国际商事仲裁示范法》也列入此项条款向各国推荐。

2. 仲裁条款独立的理论依据

仲裁条款独立的理论依据有许多见解，比较符合实际情况的主要有如下几种：

（1）意思自治理论。意思自治是仲裁制度的基石。仲裁条款所以能独立于实体合同的效力，主要就在于尊重当事人将与实体合同有关争议提交仲裁的共同意志。正因为如此，当实体合同由于种种原因被判定无效、中止、解除甚至自始无效时，并不能

---

① Gary B. Born, International Commercial Arbitration in the United states, Commentary &Materials, Kluwer Law and Taxation Publishers, 1994, p. 192.

因此而否定当事人在以仲裁方式解决双方争议的意思表示。恰恰相反，这些导致合同终止或无效的因素本身正是仲裁条款所要解决的争议。即便实体合同是通过欺诈获得，并不表明仲裁条款也是通过欺诈所得。

（2）平行合同论。这一理论认为仲裁条款和作为其载体的实体合同是两个效力平行的合同，二者之间并无主从关系，只是因为两者主体完全相同，为方便起见当事人才将两者融合于一个载体之下。支持这一理论的明显依据是实体合同与仲裁条款所调整的完全是两个不同的对象；两者关于合同主体权利义务的指向是不同的，且违反两者的法律后果也是不同的。具体地说：①实体合同调整的是当事人之间直接的、实体上的权利义务关系，而仲裁条款则是通过直接调整争议解决方式，从而达到间接调整实体上的权利义务关系之目的；②实体合同为当事人规定的权利义务具有异向性特点，一方的权利即为它方之义务，反之，一方之义务即为它方之权利。而仲裁条款中为当事人规定的权利义务具有同向性（或称同一性），仲裁条款所规定的权利（如以仲裁方式解决双方争议的权利）为双方共同之权利，仲裁条款规定之义务（如不得就仲裁条款项下争议寻求诉讼救济之义务）即为双方共同之义务。双方的权利与义务是统一的。③违反实体合同的结果既可负赔偿责任，以违约金或赔偿金的支付代替实际履行，必要时也可以强制当事人实际履行，而违反仲裁条款的唯一后果只能是强制履行，不能以违约金代替实际履行。通过比较我们不难看出，由于实体合同和仲裁条款是两种完全不同，法律效力平行的合同，因此，实体合同是否有效、是否解除甚至是否成立与仲裁条款并无多大联系，决定仲裁条款效力的方式只能是将仲裁条款作为一个独立的协议单独考察。关于这一理论，早有学者提出过，作者将该理论称为"平行合同论"。

3. 条款的独立性存在的争议

尽管仲裁条款独立原则已成为国际商事仲裁制度一个不可逆转的共识，但在仲裁条款独立性原则适用的深度和广度上尚存分歧。我们认为仲裁条款的独立性应当划分如下几个层次：

（1）实体合同无效时，仲裁条款并不当然无效；

（2）实体合同终止、中止和解除时，仲裁条款并不当然随之终止、中止和解除；

（3）实体合同自始不成立时，仲裁条款并不当然不成立；

（4）实体合同因根本性违法无效时，仲裁条款仍然有效。

仲裁条款的独立性原则经历了一个复杂而循序渐进的过程，1942 年英国法院在处理 Heyman v. Darwins Ltd. 一案中确立了仲裁条款独立于实体合同的法律地位，但是作了一些限制，即有效合同解除后引起的争议，并未涉及自始无效或违法合同中的仲裁条款的独立性问题，否则仲裁条款将无独立性可言。1967 年，美国最高法院对 Prima Paint co. v. Flood &Conklin manufacturing co. 所作的判决确立了一个新的原则：仲裁条款可独立于自始无效的欺诈合同。而 1993 年，英国上诉法院对 Harbor Assurance co. v. Kansa General International Insurance co. 判决则进一步确定了仲裁条款独立于因违反法律订立而自始无效的实体合同。①

目前，多数国家对第一、二种情况适用仲裁条款的独立性共识居多，有些国家对实体合同自始不成立时，仲裁条款的效力不受影响也尚能包容，但对实体合同系违法签订从而被判定无效时，仲裁条款的相应效力争议很大，甚至不作回答。

我们认为，实体合同因违法导致无效时，其中的仲裁条款的

---

① 参见赵秀文："论仲裁条款独立原则"，载《法学研究》第 19 卷第 4 期，第 68—78 页。

效力应视情况而定，一般情况下仍然应尊重当事人的意思表示，认定仲裁条款继续有效，但有两个例外：其一，刑事例外。仲裁条款的所依托的实体合同如果违反刑事法律（如非法的文物买卖合同等），即构成刑事犯罪嫌疑，则其仲裁条款应认定无效。因为当事人通过仲裁方式解决本质上属于刑事犯罪范畴的意思自治不仅不现实，而且违法。因为对于刑事犯罪，法院具有排他的管辖权，不允许当事人协商仲裁。其二，不可仲裁性例外。如果实体合同仅仅是一般性违法或规避国家法律，从而导致实体合同无效，那么，应根据实体合同所调整的法律关系的性质决定仲裁条款的效力；如果实体合同所调整的属于可仲裁范围，则仲裁条款有效，应强制履行。反之，如果该法律关系属不可仲裁范畴，则仲裁条款无效。

三　管辖权自裁是仲裁管辖权制度的特色

（一）仲裁管辖权自裁原则

仲裁管辖权自裁原则是指确立、界定仲裁庭对具体争议是否具有管辖权的基本原则。

仲裁庭行使案件管辖权的权利来自当事人的授权。当事人的授权是通过仲裁协议进行的。合法有效的仲裁协议才能授予仲裁庭以合法管辖权。否则，仲裁协议不存在或仲裁协议无效，仲裁庭就失去管辖权的基础。即便强行裁决，也会因败诉方的申请而被法院撤销。那么，仲裁协议究竟是否成立？是否有效？仲裁协议中约定的仲裁事项是否属于可仲裁性范围？当事人的仲裁协议是否符合书面形式？无书面形式仲裁协议时，被申请人的答辩行为是否构成对仲裁庭管辖权的认同？等等，这些问题应该由谁作出回答和决定呢？现代国际商事仲裁制度给出了一个解决方案，这就是"仲裁庭管辖权自裁"的原则。

现代国际商事仲裁管辖原则的核心是：仲裁庭享有对它自己的管辖权包括对仲裁协议的存在或效力等问题作出裁定的权力，这种原则在仲裁理论上称作"管辖权自裁原则"。

（二）仲裁庭管辖权自裁原则的确立

仲裁庭管辖权自裁原则的理论依据是：仲裁庭的此项权利来源于双方当事人之间的仲裁协议。当仲裁协议双方同意将他们之间的争议交由仲裁解决时，他们的本意一般而言是将协议项下所有有关争议交由仲裁庭而不是法院解决，如无相反约定，决定仲裁协议项下争议的管辖权当然赋予仲裁庭。在这种情况下，如果将上述权力交与法院，则违背了当事人的意志和仲裁的本质。因此，在当事人仲裁协议的特定授权下，由仲裁庭决定其自身对仲裁案件的管辖权，是仲裁庭固有的权力。管辖权自裁的原则对于保障仲裁制度健康发展和方便仲裁庭履行职责，至关重要。

仲裁庭管辖权自裁原则已经得到许多国家仲裁法的认可，如法国、德国、英国、希腊、意大利等国家。另外，凝聚各国仲裁理论和实践成果的联合国国际贸易法委员会的《国际商事仲裁示范法》在规定仲裁庭的管辖权问题时，也明确授予仲裁庭可以对它自己的管辖权包括对仲裁协议的存在或效力的任何异议作出裁定[①]。这使得仲裁庭管辖权自裁原则演变成仲裁国际惯例。

（三）对仲裁庭管辖权裁定的异议

仲裁庭虽然有权对自己的管辖权作出裁定，但这并不意味着仲裁庭就管辖权问题作出的裁决就是终局裁决。有裁判就有监督，这应该说是人类社会处理纷争的一个客观规律，绝对终局，不受任何监督的裁判是不存在的。只不过监督的方式会因不同的国度、不同的社会背景，甚至不同的信仰而有所不同。对仲裁庭

---

① 参见联合国国际贸易法委员会《国际商事仲裁示范法》第 16 条第（1）款。

管辖权自裁原则也同样如此。当事人如果对仲裁庭作出的管辖权裁决不服，许多国家规定可以通过法院的审查提供救济。联合国《国际商事示范法》第 16 条第（3）款规定，仲裁庭对管辖权的裁决，既可以作为一个初步问题先行作出裁决，也可以在最后的裁定中作出裁定。如果仲裁庭作为一个初步问题裁定它有管辖权，当事任何一方均可以在收到裁定通知后 30 天内要求管辖法院对这个问题作出决定。该决定不容上诉，在等待对这种要求作出决定的同时，仲裁庭可以继续进行仲裁程序和作出裁决。

四　仲裁优先是司法对仲裁管辖权最强力的保障

在仲裁管辖权问题上，我们始终不能回避仲裁与法院的管辖权冲突。自现代仲裁制度时起，这个问题始终困扰着仲裁立法者和工作者。经过一代又一代国际商事仲裁学者与仲裁员的斗争与协调，最终为仲裁赢得了管辖权仲裁优先的原则。当然，对这一原则的支持并非无条件，各国往往根据本国国情加以限制。

（一）法院介入仲裁管辖权的几种情况

除强制仲裁外，没有仲裁协议的支持，仲裁员（庭）一般不会主动介入传统属于法院管辖的争端。但反过来，法院时常会介入与仲裁有关的纷争，从而发生冲突。国际商事仲裁实践中仲裁与法院管辖权的冲突主要表现在如下几个方面：

1. 对仲裁协议效力的认定

仲裁庭管辖权自裁的原则是启动仲裁程序时，一方挑战仲裁庭管辖权而适用的原则。法院介入仲裁效力或仲裁管辖权的情形有三：（1）仲裁庭已经就仲裁管辖权作出决定，而一方当事人对决定不服；（2）一方直接请求法院对仲裁协议的效力（进而决定仲裁管辖）进行认定；（3）一方不理会仲裁协议的存在，直接起诉到法院，而另一方出示仲裁协议，并对法院的管辖权提出异议。

2. 对仲裁争议实体问题的裁判

法院当然不能随便介入仲裁争议的实体处理，否则，整个仲裁体系也会土崩瓦解。但是，任何制度总有例外，在下列情形下，法院不仅有权对仲裁争议实体问题行使管辖权，而且有权作出实体裁判：

（1）仲裁协议的不能履行。仲裁协议如果顺利履行，当然不存在法院管辖实体问题，但如不能履行，仲裁协议下争议只好通过诉讼解决，法院当然有权对有关争议作出实体裁判。主要有如下情形：

——仲裁协议无效；

——仲裁协议模棱两可或不明确；

——仲裁协议指定的仲裁员死亡或丧失行为能力或回避或离职，仲裁协议不能实现；

——实际发生的争议不具可仲裁性；

——争议不属于仲裁协议的范围；

——一方当事人向法院起诉，另一方当事人未提出管辖权抗辩，并应诉、答辩或就同一争议向对方当事人提出反诉；

——一方当事人拒绝适用仲裁协议的要求或未履行指定仲裁员的义务，而另一方当事人也宁愿向法院起诉并不坚持仲裁协议等等。

（2）特定法律关系由法院专属管辖，法院有权撤销仲裁协议，将该争议提交法院管辖。许多国家和地区的仲裁法或诉讼法中订定了法院专属管辖案件，涉及专属管辖案件时，即便当事人之间订有仲裁协议，法院也可以撤销该仲裁协议强制管辖。如香港仲裁法中规定的涉及一方当事人的欺诈问题时，法院可以撤销仲裁协议，并将有关争议交由法院管辖，但如果当事人指定的是法官仲裁员或者法官公断人，则该法官仲裁员或者法官公断人则例外。

（3）特定法律关系的仲裁裁决并不终局，法院可以接受当事人上诉，并就有关争议作出实体判决。许多国家对劳资纠纷、科技纠纷要求先行仲裁，但当事人对仲裁不服的，可以向法院起诉，法院可以对争议的是非曲直作出评判。如中国内地法律规定，劳动争议、房屋拆迁、农村集体经济组织内部的农业承包合同的争议都需要先行仲裁，当事人不服裁决的，可以向人民法院起诉。另外，在英美法系的一些国家和地区，当事人之间可以协定或经过法院的批准对仲裁裁决的法律问题提起上诉，则管辖法院可以根据当事人上诉对仲裁裁决的法律问题作出实体处理。

3. 法院和仲裁同步进行

对同一争议，法院与仲裁理论上不应同步进行。因为法院判决与仲裁裁决都能产生既判的效力，同一争议如果由法院与仲裁机构同步管辖，而结果互相矛盾，当事人一定无所适从，这既损害了法院的形象，也有损仲裁的威信。但仲裁实践中的确出现过这种表象。例如：

（1）一方当事人不顾仲裁协议而直接向管辖法院起诉，另一方当事人出示仲裁协议而被法院认定有效，法院往往会责令诉讼原告在规定的时间内将有关争议提交仲裁解决，如果该原告在规定的时间内不提起仲裁，则法院裁定驳回起诉，从而使原告的时效不能中断。相反，如果原告在规定的时间内提起仲裁，则法院的诉讼程序并不撤销，直到仲裁庭作出有效判决后，视为原告撤回起诉。而此期间，给人的印象是仲裁和诉讼并存（因为诉讼没有撤销）同步进行。（2）当一方当事人根据仲裁协议提起仲裁，而另一方当事人就仲裁协议的效力从而对仲裁庭的管辖权提出异议时，仲裁庭依照仲裁庭管辖权自裁原则认定仲裁协议有效，任何一方当事人均可向法院申请作出裁判，而在法院作出裁定前，仲裁庭可以继续推进仲裁，甚至作出仲裁裁决，直到法院作出管辖权的最后认定。

上述分析显示，所谓诉讼和仲裁同步进行只是一个假象，实际上两种措施都是为了维护仲裁协议的权威。前者是保证了当事人将争议事项提交仲裁，后者是为了充分尊重"仲裁庭管辖权自裁原则"。

（二）仲裁与法院管辖权冲突的协调

解决仲裁与法院管辖权冲突的方式很多，主要有如下几种：

1. 普通民商争议，仲裁优先

这一方式几乎为世界各国仲裁制度认可。在英美国家，法院的管辖权曾被认为神圣不可侵犯，当事人不得以自己的私下协议剥夺法院对民事争议的管辖权，否则协议无效。但现在状况已经彻底改变，不仅英国仲裁法将仲裁优先原则确定下来，而且像1958年《纽约公约》、1985年联合国《国际商事仲裁示范法》等国际性的公约和示范法规也都认可，可见其已经成为仲裁领域一个广为接受的解决方案。

2. 专属案件，法院优先

随着仲裁制度的迅速发展，各国的可仲裁性范围在不断拓宽，而法院对仲裁的干预领域却相应减小。但是，司法管辖权作为国家专政工具和社会平衡的强制性杠杆，对社会的纷争起着终极解决的作用。因此，各个国家和地区在放开仲裁范围的同时，始终将若干社会矛盾（主要是比较激烈的社会矛盾）的解决留给法院专属管辖。在这些专属领域内，法院的司法管辖权具有排他的效力，不允许当事人自由协商，因此产生的裁决，将不具有法律约束力。

3. 仲裁和法院管辖权协调，促进争议的迅速和公平地解决这种情况下实际二不存在冲突问题，两者的管辖权只是法律上的特殊安排。如前所述，其一是先行仲裁，允许上诉。如劳动争议案件等。其二是诉讼搁置，等候仲裁。即所谓仲裁与法院同步管辖的案件。此时，因仲裁和诉讼均系必经程序，两者同等重要无所谓先后之分。

第二节　中国区域仲裁制度中管辖权问题的共识与分歧

一　中国区域中的协议管辖问题

（一）内地《仲裁法》的协议管辖制度

我国区域仲裁制度中，对仲裁协议规定得最为详尽的是内地《仲裁法》。内地仲裁法第三章从第 16 条至第 20 条就仲裁协议的各个方面基本上都作了相应的规定。归纳起来，有如下内容：

1. 仲裁协议的形式

内地《仲裁法》规定了两种仲裁协议的形式：一是包含在实体合同中的仲裁条款；一是在纠纷发生前或发生后所订立的独立仲裁协议。两种仲裁协议的形式均要求以书面形式出现，但内地仲裁法却没有就书面形式本身作出界定。

2. 仲裁协议的内容和效力

内地《仲裁法》对仲裁协议的内容只是高度概括地规定了三点最基本的要求：（1）请求仲裁的意思表示；（2）仲裁事项；（3）选定的仲裁委员会。从内容比较分析看，前两种没有什么特别之处，是仲裁法对一个合法的仲裁协议最起码的要求；第三点的规定确实堪称内地特色。前文曾述及把仲裁机构的选定作为仲裁协议的必备内容在世界各国仲裁法中都是罕见的，而中国内地恰恰就是这些少数国家之一。但是，这并非优点，因为《纽约公约》对各成员国的仲裁协议并没有作上述要求，更重要的是，国际商事仲裁领域大量存在的临时仲裁，无法从内地仲裁法中找到依据，从而为内地仲裁制度与国际仲裁制度的接轨造成障碍。①

关于仲裁协议的效力，内地《仲裁法》规定了导致仲裁协议无效的三种情形：（1）约定的仲裁事项超出了法律规定仲裁范围——即属于不可仲裁事项；（2）无民事行为能力或限制行为能力人订立的仲裁协议——即仲裁协议主体不合法；（3）一方采取胁迫或欺诈手段，迫使对方订立仲裁协议的——即违反仲裁自愿的原则；（4）仲裁协议中必备的内容不齐全或不明确，经当事人协商无法达成补充协议的。但内地仲裁法只在缺乏两种仲裁协议内容的前提下，才允许补充：其一是没有约定仲裁事项或仲裁事项不明确的情况下；其二是在仲裁委员会没有约定或约定不明确的情况下。而对缺乏仲裁意思表示的仲裁协议则不允许补充。显然，缺乏仲裁意思表示的协议，根本不能称之为仲裁协议，也无法补充，只有重新签订完整的仲裁协议。

3. 仲裁协议效力的认定机构及仲裁协议效力异议的时间限制

内地《仲裁法》和世界绝大多数国家和地区一样，将认定仲裁协议效力的权力同时赋予仲裁机构和法院。规定当事人对仲裁协议效力有异议的，既可以请求仲裁委员会作出决定，也可以请求人民法院作出裁定。在中国内地，这样规定的意义不仅仅是认定机构的不同，而且带来程序上的根本不同。因为仲裁委员会的决定往往是即时生效的，不允许当事人上诉，而人民法院的裁定根据内地民事诉讼法是可以上诉的，因为内地仲裁法并没有特别说明对人民法院就仲裁协议效力的裁决不允许上诉或声明不

---

① 参见韩健："仲裁协议关于仲裁机构的约定——兼评我国仲裁法中有关条款的规定"，载《仲裁与法律通讯》1997年4月第2期，第3—7页。

服。另外，当事人无论是请求仲裁委员会还是请求法院认定仲裁协议的法律效力，均应当在首次开庭前提出，否则不予考虑，即便在后来的仲裁裁决的申请撤销阶段和裁决的承认与执行阶段，都不再考虑仲裁协议的效力。

4. 仲裁协议的独立性原则

根据内地《仲裁法》之规定，仲裁协议独立存在，合同的变更、解除、终止或者无效，不影响仲裁协议的效力①。内地仲裁法的精神具有如下特点：（1）将仲裁条款独立性扩大到仲裁协议的独立性。即涵盖了仲裁协议的两种形式（仲裁条款和独立仲裁协议）；（2）关于仲裁条款独立性的深度问题，只涉及两个层次：a. 合同无效，不影响仲裁协议的效力；b. 合同的变更、解除和终止，不影响仲裁协议的效力。对于实体合同自始无效，或实体合同属根本性违法而无效时，仲裁协议的效力则未作回答。这种情况导致了司法实践的混乱。1988 年 10 月，上海市高级人民法院在审理中国技术进出口总公司诉瑞士工业资源公司侵权损害赔偿纠纷上诉案时认定："上诉人利用合同形式，进行欺诈，已超出履行合同的范围，不仅破坏了合同，而且构成了侵权。双方当事人的纠纷，已非合同权利和义务的争论，而是侵权损害赔偿纠纷。被上诉人有权向法院提起侵权上诉，而不受双方所订立的仲裁条款的约束。"该判决作出后，曾引起理论和实践部门很大争议，但它仍然被收录在《中华人民共和国最高人民法院公报》（1989 年第 1 号）之中。1990 年，广东省高级人民法院在判决一家内地企业与一家香港公司合资纠纷案时认定：不应当以实体合同尚未生效为由，否定合同中仲裁条款的效力。从而支持了在实体合同未生效情况下，仲裁条款仍然有效的仲裁条

---

① 参见《中华人民共和国仲裁法》第 19 条。

款独立原则。但这两个案例均出现在内地新仲裁法生效之前。

（二）香港的仲裁协议管辖制度

1. 香港仲裁协议的形式和内容

香港仲裁协议的形式多种多样，不仅仅包括仲裁协议和仲裁条款，还包括几乎能证明仲裁意思表示的一切形式。作者下这样的判断是建立在对香港《仲裁条例》第 2AC 条的理解基础上。该条要求仲裁协议必须采用书面形式，否则，便不被看做是仲裁协议。但该条第（2）款对所谓的书面形式作了相当广义的解释包括如下方面：a. 该协议是载于任何文件之内的，不论该文件是否由协议各方签署；或 b. 该协议是以互换书面通讯的形式作出的；或 c. 虽然该协议本身不是以书面作出的，但备有该协议的书面证据；或 d. 该协议的各方以非书面的方式但借参照书面形式的条款而作出协议；或 e. 该协议虽然不是以书面的方式作出，但是由该协议的其中一方或由第三者（在协议每一方的授权下）记录下来的；或 f. 在仲裁程序或法律程序中，有书面陈词的互换，由其中一方向另外一方指称非以书面形式作出的协议，而该指称并未由回应该指称的其他一方否认。另外，该条第（3）款从另一方面扩大了仲裁协议的范围，它规定，任何协议如提述书面形式的仲裁条款或者载有仲裁条款的文件并且如该提述是使该仲裁条款成为协议的一部分，则该提述构成仲裁协议。除此以外，香港《仲裁条例》还特别规定仲裁协议所要求的书面包括"藉以将资料记录的任何形式。"

我们认为，尽管香港《仲裁条例》要求仲裁协议采取书面形式，但从繁琐的立法文字的表述的字里行间，我们不难看出，在这一问题上，立法者的本质不过是要求无论何种形式的仲裁协议，必须要明确无疑。只要能确切地证明仲裁的真实意愿，任何基本上常见的各种非书面形式都可被认定为书面形式。香港

《仲裁条例》关于仲裁协议形式的精神本来渊源于联合国示范法第七条第二款，但立法过程中又远远超越了示范法，因而，香港《仲裁条例》对仲裁协议的书面要求远较示范法宽松得多，因而，香港《仲裁条例》尽管将联合国示范法作为附表5适用于国际仲裁部分，但是偏偏在仲裁协议的形式上以香港《仲裁条例》的第2AC条取代该示范法的第7条第（2）款，并且同时适用于港内仲裁和国际仲裁。

香港《仲裁条例》对仲裁协议的内容，并没有作特别的要求。实际上，在香港，最重要的是仲裁的意思表示必须真实，其他的缺陷都允许当事人事后协商解决，协商不成时，也可以通过法院裁判解决。1993年，香港高等法院曾经审理了一个著名的有关仲裁协议效力的案件，这就是 Lucky-Goldstar International (HK) limited v. Ng Moo Kee Engineering Limited 案，在该案中，双方当事人选择"国际商事仲裁协会"的仲裁程序规则仲裁，而这所谓的"国际商事仲裁协会"及其所谓的"程序规则"是根本不存在的。原告律师当时据此提出仲裁协议无效的意见，但是最后被法官否定。法官认为，当事人之间约定的通过仲裁解决合同项下争议的意图十分明确。此项约定并不因为选择了一个并不存在的机构及其规则而无效。

2. 香港仲裁协议的效力

香港仲裁协议的效力，其实与其他国家和地区的仲裁协议一样，不外乎针对当事人、仲裁机构（仲裁员）和法院。但从香港《仲裁条例》的内容看，香港《仲裁条例》特别强调仲裁协议的如下几方面效力：（1）根据仲裁协议委任的仲裁员及公断人的权限不得撤销，除非该仲裁协议中表达了相反意图或者获得法院或大法官的许可；（2）仲裁协议一方死亡和破产，并不影响仲裁协议的效力。仲裁条例对这些情况下仲裁协议权利与义务的继承者作了明确规定。仲裁协议一方死亡时，该协议可由死者的遗产代理人强制执行，或可针对该遗产代理人强制执行；如仲裁协议一方为破产人，则由破产案受托人强制执行，或可针对该破产案的受托人强制执行；如破产人于破产展开前已经成为仲裁协议一方，且仲裁协议所适用的任何事项须就破产程序或为该程序的目的而予以决定，则仲裁协议的任何一方，或取得审查委员会同意的破产案受托人，可向法院申请命令，指示将有关事项提交仲裁，法院在顾及该案件的所有情况后如认为该事项应由仲裁决定，可据此作出命令；（3）仲裁协议对法院的约束力。香港《仲裁条例》将联合国示范法第8条引进港内仲裁，同时适用于国际仲裁。根据该条精神，任何一方如置仲裁协议于不顾，向法院起诉，另一方只要在进行实质性答辩前要求将该案提交仲裁，法院即应让当事各方付诸仲裁，除非法院发现该仲裁协议无效、不能实行或不能履行。在涉及劳资审裁处司法管辖权问题上也同样如此。一方不顾仲裁协议而展开法律程序后，任何一方，在提交应诉状之后和在递交状书或在该法律程序中采取任何其他法律行动前的任何时候，向法院申请将法律程序搁置，则该法院或其中一名法官尚信纳以下事宜，可作出命令将法律程序搁置：①并无充分理由显示该事项不应按照仲裁协议提交仲裁；及②申请人在法律程序展开时已准备和愿意作出一切能使仲裁恰当进行的必要事情，并一直如此准备作出该等必要事情。

3. 香港仲裁条款独立性原则

联合国示范法第16条被香港《仲裁条例》第13A条引进港内仲裁，同时因为示范法适用于国际仲裁，因而该条适用于香港的一切仲裁。第16条第（1）款中确定了仲裁条款独立性原则。该款种实际上只有半款涉及仲裁条款独立性问题。因为第（1）

款是这样表述的："仲裁庭可以对它自己的管辖权包括对仲裁协议的存在或效力的任何异议作出裁定。为此目的，构成合同的一部分的仲裁条款应视为独立于其他合同条款以外的一项协议。仲裁庭作出的关于合同无效的决定，不应在法律上导致仲裁条款的无效。"从前述表述方式可知，该款主要是规定仲裁庭的管辖权自裁原则，而仲裁条款的独立性问题只是作为与仲裁庭管辖权有关的一个部分，才被列入作出半款规定。从其表述内容可知，香港《仲裁条例》对仲裁条款独立性原则的规定仅仅停留在浅层次基础上，因为只有仲裁庭作出的关于实体合同无效的决定才会不影响仲裁条款的效力，而实体合同被认定自始不成立或实体合同根本性违法或者实体合同被终止、解除情况下，仲裁条款的效力是否受到影响？对此，香港仲裁条例并未作出回答，只得让当事人或者学者从浩如烟海的司法判例中去分析，而这些实际上本来只要在现有制度上添加几个字即可解决。

（三）澳门仲裁的协议管辖制度

澳门仲裁协议制度分别规定在澳门《本地仲裁法》和澳门《涉外商事仲裁法》之中。但《本地仲裁法》的规定要比《涉外商事仲裁法》的规定详细得多。

1. 澳门仲裁协议的形式

澳门仲裁协议也有两种形式：独立仲裁协议和仲裁条款。按照本地仲裁法的规定，仲裁协议以现存之争议包括正在受司法法院审理之争议，为适用对象。而仲裁条款以某一特定法律关系可能产生之争议为适用对象，而不论这种法律关系是否合同关系。但在《涉外商事仲裁法》中，则只是简单地以定义的形式对仲裁协议作了两种划分，而没有特别规定两种形式的适用范围。

在仲裁协议的物质载体上，澳门两个仲裁法均要求仲裁协议采取书面形式，且两个仲裁法对所谓的"书面形式"作了广义解释。澳门《涉外商事仲裁法》因参照联合国示范法立法，因而，其对书面形式的解释完全是照抄示范法第 7 条第（2）款，但却采用了澳门特色的表述方式："仲裁协议应以书面作出。当协议载于当事人所签署之文件或能证明仲裁协议存在之往来书信、专线电报、电报或其他电讯方式之文件内，均视为具有书面形式；在往来之请求书及答辩书内，一方当事人声称存在仲裁协议而他方当事人未对此提出争辩时，亦视为具有书面形式之协议。在合同内提出参照载有仲裁条款之一份文件亦构成仲裁协议，只要该合同具有书面形式，而此种参照系足以使该仲裁条款成为该合同之组成部分。"澳门《本地仲裁法》对仲裁协议的书面形式的解释也是参照示范法第 7 条第（2）款所订，但特别规定，当事人在仲裁协议内提及某专门仲裁机构之规章时，该规章视为仲裁协议本身之组成部分。

2. 澳门仲裁法对有效仲裁协议的基本要求

（1）主体合格。

根据澳门仲裁法规定，具有民事行为能力的人均有权签订仲裁协议，在特别法允许或在仅涉及民商事争议时，澳门地区和其他地区的公法人也有签订仲裁协议资格。

（2）合法的形式。如前所述，仲裁协议必须以书面形式作出，否则，无效。

（3）仲裁意愿的真实性。这是仲裁协议最基本的要求。

（4）具备法律要求的基本内容。

澳门《本地仲裁法》规定仲裁协议必须具备如下几项内容：

a. 明确争议标的；

b. 指定仲裁员或最低限度规定指定仲裁员的方式；

c. 明确仲裁争议所涉及的法律关系。

澳门仲裁协议如不具备以上内容，则会被认定为无效协议。

3. 仲裁协议的废除或失效

仲裁系当事人的意思自治行为，既可因当事人的意愿而发生，同样也可以因当事人的意愿而废除和终止。澳门仲裁法要求当事人如需终止仲裁协议，必须在仲裁裁决之日前签署终止仲裁的文件。即便如此，如果仲裁庭已经成立，当事人不仅要将终止仲裁协议的文件及时知会仲裁庭，而且，仍须向仲裁庭支付原约定的服务费。

澳门仲裁协议在出现下列特殊情形时失效：

（1）仲裁员死亡、自行回避或长期不能担任职务，或仲裁员之指定无效，且未能依法替换新的仲裁员时；

（2）采用合议制仲裁庭的情况下，仲裁员所作出之决议夫能获得根据仲裁协议或仲裁法应具备的多数；

（3）仲裁裁决未能在仲裁协议或随后协议所订之期间或仲裁法规定的期间内（6个月）作出。

虽然仲裁员的死亡，会影响仲裁协议的效力和仲裁协议的进行，但仲裁协议任何一方当事人死亡，或法人消灭，仲裁协议的效力和仲裁程序反而不受影响。

4. 仲裁条款独立原则

关于仲裁条款独立性原则，本地仲裁法规定，主合同之无效不必然导致其中的仲裁协议（实际是仲裁条款）无效，除非缺少该协议（件裁条款）会导致主合同不成立者①。显然，就仲裁条款独立性而言，这一精神并不先进，因为它只就仲裁条款独立性原则中的一个方面作出规定，即实体合同无效，仲裁条款并不必然无效。而且，澳门《本地仲裁法》将作为仲裁条款载体的合同称为"主合同"，这种称呼显然值得商榷。仲裁条款独立性

---

① 澳门《本地仲裁法》第4条第3款。

原则，表明了现代国际仲裁领域已经就这样的观点达成共识：仲裁条款与作为其载体的合同是两个不同种类的合同，效力平行，无任何隶属关系。既然如此，仲裁条款的载体与仲裁条款之间并非主从关系，当然不应该称为"主合同"。另外，《本地仲裁法》为仲裁条款独立性原则规定的例外，这在国际仲裁领域也比较少见，在我国四个地区中则是独一无二的，但该例外的适用范围也交代的不明确，实践中执行起来也将会比较麻烦，如何界定仲裁条款构成所谓"主合同"的必要条件，则是无章可循的。

5. 澳门仲裁协议的效力

澳门《涉外商事仲裁法》规定，一方当事人不顾仲裁协议的存在，就仲裁协议项下争议提交法院处理时，另一方在最初进行实体性答辩前，要求法院将有关争议提交仲裁，法官一般会支持，除非法院认定该仲裁协议无效、不能实行或不能适用。

（四）台湾仲裁协议制度

应该说，台湾《仲裁法》对仲裁协议还是十分重视的，因为台湾《仲裁法》开宗明义就规定仲裁协议的有关问题。不仅如此，台湾修订的《仲裁法》中特别地将前《商务仲裁条例》的"仲裁契约"正式改为"仲裁协议"，台湾行政院提交的修订稿中本来也保留了"仲裁契约"这一名称，但送交通过时被改为"仲裁协议"，为此，审查会还很认真地作了如下说明："第一章章名修正为'仲裁协议'。此因'契约'系指双方当事人对立的意思表示一致的情况，而若双方当事人需仲裁时，这是一种共同行为，所以应使用'仲裁协议'之章名。如用'仲裁契约'之名，容易与本法第 3 条所规定的契约相混淆。故采各国立法通例，将'仲裁契约'修改为'仲裁协议'。"可见，台湾新的《仲裁法》从仲裁协议与普通契约性质的根本区别出发，对仲裁协议的名称作了审慎的改变。这一改变，反映了仲裁协议的本质和国际商事仲裁的发展趋势，无疑是正确的。台湾仲裁协议制度的内容大致如下：

1. 台湾仲裁协议的种类和形式

台湾仲裁协议也分为独立仲裁协议和仲裁条款两种类型。从形式上来说，台湾《仲裁法》要求仲裁协议必须采用书面形式，但同时又规定当事人间之文书、证券、信函电传、电报或其他类似方式之通信，足认有仲裁合意者，视为仲裁协议成立。台湾行政院曾建议在仲裁协议采用上述形式之情况下，"推定"仲裁协议成立。但被立法院修订为"视为"成立，原因是"推定"是可以举反证加以推翻，而"视为"是立法上的拟制，不可以举反证加以推翻。

2. 台湾仲裁协议不生效之情况

关于仲裁协议无效的情况，台湾《仲裁法》只规定了一种情况："约定应付仲裁之协议，非关于一定之法律关系，又由该法律关系所生之争议而为者，不生效力。"实际上其根本的含义在于仲裁协议中必须有明确的赋予仲裁的法律关系和仲裁事项。这实际上也是台湾《仲裁法》对仲裁协议内容的起码要求。

3. 仲裁协议的法律效力

根据台湾《仲裁法》第4条的精神，仲裁协议具有相当大的妨诉抗辩效力。如果仲裁协议一方不顾仲裁协议的存在，径直起诉到法院，他方得以仲裁协议为依据，要求停止诉讼，提起仲裁。但如果被告方已经就原告之诉讼请求进行了答辩，则被告即丧失以仲裁协议为依据，行使妨诉抗辩的权利。

针对被告人的妨诉抗辩，前《商事仲裁条例》规定法院可以采取驳回原告起诉的措施来确保仲裁协议的法律效力。但新的台湾《仲裁法》没有采取直接的驳回起诉的方式，而是插入了一个停止诉讼的程序，这一点与香港法院的做法相同。根据新的台湾《仲裁法》，台湾法院应被告方的请求，先行裁定停止诉讼程序，并命令原告在一定期限内将争议交付仲裁，如果在该期限内，原告仍然没有申请仲裁，则法院裁定驳回原告起诉，如果原告提请仲裁，则于仲裁庭作出仲裁裁决后，视为原告已在法院撤回起诉。

台湾《仲裁法》之所以插入一个停止诉讼的中间环节，完全是为了保护原告的利益。因为根据台湾民法第131条之规定，诉讼因不合法而被驳回确定者，原告的诉讼时效并不中断，如果争议事项的时效短，则被法院驳回诉讼后，原告很可能来不及再行申请仲裁，因为此时，可能时效已过，原告已经丧失了胜诉权，即便提交仲裁已经没有实际意义了。我们认为，这种规定虽然保护了原告方的利益，但对被告却极不公平，不利于保护仲裁协议的权威和法律效力。因为在仲裁协议存在的情况下，原告本不该将仲裁协议项下的争议起诉到法院，原告不顾仲裁协议，向法院起诉时就应该合理预见到不履行仲裁协议的风险，违反仲裁协议的过错在原告一方，原告就应该承担因此而产生的过错责任。如果被法院驳回起诉，并耽误了时效，从而导致失去胜诉机会的风险，当是预料之中的事情。插入停止诉讼的措施，会鼓励仲裁协议的当事人不顾仲裁协议进行滥诉，因为如果成功当然是意想不到的收获，如果不成功，再行仲裁还来得及。这显然会拖累被告，使得本来遵守仲裁协议的一方被动地疲于奔命。台湾立法者虽有美国联邦仲裁法、英国仲裁法和日本1989年仲裁法草案为借鉴，但作者认为，西方的月亮并不见得比东方圆。

4. 关于仲裁条款的独立性问题。台湾《仲裁法》对仲裁条款的独立性问题作了比较宽泛的解释。按照台湾《仲裁法》的精神，即便仲裁条款所依托的主合同"不成立、无效或者经撤销、解除、终止"等均不影响仲裁条款之效力。只是没有规定，主合同涉及欺诈的情况时，仲裁条款是否生效的问题。①

二　区域仲裁制度的仲裁庭管辖权自裁问题

除内地外，我国其他三个地区的仲裁立法有明显地向联合国示范法靠拢的倾向。因此，在港澳台地区的仲裁法规中，仲裁庭管辖权自裁原则得到明显的接纳，而在内地法域则作了小小的修改。当然，港澳台地区接纳仲裁庭管辖权自裁原则的方式和做法也并不完全相同。

（一）内地仲裁制度中的管辖权自裁制度

内地法域并没有紧跟"仲裁庭管辖权自裁的原则"，而是作了轻微变通。根据《中华人民共和国仲裁法》第 20 条规定，当事人对仲裁协议的效力提出异议时，仲裁委员会（而不是仲裁庭）和人民法院都拥有管辖权，由两个机构决定仲裁协议是否存在及有效，以及决定仲裁庭的管辖权。为解决因权限冲突而可能出现互相矛盾的决定的情况，《仲裁法》规定，如一方请求仲裁委员会作出决定，另一方请求人民法院作出裁定的应该由人民法院作出裁定。这说明决定仲裁管辖争议时，人民法院享有优先于仲裁委员会的决定权。值得一提的是，内地的仲裁委员会与国际商事仲裁领域的"仲裁庭"是有区别的，前者是内地特有的常设仲裁机构，而后者则是根据当事人的授权在个案成立的临时性的仲裁组织形式，个案结案后便撤销。而仲裁庭与常设仲裁机构显然是有区别的。因此，在内地，就仲裁庭的管辖权问题，不仅仲裁庭自身无权作出决定，通常由常设仲裁机构"仲裁委员会"作出决定，同时当事人也可以请求法院作出裁定，二者发生冲突时，法院的审判管辖权优于仲裁委员会的仲裁决定权。内

---

① 参见台弯《仲裁法》第 3 条。

地《仲裁法》并没有就当事人是否有权对仲裁委员会之决定或人民法院的裁决提出上诉作出规定。实际上无论是仲裁委员会的决定还是法院的裁定都是终局的。只是由于涉外仲裁的复杂性，及顾及国际影响，最高人民法院就涉外、涉港、涉台仲裁协议被人民法院认定无效的情况特别建立了一套"报告制度"。《最高人民法院关于人民法院处理与涉外仲裁及外国仲裁事项有关问题的通知》（1995年8月28日 法发［1995］18号）第一条规定："凡起诉到人民法院的涉外、涉港澳和涉台经济、海事、海商纠纷案件，如果当事人在合同中订有仲裁条款或者事后达成仲裁协议，人民法院认为该仲裁条款或者仲裁协议无效、失效或者内容不明确无法执行的，在决定受理一方当事人起诉之前，必须报请本辖区所属高级人民法院进行审查；如果高级人民法院同意受理，应将其审查意见报最高人民法院。在最高人民法院未作答复前，可暂不予受理。"最高人民法院这样的做法主要是考虑到涉外案件影响很大，如不慎重从事将会严重影响我国内地的司法形象，因而，建立"报告制度"是为了进一步保障人民法院对涉外、涉港澳台仲裁协议的裁定无效持审慎态度，切不可鲁莽行事。对内地这种制度有些澳门学者称之为"反致机制"①。这种称谓是否妥当，作者认为值得探讨。首先，这种称谓容易与国际私法上的"反致"混淆，容易误导读者；其次，这种自下而上的请示制度，并无"反致"之因素。因此，还是用最高人民法院自己对这种做法的称谓"报告制度"比较恰当。

（二）香港仲裁制度的管辖权自裁制度

1996年香港修订《仲裁条例》以前，原《仲裁条例》中关于

---

① 参见澳门政府法律翻译办公室法律专家邵博韬：《澳门与中华人民共和国涉外仲裁制度之比较》。

仲裁庭管辖权自裁原则的规定还只是适用于国际仲裁，对港内仲裁则不适用。虽然香港国际仲裁中心1993年港内仲裁规则第11条（1）款（h）项，也作了类似规定，但是，它毕竟是一个仲裁服务机构的仲裁规则，当事人可以选用，但并无强制约束力。1996年香港修订《仲裁条例》后，在仲裁庭管辖权自裁原则上在港内仲裁和国际仲裁领域取得了同等待遇，因为联合国示范法第16条同等地适用于港内仲裁和国际仲裁①。前文我们已经分析过，示范法第16条与本章有关的内容主要有如下几层意思：

1. 仲裁庭有权对自己的管辖权包括对仲裁协议的存在或效力的任何意义作出裁定。

2. 仲裁庭管辖权的异议必须在提出答辩书之前提出。但是当事人指定或参与指定仲裁员的事实，不妨碍其行使仲裁庭管辖的异议权。

3. 有关仲裁庭超越其权力范围的抗辩，当事人可以在仲裁程序过程中发生越权的情况时立即提出。

4. 2、3两种管辖权异议，如有正当理由也可推迟提出。

5. 针对当事人上述异议，仲裁庭可以作为一个初步问题先行作出裁定，也可以在最后的实质性裁决中一并作出处理。

6. 上述异议仲裁庭如果作为一个初步问题裁定它有管辖权时，任何一方当事人均可在收到裁定后30天内向管辖法院申诉，而管辖法院因此作出的裁定，当事人不得上诉。

7. 当事人在寻求法院作出仲裁庭管辖权裁定的同时，仲裁庭可以继续进行仲裁程序和作出裁决。

---

① 1996年香港《仲裁条例》第13B条以"仲裁庭可对自己的司法管辖权作出决定"关标题，规定："联合国国际贸易法委员会示范法第16条适用于任何正根据一项本地仲裁协议进行仲裁程序的仲裁庭，犹如该条适用于任何正根据一项国际仲裁协议进行仲裁程序的仲裁庭一样。"

必须指出的是，香港制度下仲裁庭管辖自裁权利受强行性条款香港《仲裁条例》第 26 条第（2）、第（3）款的限制。这两条涉及仲裁协议下的争议是否存在诈骗问题。在这种情况下，仲裁庭不再享有就自己的管辖权作出自我裁定之权力，因为该条款，法院此时有权下令仲裁协议不再有效，撤销依据该协议而产生的仲裁员或公断人，从而剥夺了仲裁庭的管辖权，这是香港仲裁庭管辖权自裁原则的例外。

（三）澳门仲裁制度下管辖权自裁原则

澳门《本地仲裁法》关于仲裁庭管辖权自裁的立场与联合国示范法相类似，但没有关于仲裁庭越权异议的规定，也没有针对仲裁庭管辖权裁决请求管辖法院作出裁判的程序。澳门《本地仲裁法》第 27 条（关于本身管辖权之决定）的主要内容如下：

1. 仲裁庭有权对自身管辖权作出决定，包括对仲裁协议是否存在、是否有效以及其法律效力作出决定。

2. 对仲裁庭管辖权的抗辩须在第一份答辩书内或者在第一份答辩书之前提出。

3. 仲裁庭可以对管辖权异议立即处理，也可以在终局裁决中与实体问题一并处理。

4. 当事人并不因指定仲裁员而丧失对仲裁庭管辖异议权。

澳门《涉外商事仲裁法》关于仲裁庭管辖权自裁的原则的立场与联合国示范法第 16 条的规定完全相同，只是由于翻译方法的不同，我们前文所说的初步问题，澳门《涉外商事仲裁法》第 16 条称之为"先决问题"。由于与示范法第 16 条相同，澳门涉外商事仲裁中关于仲裁庭管辖权问题也有如下内容：

1. 仲裁庭有权对自己的管辖权包括对仲裁协议的存在或效力的任何意义作出裁定。

2. 关于仲裁庭管辖权的异议必须在提出答辩书之前提出。

但是当事人指定或参与指定仲裁员的事实，不妨碍其行使仲裁庭管辖的异议权。

3. 有关仲裁庭超越其权力范围的抗辩，当事人可以在仲裁程序过程中发生越权的情况时立即提出。

4. 2、3 两种管辖权异议，如有正当理由也可推迟提出。

5. 针对当事人上述异议，仲裁庭可以作为一个先决问题先行作出裁定，也可以在最后的实质性裁决中一并作出处理。

6. 上述异议仲裁庭如果作为一个先决问题裁定它有管辖权时，任何一方当事人均可在收到裁定后 30 天内向管辖法院申诉，而管辖法院因此作出的裁定，当事人不得上诉。

7. 当事人在寻求法院作出仲裁庭管辖权裁定的同时，仲裁庭可以继续进行仲裁程序和作出裁决。

（四）台湾仲裁制度的管辖权自裁制度

台湾《仲裁法》对仲裁管辖权问题规定得比较简单，根据该法第 22 条（仲裁庭管辖权异议之决定）精神，有关仲裁庭管辖权自裁问题的内容有两条：

1. 当事人对仲裁庭管辖权之异议，由仲裁庭决定；

2. 当事人已经就仲裁协议标的之争议进行陈述的，不得再提出管辖权异议。

三　区域仲裁制度中的仲裁优先问题

（一）内地仲裁制度中的仲裁优先问题

内地《中华人民共和国仲裁法》第 26 条规定："当事人达成仲裁协议，一方向人民法院起诉未声明有仲裁协议，人民法院受理后，另一方在首次开庭前提交仲裁协议的，人民法院应当驳回起诉，但仲裁协议无效的除外；另一方在首次开庭前未对人民法院受理该案提出异议的，视为放弃仲裁协议，人民法院应当继续审理。"

内地《仲裁法》这一规定应该说是典型的仲裁优先制度。虽然也随附但书，然而这种但书表明的实际上是非常正常的逻辑关系。仲裁协议无效，即便法院不进行诉讼干预，仲裁庭也不可能受理，否则形成的裁决将来可能受到败诉方的挑战。而双方当事人如果在诉讼开庭前以仲裁协议为依据挑战诉讼管辖权。说明，双方已经通过其具体的诉讼行为废止或者放弃了仲裁管辖权，那么法院当然没有必要比当事人本身更关注个案的仲裁管辖权问题。

（二）香港仲裁制度中的仲裁优先问题

香港《仲裁条例》仲裁优先原则体现在第6条。该条规定："某些情况下法院须将事项提交仲裁

（1）除第（2）及（3）款另有规定外，联合国国际贸易法委员会示范法第8条（仲裁协议及向法院提出实质性申索）适用于属本地仲裁协议的标的之事项，犹如该条适用于属国际仲裁协议的标的之事项一样。

（2）除第（3）款另有规定外，凡争议涉及在劳资审裁处司法管辖权范围内的申索或其他事宜，而就该争议的仲裁作出规定的仲裁协议的某一方，或透过该一方或在该一方之下作出申索的人，就议定提交仲裁的事项在任何法院展开法律程序，以针对该协议的任何另一方，或针对透过该另一方或在该另一方之下作申索的人，而该法律程序的任何一方在提交应诉状之后和在递交状书或在该法律程序中采取任何其他行动之前的任何时候，向该法院申请将法律程序搁置，则该法院或其一名法官倘信纳以下事宜，可作出命令将法律程序搁置——

（a）并无充分理由显示该事项不应按照该协议提交仲裁；及

（b）申请人在法律程序展开时已准备和愿意作出一切能使

仲裁恰当进行的必要事情，并一直如此准备和愿意作出该等必要事情。

（3）第（1）及（2）款在《管制免责条款条例》（第71章）第15条的规限下具有效力。"

第6条的内容实际上将《联合国国际商事仲裁示范法》第8条的内容平等地适用于港内仲裁与国际仲裁。我们知道《示范法》第8条是彻底的无条件的仲裁优先制度。其内容是：

"第8条仲裁协议和向法院提出的实质性申诉

（1）向法院提起仲裁协议标的诉讼时，如当事一方在不迟于其就争议实质提出第一次申述的时候要求仲裁，法院应让当事各方付诸仲裁，除非法院发现仲裁协议无效、不能实行或不能履行。

（2）在本条第（1）款提及的诉讼已提起时，仍然可以开始或继续进行仲裁程序，并可作出裁决，同时等待法院对该问题的判决。"

但是，我们不能仅仅凭此就断定香港是无条件的仲裁优先制度。实际上，香港《仲裁条例》第6条第（2）、（3）款针对劳资问题的限制尚属正常，因为各国对劳资纠纷的仲裁制度基本上都有特别的保护。而且，从第6条（2）、（3）款的本质内容还是保护仲裁优先制度。香港仲裁制度真正对仲裁优先制度的限制是在第26条第（2）、（3）款与第27条第（2）款。

"第26条　法院在仲裁员不公正或争议涉及诈骗问题时给予济助的权力

（1）……

（2）凡协议规定协议各方之间日后产生的争议须提交仲裁，而所产生的争议是涉及任何一方有否犯欺诈罪的问题的，则为有需要使该问题得以由法院裁定，法院有权下令该协议不再有效，以及有权批予许可，以撤销根据或凭借协议而委任的任何仲裁员或公断人的权限。

（3）在任何情况下，凡凭借本条的规定法院有权下令仲裁协议不再有效，或有权批予许可以撤销仲裁员或公断人的权限，法院可拒绝将违反该协议而提起的诉讼搁置。

[比照 1950 c. 27 s. 24 U. K.]"

"第 27 条　法院在仲裁员被撤职或仲裁员权限被撤销时的权力

（1）……

（2）凡仲裁员或公断人的权限遭法院许可撤销，或独任仲裁员或全体仲裁员，或已介入仲裁的公断人，遭法院撤职，法院可应仲裁协议任何一方的申请——

（a）委任一名独任仲裁员，以代替被撤职的人；或

（b）下令该仲裁协议对提交仲裁的争议不再有效。"

上述两条款涉及两个不同领域的限制，第 26 条第（2）、（3）款是针对如果仲裁协议的事项涉及任何一方的是否犯诈骗罪的问题，法院有权强行介入，不理会仲裁协议。这当然是个特例，尽管可以有其他解决方式。第 27 条第（2）款的规定就可能广泛得多。因为这一条是规定对"仲裁员或公断人的权限遭法院许可撤销，或独任仲裁员或全体仲裁员，或已介入仲裁的公断人，遭法院撤职"情况下的救济方式。本来仲裁案件中出现这种情况是不正常的，此时仲裁事业更需要法院的保障，但是条文显示，法院却因此取得了趁火打劫的特权，可以废除仲裁协议（当然废除后自动落入了法院的管辖。）尽管我们注意到这只是一种选择性规定，第（a）项中，法院可以委任一名独任仲裁员继续仲裁事项。但是，只要立法中存在这种选项，法院的管辖对仲裁管辖的威胁始终是存在的。香港仲裁制度下的仲裁优先原则

就不是完整的仲裁优先原则。

（三）澳门仲裁制度中的仲裁优先问题

我们已经知道了，澳门的仲裁制度分为本地仲裁制度与涉外仲裁制度。我们在澳门《本地仲裁法》中并无发现仲裁优先原则的相应条款。但是，澳门《涉外商事仲裁法》由于基本是克隆联合国示范法，因而对此有了明确规定。该法第8条第2款进一步规定

"第8条（向法院就争议实质提起之诉讼）

1. 向法院就一属仲裁协议标的之问题提起诉讼后，如一方当事人就争议实质作出最初陈述前向法院请求将争议提交仲裁，法院应让当事人付诸仲裁；但法院认定该协议已失效、不能实行或不能适用者除外。

2. 即使已向法院提起上款所指之诉讼，在有关问题尚在法院待决期间，仍得开始或继续进行仲裁程序及作出仲裁裁决。"

由于上述条款内容与示范法基本一致，应当属于比较完整的仲裁优先制度。美中不足的是，这种完整只是在涉外仲裁制度中加以规定，但是，在本地仲裁制度中却出现令人遗憾的缺失。

（四）台湾仲裁制度中的仲裁优先问题

台湾《仲裁法》第4条规定：

"仲裁协议，如一方不遵守，另行提起诉讼时，法院应依他方声请裁定停止诉讼程序，并命原告于一定期间内提付仲裁。但被告已为本案之言词辩论者，不在此限。

原告逾前项期间未提付仲裁者，法院应以裁定驳回起诉。

第一项之诉讼，经法院裁定停止诉讼程序后，如仲裁成立，视为于仲裁庭作成判断时撤回起诉。"

台湾《仲裁法》没有为仲裁优先原则设定限制性条件，可以说是比较完善的仲裁优先原则。

四　区域仲裁制度中管辖权问题的共识与分歧归纳

（一）区域仲裁制度的共识

通过比较分析，我们认为，在仲裁管辖权问题上，区域仲裁制度共性是主流的。在仲裁的协议管辖、管辖权自裁及仲裁优先问题上，内地与港澳台四个法域的仲裁制度尽管有细节的差异，但是，绝大部分都是一致的。作者认为，再构建区际商事仲裁的管辖权制度时，区域仲裁制度下的管辖权制度基本可资利用，并且在协商消除分歧时，阻力应该较小。

（二）分歧

前文我们详细陈述了各法域仲裁管辖权的内容，通过比较分析，我们注意到在仲裁管辖权领域，也存在如下分歧：

1. 内地仲裁协议要求必须规定仲裁机构问题

国际商事仲裁制度下的仲裁协议一般尊重当事人的意见，只要明确表达希望通过仲裁形式处理双方商事争议即可。对具体的仲裁机构并不做要求。理由可能是因为一方面表示对临时仲裁制度的支持，这些临时组建的仲裁庭当然不可能属于常设仲裁机构；另一方面原因应该是，中国内地的仲裁制度是规定由仲裁机构指定缺失仲裁员的，而联合国示范法虽然对缺失仲裁员的强制指定机构允许各国视本国具体情况加以规定。但是，许多国家规定由法院指定。这就决定了我国内地的仲裁协议必须规定具体仲裁机构，而港澳台则没有这种强制规定。但是，内地仲裁法的精神并非通过仲裁协议绑定某一家仲裁机构，它关心的也是是否存在真实的仲裁管辖权意愿。1996 年 12 月 12 日，最高人民法院在答复山东省高级人民法院的请示时以《关于同时选择两个仲裁机构的仲裁条款效力问题的函》（法函【1996】176 号）中答复指出，尽管当事人选择了两个仲裁机构，但是，该条款对仲裁机构的约定时明确的，亦是可以执行的。当事人只要选择约定的仲裁机构之一即可进行仲裁，人民法院没有管辖权①。这一解释更证明了作者的上述理解。内地仲裁法关心的是必须具备推动仲裁进程的主体，至于当事人选择多少个仲裁主体则无所谓。而最高法院的解释实际上是用具体的仲裁机构反过来证实当事人的仲裁意愿。

2. 内地管辖权自裁问题的"仲裁委员会"决定机制及报告制度

国际商事仲裁制度中的管辖权自裁的主体一般是仲裁庭。中国内地由于强调机构仲裁因而演变成仲裁委员会决定制度。实际上这是管辖权自裁原则的在机构仲裁情形下的具体化。虽有不同，但与其他法域的区域仲裁制度并无本质的抵触。

最高法院就涉外及涉港澳台仲裁协议建立的报告制度是处于对仲裁协议有效性的特别保护，是人民法院处于对仲裁保障的一种自我约束机制。这对管辖权自裁原则并无任何削弱作用，反而进一步加强了管辖权自裁原则。

3. 法院对仲裁管辖权的终局决定权问题

内地与台湾及澳门的本地仲裁制度并没有给仲裁庭（或仲裁机构）基于管辖权自裁原则而作出的裁定赋予上诉权。但是香港仲裁制度及澳门涉外仲裁制度则明确规定当事人可以在30天内向法院上诉。从而将管辖权问题的终局权交给了法院。审查香港与澳门涉外仲裁制度的来源实际上是联合国示范法。仲裁制度管辖权的终局权应该说是相当关键的具体制度。但是联想到内地仲裁制度下在法院与仲裁机构管辖异议竞合时规定了法院的优先权，以及在仲裁的撤销程序及执行程序中对仲裁协议的审查，

———————————
① 参见宋连斌、林一飞译编《国际商事仲裁资料精选》，知识产权出版社2004年版，第472页。

我们认为，尽管具体做法上港澳与内地及台湾有一定的差异，但是，本质上表现的是仲裁事业一个无法回避的现实问题，那就是法院对仲裁的最后掌控。不管任何社会任何法律体系，无论是落后还是开明，每一个法域的统治者实际上根本不可能彻底放弃对仲裁的管制。因此，法院对仲裁管辖权的终局决定权问题的分歧是形式上的，实质上并无本质差别。

4. 香港仲裁优先制度中的劳资、欺诈限制

以劳资、欺诈等案件性质作为对仲裁优先权的限制是香港仲裁制度的特色。尽管在劳资领域及刑事领域法院系统拥有更多的优先权不难理解，但是，在专门的仲裁立法中这样规定倒是比较特别。实际上在中国内地一直存在着形式优先的惯例。在双方发生商事争议时，如果涉及刑事犯罪（不仅仅是诈骗），那么一般都要先移送刑事处理，民商问题需要等到刑事结束再行处理。当然，这也是刑民处理顺序问题，并无否定仲裁管辖权之说。劳动仲裁在内地是强制仲裁，但是，实体上必须经过上诉程序。不过劳资限制与本书并无过分担忧之虞，因为本书为了消除不必要的争议将仲裁范围限制在商事仲裁领域。

5. 澳门本地仲裁制度中的仲裁优先条款的缺失

这的确是澳门本地仲裁制度的缺陷，但是，没有证据表明在仲裁协议有效情况下，澳门法院会与仲裁争夺具体案件的管辖权。

第三节　中国区际商事仲裁管辖权制度的构思

一　区际商事仲裁管辖权制度内容的考量

区际商事仲裁制度系因着建立为各法域共同接受的"准统一区际商事仲裁法"，并且建立区际商事争议仲裁中心的理想而

探讨建立的一种新型法律制度，在具体实施之前很可能被认为是一种司法乌托邦。但正因为如此，在构建具体制度时，我们必须力图注意制度的广泛性与可操作性。

作者认为，构建区际商事仲裁制度应该是取得区域管辖权制度的共识，甄别区域管辖权制度的分歧。

（一）区域仲裁管辖权制度的共识是构建区际商事仲裁管辖权制度的基础

前文分析指出，区域仲裁管辖权制度中，在仲裁的协议管辖、管辖权自裁及仲裁优先问题上，内地与港澳台四个法域的仲裁制度尽管有细节的差异，但是，绝大部分都是一致的。尽管这些具体的制度是各法域区域性仲裁法所制定，但是由于仲裁制度中的管辖权制度相对理论化程度较高，区际商事仲裁制度中直接引用区域仲裁管辖权制度并无冲突之嫌。

（二）关于区域仲裁管辖权目前存在的一些分歧，作者认为应该区别对待

1. 内地《仲裁法》要求仲裁协议必须规定仲裁机构问题

作者认为，仲裁协议的基本功能本质上是表达协议各方将有关争议提交仲裁的真实意向。"仲裁的意愿"是仲裁协议最本质最核心的部分。至于有否规定具体的仲裁机构并不重要。因为按照联合国示范法精神，无具体仲裁机构的缺陷是可以弥补的。但是，内地《仲裁法》所体现的关心仲裁机构作为仲裁进程推进主体的精神，至少在区际商事仲裁的问题上存在着相同或者近似的背景理由，只是角度不同而已。作者认为，在区际商事仲裁的初级阶段区域仲裁制度、仲裁机制不可避免地与区际商事仲裁制度、仲裁机制同时并存。甚至在同一法域内同时存在着区域仲裁机构与区际商事仲裁机构同时并存的局面。作为管辖权基础的仲裁协议如果不明确选择区际仲裁机构，那么借助法院的指定机制

很可能会指派区域仲裁机构，由于区际仲裁机构与区域仲裁机构适用的冲突规则指引的实体法依据不可能完全相同，甚至区域仲裁机构与区际仲裁机构适用的仲裁规则程序完全不同，很可能导致仲裁结果最终背离区际仲裁制度追求的目标。个案错误问题或可克服，如果经常出现此类争议最后导致区域仲裁机构与区际仲裁机构的基于管辖利益的争议，将导致仲裁领域出现分裂隐患，同样会损毁仲裁事业的前途。基于此项忧虑作者认为，在区际商事仲裁制度建立的初始阶段，仲裁协议中对区际商事仲裁机构或其仲裁规则的选择是必要的。

2. 内地管辖权自裁问题的"仲裁委员会"决定机制及报告制度

管辖权自裁异化为仲裁委员会管辖权决定制是基于对机构仲裁的偏爱所致。区际商事仲裁制度应该是开放性的，既可以是机构仲裁，也可以为临时仲裁提供服务，因而相应的管辖权自裁原则应该均衡的给予同等保护。恢复国际商事仲裁制度下仲裁庭管辖权自裁原则是区际商事仲裁制度下管辖权自裁原则的必然。而且，由于机构仲裁体制下仍然存在着仲裁庭组织，因而恢复仲裁庭管辖权自裁对机构仲裁并无利益冲突。

区际仲裁机构在可以预见的将来并无直接的管辖法院，因而内地制度下的所谓报告制度无法适用。

3. 法院对仲裁管辖权的终局决定权问题

允许法院对仲裁庭管辖权自裁的结果进行上诉处理是联合国示范法的精神。但是，在区际商事仲裁制度下，由于没有共同的管辖法院，执行这一程序很难。鉴于目前内地与台湾的区域仲裁制度下没有赋予仲裁庭管辖决定的上诉程序并没有对仲裁事业产生太大的不利影响，因此，在区际商事仲裁制度中，暂时不能赋予任何法院以上诉管辖权，以免引起区域法院的管辖权冲突，破坏"一国两制"的基础。

4. 香港仲裁优先制度中的劳资、欺诈限制

劳资争议并非区际商事仲裁制度的管辖范围。仲裁事项涉嫌刑事诈骗或者其他性质的犯罪对仲裁程序本身并无影响，这是两个不同性质的问题，完全可以分开处理。因而，区际商事仲裁制度中不能将涉嫌刑事犯罪作为否定仲裁协议效力的依据。

5. 澳门本地仲裁制度中的仲裁优先条款的缺失

澳门本地仲裁制度对仲裁优先制度的缺失并不意味着澳门法律对仲裁优先原则的实质否定，因为在其涉外仲裁制度中对仲裁优先制度作了与联合国示范法完全一致的规定。而且，仲裁优先原则在全世界已经深入人心，在我国所有四个法域仲裁法中都有不同程度的体现，不能因为澳门本地仲裁制度的个别缺失就否定该原则在区际商事仲裁制度下的合理存在。

（三）区际商事仲裁管辖权制度的主要内容

根据上述分析取舍，区际商事仲裁管辖权制度中应该包含如下内容：

1. 协议管辖原则。区际商事仲裁管辖权的依据是双方当事人仲裁协议。仲裁协议既包括独立单行的仲裁协议，也包括体现在实体商务合同中的仲裁条款。仲裁协议必须是书面的。仲裁协议中除普遍必备的条款外，还应该包含对区间赏识仲裁机构的明确选择。

2. 管辖权自裁原则。仲裁庭有权对自己的管辖权包括对仲裁协议的存在或效力的任何异议作出裁定。对仲裁庭管辖权的异议必须在提出答辩书之前提出。但是当事人指定或参与指定仲裁员的事实，不妨碍其行使仲裁庭管辖的异议权。仲裁庭对管辖权异议，可以作为一个先决问题先行作出裁定，也可以在最后的实质性裁决中一并作出处理。

3. 仲裁优先原则。属于仲裁协议标的的争议一方向法院起诉后，如另一方当事人就争议实质作出最初陈述前向法院请求将争议提交仲裁，法院应让当事人付诸仲裁；但法院认定该协议已失效、不能实行或不能适用者除外。

二 区际商事仲裁管辖权制度的建议条款

根据前文分析，作者将区际商事仲裁管辖权制度的建议条款表述如下：

第 X 条　仲裁协议的定义和形式

（1）"仲裁协议"是指当事各方同意将在他们之间确定的不论是契约性或非契约性的法律关系上已经发生或可以发生的一切或某些争议提交中国区际商事仲裁机构仲裁或者临时仲裁的协议。仲裁协议可以采取合同中的仲裁条款形式或单独的协议形式。

（2）仲裁协议应是书面的。协议如载于当事各方签字的文件中，或载于往来的书信、电传、电报或提供协议记录的其他电讯手段中，或在申诉书和答辩书的交换中当事一方声称有协议而当事他方不否认即为书面协议。在合同中提出参照载有仲裁条款的一项文件即构成仲裁协议，如果该合同是书面的而且这种参照足以使该仲裁条款构成该合同的一部分的话。

第 X 条　仲裁协议和向法院提出的实质性申诉

（1）向法院提起仲裁协议标的诉讼时，如当事一方在不迟于其就争议实质提出第一次申述的时候要求仲裁，法院应让当事各方付诸仲裁，除非法院发现仲裁协议无效、不能实行或不能履行。

（2）在本条第（1）款提及的诉讼已提起时，仍然可以开始或继续进行仲裁程序，并可作出裁决，同时等待法院对该问题的判决。

第 X 条 仲裁庭对自己的管辖权作出裁定的权力

（1）仲裁庭可以对它自己的管辖权包括对仲裁协议的存在或效力的任何异议，作出裁定。为此目的，构成合同的一部分的仲裁条款应视为独立于其他合同条款以外的一项协议。仲裁庭作出关于合同无效的决定，不应在法律上导致《仲裁条款》的无效。

（2）有关仲裁庭无权管辖的抗辩不得在提出答辩书之后提出。当事一方已指定或参与指定仲裁员的事实，不得阻止该当事一方提出这种抗辩。有关仲裁庭超越其权力范围的抗辩，应在仲裁程序过程中提出越权的事情后立即提出。在这两种情况下，仲裁庭如认为推迟提出抗辩有正当理由，均可准许待后提出抗辩。

（3）仲裁庭可以根据案情将本条第（2）款所指的抗辩作为一个初步问题裁定或在裁决中裁定。如果仲裁庭作为一个初步问题裁定它有管辖权，当事任何一方均可以在收到裁定通知后 30 天内要求仲裁地法院对这一问题作出决定。该决定不容上诉，在等待对这种要求作出决定的同时，仲裁庭可以继续进行仲裁程序和作出裁决。

三 区际商事仲裁管辖权制度的立法体例

协议管辖原则、管辖权自裁原则、仲裁优先原则实际上是从不同的角度互相支持地构成一个完整的仲裁管辖权体系，从逻辑关系上来讲应该一并立法。然而，作者研究的结果好像并没有发现哪部仲裁法（包括示范法）将仲裁管辖权三原则合并立法。一般表现是将其中两者例如协议管辖原则与管辖权自裁原则并列立法，而另外一个原则另行加以规定。有时是协议管辖原则、管辖权自裁原则的组合，有时是管辖权自裁原则、仲裁优先原则的组合。联合国示范法将协议管辖原则在"第二章仲裁协议"加以规定，而对管辖权自裁原则、仲裁优先原则的组合则在"第四章仲裁庭的管辖权"中加以规定。中国内地仲裁法是将协议管辖原则、管辖权自裁原则的组合规定在第三章的"仲裁协议"中，而将仲裁优先原则规定在第四章的"仲裁程序"中。香港《仲裁条例》则将三者分开规定。协议管辖原则在"导言"中规定，管辖权自裁原则在独立的"本地仲裁庭的司法管辖权"中规定，而仲裁优先原则则在"仲裁协议的效力等"中规定。澳门《本地仲裁法》对协议管辖原则以"仲裁协议"作为单独的一节，对管辖权自裁原则却离奇地规定在"仲裁裁决"一节中。台湾《仲裁法》将协议管辖与仲裁优先两原则组合规定在第一章"仲裁协议"之中，而对"管辖权自裁原则"则规定在"仲裁程序"一章中。

尽管从逻辑上，仲裁管辖三原则应该整体加以规定，但是，鉴于目前的仲裁立法惯例并无三项合并规定之先例，我国区际商事仲裁制度基于求同存异的原则也并无必要标新立异。由于协议管辖原则本身自成体系需要更多更详细的规定，不如将协议管辖原则以单独章节加以规定，而管辖权自裁与仲裁优先原则更多的是侧重仲裁庭管辖权角度，因而可以组合立法规范。

第四章

中国区际商事仲裁的组织形式

第一节　国际商事仲裁的组织形式

国际商事仲裁组织形式分别有仲裁庭、常设仲裁机构和仲裁协会等几种常见形式。

一　仲裁庭

仲裁庭是具体负责审理和裁决提交仲裁案件的组织，它是仲裁的最常见、最基本的组织形式。仲裁庭是仲裁制度的具体执行组织。具体争议、纷争的解决和一个国家或地区甚至国际仲裁组织的仲裁制度和意志都是通过它实现的。

（一）仲裁庭的特点

世界各国仲裁庭制度千姿百态，而一个国家或地区内部已规定了仲裁庭的不同形式，但它们具有如下共同的特点：

1. 仲裁庭的产生源于当事人的仲裁协议。仲裁庭的产生直接反映了当事人的意志。没有当事人的具体仲裁协议，就不会有具体仲裁庭的存在。而仲裁委员会或仲裁其他常设仲裁机构有的根据政府文件设立，有的又由某一方面专业商会设立，其产生无须当事人仲裁协议的存在。

2. 仲裁庭负责案件的实体审理，并作出终局裁决。仲裁庭是具体解决当事人之间纷争的实体，是仲裁的最基本的组织细胞。而仲裁委员会或其他常设仲裁机构只是处理仲裁的行政事务，对仲裁案件并不进行实体审理。仲裁协会则只负责仲裁的行业管理或协调工作，对当事人的具体争执也不作处理。

3. 仲裁庭的运作经费完全来自当事人缴付的仲裁费。仲裁庭因个案而产生，其经费支出自然来自该个案中当事人缴付的费用。而个案仲裁费仅仅是常设仲裁庭活动经费的一小部分来源。常设仲裁机构因由政府出面组织或设于商会或专业协会之下，因此常常能够得到政府或商会支持。仲裁协会则往往有政府支持，也有会员交的会费。

4. 仲裁庭的存续是暂时的。无论是临时仲裁的仲裁庭，还是常设仲裁机构的仲裁庭，它的存在都是短暂的。仲裁庭负责的个案一旦作出终局裁决，仲裁庭使命即告完成。综观各国和地区的仲裁规范或各仲裁机构的仲裁规则，仲裁期限一般为6—9个月，长者也不超过一年。也就是说，仲裁的运作期限一般都不会超过一年。而常设仲裁机构则没有时间限制，只要它的设立机构不撤销它，它就永远存在下去。仲裁协会的运作以其章程为依据，只有章程中约定的解散事由发生时，仲裁协会才会解散，而国际仲裁实践很少发生这样的事件。

（二）仲裁庭的类型

仲裁庭的类型一般按仲裁庭的决策机制分为独任制仲裁庭和合议制仲裁庭。独任制仲裁庭是由双方当事人共同推举或仲裁协议约定的指定机构或管辖法院指派一名仲裁员组成仲裁庭审理仲裁争议。合议制仲裁庭指仲裁庭是由三名或三名以上仲裁员组成的仲裁庭。也有些学者按仲裁庭的具体人数划分仲裁庭类型①。一人仲裁庭即独任仲裁庭多见诸英美法系国家，它由独任仲裁员全权推进仲裁程序，直到作出裁决。二人仲裁庭一般还另外包含着一名公断人，两名仲裁员分别由双方当事人推荐，公断人由两名仲裁员共同推举。二人仲裁庭的仲裁裁决由两名仲裁员共同作出，如果不能取得一致意见，则由公断人取代仲裁员独自对仲裁事项作出终局裁决。这种仲裁庭之类型多为国际上一些商业组织内部或贸易协会内部的仲裁庭所采用。我国香港特别行政区在港内仲裁上也采用二人仲裁庭形式。三人仲裁庭在国际仲裁的立法和实践中最为常见。一般由双方当事人分别指派一名仲裁员，然后由双方或双方指派的仲裁员或仲裁协议中约定的其他机构指派第三名仲裁员担任首席仲裁员组成仲裁庭，仲裁裁决由三分之二多数作出。联合国示范法中向各国推荐的也是这种仲裁庭模式。四人或多人仲裁庭在国际商事仲裁实践中并不多见，因为仲裁员越多，不仅当事人耗费越大，而且仲裁程序拖延的时间就越长，不利于仲裁纠纷的及时解决。多人仲裁庭往往是出于政治目的而不是出于经济或仲裁本身的考虑而产生。这方面最有名的例子就是伊朗—美国索赔仲裁庭由 9 名仲裁员组成，双方各指派 3 名仲裁员，另外 3 名仲裁员来自第三国。

　　以上分析的仲裁庭的各种不同类型，在仲裁实践中都各有利弊。一般的说，独任仲裁庭简便、快捷、经济，但独任仲裁员的权力太大，如果仲裁员对法律或事实的认识有重大偏差，或仲裁员心存偏袒或其作出的不公正裁决，则当事人无法对其进行制约，如果靠法院撤销该仲裁员资格或事后的司法复核，则丧失仲

---

① 参见肖永平《中国仲裁法教程》，武汉大学出版社 1997 年版，第 50—51 页。

裁制度固有的优越性。二人仲裁庭强调两名仲裁员的意见必须一致，由于人的认识偏差或看问题的角度不同，仲裁员很难就仲裁争议达成一致意见，产生意见分歧时，仲裁员要么为了推进仲裁而委曲求全达成妥协（这种妥协方案不见得对当事人公平），要么只好前功尽弃，由公断人取代，以前的仲裁程序往往推倒重来。这对当事人无论从时间上还是从经济上都是极大损失，这种损失并非由当事人的过错造成，将无法取得补偿，显然对当事人不公平。三人仲裁庭相对保障了仲裁的公平性，但由于仲裁员多，要聚集起来处理同一案件机会难找，也会拖延仲裁的推进进程。四人或多人仲裁庭满足了具体案件当事人的特殊需要，但显然既不快捷，也不经济。对具体个案来说，面对着利弊并存的各仲裁庭类型，当事人只有根据自己在具体案件的具体需要加以确定。对仲裁组织来说，无论哪种仲裁庭，也无论其优缺点，必须尊重当事人在仲裁协议中对仲裁庭的选择，只有在当事人仲裁协议无约定，并且在规定的期限内没有作出选择的情况下，才由双方选定的常设仲裁机构或管辖法院决定。

（三）仲裁庭的职权

仲裁庭的职权在很多方面与仲裁员的职权相似，仲裁员的个人的权利和义务是通过仲裁庭集体形式实现的。因此，从集体的角度看，仲裁庭职权有：1. 受理仲裁案件，告知当事人享有的权利；2. 决定仲裁案件是否开庭审理，并安排开庭时间、场所；3. 审理仲裁事项，做好开庭记录；4. 要求双方当事人提供支持本方仲裁请求，反驳对方观点的证据材料，必要时，仲裁庭可以自行收集必要的证据材料，对呈交或收集的证据作出审查评判；5. 根据具体案件需要作出临时裁决、中间裁决等；6. 根据案件需要及当事人要求请求法院提供司法保障；7. 就当事人争议进行调解，并根据调解结果作出相应裁决；8. 为查清争议是非，向专家咨询专业问题或国际惯例；9. 就双方当事人争议作出终局裁决。

二 常设仲裁机构

常设仲裁机构是世界各国或国际组织根据各自的仲裁法规或专项国际条约而成立的专门处理仲裁事务的法律实体。常设仲裁机构在各国的名称不尽相同，有的称仲裁委员会（如我国），有的称为仲裁院（如伦敦国际仲裁院），有的称为仲裁中心（如新加坡），还有的称作仲裁协会（如日本商事仲裁协会）等。

（一）常设仲裁机构的设置

常设仲裁机构的设置及其分布网络与一个国家仲裁制度和政策关系很大。常设仲裁机构的设置一般涉及两个问题：其一是仲裁机构的设置条件；其二是仲裁机构的设置模式。

1. 常设仲裁机构的设置条件

常设仲裁机构的设置条件一般由该机构所在地的仲裁法和社团法人的政策决定的。世界各国对常设仲裁机构规定的条件不尽相同，综观世界各国的有关规定，设置一个常设仲裁机构，下列条件是必须具备的：

（1）必须有固定的办公场所。常设仲裁机构办公场所的相对固定是为了使当事人与仲裁机构的联系方便，但多数国家对仲裁机构办公场所的具体条件，一般不作具体要求。

（2）必须有自己的名称、章程和自己的仲裁规则。名称和章程是法律对一切社团法人最基本的要求，社团法人名称是该法人与社会联系并为社会提供服务的标志，而章程则是社团法人正常运作的法律依据。这是一切社团法人的共同要件，而仲裁规则则是常设仲裁机构与其他普通社团法人相区别的关键点。常设仲裁机构为社会提供的是一种仲裁服务，在其广泛的服务对象中，许多都是对仲裁比较陌生的自然人或实体，他们不可能自行制定一个成熟的仲裁规则来调整解决他们民商纷争的仲裁程序，仲裁机构作为仲裁的服务机关为此通常准备一份仲裁规则供求助的当事人选择。

（3）有必要的财产。常设仲裁机构在提供仲裁服务前，应该具备起码的物质基础。虽然常设仲裁机构可以向仲裁当事人收取一定的仲裁费，但个案收取的仲裁费并不见得能充分支付仲裁机构在为该案提供服务的实际消耗，就具体个案而言，出现盈亏是正常的，何况当事人的支付有时在仲裁结案之后，这就要求常设仲裁机构在设立时必须像其他社团法人那样拥有保障自身正常运作的基本财产条件，以便不论该机构受案数量多少及案件大小、效益盈亏的情况下保持该机构运作的延续性。

（4）有相对固定的管理成员。常设仲裁机构的管理人员包括仲裁院主席、副主席（仲裁委员会为主任、副主任）、委员、秘书、顾问等，这些管理成员如果不是全部，至少有相当一部分必须在常驻机构办公，这正是常设仲裁机构提供的仲裁与临时仲裁的区别所在。

（5）有聘任的仲裁员。仲裁员是仲裁机构最基本的细胞，是仲裁制度的最终执行者，仲裁机构一般都聘请一定数量的合格仲裁员，许多常设仲裁机构将这些仲裁员印在仲裁员名册上，供仲裁各方选择。

2. 常设仲裁机构的设置模式

常设仲裁机构的设置模式因各国具体国情、仲裁制度及司法传统的差异而各有特色。一般分为如下几类：

（1）仲裁机构设于商会之内

a. 由于仲裁机构属于民间机构，常设仲裁机构设于商会内的形式比较常见。常设仲裁机构设于商会的模式又分几种形式：

b. 只设一个全国性仲裁机构，并无分支机构。采用这种形式的国家，一般只在全国性商会下设立一个常设仲裁机构，而在下属行政区或专业协会下并不设立相应的分支机构。世界上一些著名的常设仲裁机构如斯德哥尔摩商会仲裁院、韩国商会仲裁院即属此类。

c. 设立两个全国性仲裁机构，并分别设立分支机构。采用这种模式一般是按案件受理范围加以区分。这种做法比较典型的如日本的国际商事仲裁协会和日本海事仲裁委员会。前者设于日本工商会所内，后者设于日本海运会所内，两者在日本神户均设有办事处。

d. 在国内若干城市的商会内设立常设仲裁机构，没有全国统一的仲裁机构，也没有分支机构。如法国的巴黎商会和马赛商会中分别设有仲裁机构，但法国却没有统一的常设仲裁机构。

（2）常设仲裁机构独立设置

这种仲裁网络模式是仲裁机构依本国或本地区仲裁法规独立设置，不附属任何其他行政及民间机构。从仲裁机构本身的相互关系看，独立设置的仲裁机构又有两种类型。其一是设立全国统一的仲裁机构，属下各行政区的仲裁机构均属其分支机构。如美国仲裁协会总会设于纽约，又在其他 35 个城市设立分支机构。其二是全国性仲裁机构与地方性仲裁机构并存，但各自受理仲裁案件，互相没有隶属关系。我国台湾的常设仲裁机构网络即属此类。

（3）行业协会仲裁机构与独立仲裁机构同时并存

这种网络模式实际上是前两种类型的综合。英国虽然有著名的伦敦国际仲裁院，但遍布该国的各类行业协会、商会往往也设立自己的仲裁机构。

（4）多种常设仲裁机构并存，设立统一的协调机构采用这种网络模式的国家对仲裁机构的设立的要求较宽，因而形成各种常设仲裁机构并存的局面。为了协调、管理这些仲裁机构，这些国家往往设有统一的仲裁协调机关。德国便是这样的国家。德国为了协调德国海事仲裁协会、法兰克福仲裁协会、汉堡商会仲裁院等十几个不同类型的仲裁机构，在波恩设立了全国性的德国仲裁委员会，该仲裁委员会并不受理具体的仲裁案件，也没有分支机构，而是协调全国的仲裁机构，它自身制定有统一的仲裁规则，供各类仲裁机构选用。

（二）常设仲裁机构的性质及法律地位

常设仲裁机构究竟是什么样的实体？这个问题既要从民法上的法人原理去分析，也要从仲裁本身的性质去分析，最重要的是常设仲裁机构的属人法对仲裁机构的定性。关于仲裁的性质，目前主要有四种观点，各自都有一些国家和地区立法或学术方面的支持者。1. 司法权理论。认为仲裁属于国家法律授权的司法行为。仲裁员和法官一样都是根据法律和良知进行裁判，因此，仲裁必须接受国家的管理和监督。支持这一观点的有德国、奥地利、意大利等国。2. 契约理论。认为仲裁的权力不是来自国家，而是来自当事人之间的仲裁协议的授权，仲裁员相当于当事人的代理人，因此产生的裁决相当于代理人代表当事人所订的契约，裁决的约束力源自"契约必须遵守"的原则。法国、荷兰、斯堪的那维亚半岛国家即奉行此说。3. 混合理论。认为仲裁具有司法和契约双重属性，仲裁的权力源自当事人之间的仲裁协议，仲裁裁决的执行效力又来自法律，特别是代表国家执行法律的法院的支持。目前，这一学说在国际商事仲裁理论中获得多数支持。4. 自治理论。仲裁自治论是关于仲裁的一种比较激进的理论，它认为仲裁是商人们在千百年来从事商业活动注重实效的结果，先有仲裁，尔后国家才予以确认，仲裁的协议和仲裁裁决的强制性同样来自商人们处理国际商事关系的实际需要，其他的程序权和实体权利也因此而产生。

从民法的法人原理上讲，法人一般分为企业法人、机关法人、事业单位法人和社团法人等几类。企业法人以盈利为目的，从事经营活动。机关法人构成国家行政的一部分，行使着国家法律赋予的行政管理权。事业单位法人则以政府财政拨款为依靠，从事社会各类研究或服务等社会事业。而社团法人是若干社会成员为了共同的目的而组成的社会组织。我们认为在一个国家常设仲裁机构究竟是什么性质，要综合考虑前两个因素。一般地说，除持仲裁司法论的国家外，其他多数国家的常设仲裁机构都被认定为是纯民间机构，基本上看作一个企业法人，该常设仲裁机构的设立一般也按其所在国家的公司法设立。即便在持仲裁司法论的国家，如德国，其特别之处，也仅在于加强对仲裁的司法监督，并加强对常设仲裁机构的管理。其常设仲裁机构也多是按公司法设立。

各国仲裁法赋予常设仲裁机构的职权不尽相同，但一般包括如下几个内容：

1. 受理并登记仲裁案件。

2. 收受和送到当事各方及仲裁庭法律文书。

3. 指导并协助当事人选择仲裁员，组织仲裁庭，并为仲裁庭提供后勤服务。

4. 在仲裁庭正式成立之前，应当事人请求对仲裁机构的管辖权或仲裁协议的效力作出决定。

5. 就本仲裁机构作出的裁决或其他法律文件加盖印章，提供证明。

6. 聘任仲裁员、法律或其他专家。

7. 编制本仲裁机构的仲裁规则。

8. 编印仲裁机构宣传资料和仲裁员名册。

9. 执行所在国仲裁法规和该机构章程中为该常设仲裁机构规定的其他职责。

三　仲裁协会

在国际商事仲裁实践中，仲裁协会有两种，一种是前述作为常设仲裁机构的仲裁协会（如美国仲裁协会和台湾中华仲裁协会），另一种是作为仲裁员或仲裁机构的管理或自律性机构的仲裁协会（如中国仲裁协会）。而本节讨论的是后一种含义的仲裁协会。

（一）仲裁协会的含义

仲裁协会是根据国家仲裁规范成立的，以常设仲裁机构或仲裁员为会员的仲裁自律性组织。

根据上述定义及各国实际情况，仲裁协会具有以下特点：

1. 仲裁协会成立的依据是国家的仲裁规范与仲裁政策。

2. 仲裁协会的成员是常设仲裁机构或仲裁员。

3. 仲裁协会一般不直接收受和处理仲裁案件。

4. 仲裁协会是常设仲裁机构和仲裁员的自律性机构，实际上相当于管理机构。

（二）仲裁协会的性质

国际商事仲裁领域虽然对仲裁行为及常设仲裁机构的性质有所争议，但对仲裁协会性质并没有多大争议。现在人们倾向于将仲裁协会认定为纯民间组织，从法律上来讲，属社团法人。它是依据所属国法律注册成立，除了有必要的会员外，还得具备该国社团法人的法律制度规定必备的物质条件。如住所、财产、经费等等。

（三）仲裁协会的职能

仲裁协会的职能来源于两个方面：其一是所在地的法律授权；另一种是仲裁协会章程中仲裁协会成员的授权。

由于各国仲裁制度存在较大差异，各国仲裁机构的组织章程也有较大的差别，故各国仲裁协会的职能有较大的差别，但归结起来应该有如下共同职能：

1. 对各协会成员包括常设仲裁机构和一般仲裁员进行监督，确保仲裁协会成员的职业操守的端正。

2. 制定统一的仲裁规则供各仲裁机构选用。

3. 条件许可时从宏观上指导、协调协会成员的工作。

4. 处理对仲裁协会成员包括常设仲裁机构和仲裁员的投诉。

第二节　中国区域仲裁组织形式
上的共识与分歧

一　中国内地仲裁的组织形式

（一）仲裁庭

内地的《仲裁法》规定了两种仲裁庭的类型[①]：一种是合议制，即由三名仲裁员组成仲裁庭；另一种是独任仲裁制，由一名仲裁员组成仲裁庭。在具体案件中究竟采用何种形式由当事人自己决定。在当事人无特别约定的情况下，内地仲裁法并未强制规定采用何种仲裁庭类型，而是将该项权利交付给仲裁委员会主任[②]。仲裁委员会主任行使上述权利必须是在当事人于规定期限内

---

① 参见《中华人民共和国仲裁法》第四章第二节。
② 《中华人民共和国仲裁法》第32条规定："当事人没有在仲裁规则规定的期限内约定仲裁庭组成方式或者选定仲裁员的，由仲裁委员会主任指定。"

没有决定仲裁庭的组建形式前提下进行。前述所谓规定期限，根据内地适用于国内仲裁的《仲裁委员会暂行规则示范文本》第 17 条规定，为"自收到受理仲裁通知之日起 15 日内"，但 2005 年 5 月 1 日实施的《中国国际经济贸易仲裁委员会仲裁规则》并没有规定当事人约定仲裁庭的组成方式之最后期限，也没有规定由仲裁委员会主任指定仲裁庭组成方式，而是按照三人合议仲裁庭的形式要求当事人选定仲裁员。在当事人选定独任仲裁的情况下，该仲裁员由当事人共同选定或者共同委托仲裁委员会主任指定。如果当事人在仲裁规则规定的期限内不能共同委派仲裁员，仲裁委员会主任根据仲裁规则获得代为指定仲裁员的当然授权。

（二）常设仲裁机构

就普通仲裁而言，内地目前走的是国内仲裁和涉外仲裁分头发展，分头开展工作的道路。中国内地的涉外仲裁机构成立较早，由中国国际贸易促进委员会（对外又称中国国际商会）出面组建。中国内地的涉外仲裁机构又按专业分为中国国际经济贸易仲裁委员会与中国海事仲裁委员会两个既互相独立又有共同主管部门的常设机构。前者主要管辖涉外经济贸易仲裁纠纷，后者主要管辖涉外海事纠纷。《中华人民共和国仲裁法》实施后，内地各地又根据仲裁法精神，在省会城市和设区的地级市设立仲裁委员会，新组建的仲裁委员会主要职责是受理国内仲裁案件，但根据 1996 年 6 月 8 日《国务院办公厅关于贯彻实施〈中华人民共和国仲裁法〉需要明确的几个问题的通知》的精神，对于涉外仲裁案件，只要当事人自愿选择新组建的仲裁委员会仲裁解决的，新的仲裁委员会也可以受理，并且与国内仲裁案件的收费相同。《中华人民共和国仲裁法》实施后，中国国际经济贸易仲裁委员会与中国海事仲裁委员会为适应新形势，先后几次修改了自身的仲裁规则。按照 2005 年 5 月 1 日生效的《中国国际经济贸易仲裁委员会仲裁规则》精神，现在只要当事人书面选择，中国国际经济贸易仲裁委员会基本上可以受理仲裁法许可范围内的任何性质的案件，而原来的涉外因素则已经蜕化为该仲裁机构的专业优势而已。

应该指出的是《中华人民共和国仲裁法》（简称内地《仲裁法》）的颁布与实施的确是我国内地仲裁制度的分水岭，《仲裁法》的颁布有效地促进了内地仲裁事业突破性的发展。"截至 2003 年 1 月，全国共成立仲裁机构 178 家。内地《仲裁法》颁布 7 年来，全国各仲裁委员会共聘请仲裁员近 3 万名，累计处理各类民商事纠纷 4 万余件，标的额达 830 多亿元。"①

关于仲裁委员会性质，内地仲裁委员会除劳动仲裁委员会等专业仲裁委员会外，其他均独立于行政机关，与行政机关没有隶属关系。仲裁委员会之间也没有隶属关系②。内地《仲裁法》第 11 条规定的仲裁委员会的设立条件实际上与法律对企业法人的要求相类似。从法律本身的角度看，我国内地仲裁委员会应该是一个企业法人，但由于内地的具体情况，需要解决仲裁委员会工作人员的待遇和经费问题，而这些都需要得到政府的支持。因此，内地仲裁委员会实际上享受着事业单位的待遇。

关于仲裁委员会的设立条件和程序。根据内地《仲裁法》精神，仲裁委员会的设立应当具备下列条件：1. 有自己的名称、住所和章程；2. 有必要的财产；3. 有该委员会的组成人员；4. 有聘任的仲裁员③。按照内地《仲裁法》第 10 条规定，仲裁

---

① 邓伟平、杨敬轩："内地与澳门仲裁法律制度的比较（上）"，载广州仲裁委员会主办《仲裁研究》2004 年第 2 辑。
② 参见《中华人民共和国仲裁法》第 14 条。
③ 同上书 第 11 条。

委员会应当由符合条件的城市人民政府组织有关部门和商会统一组建。这里所谓"有关部门"主要指新仲裁法实施前，已经设有仲裁机构的政府部门，如工商行政管理局、科学委员会、房产管理局等，而所谓的商会指中国工商联下的各城市地方工商联①。依照《仲裁法》的规定，设立仲裁委员会，应当经省一级的司法行政部门登记。

（三）中国仲裁协会

1995 年的内地《仲裁法》将内地的仲裁委员会彻底从行政机关中分离开来。为了对仲裁委员会及其组成人员和仲裁员的行为进行监督，内地《仲裁法》首次以法律形式规定了建立中国仲裁协会的问题。内地《仲裁法》对拟议中的中国仲裁协会认定为社会团体法人。中国仲裁协会的会员是各地的仲裁委员会，其章程由全国会员大会制定。中国仲裁协会的主要职能有两项：其一，作为仲裁委员会的自律性组织，根据章程对仲裁委员会及其组成人员、仲裁员的违纪行为进行监督；其二，根据《仲裁法》和民事诉讼法等有关规定制定仲裁规则。

内地《仲裁法》的规定与内地现存的法律制度和社会现实产生了一定的矛盾有些方面还为中国内地仲裁事业的发展设置了潜在的障碍，表现在如下几个方面：1. 内地迄今尚未有完善的法人制度，只是在民法通则中对法人制度作了简单的规定。而对社团法人的具体条件、组成方式、运作机制都缺乏明确的规定。中国仲裁协会做社团法人定性，今后如何操作却不得而知。2. 中国仲裁协会是仅以仲裁委员会做团体会员，不设个人会员，仲裁员个人并非中国仲裁协会会员。这与内地其他行业协会有所不

---

① 参见国务院法制局研究室编《重新组建仲裁机构手册》，中国法制出版社1995 年版，第 25 页。

同。这种法人会员的实体，其会员的广泛性受到限制。特别是临时仲裁在国际商事仲裁领域占有重要地位的今天，中国仲裁协会的法律依据里却没有为临时仲裁员和临时仲裁庭留下发展空间。3. 中国仲裁协会的权力机构是全国会员大会。其他许多专业协会的权力机构是全国代表大会，如中国注册会计师协会、中华全国律师协会等。这可能是因为中国仲裁协会以仲裁委员会为会员，全国的会员有限，不方便实行代表制。但是，会员制协会的协会行政性因素远远多于自律性成分，这在我国其他全国性的会员制实体，如上海证券交易所和深圳证券交易所等等都表现得十分明显。如前所述的两个证券交易所，既是证券交易的场所，也是各证券公司、证券上市公司及证券市场的监督管理机构，负有较大的行政职能，必要时证券交易所有权对某一证券停牌，甚至关闭整个证券市场。这与仲裁协会的所标榜的自律性组织显然相矛盾。4. 中国仲裁协会的具体职责有两条：①根据章程对仲裁委员会及其组成人员、仲裁员的违纪行为进行监督；②依照仲裁法和中华人民共和国民事诉讼法的有关规定制定仲裁规则。前一职能显得有些荒诞，仲裁协会既然属于自律性社团法人，其决定理应只对其会员具有约束力，对属于第三人的仲裁员的处罚权没有任何理论和法律依据（仲裁法本身规定）。而仲裁委员会的"组成人员"很多，一些纯粹行政事务性的组成人员，如行政秘书、办公室主任等，他们的赏罚应该由作为社团法人的仲裁委员会自身决定，按照仲裁法的精神，仲裁协会同样可以插手。苟如此，岂不是内地仲裁制度的悲哀。5. 仲裁法对仲裁协会的有关问题只作粗线条的处理，既没有规定牵头组织部门，如规定地方各级政府负责组建仲裁委员会；仲裁法生效多年，也没有相应的落实措施，如实施细则等，使得内地中国仲裁协会因为没有哪个部门出面组建，至今仍然是纸上谈兵。实际上也很难起步。有些学者建议由国务院法制局牵头组建中国仲裁协会，结束目前仲裁委员会"上不着天、下不着地的空中楼阁"状态，解决仲裁委员会在运作过程中遇到"向谁请示，由谁予以协调解决"的问题。① 我们认为，这一建议值得重视。但遗憾的是，没有为有关部门采纳，由于种种原因，中国仲裁协会迄今为止尚未建立。

二 香港仲裁组织形式

（一）仲裁庭

根据香港《仲裁条例》精神，香港的仲裁庭有三种形式：即独任仲裁庭、二人仲裁庭和三人仲裁庭。在具体仲裁案件中，采用何种仲裁庭形式，由当事人双方的仲裁协议规定。在当事人无约定情况下，必须提交单一仲裁员处理，即组成独任仲裁庭② （这一点显然与内地仲裁法有较大区别）。单一的仲裁员应由双方当事人共同委任，如果不能达成一致意见，则由香港国际仲裁中心另外推荐。对于一方没有指定仲裁员的，如果双方当事人约定采用二人仲裁庭形式，则不论是原本便没有委任，或者是在上述情况中（指出现仲裁员应行更替的情况——作者注）没有委任新的仲裁员代替的，在已委任仲裁员的另一方向失责的一方送达委任仲裁员的通知起计满 7 整天后，已委任仲裁员的一方，可委任其所委任的仲裁员作为处理所提交的仲裁的独任仲裁员，而该仲裁员的裁决对双方均具约束力，犹如他是经双方同意委任的一样③。这一态度实际表明，在当事人仲裁事务时，一定要持主

---

① 参见徐前权："仲裁法实施中的若干问题"，载《仲裁与法律通讯》1997 年第 4 期，第 15 页。

② 参见香港《仲裁条例》第 8 条。

③ 《仲裁条例》，第 9 条第 1 款（b）项。

动积极的态度，否则，不论是对仲裁庭组织形式不作约定，或者约定二人仲裁庭的情况下，不积极推动仲裁进程，不及时委任仲裁员，只能导致强制采用独任仲裁庭解决仲裁争议的形式。二人仲裁庭在香港及英国比较普遍，特别是在香港的港内仲裁中。在二人仲裁庭中，由双方当事人各委任一名仲裁员，如前所述，如任何一方不及时行使委任仲裁员的权利，则二人仲裁庭会变成由已委任仲裁员的一方当事人所委任的仲裁员组成独任仲裁庭。如双方当事人均已委任仲裁员后，则由两名已获委任的仲裁员共同委任一名公断人。如两名仲裁员不能共同委任一名公断人，则由香港国际仲裁中心指派。在仲裁过程中，如果两名仲裁员不能达成一致意见，则公断人有权立即介入仲裁，取代两名仲裁员，法院也可应任何一方当事人之请求，命令公断人取代仲裁员而介入仲裁。香港的三人仲裁庭一般出现在国际仲裁或者适用国际仲裁的情况下。根据香港《仲裁条例》规定，香港的国际仲裁或者适用国际仲裁的港内仲裁，均适用联合国示范法，该规范在支持当事人自愿约定仲裁庭组织形式的同时，力举组成三人仲裁庭的形式。示范法（因而也是香港国际仲裁法）规定，当事人对仲裁庭的组织形式无约定时，采用三人仲裁庭。三人仲裁庭的组织方式，一般是由当事人双方各委任一名仲裁员，然后，由两名仲裁员共同委任第三名仲裁员。如果在两名仲裁员被指定后的 30日内，两名仲裁员仍未能委派第三名仲裁员，则经任何一方当事人之请求，由香港国际仲裁中心指定。仲裁过程中，以其中两名仲裁员的一致意见为有效裁决，如无两名意见一致的仲裁员，则由各仲裁员共同委任作为主席的仲裁员所作的裁决即具约束力。

在国际仲裁的情况下，如果双方当事人没有约定仲裁庭人数，事后也无法达成一致意见的应该是一名或者三名，当事人可以向香港国际仲裁中心申请决定。为此，香港制定了《仲裁

（仲裁员及公断人的委任）规则》，1997年经当时的首席大法官批准生效。

（二）常设仲裁机构——香港国际仲裁中心

香港国际仲裁中心是香港唯一的常设仲裁机构。根据香港《仲裁条例》第2条释义，"香港国际仲裁中心（HKIAC）指香港国际仲裁中心，而该中心属一家在香港根据《公司条例》（第32章）成立为法团的担保有限公司"。这一条释义是1996年香港修订仲裁法时新增补的。这一条款从法律上将香港国际仲裁中心的性质和法律地位正式确定下来。

香港国际仲裁中心成立于1985年，其权力机构是理事会。理事会由不同国籍并具有多方面专长和资历的商界和其他专业人士，中心的日常管理由秘书长负责。香港仲裁国际中心既受理港内仲裁，也受理国际仲裁，对港内仲裁适用HKIAC自己制定的《港内仲裁规则》，对国际仲裁，适用联合国贸发会制定的《仲裁规则》。

香港国际仲裁中心的主要职能是为通过仲裁解决商事争议提供管理方面的服务，包括就国际和港内仲裁提供一般性意见和帮助，回答有关在香港进行仲裁方面的询问，特别是在香港进行国际仲裁有关的仲裁法律与程序，并就仲裁条款的适当形式提供咨询意见。除上述职能外，HKIAC还为在香港仲裁准备了一份仲裁员名册，供当事人选用。根据香港《仲裁条例》第12条之规定，香港国际仲裁中心在当事人或仲裁员不及时委任仲裁员或公断人的情况下可以代为指定仲裁员或公断人。此外，仲裁中心还为当事人提供有关在其他国家进行仲裁事宜的咨询。同时为在香港进行的国际仲裁作出安排及协调行政和后勤服务，包括传递仲裁文件，提供文字或同声传译方面的服务，膳食安排，预订酒店和机票，以及安排酒店与中心之间的交通服务。

（三）香港的仲裁协会

香港回归以前，作为英国殖民地没有独立的仲裁协会，只有一个 the Chartered Institute of Arbitration（Hong kong Branch）即英国仲裁司学会香港分会，1997 年 9 月 21 日，香港于回归后成立了自己的仲裁专业组织：香港仲裁司学会。该学会现任主席是林睿。

三　澳门仲裁组织形式

（一）仲裁庭

澳门由于实行本地仲裁和涉外仲裁分别立法方式，两种条例对澳门仲裁庭的组织方式的规定不完全相同。

根据澳门《本地仲裁法》之规定，澳门仲裁庭允许采用独任制及合议制。合议制仲裁庭仲裁员的数目要求必须是单数。仲裁庭组织由当事人以仲裁协议或随后签订书面协议的形式选择，当事人未作约定时，仲裁庭由三名仲裁员组成。当事人应以仲裁协议或事后签订的书面协议选定仲裁员或约定指定仲裁员的方式，如当事人并无此约定，则由当事人各方各选一名仲裁员，如果仲裁协议或事后签订的书面协议约定每一方当事人可以指定一名以上仲裁员，则各方指定的仲裁员人数必须相等。当事人完成指定后，由被指定之仲裁员共同指定另一名仲裁员设立仲裁庭。如果当事人或当事人选定的仲裁员无法按时指定应指定的仲裁员，则由管辖法院作出有关任命。关于合议制仲裁庭的首席仲裁员人选问题，澳门《本地仲裁法》似乎特别重视。在内地与港澳台四大法域中，只有澳门《本地仲裁法》以单独的一个法律条文专门规定首席仲裁员的产生及其权利。根据本地仲裁法之规定，首席仲裁员有如下几种产生方式：1. 当事人一致选定或者约定选择方式；2. 当事人约定首席仲裁员的选定方式；3. 如各方当事人自行指定的仲裁员无法共同指定另一名仲裁员时，则由普通管辖法院负责任命。由法院任命的仲裁员依法自动担任首席仲裁员。澳门本地仲裁制度还特别重视首席仲裁员所享有的权利，法律赋予了首席仲裁员下列权力：指定一名秘书或秘书处人员、准备卷宗、指挥预审、下令进行辩论、制定合议庭终局裁决。但是，这些权力同样受到当事人协议的限制①。

澳门《涉外商事仲裁法》关于仲裁庭的组成与本地仲裁的规定相比较，要简单得多。根据澳门《涉外商事仲裁法》第三章之规定，有关部门仲裁庭的制度有如下内容：1. 仲裁庭组成人数。法律允许当事人自由确定仲裁员数量，没有本地仲裁中的奇数限制。当事人无特别约定时，应由三名仲裁员组成仲裁庭。2. 仲裁庭成员之选定方式。仲裁员一般有三种选定方式：第一，当事人直接协议选定；第二，当事人约定指定仲裁员之程序；第三，如无上述约定，在三人仲裁庭中，则由每一方当事人指定一名仲裁员，由指定的仲裁员，共同选定第三名仲裁员。第四，法院任命。澳门涉外仲裁制度特别突出法院任命的作用。法律规定管辖法院在下列情况下有权任命仲裁员：1. 当事人未约定仲裁员或未约定选任仲裁员的程序时，如果出现下列两种情况则法院有权任命仲裁员。其一，在三人仲裁庭情况下，如一方当事人在收到他方当事人提出指定仲裁员之请求后，未在30日内作出指定，或两名仲裁员在被指定后30日内未就第三名仲裁员之人选达成协议；其二，在独任仲裁情况下，当事人未能就仲裁员之人选达成协议。2. 当事人已就仲裁员之选定程序达成协议时，如果出现下列三种情形，法院同样有权任命仲裁员：（1）一方当事人未按上述程序行事；（2）当事人或两名仲裁员未能根据上

---

① 参见澳门《本地仲裁法》第18条。

述程序达成协议；（3）第三人（包括机构）未履行在上述程序中所受托之职责①。

澳门仲裁庭组织制度中有一个例外情况，这就是属专门机构负责仲裁者，不适用上述制度，而适用有关规章之规定。

（二）常设仲裁机构

澳门《本地仲裁法》授权总督透过法令，制定进行一般或专门性质的常设仲裁机构的必要条件，以及修订或废除该条件的规则②。根据上述法律精神，1996 年 7 月 22 日，澳门政府以第 40/96/M 号法令颁布了澳门自愿仲裁机构组织法案。该法案基本内容是：1. 成立自愿仲裁机构应向澳门总督申请许可；2. 成立自愿仲裁机构的申请得到批准必须符合三个条件，即应考虑申请实体在进行仲裁活动方面的代表性、适当性及技术能力。3. 对获准成立自愿仲裁机构的实体划分为一般性质的仲裁实体和专门性质的仲裁实体。4. 获准成立的自愿仲裁机构，由司法事务司于每年的 1 月 15 日前公布；5. 已成立之自愿仲裁机构如不符上述第二条之条件时，即予以废止；6. 对未经许可擅自进行机构自愿仲裁之实体，将处以 20000—40000 澳门币的罚款。从这一法令的内容分析看，澳门实际上对自愿仲裁机构的审批是开放性的，只要符合和具备"代表性、适当性及技术能力"三项条件的申请实体即获得许可。而这三项条件的弹性很大，完全取决于审批者的主观判断。根据上述标准，各行各业的行业协会、政府部门甚至相关学术团体，如想成立本行业的自愿仲裁机构，实际上都可以设法满足上述三个条件。根据作者掌握的资料，1998 年 2 月 27 日，澳门总督以第 19/GM/98 号批示澳门消费者委员

---

① 参见澳门《涉外商事仲裁法》第 11 条。
② 参见澳门《本地仲裁法》第 41 条。

会设立仲裁中心，就民事或商事之小额消费争议作出制度化自愿仲裁。根据《澳门消费争议仲裁中心规章草案》第1条之规定，该中心主要是"透过中介、调解及仲裁方式解决在本地区（指澳门——作者注）发生涉及金额少于25000元澳门币之消费争议"。澳门消费争议仲裁中心属于专门性质的自愿仲裁机构。而同年3月9日，澳门总督以第26/GM/98号批示许可设立澳门律师公会自愿仲裁中心。该中心的目的是审理一般性质之自愿仲裁案件。具体受案范围是：（1）律师间之争议；（2）律师与顾客间之争议；（3）涉及民事、行政事宜或商事之任何争议"①。同年6月15日，澳门总督以第48/GM/98号批示许可设立澳门世界贸易中心有限公司自愿仲裁中心（该公司英文名称为"World Trade Center —Macau，S. A. R. L."）。该中心的宗旨是：1. 澳门世界贸易中心有限公司会员之间的纠纷、与其他世界贸易中心会员之间及/或与美国特拉华州世界贸易中心协会会员之间的纠纷；2. 上项所指会员与第三者之间的纠纷；3. 第三者之间民事、行政或商贸事务的任何纠纷。

2002年12月12日，澳门行政长官何厚铧以第259/2002号行政长官批示，批准成立了保险及私人退休基金自愿仲裁中心，"其标的是透过中介、调解及仲裁方式，促进解决在澳门特区发生而涉及金额不超过初级法院法定上诉利益限额的保险及私人退休基金争议"②。

上述四个仲裁机构均属于澳门政府依法审批的一般性质之自愿仲裁机构，是澳门目前存在的主要仲裁机构。

---

① 参见《澳门政府公报》1998年第10期第二组，第1153页。（1998年3月11号）

② 参见《保险及私人退休基金争议仲裁中心规章》第1条。

四 台湾仲裁组织形式

（一）仲裁庭

台湾仲裁庭制度主要反映在台湾《仲裁法》中的专条规定[①]，其基本内容如下：

1. 既允许独任制仲裁庭，亦允许合议制仲裁庭。对仲裁庭的人数，无奇数或偶数之限制。在具体仲裁案件中，依当事人的仲裁协议确定；

2. 当事人之间的仲裁协议未就仲裁庭人数及选定方法作特别规定时，采用三人合议庭形式。三人仲裁庭的组建方式是由双方当事人各选一个仲裁人，再由双方选定的仲裁人共推第三名仲裁人为主任仲裁人，共同组织仲裁庭；

3. 仲裁人于选定后 30 日内未能共推主任仲裁人者当事人有权申请法院代为选定；

4. 如果在协定独任仲裁制时，一方当事人于收受他方选定仲裁人之书面要求后 30 日内未能达成协议时，他方当事人有权申请法院代为选定；

5. 仲裁一方当事人不止一人时，对仲裁人之选定未能达成协议者，依多数决定之；人数相等时，由抽签决定。

6. 在第 3、4 种情况下，如果当事人协议约定仲裁机构为指定机构，则由该被指定的仲裁机构行使代为指定仲裁人之权利，而不再由管辖法院行使该项权利。

（二）常设仲裁机构

台湾主要常设仲裁机构是中华仲裁协会（前身为台湾商务仲裁协会）及其在各地设立的分支机构。1999 年 3 月 3 日，为

[①] 参见台湾《仲裁法》第 9 条。

了配合 1998 年《台湾法》的实施，台湾颁布了《仲裁机构组织与调解程序及费用规则》。2003 年 1 月 22 日又对上述规则进行了修正。根据该规则之规定，台湾的常设仲裁机构是"指以公益为目的，经主管机关征得目的事业主管机关同意后许可，由各级职业团体、社会团体设立或联合设立，负责该仲裁机构仲裁人登记、注销登记、训练、讲习及办理仲裁事件，并依法完成登记之社团法人"①。

关于设立常设仲裁机构的条件，该规则规定，只要有益于整体经济及公共利益，并符合规定的条件即可设立常设仲裁机构。其具体条件是：

1. 会员数达 30 人以上；

2. 置公立或经政府立案之私立专科以上学校或经教育部承认之国外专科以上学校法律系科毕业或经公务人员法律类科考试及格之专职人员三人以上；

3. 应业务需要之办公处所或场地 70 坪以上；其处所或场地为租赁者，至少应订定二年以上租赁契约，并经法院公证；

4. 充足之设立经费（包括购买或租赁土地、建筑、设备等经费）及维持基本运作所需之每年经常费（包括人事、业务、维修及报废等经费）；

5. 独立之会计及内部稽核制度；

6. 新台币一千万元以上之现金②。

应该说根据上述条件，在台湾成立常设仲裁机构是一件相当复杂和困难的事情，但正是因为这种原因，反映了在仲裁机构成

① 参见台湾 2003 年 1 月 22 日修正之《仲裁机构组织与调解程序及费用规则》第 1 条。

② 参见《仲裁机构组织与调解程序及费用规则》第 4 条。

立及运作问题上，台湾的有关部门规定是相当完善和规范的。至少在目前中国四个法域中是个典范。

第三节　中国区际商事仲裁组织形式的构思

构思我国区际商事仲裁组织形式既需要对国际商事仲裁领域现行仲裁组织形式进行分析研究，更要对我国区域仲裁组织形式的现状进行充分的了解，才能选择最合适区际商事仲裁制度发展的区际商事仲裁组织形式。

一　区域仲裁组织形式的共识与分歧

（一）区域仲裁组织形式的共识

区域仲裁制度的组织形式归纳起来有如下几点：

1. 仲裁庭是仲裁组织的基本形式。

不论是采取机构仲裁还是临时仲裁，仲裁庭是基本的组织形式。

2. 机构仲裁是共同支持的仲裁组织形式。

关于仲裁组织形式，目前的争议主要是是否支持临时仲裁，对于机构仲裁的支持，各法域一般没有异议。

3. 对独任仲裁庭与三人仲裁庭的仲裁庭均进行了规定。

尽管不同法域对于是否强制规定仲裁庭的组成人数，虽有分歧，但是对独任仲裁庭与三人仲裁庭的组织形式均予以支持。

4. 均支持强制指定缺失仲裁员。

尽管对强制指定的机构有分歧，但是，各法域都支持以强制指定缺失仲裁员的方式，以尽快组成仲裁庭，完善仲裁形式，推进仲裁。

5. 常设仲裁机构基本是独立于政府之外的民间机构。

我国四个法域中，只有内地仲裁机构民间色彩相对淡一点，其他三法域的仲裁机构无论定性为担保公司，还是定性社团法人，完全属于民间机构。即便是内地的常设仲裁机构虽然成立初期为了取得政府支持，与政府关系相对密切一点，但是，在内地体制下，这样的机构已经是相当的民间化。至少，其立法意图是力图营造一种民间机构的气氛。

（二）区域仲裁组织形式的分歧

1. 是否允许复数仲裁庭的问题。作者看来复数仲裁庭有两种表现形式，第一种是纯粹的复数仲裁庭，其二是复数仲裁员加所谓公断人制度。香港《仲裁条例》就港内仲裁部分设立的二人仲裁庭加公断人制度作者是理解为二人仲裁庭，因为公断人实际上只有在两个仲裁员无法作出一致决定时，公断人才能出面，而且一旦出面就取代了以前的两名仲裁员的权利，香港《仲裁条例》中，国际仲裁部分的允许当事人自由约定仲裁员数量制度可能导致复数仲裁庭的产生；澳门涉外仲裁制度、台湾仲裁制度与香港国际仲裁制度基本相同，因为允许当事人对仲裁员人数的自由约定，因而也存在复数仲裁庭的问题。中国内地仲裁制度及澳门本地仲裁制度则要求必须是单数仲裁庭。

2. 是否支持临时仲裁（庭）问题。我国四个法域中，目前只有中国内地不支持临时仲裁，而港澳台均支持临时仲裁。

3. 常设仲裁机构的性质问题。常设仲裁机构的性质在我国四个法域中存在着较大的差异。内地仲裁委员会应该是一个企业法人，但由于内地的具体情况，需要解决仲裁委员会工作人员的待遇和经费问题，而这些都需要得到政府的支持。因此，内地仲裁委员会实际上享受着事业单位的待遇；香港国际仲裁中心（HKIAC）指香港国际仲裁中心，而该中心属一家在香港根据香港《公司条例》（第32章）成立为法团的担保有限公司；澳门仲裁法虽然没有明确常设仲裁机构的性质，但是，从目前已经成立的专业仲裁机构看，一般附属于社团法人，因而，本质上也应该属于社团法人。台湾《仲裁法》将其常设仲裁机构直接定性为"以公益为目的……并依法完成登记之社团法人"。

4. 是否设立仲裁协会的问题。目前只有内地仲裁法直接规定了仲裁协会的设置，但是多年来却并未付诸实践；香港仲裁条例没有规定仲裁协会，但是已经组织了自己的仲裁协会；而澳门及台湾的仲裁立法没有直接规定本书意义上的仲裁协会，实践中也没有发现实际成立仲裁协会。

二 区际商事仲裁组织形式制度的探讨

（一）区际商事仲裁组织形式制度的构思

就仲裁的组织形式而言，无论国际商事仲裁制度，还是我国的区域仲裁制度都一致肯定仲裁庭是仲裁最基本的组织形式，也应该是未来区际商事仲裁的基本组织形式。在各类仲裁类型中，机构仲裁应该是区际仲裁最基本的类型。作为机构仲裁依托的区际常设仲裁机构，所发挥的作用不仅仅是仲裁本身，而且将在促进区际仲裁法制观念的协调，完善区际仲裁制度，推广区际仲裁制度等事项中发挥重要作用。独任仲裁庭与三人仲裁庭的组织形式不仅是为国际与区域仲裁制度所广为接受的组织形式，在未来区际商事仲裁制度中将仍然是最重要的两种仲裁庭形式。在独任仲裁与三人仲裁的仲裁庭模式中，当事人在仲裁规则规定的期限内如果不能就独任仲裁员或者首席仲裁员共同指定的情况下，保障仲裁程序的顺利推进的价值应该是首先保护的目标价值。因此，强制指定缺失仲裁员的机制在区际商事仲裁制度中是十分必要的。我们前文在讨论区际仲裁员制度时曾经指出，鉴于区际法院在可以预见的未来并不存在，因此，履行这种强制指定职责的应该以拟议中的区际常设仲裁机构——中国区际商事仲裁中心为宜。该机构不仅为常设仲裁机构的仲裁庭履行强制指定职责，而且，对区际临时仲裁提供强制指定仲裁员服务。为了有效推介区际商事仲裁制度，保证区际商事仲裁独立于各区域政府干涉之外，区际常设仲裁机构应该是纯民间性质，尽管不排除区域政府经费上的官方资助。

关于区际仲裁制度中仲裁组织形式分歧的取舍。作者认为：

1. 应当允许并限制复数仲裁庭模式。仲裁的根本目的是实现当事人的意思自治。无论在国际商事仲裁实践中，还是在区际商事仲裁制度下，如果当事人对仲裁庭的具体组庭人数作出了明确的约定，只要不存在导致仲裁协议的无效的其他瑕疵，这种表达双方自由意思的仲裁协议，我们就没有理由不予尊重，即便该协议约定的仲裁庭人数是 2 人、4 人等复数仲裁员。这是基于尊重意思自治原则所产生的必然结论。但是，必须注意到，任何仲裁制度下的仲裁都是按照多数意见决定的，如果采纳复数仲裁庭模式就有可能发生始终无法取得多数的情况。在这种情况下，仲裁究竟会有什么样的结果呢？联合国示范法虽然也允许复数仲裁庭模式，但是对如果最终不能取得仲裁庭多数的后果没有进行规定。澳门《涉外商事仲裁法》也存在这种隐患。香港及英美法系国家，为了解决这种尴尬境况，设计出一种折衷的公断人制度。即在二人仲裁庭制度下，该两名仲裁员本身获任后，可随时委任一名公断人。如果二人仲裁庭不能取得一致意见时，由公断人立即取代仲裁员介入仲裁。最后裁决是根据公断人的意见作出的。这种折衷方案，实际上最后还是以类似独任仲裁的单数仲裁员弥补了复数仲裁员的不足。但是，《韩国仲裁法》（1966 年 3 月制定，1973 年 2 月修改）第 11 条"仲裁裁决"则给予了另外一个法律后果。该条规定，仲裁裁决应按多数意见作出，如数名仲裁员持相反意见的人数相当，则仲裁协议并不生效。这就意味着，如果复数仲裁庭不能取得多数意见，仲裁就失败了。仲裁协议并不生效意味着，争议事项将不得不提交法院管辖，这显然不是我们研究仲裁制度的人所乐意见到的。我们认为，我国区际商事仲裁制度虽然应当尊重当事人对仲裁庭人数（包括复数仲裁员）的选择，但是，鉴于复数仲裁员制度存在的弊端，使得我们不能提倡，而且应该进行适当限制。这种限制表现就是，在当事人没有约定的情况下，应当采取单数仲裁庭。但是，究竟是独任仲裁庭还是规定三人仲裁庭呢？作者认为应该是三人仲裁庭。因为独任仲裁庭由于只有一名仲裁员，处理简单的区际商事争议尚可，一旦面对复杂的区际商事争议，大量的实务工作即跨区域商业习惯，法律文化的差异将严重考验其智慧，为了防止出现偏离公平、公正的目标，选择三人仲裁庭较为适宜。因为在三人仲裁庭中，各方都有指派仲裁员的机会，而被本方指派的仲裁员，理论上应该是指派方认为能够充分理解本方所表达的事实与法律观点的人。这一选择也与联合国示范法的精神相符合。针对复数仲裁庭可能无法产生多数意见的情况，我们认为，英美制度下公断人制度的扩张虽然有勉强之处，但是，比起韩国式的导致仲裁协议失效，其结果更能反映仲裁的本质。

2. 临时仲裁应当予以支持。虽然中国内地仲裁法不支持临时仲裁，但是，这是中国人长期权力崇拜所遗留的对公民不信任的现象。临时仲裁是国际商事仲裁中最普遍的现象，有人认为，"由于在国际贸易中，大部分争议的解决都是通过临时仲裁"，[①]而且，从意思自治角度讲，即便当事人通过仲裁协议将双方争议

---

① 参见郭晓文研究员作关于"中国为什么没有临时仲裁"的讲座。

一致提交给实际上对争议事项并不熟悉，甚至对相关法律并不熟悉的临时仲裁员（当然这种情况实践中极少发生），并且因此作出了尽管程序公正，但是实体准确性可疑的裁决，这也不算什么不正常。因为当事人通过仲裁协议将争议事项提交仲裁时，仲裁结果的失误本身也应该是意思自治前应当预见的风险。仲裁协议选择并接受仲裁，当然也附随地选择了可能公正，也可能不公正的仲裁结果。联合国 1958 年《纽约公约》的适用范围，也包含临时裁决。因此，作者认为，区际商事仲裁制度应该为临时仲裁保留一席之地。

3. 常设仲裁机构的性质。拟构建的区际商事常设仲裁机构——中国区际商事仲裁中心应定性为自收自支的企业法人。具体理由参见本章第四节专项分析。

4. 不应追求成立以管理协调为目的的区际商事仲裁协会。如同区际法院一样，讨论建立以管理、协调为目的的区际商事仲裁协会为时尚早。目前不宜讨论，否则，反而阻碍区际商事仲裁制度的建立。

（二）区际商事仲裁组织形式的示范法建议

根据上述分析形成的我国区际商事仲裁组织形式的内容，并结合立法技术，作者将区际商事仲裁组织形式的相关制度分别以如下几个立法条款加以表述：

第 X 条　释义

（A）"仲裁"是指无论是否由常设仲裁机构进行的任何仲裁；

（B）"仲裁庭"是指一名独任仲裁员或一组仲裁员；

（G）中国区际商事仲裁中心（China Interregional Commercial Arbitration Center，CICAC）为依照成立地公司法成立的，自收自支的企业法人。

第 X 条　仲裁员人数

（1）当事各方可以自由确定仲裁员的人数。

（2）如未作此确定，则仲裁员的人数应为三名。

第 X 条　公断人

（1）除非仲裁协议另表明相反意图，否则每项提交予复数仲裁员的仲裁协议，须当作包括如下的规定，即：该复数仲裁员本身获委任后，可随时委任一名公断人，如复数仲裁员不能取得一致意见，则须立即委任一名公断人。

（2）除非仲裁协议另表明相反意图，否则在下述规定适用于所提交的仲裁的情况下，每项仲裁协议须当作包括如下的规定，即：倘若仲裁员已向仲裁协议的任何一方或公断人递送通知书，说明他们不能取得一致意见，公断人可立即取代仲裁员而介入仲裁。

（三）区际商事仲裁组织形式的立法框架

区际商事仲裁组织形式的立法框架争议不大，由于仲裁组织形式基本由仲裁庭与常设仲裁机构组成。仲裁庭一般由专章加以规定。而针对临时仲裁与常设仲裁仲裁机构的观点以及拟议中的中国区际商事仲裁中心的法律地位均可以通过立法开始的"释义"解决。

第四节　中国区际商事仲裁
中心的探讨与构建

香港、澳门回归后，在"一国两制"的政治体制下，建立了独立的司法体系。台湾目前虽未统一，但多年来已经事实上形成了自成一体的法律体系。我们陶醉在"一国两制"伟大构想胜利之余，已清醒地意识到，司法独立也给区际民商事争议的解决造成了一定的不便。而各法域现有的仲裁机构的运作方式及理念存在一定的差距，不一定为其他法域的当事人所接受。区际民商事交往已经如火如荼地进行着，实践的需要呼唤尽快建立处理区际民商事争议的中心机构。然而，司法独立决定了在可以预见的未来不可能建立起有效的区际司法中心，人们只能寄希望于具有民间性质的仲裁机制，作者认为建立中国区际商事仲裁中心是切实可行的。

一　构建中国区际商事仲裁中心现实可行

构建我国区际商事仲裁中心的可研论证本质上就是研究在内地与港澳台各类仲裁机构林立的情况下，为什么需要建立新的区际仲裁中心问题。

我们知道，无论按照国际惯例还是区域内的仲裁立法，常设仲裁机构因定性为民间性质并无排他性。因此，同一区域理论上讲可以并存不同的仲裁机构，但不能并存审级相同的法院。例如在深圳同时存在着深圳仲裁委员会与中国国际经济贸易仲裁委员会深圳分会，但深圳市中级人民法院就只能有一个（有些城市因为比较大按照地域范围设立第一、第二中级人民法院）。因此，建立我国区际商事仲裁中心并无法理障碍。而且未来的区际商事仲裁中心无论是落实到内地与港澳台任何一个具体的法域，都可以找到正面支持的法律依据，因为这四个法域均已颁布相应的仲裁法规范。

在具备设立仲裁机构的合法环境前提下，考量一个仲裁机构设立的必要性与可行性，应该考虑如下因素：

（一）设定仲裁区域对拟设立的仲裁机构是否具有特殊的期待。

（二）拟设定仲裁机构的竞争力：

1. 设定仲裁区域是否有同类竞争性仲裁机构；
2. 设定仲裁机构在同类性仲裁机构中是否进行专业分工；
3. 在未加专业分工的同类仲裁机构中是否具备专业优势。

（三）是否存在足够的潜在业务量。

（四）能否聘请高质量（包括学识与品格）的仲裁员。

（五）能否形成高效率的仲裁服务体系。

（六）是否具备造就业内高度的公信力的条件。

那么我们未来的区际商事仲裁中心是否具备上述条件呢？作者认为完全可能。因为：

（一）内地与港澳的"一国两制"及台湾与内地的政治对立已经造就了四法域人民对设立解决区际仲裁机构的特殊期待。尽管我国区际民商事交流已经非常频繁，但是，长期的政治分离所带来的各法域间法律体系及司法理念的巨大差异已经造成了区际之间法律上的不信任或者恐惧状态。因此，尽管建立处理区际民商事争议机构的需求非常迫切，但鉴于建立区际司法机构的难度，人们只能求助于具有民间性质的仲裁机构。

（二）区际商事仲裁中心将具备相当的竞争力。虽然各法域都具备相应的仲裁机构，但未来的区际商事仲裁中心应该具备相当的竞争力。因为我国各法域仲裁机构目前仍具有其自身的缺陷。内地仲裁机构虽然数量众多不乏成熟之机构如中国国际经济贸易仲裁委员会、北京仲裁委员会等，但是，内地的仲裁机构无论是编制、经费还是行政级别上至今难以完全摆脱官方的影响。而且，除中国国际经济贸易仲裁委员会与中国海事仲裁委员会外，其他地方仲裁委员会并无处理涉外争议经验（目前内地把区际争议也作为涉外案件处理）。因此，目前中国内地的仲裁机构无法担当起区际商事仲裁中心的角色。香港国际仲裁中心应该说是按照国际标准建立的常设仲裁机构，并且仲裁员均具备一定的外语优势。但是，一百多年来，香港受英国的殖民影响太深，香港《仲裁条例》多年来对英国《仲裁法》亦步亦趋，带有过分浓郁的西方色彩，比如二人仲裁庭制度、仲裁启动程序等等实际上不仅与其他法域做法相距甚远，就是与联合国贸发会的示范规则也有一定的距离，这一差异可能导致区际当事人难以接受其仲裁规则。澳门尽管先后成立了消费争议仲裁中心、保险及私人退休基金争议仲裁中心、澳门世界贸易有限公司自愿仲裁中心及澳门律师公会自愿仲裁中心，但这些中心受案范围相当狭窄，因而不能认为是一般意义上的常设仲裁机构，更不能指望其担当起区际商事仲裁中心的角色。台湾中华仲裁协会及其在各地设立的分支机构虽然相对成熟。但是，台湾地区领导人长期以来未解决与内地三通问题，使得海峡两岸的商贸关系比内地与港澳之间要少得多。因此产生的民商争议也较少，在这相对较少的争议中提交台湾中华仲裁协会及其在各地设立的分支机构的更在少数。因此，可以说，台湾常设仲裁机构严重缺乏处理海峡两岸民商争议的经验。

上述比较表明，内地及港澳台各地区现存的常设仲裁机构在处理区际商事争议时都有其相应的缺陷。只有建立以处理区际商事争议为目标的新型区际商事仲裁中心才能适应区际民商事交流的新形势。

（三）中国区际商事仲裁中心成立后，原来存在的区际商事争议仲裁案件很大一部分会流向该中心，各法域现存的常设仲裁机构将致力于本区域之内的民商事仲裁。最重要的是，由于目前内地与港澳之间的相互承认与执行判决的司法协助尚未解决，因此，大量原来依靠诉讼解决的区际商事纠纷将选择仲裁解决。这两类案源加上区际仲裁中心的其他优势，应该可以保证该中心基本的业务流量。

（四）各法域的仲裁制度对仲裁员的兼职单位数量并无限制，因此，中国区际商事仲裁中心与现存各法域内部常设仲裁机构就高质量（包括学识与品格）仲裁员的聘用并无竞争之嫌，因而区际商事仲裁中心仲裁员来源不成问题。

（五）区际商事仲裁中心可以学习借鉴香港国际仲裁中心的行政管理经验形成高效率的仲裁服务体系。

（六）作者柜信一个脱离各具体法域政治控制或直接影响的区际商事仲裁中心更加具备造就业内高度的公信力的优势。

二　中国区际商事仲裁中心的法律地位及构建程序

（一）中国区际商事仲裁中心的法律地位

中国区际商事仲裁中心的法律地位定性是探讨中国区际商事仲裁中心的法律地位构建程序的前提。对中国区际商事仲裁中心的法律地位的不同定性将决定着该中心构建的不同程序。

常设仲裁机构究竟是什么样的实体？这个问题既要从民法上的法人原理去分析，也要从仲裁本身的性质去分析，最重要的是常设仲裁机构的属人法对仲裁机构的定性。

前文述及仲裁性质的四种观点：即司法权理论、契约理论、混合理论和自治理论。按照民法的法人原理，法人一般分为企业法人、机关法人、事业单位法人和社团法人等几类。企业法人以盈利为目的，从事经营活动。机关法人构成国家行政的一部分，行使着国家法律赋予的行政管理权。事业单位法人则以政府财政拨款为依靠，从事社会各类研究或服务等社会事业。而社团法人是若干社会成员为了共同的目的而组成的社会组织。我们认为，判断一个国家常设仲裁机构的性质要综合考虑前两个因素。一般的说，除持仲裁司法论的国家外，其他多数国家的常设仲裁机构都被认定为纯民间机构，基本上看作一个企业法人，该常设仲裁机构的设立一般也按其所在国家的公司法设立。即便在持仲裁司法论的国家，如德国，其特别之处，也仅在于加强对仲裁的司法监督，并加强对常设仲裁机构的管理。其常设仲裁机构也多是按公司法设立。

虽然内地与港澳台同属一个主权之下，但是，考虑到"一国两制"下的司法独立问题，无论内地及港澳台内部对仲裁机构如何定性，作为解决我国区际商事争议的中国区际商事仲裁中心，应该突出民间色彩，因此，拟构建的中国区际商事仲裁中心应定性为自收自支的企业法人。

（二）中国区际商事仲裁中心的构建程序

按照企业法人性质的定性，中国区际商事仲裁中心应该按照所在地的公司法构建。具体来说应该分如下几个程序：

1. 发起。为了确保尽快树立中心在未来仲裁领域的权威，中国区际商事仲裁中心的发起人本身必须具备一定的权威。作者建议由内地与港澳台相应的商会协同各地区现有的权威仲裁机构如中国内地的中国国际经济贸易仲裁委员会、香港国际仲裁中心、澳门律师公会自愿仲裁中心、台湾中华仲裁协会等联合发起成立。当然，各法域政府或其指定的相应机构能够参加则更能加强其权威。

2. 选址。中国区际商事仲裁中心名为中心，选址问题上应该考虑地理上便利仲裁的原则，中国内地的广东（广州或深圳）或香港可以成为优先考虑的选址。因为在区际民商事交往中内地无论是人口、面积、经济容量都居优势，可以预见，未来中国区际商事仲裁中心的仲裁当事人中涉及内地当事人的案件应该占相当大的比例。而选择香港的优势是香港为自由港，考虑到目前尚未解决的一些政治问题，香港应该是四个地区中仲裁当事人与仲裁员出入境均不会受到限制的地方。更重要的是在香港法制下，中国区际商事仲裁中心可以注册成为"非营利性的担保有限公司"。而内地则因需要到司法行政部门注册有所不便。

3. 起草章程、合作关系文件。由发起各方起草中国区际商事仲裁中心章程，及在中心框架下的合作文件。这是建立中国区际商事仲裁中心的法律基础。

4. 起草仲裁规则草案。中国区际商事仲裁中心的仲裁规则既不能过于激进也不能过于保守。如果各方不能达成一致意见，可以先直接借用《联合国国际贸易法委员会仲裁规则》。待中国区际商事仲裁中心成立并运行一段时间后，根据仲裁实践情况加以调整。

5. 登记。按照中国区际商事仲裁中心所在地公司法进行登记。

6. 聘请仲裁员。中国区际商事仲裁中心的仲裁员名单应该包含各法域现有仲裁机构中信誉卓著的资深仲裁员。但是，澳门仲裁机构中的一些司法官仲裁员应该排除在外。

三　中国区际商事仲裁中心若干问题的考量

（一）中国区际商事仲裁中心的管理体制

中国区际商事仲裁中心的管理体制可以根据住所地的公司法精神确定。由于中国区际商事仲裁中心系功能性而非营利性法人，因此，借鉴香港国际仲裁中心的理事会管理模式是可行的。中国区际商事仲裁中心具体管理模式作者将另行研究建议案，但作者认为理事会下至少应该设立管理中心、仲裁业务中心、财务中心、政策研究中心、对外宣传联络中心等，而仲裁业务中心下应该设立各专业仲裁组及独立的专家咨询组等相关组织。

（二）中国区际商事仲裁中心的职责

中国区际商事仲裁中心职责的考虑实际上是关于中国区际商

事仲裁中心的定位问题。也就是说中国区际商事仲裁中心究竟是像内地仲裁委员会那样发挥机构仲裁作用，还是像香港国际仲裁中心那样作为仲裁服务机构？作者认为，中国区际商事仲裁中心应采取机构仲裁模式，发挥机构仲裁作用。理由是：

1. 仅仅发挥仲裁服务作用会与现有各法域仲裁机构功能重复；

2. 除香港外，我国另外三个法域均采取机构仲裁的做法；

3. 采用机构仲裁形式可以借助机构的影响增强仲裁裁决的权威性，及各法域对中国区际商事仲裁中心仲裁裁决的承认与执行力度；

4. 采用机构仲裁形式可以对仲裁员统一掌握与管理，对违纪仲裁员可以进行纪律制裁，从而维护中国区际商事仲裁中心仲裁裁决的整体水平与公信力；

5. 实行机构仲裁可以便于机构对各法域政策变化的掌握，同时也可以以中国区际商事仲裁中心的名义与各法域相应政府机构或仲裁组织进行协调，并在裁决中加以反映；

6. 采用机构仲裁的模式，可以避免因仲裁员水平或学习背景的差异导致仲裁裁决的矛盾。

按照机构仲裁的模式，中国区际商事仲裁中心应当承担起如下职责：

1. 受理并登记仲裁案件；

2. 收受和送达当事各方及仲裁庭法律文书；

3. 指导并协助当事人选择仲裁员，组织仲裁庭，并为仲裁庭提供后勤服务；

4. 在仲裁庭正式成立之前，应当事人请求对仲裁机构的管辖权或仲裁协议的效力作出决定；

5. 就本仲裁机构作出的裁决或其他法律文件加盖印章，提供证明；

6. 聘任仲裁员、法律或其他专家；

7. 组织仲裁员的学习、培训；

8. 编制本仲裁机构的仲裁规则；

9. 编印仲裁机构宣传资料和仲裁员名册；

10. 回答有关进行区际商事仲裁的询问，并就仲裁条款的适当形式提供咨询意见。

以上职责是机构仲裁模式下常设仲裁机构的普通职责。但是，中国区际商事仲裁中心的职责显然不能仅仅局限如此，作者认为中国区际商事仲裁中心还应该履行如下特殊职责：

1. 研究各法域的法规政策，并指导仲裁中心运作；

2. 研究、推动仲裁制度，向各法域推荐先进的仲裁制度与仲裁模式；

3. 研究各法域的实体法与程序法，引导各法域协调立法，消除法域之间实体法与程序法的冲突；

4. 中国区际商事仲裁中心章程规定的其他特殊职责。

（三）中国区际商事仲裁中心设置的网络模式

初步认为，中国区际商事仲裁中心的网络配置应该分如下几步走：

1. 首先在中国内地或者香港设立中国区际商事仲裁中心总部。

中国区际商事仲裁中心总部是完整的仲裁机构，承担完整的几个职责：

（1）担任作为机构仲裁的仲裁机构，并展开相应的程序；

（2）为临时仲裁提供仲裁庭组庭人数的决定及为临时仲裁缺失仲裁员提供强制指定服务；

（3）组织、培训、管理仲裁员队伍；

（4）宣传、推广区际商事仲裁制度与区际商事仲裁机构；

（5）规范、拓展具体仲裁业务；

（6）制定中国区际商事仲裁中心发展宏观战略目标。

2. 中国内地或者香港设立中国区际商事仲裁中心总部成立后，一旦履行上述职责的工作制度与相应人事人员配备齐全，并且工作顺利展开（预计至少需要两年），应该马上着手在港、澳、台及内地主要沿海城市（优先与港澳台邻接的广东、福建、广西、海南等省、自治区）设立办事处。办事处主要从事下列工作：

（1）宣传、推广区际商事仲裁制度与区际商事仲裁中心；

（2）宣传区际商事仲裁中心的仲裁规则；

（3）搜集驻地相关区际商事交流信息；

（4）推荐中国区际商事仲裁中心仲裁协议示范文本，拓展驻地区际商事仲裁业务；

（5）搜集并了解驻地符合中国区际商事仲裁中心条件的专家人选，并介绍引导相关专家从事区际商事仲裁工作；

（6）代表中国区际商事中心与驻地相关部门的联络交流工作；

（7）协调中国区际商事仲裁中心裁决在当地的执行。

3. 通过第二阶段努力，遴选条件成熟的办事处所在地设立中国区际商事仲裁中心分部。

条件成熟的标准应包括：

（1）当地与其他三个行政区的工商或投资交流频繁，具备相当潜在的业务资源；

（2）经过中国区际商事仲裁中心驻当地办事处的多年努力（至少三年），当地商界及司法界对中国区际商事仲裁制度及中国区际商事仲裁中心有足够的了解，并且口碑不错；

（3）当地政府对成立中国区际商事仲裁中心分部愿意给予真诚的配合与支持。

中国区际商事仲裁中心分部的职责应包括：

（1）承担驻地区际商事仲裁事务的具体办理工作；

（2）根据驻地特色组建适合当地特色的区际商事仲裁专项业务仲裁庭；

（3）中国区际商事仲裁中心总部或者其他分部向驻地当事人的法律文书送达工作；

（4）完成属于原来办事处应当承担的职责。

4. 分部的网点化阶段。

按照各地的相应条件先后设立办事处与分部。逐渐实现中国区际商事仲裁中心网络化。因此，必须把握如下几点：

（1）分部的设立应当尊重驻地法域的法律法规，不得违背驻地法律法规的政策界限；

（2）网点分布应该以业务量的必要为标准，不受行政区划级别的限制。例如中国内地虽然很大，但是西北地区涉港澳台工商业交流不一定很多，因而，可能几个省都不一定有必要设立中国区际商事仲裁中心办事处或者分部。而如果台湾涉内地与港澳区际商事仲裁业务量大，中国区际商事仲裁中心分部完全可以在县级行政区设立，比如中国区际商事仲裁中心台南分部。

（3）总部与各分部之间应该是隶属关系，由总部进行管辖范围与事务协调，避免仲裁资源的浪费；

（4）总部与分部之间应该资源共享，例如仲裁员名册相同，当事人如需提起区际商事仲裁，可以就近申请立案，在临时仲裁情况下，可以就近寻求强制指定仲裁员服务。

当然，上述程序只是作者个人设想。当务之急是将中国区际商事仲裁中心这一解决区际民商事争议的机构尽快建立起来。中国区际商事仲裁中心是否应该设立分支机构及其内部相互关系还可以边建立、边运作、边思考，甚至完全可以另辟蹊径，总之，第一价值目标是扶持这一新生事物尽快诞生，健康成长。

第五章

中国区际商事仲裁的仲裁员制度

第一节 国际商事仲裁的仲裁员制度

仲裁员制度包括仲裁员的身份制度、仲裁员的法律地位和仲裁员的责任制度等三个部分，本章将分别探讨。

一 仲裁员身份制度

仲裁员是对仲裁机构受理的争议案件，执行审理与裁决任务的人员①。仲裁员既是仲裁程序的操纵者，也是仲裁法律制度的实际执行人。因此，在整个仲裁制度中，仲裁员是仲裁制度能否发挥良好效用的关键，值得我们特别关注。

（一）仲裁员资格和条件——合法仲裁员必备的实质要件

仲裁本是建立在意思自治基础上的民间处理纠纷方式，仲裁员在任何国家和地区均不属政府公务员，仲裁员本人多为兼职，其报酬来自具体案件收费，并不列入政府财政项目，因此，世界各国和地区对仲裁员资格的规定并不很严格，有的国家甚至不加以特别规定，如法国和日本，只要具有民事行为能力而为当事人

---

① 参见肖永平《中国仲裁法教程》，武汉大学出版社 1997 年版，第 54 页。

指定即可；有的国家只是作些原则性规定；还有些国家允许当事人自己在订立仲裁协议中对仲裁员资格条件设立限制条件。仲裁员应具备的基本素质和实质要件主要有如下几种表现形式。

1. 法定资格

法定资格是各国在仲裁法或民事诉讼法中对仲裁员资格所作的规定。这种规定也分三类：第一类是抽象的原则性的规定。如仲裁员须信用素孚、具有专业经验，甚至有法律行为能力等等，这是目前多数国家采用的方式。如荷兰《仲裁法》（节选自《荷兰民事诉讼法典》）第 1023 条规定："任何有法律行为能力的自然人可被指定为仲裁员"；第二类是否定列举式。如韩国《仲裁法》第 5 条规定有下列情形之一的人没有资格担任仲裁员：（1）无行为能力或限制行为能力的人；（2）尚未受权的破产人；（3）被处以监禁以上的刑罚且该处罚执行完毕或不执行该刑罚的决定做出后不满三年的人；（4）任何被处以监禁以上刑罚且刑罚期未满的人；（5）任何被处以监禁以上刑罚而缓刑，缓刑期未满的人；（6）任何被限制民事权利或停止其资格的人。瑞典《仲裁法》第 5 条也采用否定列举禁止五种类型的人担任仲裁员。第三类是肯定列举式。即法律明确列举作为仲裁员应具备的条件，不符合条件不得作为仲裁员。这方面最典型的要数《中华人民共和国仲裁法》。

法定实质条件中通常引起争执的主要有两个问题：一是外国人能否担任仲裁员；一是法官能否担任仲裁员。对前者虽然曾有过争议，但现在各国为了确保仲裁的公平性、独立性，增强外国人对国内仲裁的信心，一般都同意外国人担任仲裁员。尽管日本国际商事仲裁协会的仲裁规则第 15 条第 2 款规定"除当事人另有约定外，在指定仲裁员时实际上未居住在日本的人，不得担任仲裁员"。但事实上，日本国际商事仲裁协会的仲裁员名册仍包括了不同国籍的人员①。关于法官能否担任仲裁员问题，各国争议较大，许多国家不允许法官成为仲裁员，主要考虑到仲裁过程中的某些环节（如财产保全、中期命令、裁决的承认和执行等）都要经过法院，法官当然不应过早地介入仲裁，以免影响其下阶段的司法公正。但另外一些国家认为法官既然适合于司法审判，当然能适合商务仲裁，只不过，当法官作仲裁员时同样必须经当事人或其他指定程序任命。在美国，就法律上说，现任法官、公务员、检察官、议员是可以担任仲裁员的，但现任法官、检察官、司法人员守则规定禁止担任仲裁员。因此，实际上法官、检察官是不能担任仲裁员的。②日本民事诉讼法，因为没有规定仲裁员应当具备的资格和条件，从理论上讲"……（日本的）公务员、检察官、法官均可以受聘为仲裁员，但需经所在单位同意"③。而瑞典、瑞士、法国现职的法官、公务员都可以担任仲裁员，法律对此未作限制④。但当事人一般不选择法官、公务员担任仲裁员。可见，现职法官能否担任仲裁员争议虽大，但由于国际商务仲裁实践中，当事人很少选择法官或者有关仲裁机构的名册上根本不把法官列进名单，因此，现职法官能否担任仲裁员意义并不太大，只有很少的例外（如香港的法官仲裁员），下文亦将论述。

2. 仲裁机构规定的条件

不论各国仲裁法规是否规定严格的仲裁员资格条件，各国仲裁机构在制定本机构仲裁员名册时均掌握一定的标准，有的国家

---

① 参见谭兵、陈彬《中国仲裁制度研究》，法律出版社 1995 年版，第 107 页。

② 参见国务院法制局研究室编《重新组建仲裁机构手册》，中国法制出版社 1995 年版，第 134 页。

③ 同上书，第 150 页。

④ 同上书，第 160 页。

对申请做仲裁员的还要进行严格培训考核程序才能列入仲裁机构的名册。各国仲裁机构在制定仲裁员名册时所掌握的内部标准不同，但一般不对外公布，故为世界所知悉的甚少。当事人从仲裁员名册中选定仲裁员时，实际上即遵守了仲裁机构为仲裁员设定的资格条件，但有时这种条件对当事人约束力并不强，这主要取决于仲裁员名册制度本身的性质，目前主要有三种类型：第一类是全封闭型，即双方当事人只能在仲裁机构制定的仲裁员名册中指定仲裁员，在仲裁员名册以外指定的仲裁员无效。采用这种做法的典型代表就是中国国际经济贸易仲裁委员会和中国海事仲裁委员会。第二类是半封闭型，即双方当事人可在该仲裁机构仲裁员名册中指定仲裁员，也可以在仲裁员名册以外指定仲裁员。采用这种做法的有新加坡国际仲裁中心和美国仲裁协会。第三类是全开放型，双方当事人可以指定任何国籍的人为仲裁员，不受任何名册的束缚。[①] 实际上第二、三类仲裁名册因对当事人无约束力可以归并为一类。因此也可以划分为封闭型和非封闭型两类。

3. 当事人协定条件

按照意思自治原则，当事人有权在仲裁协议中约定仲裁员条件，实践中，这类仲裁协议或仲裁条款一般都受到保护。较常见的往往是当事人约定由商人作为仲裁员或公断人。这种做法，虽然法律上并无不妥，但有时并不明智，因语言的歧义拖延了纠纷的解决。在 The "Bede"[②] 一案中，公断人是一个律师，但仲裁协议是订明仲裁员要求商业人士，所以公断人的裁决书被撤销。但在 The "North Duchess" (1975) 1 Lloyd's Rep. 560 一案中，法官看来放仲裁员一马，认为他应可算是商业人士，因为虽然他一

---

① 参见肖永平《中国仲裁法教程》，武汉大学出版社 1997 年版，第 55 页。

② 参见 (1967) 2 Lloyd's Rep. 261。

直是律师（其礼律师楼的创办人 Dick Clyde），但现在已退休，成为全职的海事仲裁员①。也有些国家为保证仲裁员素质，反过来又以法律形式，禁止排除律师作仲裁员。如 1969 年《瑞士联邦仲裁协约》第 7 条规定如果仲裁条款禁止律师在仲裁中担任仲裁员、秘书或当事人的代理人，该仲裁条款无效。②

（二）仲裁员指定与更替 —— 仲裁员合法化必经程序

1. 仲裁员的指定

符合仲裁员资格和条件的人只能是仲裁员的候选人，只有通过指定正式介入具体个案，该候选人才能成为正式仲裁员。仲裁员的指定一般首先依据仲裁地的仲裁法，由当事人各指定一名仲裁员。这一法定权利的行使往往没有争议且无须借助第三者的介入，因而较易解决。只有当仲裁协议约定独任仲裁须指定独任仲裁员或组成三人仲裁庭推举首席仲裁员或公断人时，才会发生意见相左的情况，须双方一致或通过第三方介入方能解决。综观各国仲裁法及国际商务实践，一般有如下几种指定形式：

（1）当事人协议指定。当事人协议指定仲裁员是最理想的仲裁选派方式，由于协议指定的仲裁员为双方所共同信任，对迅速、高效地解决双方纠纷有良好的促进作用。但协议指定仲裁员往往发生在纷争产生之前，而纷争发生之后一般很难达成共同指定仲裁员的协议。纷争发生前的指定有时并不能保证发挥作用，一是由于协议指定的人有时不一定能同意出任仲裁员，另一种情况是即使协议前被指定的人同意出任仲裁员，纷争发生后，由于过了一段时间，被指定的人工作、身体甚至兴趣发生变化从而不

---

① 参见杨宜良《国际商务仲裁》，中国政法大学出版社 1997 年版，第 237—238 页。

② 参见韩健《现代国际商务仲裁法的理论与实践》，法律出版社 1993 年版，第 126 页。

能或不愿出任仲裁员；第三种情况是虽无前述障碍，但实际纷争发生时，才知道被指定的人不具备解决纷争的专门知识（如被指定的原为某专业商人，结果纷争只是纯法律事务），使得被指定的仲裁员无法胜任。由于上述三种情况的存在，虽然各国仲裁实践提倡并鼓励当事人协议指定仲裁员，但效果并不一定很好，一旦被协议指定的仲裁员无法胜任角色，则会导致该仲裁协议不能有效履行，在双方当事人无法共同协定新的人选时，则不得不求助司法程序解决纠纷。

（2）双方各自指定的仲裁员共同指定。这也是实践中较普遍的解决形式。双方当事人依法各自指定一名仲裁员后，由他们指定的仲裁员共同推举第三名仲裁员（首席仲裁员）。因为双方各指定的仲裁员一般都是有文化修养、头脑清醒，特别是仲裁员与当事人的纷争并无利害关系，因此，能够在众多的熟识的同行中共同推举一名首席仲裁员。实践证明这一措施应用得较多，效果亦佳。

（3）仲裁机构指定。仲裁机构在被申请方拒不配合不按期指定仲裁员及当事人不能共同指定首席仲裁员时均可发挥作用。发生上述情形时，仲裁机构可应一方或双方请求或根据仲裁规则指定一名仲裁员。

（4）名册制度。这种制度是指把候选仲裁员的姓名及其专长，有时包括其经验和阅历要点编制成册，供当事人、仲裁机构选择或指定仲裁员。名册制度分为两种形式：间接指定和直接指定。《联合国国际贸易法委员会仲裁规则》采用的就是间接形式，根据该规则第6条，任命机构应把至少列有三人姓名的同样名单送达双方当事人。各方当事人从名单中剔除其反对的一人或数人的姓名，然后把其余人的姓名按优先次序编号，将名单送返该任命机构。任命机构从送返的已被认可的姓名中按照双方当事人所指出的优先次序任命独任仲裁员或首席仲裁员。我国内地涉外仲裁机构的名册属于直接指定，仲裁委员会主任指定仲裁员无需根据双方当事人的认可和候选人的先后次序，可直接从仲裁员名册中指定独任仲裁员和首席仲裁员。

（5）国内法院指定。有些国家和地区在当事人或其指定的仲裁员就第三名仲裁员无法达成一致意见或仲裁庭的组成未涉及到任何仲裁机构（如临时仲裁），而且未明示授权某机构或某人作出这一任命时，则必须考虑求助于某个有管辖权的法院任命仲裁员。许多国家，特别是仲裁法比较完善的国家就是授权法院在当事人提出有关申请时任命仲裁员。瑞士 1969 年《联邦仲裁协约》就规定双方当事人对于独任仲裁员不能取得一致意见，或者一方当事人不选定应该由他指定的仲裁员，或者仲裁员对于选出首席仲裁员意见不一致时，如仲裁协议中也没有规定另一种机构，则由州高级普通民事法院依一方当事人的请求指派仲裁员①。英国、美国的仲裁制度及联合国国际商事仲裁示范法也作了类似规定。

须指出的是，上述各类仲裁员指定方式在一个国家的仲裁制度中往往同时并存，但是法院指定仲裁员的方式在许多国家——特别是存在权威性仲裁机构的国家——往往得不到支持。

2. 仲裁员的更替

经前述各种途径任命的仲裁员在接受指定后可能因疾病、死亡、丧失行为能力不能继续履行职责，或因下文所述理由异议成功时，就存在着仲裁员的更替问题。目前多数国家的仲裁法规定仲裁员的更替程序与仲裁员的指定程序基本相同。《联合国国际贸易法委员会仲裁规则》第 13 条第 1 款和第 2 款均要求任命或

---

① 参见瑞士 1969 年《联邦仲裁协约》第 12 条。

选择一名替代的仲裁员应适用任命或选择原仲裁员的程序。此外《国际商会仲裁规则》、《解决投资争端国际中心仲裁程序规则》均体现了这种精神。

（三）仲裁员身份合法性的监督：回避与异议

不论法律对仲裁员资格规定得多么周详，也不论指定仲裁员的程序多么严格，任何事物都有其反面，仲裁员身份的合法性也会有受到质疑的时候，为此应进行必要的监督，国际商务仲裁理论及实践中有两种措施：即仲裁员的回避和异议，有时又统称为"异议"。

1. 关于仲裁员异议的两种不同的态度

目前世界上对仲裁员的异议有两种不同的态度，在少数大陆法系国家如法国是不赞成对仲裁员的异议，其基本理由是由于仲裁机构的规则中允许当事人单独或共同选定仲裁员，这种制度本身会造成当事人与被指定的仲裁员有各种可以理解的个人关系，很难想象当事人会指定一个素不相识的人作仲裁员。特别是承认友好仲裁的国家，这种做法更明显。但多数国家（包括部分大陆法系国家和大部分普通法系国家）都赞成仲裁员异议的制度，允许法官在一定条件下撤销仲裁员资格。而目前的发展趋势是在当事人对仲裁员的独立性和公正性产生怀疑情况下都允许对仲裁员提出异议。不过实践表明，各国的法院或仲裁的监察机构一般对仲裁员的监督都比较宽松，除非证据确凿，否则对仲裁员的异议成功的可能性很小。

2. 对仲裁员异议的两种时间限制

当事人对仲裁员资格的异议并不能随意提出，即便是符合法定异议条件也必须受到两种时间的制约，这两个时间限制为：

（1）对仲裁员提出异议的依据或因由是在仲裁员指定后才发生或意识到。《联合国国际贸易法委员会仲裁规则》第 10 条第 2 款规定："当事人对自己任命的仲裁员，只能是根据在任命后所知的理由提出异议。"如果在仲裁员任命之前，当事人已经知道可予以异议的因由，却没有及时异议，则当事人丧失申请回避及异议的权利。当事人如何于任命前知晓仲裁员异议因由呢？也有两种途径：一是当事人指定仲裁员时应作必要了解；一是仲裁员接受任命前就自身是否具有影响其公正性、独立性的资料所进行的披露和声明。如果应予以异议的因由当事人于仲裁员任命之后才知悉（包括仲裁员接受任命和应予披露却未披露的因素），则当事人有权在任命仲裁员后提出异议，但这又受到下一种时间的限制。

（2）提出回避申请或异议的时间必须是在仲裁开始前提出，或者申请人知悉回避原因后立即提出。如果当事人在仲裁开始前或仲裁过程中完全知悉仲裁员应回避或应予异议的因由却不及时提出而是继续参与仲裁程序，以后提出回避申请或异议时就可能不被接受。"如果请求回避的理由是在第一次开庭审理后才得知，应在最后一次庭审终结前提出。"①

3. 对仲裁员异议的理由

支持仲裁员异议制度的国家为保证仲裁员的廉洁、公正，针对仲裁员可能出现的弊端，开列了种种药方，归纳起来主要有以下几类：

（1）违反公正性和独立性基本原则。保持独立性和公正性是各国仲裁法及国际性仲裁机构制定的仲裁规则中少有的为国际商事仲裁界所共同认可的基本原则。《联合国国际贸易法委员会仲裁规则》第 6 条第 4 款、《世界知识产权组织仲裁中心规则》

---

① 参见李玉泉《国际民事诉讼与国际商务仲裁》，武汉大学出版社 1994 年版，第 34 页。

第 19 条第 1 款、俄罗斯国际商事仲裁院仲裁规则第 4 条和第 11 条、《德国海事仲裁协会规则》第 5 条都明确肯定了该原则。

仲裁员的公正性和独立性究竟是什么含义呢？

我们理解，仲裁员的独立性是从客观角度约束仲裁员，指的是仲裁员现有客观条件是否与对案件的公平仲裁产生影响。因此，仲裁员的独立性应包括两种内涵：A. 仲裁员与当事人的关系问题；B. 仲裁员的国籍问题①。前者是指仲裁员与当事人的个人关系，不仅包括亲属关系和经济利害关系，亦包括受案前固有的和受案后创造的（如行贿、受贿等）关系，还包括其他的利害关系，如仲裁员对于承办案件事先提供过咨询的，与当事人代理人在同一单位工作，现任当事人的法律顾问以及因介绍案件而牟取私利等其他可能影响公正裁决的事项。② 后者主要是在国际商事仲裁中衡量或判别仲裁员是否独立的一个重要因素。国际商事仲裁实践中逐渐形成了一种国籍规避制度，即仲裁案件当事人不得选择与本方国籍相同的人担任独任仲裁员或首席仲裁员，除非当事人之间另有约定。著名的《伦敦国际仲裁院规则》便对此作了明确规定。③

仲裁员的公正性则主要是从仲裁员的主观心理角度对仲裁员加以约束。它指的是仲裁员对一方当事人或争议的问题是否心存偏袒。这里有两个关键问题值得注意，一是如何把握仲裁员的心理倾向，如何定夺其是否存在偏袒一方的心理？我们认为解决这

---

① 参见韩健《现代国际商务仲裁法的理论与实践》，法律出版社 1993 年版，第 130 页。

② 参见青岛大学李成林"论仲裁员的身份和法律地位"一文。（是否公开发表不详）

③ 参见《伦敦国际仲裁院规则》（1998 年 1 月 1 日）第 6 条第 1 款。See page 808, HANDBOOK OF ARBITRATION PRACTICE, Third Edition, Sweet&Maxwell in conjunction with The Chartered Institute of Arbutrators. London 1998.

一问题，主要从仲裁员的行为上判断，人的行为是心理的反映，一个极具偏袒心态的仲裁员不管他多么善于掩饰，难免不在仲裁中流露出过激的言行导致对自然正义原则的明显违反（如剥夺一方当事人就若干问题的陈述、反驳权利，或仲裁过程中作不应有的结论性表态等），当然做到这一点也须当事人及其代理律师的敏锐观察力。第二个问题是对仲裁员公正性的要求是适用于所有仲裁员还是仅适用于独任仲裁员或三人仲裁庭情况下的首席仲裁员或取代当事人各自指定仲裁员的公断人？这一问题确曾有过较大争议，但我们认为结论应该是明确的：即适用于全体仲裁员。理由很简单。目前除美国仲裁协会和美国律师协会 1977 年起草的《商事争议中的仲裁员道德规则》中允许当事人指定的仲裁员为非中立性外，其他绝大多数国家和国际商事仲裁机构，均认定仲裁员不论是当事人指定抑或是仲裁机构、法院及其他机构指定均不代表当事人，应持中立态度。因此少数仲裁机构的仲裁规则个别意见不能代表国际仲裁的发展趋势。

（2）仲裁员的指定不符合当事人双方协定的条件。这一理由是针对仲裁员资格中当事人协定资格而言，实践中最常见的是仲裁员的职业错误，如前文提到的协定仲裁员必须是商人，而实际指定的却是律师，从而导致律师是否商人的争论。

实践中当事人申请仲裁员回避或对仲裁员提出异议的理由以第一种居多。值得注意的是，尽管各国及国际仲裁机构对仲裁员资格提出了许多资格条件的要求，但在制定仲裁员异议制度时，除当事人协定条件外，对仲裁员不符合其他资格条件时的监督和纠正程序都没有特别规定。我们认为，这也应构成一个异议的理由，但这恰恰正是现有仲裁制度的一个小小疏漏之处。

4. 仲裁员异议的形式和程序

仲裁员的异议形式主要有两种方式：一种方式是仲裁员的主

动回避；一种是当事人对具体仲裁员资格提出异议。

仲裁员主动回避的程序比较简单。一般是在收到当事人或仲裁机构指定其为仲裁员的通知后，即披露可能影响仲裁公正性和独立性的情况（许多国家采用填表形式），该被指定人认为自身存在应当回避的因由时应主动向仲裁机构及当事人说明情况，由仲裁机构作出决定。这里也不存在上诉问题，如果他很想做仲裁员，他可能会隐瞒回避因由，如果他不想做仲裁员，可以直接拒绝接受指定即可。

仲裁员的异议则相对较复杂一点，绝大多数国家及国际仲裁机构的法规或仲裁规则中均详细规定了对仲裁员异议程序。一般有两种程序：一种程序是当事人首先向仲裁庭本身提出关于异议的申诉，如果申请被否决，当事人可向法院起诉；另一种程序是当事人直接向仲裁机构提出异议的申诉，仲裁机构的决定为终局决定。现在大多数国家倾向于由法院对仲裁员异议问题作终局决定，而国际仲裁机构包括国际商会、伦敦国际仲裁院、联合国贸发会等则支持由仲裁机构作终局决定。不过即便是支持法院作终局裁定的国家，也将对仲裁员的异议作特殊诉讼对待一审终审，不允许上诉，与普通民事诉讼历经两审或三审终审不同。

二　仲裁员的法律地位

仲裁员的法律地位是指仲裁员在履行其职责时，所享有的权利和承担的义务。

（一）仲裁员的权利

仲裁员的权利是仲裁员在仲裁程序中的权利和资格。对仲裁员的权利，有人归纳为五点：仲裁员情况披露的限制；与当事人的适当联系；实施仲裁程序；公正独立地作出决定及对裁决持不同意见①。仲裁员的权利包括当事人赋予的权利和法律赋予的权利这两种权利。具体来说包括四方面的权利：仲裁员的管辖权、仲裁员的程序权、仲裁的裁决权和补充权利。仲裁员的管辖权指仲裁员根据当事人授权，享有运用仲裁手段解决当事人之间民商争议的权利，仲裁的管辖权主要针对诉讼的管辖权而言，现在，各国的仲裁立法趋势一般都认为仲裁的管辖权由仲裁员自裁；仲裁员的程序权利是指仲裁员为解决当事人提交的争议，根据仲裁规则而采取的适当程序措施的权利。如仲裁员可以根据案情需要决定是否开庭聆讯、可以要求当事人提交必要的证据、可以要求对有关证据提供宣誓等，在仲裁的程序方面，仲裁员享有较大的自由裁量权；仲裁员的裁决权是仲裁的根本性权利，包括中间裁决、临时裁决和最后裁决的权利；仲裁员的补充权利指仲裁员为完善仲裁程序或仲裁裁决所享有的权利。通常较常见的补充权利是仲裁员于仲裁裁决发出后发现有疏漏、失误时可以自行更改的权利。

（二）仲裁员的义务

仲裁员的义务指的是仲裁员在履行职务时所承担的责任。我们一般讨论的所谓仲裁员义务最根本的就是仲裁的基本原则中所要求的公正、独立两种义务以及因此衍生的其他的具体附加义务。例如，仲裁员应该如实披露可能引起异议的事实、仲裁员应该公正地听取双方对有关争议的意见、仲裁员应勤勉地履行自己的职责、仲裁员应为双方当事人保守商业机密、仲裁员应合理取费、仲裁员应充分保障仲裁法和仲裁规则赋予给仲裁当事人的各项权利。我们注意到有些仲裁专家对仲裁员义务进行了特别详细

---

① 参见汪祖兴《国际商会仲裁研究》，法律出版社 2005 年版，第 133—143 页。

的研究归纳。例如汪祖兴先生就详细列举了仲裁员如下几项义务：

1. 仲裁员应维护仲裁程序的廉洁与公平；

2. 披露可能影响公正或可能造成不公平或者偏袒印象的任何利害关系或亲属关系；

3. 不应与当事人私下接触；

4. 给当事人平等待遇，并勤勉地实施仲裁程序；

5. 独立公正、审慎地作出裁决；

6. 仲裁员应忠实于职责的信托关系，应当为当事人保密；

7. 承认非中立仲裁员的例外①。

仲裁员的义务有时表现在仲裁立法中，例如 1995 年《瑞典新仲裁法草案》第 8 条、第 9 条②；有时候则表现为独立的仲裁员道德规范。例如美国仲裁协会、美国律师协会的《商事争议

---

① 参见汪祖兴《国际商会仲裁研究》，法律出版社 2005 年版，第 143—147 页。

② 1995 年《瑞典新仲裁法草案》："第 8 条 仲裁员应公正。如果存在可能减少对仲裁员的公正性的信任的任何情况，一俟一方当事人提出请求，仲裁员就应该离职。

这种情况通常是：

1. 如果仲裁员或与他亲近的人是一方当事人，或者会从争议的结果得到匪浅的利益或受到匪浅的损失；

2. 如果仲裁员或与他亲近的人是作为当事人的一个公司或其他联系的董事，或者在其他方面代表着当事人或者代表着会从争议的结果得到匪浅的利益或受到匪浅的损失的他人；

3. 如果仲裁员在争议中已经担任专家或其他职务，或者已经协助一方当事人在他的争议案中做准备工作或做指导工作；或

4. 如果仲裁员违反第 40 条第 2 段的规定已经收受或支取报酬。

第 9 条 被请求接受指定为仲裁员的人应立即披露根据第 7 条或第 9 条的规定可能不允许他担任仲裁员的一切情况。仲裁员应在所有的仲裁员已经被指定时立即将任何这种情况通知当事人和其他仲裁员，并且以后在进行仲裁程序过程中一旦得知任何新的情况，立即通知当事人和其他仲裁员。"

中仲裁员的行为道德规范》（简称为 AAA、ABA《道德规范》）等。

　　仲裁员的权利和义务往往是通过仲裁庭集体表现出来，因此，我们讨论仲裁员的权利和义务时应当从仲裁庭集体的角度进行分析。

三　仲裁员的责任制度

（一）仲裁员责任制度的概述

　　仲裁员责任是指仲裁员在履行其职责时因存在法律规定的过错行为而对当事人或社会所承担的责任。仲裁员的责任一般包括三种形式：即当事人施加的责任、道德责任和法律责任①。对前两者争议并不大，实践中很少去进行特别讨论，而仲裁员的法律责任在仲裁的立法和实践中都引起了严重关注。我们知道，当事人选择仲裁员主要基于两种考虑：其一是对仲裁员公正、独立等品质方面的信任；其二是对被指定仲裁员的业务能力的信任。②但仲裁实践中，由于仲裁员的疏忽或故意（即所谓过错），仲裁程序中总会出现一些违背公正、独立原则的行为或出现仲裁员不能胜任仲裁工作的现象，从而导致不公的裁决，给当事人造成经济损失。那么，出现这种情形，仲裁员应否承担责任以及承担什么样的责任呢？当事人由于不熟悉仲裁实务或有所顾忌，往往很少在仲裁协议中约定仲裁员的责任，而社会舆论、社会道德的谴责好像又无关痛痒，既不能弥补当事人的经济损失，也无法对负有责任的仲裁员起到惩戒、警醒的作用。人们自然想到给仲裁员

---

　　①　黄进、徐前权、宋连斌：《仲裁法学》，中国政法大学出版社 1997 年版，第70 页。

　　②　参见黄进《国际私法与国际商事仲裁》，武汉大学出版社 1994 年版，第104页。

施加的法律责任。但是，对仲裁员施加法律责任的依据是什么呢？有过错的仲裁员究竟应负什么样的法律责任呢？另外，在考虑这一问题时，人们往往把仲裁员同法官相比较，我们知道，法官在履行其职务时享有豁免权，那么仲裁员是否也享有豁免权呢？这也是人们争执的焦点所在。仲裁员的工作与法官有许多相同点，他们都是为了解决当事人之间的争议作出裁判。但是，仲裁员与法官区别更大，法官是国家政权保证的执法者，其行为代表国家。而仲裁员仅仅是受当事人委托解决当事人纷争的代表。那么，仲裁员能否享有豁免权呢？由于各国对仲裁员地位的认识不同，就仲裁员的责任问题所作的规定完全不同。

（二）关于仲裁员责任的不同理论和立法

关于仲裁员的责任问题，在世界各国理论和立法实践中目前主要有两大对立的主张。其一是以大陆法系为代表，主张仲裁员应承担民事责任。其二是以英美法系为代表，主张仲裁员像法官一样享有豁免权。另外，近年来，有人为调和两种主张的矛盾，提出了一种折衷主张，即"有限仲裁豁免论"。

1. 仲裁员应承担责任的主张

这一主张在大陆法系国家反映比较明显。大陆法系国家之所以坚持这种主张，有两个基本原因。（1）法官民事责任论。前文我们多次提到过，仲裁员和法官，就其工作职能而言，具有较大的相近的特点。尽管在仲裁员应否承担民事责任问题上存在着争议，但大多数国家和地区对法官应享有的豁免权则远不如仲裁员的豁免权那样富有争议性。在大陆法系国家，法官并不享有绝对的豁免权，法官在行使其职权时，如因过错或犯罪行为而给当事人造成损失时，同样应给予赔偿，应负民事责任。只不过追究法官的民事责任前，必须用尽其他法律救济办法方可。既然法官和公务员都应为其职务行为承担民事责任，那么，仲裁员的职务行为当然无法获得豁免。（2）仲裁契约说。在大陆法系国家，仲裁一般被看做是契约行为，而不认为是准司法行为。大陆法系国家认为仲裁是一种特殊的契约行为，在这一契约行为里，仲裁员不仅承担着仲裁协议中双方当事人约定的契约责任，而且应承担相应的法律责任。在这种法律中仲裁员对国家、对社会、对仲裁当事人承担着公正责任和专业小心责任。仲裁员的公正责任要求仲裁公正地对待当事人各方，认真听取当事人各方的陈述，不得心存偏袒。仲裁员的专业小心责任要求仲裁员在履行职务时应用尽一切自己的专业知识，确保作出一个公正、合理、正确的裁决，否则，将会像其他专业人员如医生、工程师那样应承担对当事人（客户）赔偿损失的民事责任。

2. 仲裁员责任豁免论

英美法系国家在仲裁员的责任上主张采用"仲裁员责任豁免论"，即仲裁员在履行职务时不因自己的专业过错承担任何法律责任（包括民事责任）。英美法系国家对法官采取豁免的主张。在仲裁性质方面，这些国家认为仲裁行为是一种准司法行为。仲裁员行为中既有契约的成分亦有司法因素，因此英美法系国家将司法豁免扩展到仲裁领域，形成"仲裁豁免论"。该理论的具体内容是：仲裁员的仲裁行为豁免于民事责任，仲裁员对于仲裁过程中因其过失或其他情况而导致的不公正裁决及给另一方当事人带来的损失不承担任何个人责任。[①] 英美法系国家形成"仲裁豁免论"的依据主要有四点：（1）仲裁员行使着与法官相同的权利，其活动相当于司法活动；（2）国家政策鼓励仲裁；（3）仲裁员享有与法官一样的豁免权，有利于保证仲裁的完整

---

① 参见黄进《国际私法与国际商事仲裁》，武汉大学出版社1994年版，第108页。

性。如果允许当事人不断申诉，则会人为拖延仲裁的过程，使得仲裁便捷、经济的优点化为乌有；（4）仲裁员如果要承担责任，会导致仲裁员在仲裁过程中过分谨小慎微，甚至会导致有责任心又有能力的人拒绝接受任命，从而无法迅速有效地解决纷争，反而阻碍了仲裁事业的发展。

3. 有限仲裁豁免论

有限仲裁豁免论是在批判和调和前述两种互相对立的主张基础上提出来的。其内容是：（1）有条件给予仲裁员以法律责任豁免权。其所谓的条件实际上是根据仲裁的双重性确定的。A. 仲裁员必须是真正的仲裁员。这是仲裁司法性的反映。这一条件使得仲裁员区别于一般的调解人员或专家言论。B. 仲裁员的指定和仲裁协议必须有效。这是仲裁契约性的反映。仲裁的契约性要求仲裁员、仲裁庭及仲裁裁决的权利基础的仲裁协议和因此对仲裁员的指定必须有效。有效的契约才能赋予仲裁员以合法的仲裁权，并因此取得法律责任的豁免权，否则，仲裁员既无权仲裁更谈不上法律责任的豁免问题。（2）对仲裁员责任的豁免划定范围。"有限仲裁豁免论"给仲裁员的责任豁免划定两个范围。A. 程序性范围。对仲裁的程序性限制要求仲裁程序不得悖于仲裁程序的自愿性、对抗性以及自动的司法复议权。B. 契约性范围。仲裁的权力来源即仲裁员的任命在仲裁豁免的范围上起着关键作用。该理论倡导者提出了几种不当仲裁行为，作为仲裁员违反契约性限制而承担民事责任的依据。第一，仲裁员在其与案件有利害关系时没有回避。前文我们在讨论仲裁员的身份制度时也谈到过，各国仲裁法律规范或有关仲裁规则都规定了仲裁员在一定的条件下应自动回避，这是仲裁员对社会、对当事人承担的义务。如果仲裁员应该回避而没有回避，会使得到败诉方当事人申请撤销裁决的诉讼获得成功，导致仲裁的彻底失败，当事人双方为此花费的人力和财力全部浪费。在这种情况下，仲裁员不仅无权获取报酬，而且应为当事人因此遭受的损失承担责任。第二，仲裁员提前退出仲裁。仲裁员对当事人的指派有权接受和拒绝。但是，一旦仲裁员接受当事人指派，即在仲裁员和当事人之间建立起一种仲裁契约关系，仲裁员负有公正裁决及时解决双方当事人纷争的义务。如果仲裁员无正当理由，擅自中途退出仲裁，就会导致仲裁程序的终止或拖延，无法实现或及时实现仲裁的终极目标——通过仲裁及时解决纷争，从而违反了其对当事人承担的契约责任，其行为自然不应该视为司法行为，因此给当事人造成的损失，无权要求豁免。第三，仲裁员没有及时做出裁决。仲裁员在仲裁契约中对当事人所负的责任，不仅仅是作出裁决，而且要讲究效率，仲裁规则一般都规定，仲裁员应于限定时间内做出裁决，仲裁员如果不能及时做出裁决，可能会使得败诉方申请撤销仲裁裁决之诉成功，从而前功尽弃。即便裁决不被法院撤销，也会使当事人因时间拖延而遭受不公正的损失，当事人有权要求仲裁员予以赔偿。"仲裁有限豁免论"目前在英美等国的司法实践中得到相当的支持。在这些国家的司法实践中一般强调仲裁员应承担因恶劣信念所致的个人后果，要对故意行为负责，也要对重大过失行为负责。

第二节　中国区域仲裁员制度上的共识与分歧

一　区域仲裁制度中的仲裁员身份制度

（一）区域仲裁制度中的仲裁员资格制度

我国内地仲裁法对仲裁员资格采用肯定列举式。《中华人民共和国仲裁法》要求仲裁委员会只能从公道正派的人员中聘任仲裁员，并且应当符合下列条件之一：1. 从事仲裁工作满 8 年的；2. 从事律师工作满 8 年的；3. 曾任审判员满 8 年的；4. 从事法律研究、教学工作具有高级职称的；5. 具有法律知识，从事经济贸易等专业工作并具有高级职称或者具有同等专业水平的。① 关于仲裁员国籍问题，内地仲裁法并未特别规定，但《中国国际经济贸易仲裁委员会仲裁规则》及《中国海事仲裁委员会仲裁规则》中明确规定仲裁员可以从符合条件的中外人士中聘任，而且中国国际经济贸易仲裁委员会规则修改后，扩大了仲裁员名册，增加了港澳及外国仲裁员名额。因而事实上内地允许外国人作仲裁员。内地仲裁法第 13 条第 3 款表达为"曾任法官满 8 年的可作仲裁员"，暗含着对现任法官作仲裁员的否定。《中华人民共和国法官法》第 15 条规定："法官不得兼任人民代表大会常务委员会的组成人员，不得兼任行政机关、检察机关以及企业、事业单位的职务，不得兼任律师"，这些规定都暗含着对现任法官担任仲裁员资格的否定。然而，事实上，1996 年以来，各地仲裁机构为了各自不同的目的，吸收现任法官担任仲裁员的情形不在少数。这一现象的蔓延引起了最高人民法院的重视，2004 年 7 月 13 日，最高人民法院发出《关于现职法官不得担任仲裁员的通知》，通知要求在仲裁机构担任仲裁员的现职法官在一个月内（即 2004 年 8 月 13 日前）辞去仲裁员职务。按此通知精神，今天（即 2004 年 8 月 13 日）之后，中国内地仲裁领域将再也没有法官仲裁员了。②

内地仲裁委员会采用了封闭式的仲裁员名册制度，当事人只能在仲裁名册中选定仲裁员，不得超出范围。内地仲裁法第 16

---

① 参见《中华人民共和国仲裁法》第 13 条。

② 参见闻戒文《法官不能担任仲裁员之后……》http：//blog. china-arbitra-tion. com/wenshi/entry/200611069 2007 年 2 月 27 日访问。

条针对仲裁协议的内容只规定必须选定仲裁委员会而不必指名具体仲裁员，甚至也不必规定仲裁员指定方式，因此，对当事人能否在仲裁协议中约定仲裁员资格态度并不明朗。

香港《仲裁条例》并没有对仲裁员的资格进行特别规定。一般而言，任何人包括商人、律师、工程师、会计师、审计师、教授和其他一切有影响能力的人，不论其是否在香港有住所或居所，拥有哪一国的国籍，都可以被指定为仲裁员。① 因此，香港的仲裁员资格实际上由当事人之间的仲裁协议确定。"当事人可在仲裁协议中约定仲裁员的条件（如国籍或者专业背景等）。"② 香港《仲裁条例》第13A条规定：大法官、地方法院法官、裁判官等经首席大法官同意可以受聘出任独任仲裁员、联合仲裁员或公断员。不仅如此，而且当担任仲裁员时，同时享有法官某些特权。如香港《仲裁条例》第13A第5款规定："附表4的规定，对于本条例内关于由大法官以独任仲裁员或以公断人身份处理仲裁的条文，具有修改的效力，在某些情况下更具有代替的效力，尤其对关于仲裁员及公断人，其法律程序及裁决须由法院控制及审核的条文，具有以上诉法院取代法院的效力。"

香港国际仲裁中心备有自己的仲裁员名册。当事人如果请求香港国际仲裁中心指定仲裁员，该中心会从其仲裁员名册中指定。但是该中心属服务性机构，又由于临时仲裁的存在，香港HKIAC的仲裁员名册显然属非封闭性，当事人选定仲裁员时并不受该名册约束。

澳门《本地仲裁法》和澳门《涉外商事仲裁法》分别于

---

① 参见赵秀文《香港仲裁法制度》，河南人民出版社1997年版，第94页。

② 参见莫石、郑若骅著，傅宇、刘京编译《香港仲裁实用指南》，法律出版社2004年版，第70页。

1996 年 9 月 15 日和 1999 年 1 月 13 日才由澳门总督颁布生效。澳门仲裁制度并不发达，1998 年 3 月 9 日才由总督韦奇立批准设立澳门律师公会自愿仲裁中心①。但这仅仅是其仲裁法中所提倡的所谓专业仲裁机构中的一个，今后将会陆续出现其他仲裁机构。澳门《本地仲裁法》规定仲裁员应为具有完全行为能力的自然人，该自然人如在仲裁前的调解中担任调解员时，则不得担任该案仲裁员，同时规定当事人协议指定某一法人为仲裁员，而该法人属专门机构时，仲裁工作由该专门机构按其自身章程组成一个工作小组进行。② 而澳门《涉外商事仲裁法》则完全对仲裁员的具体资格没有作任何特别规定。澳门《本地仲裁法》并没有限制外国人和法官作仲裁员，但可以相信，澳门法官肯定不会像澳门律师公会那样因应仲裁法的精神设立所谓澳门法官协会自愿仲裁中心。按照其仲裁法关于专门机构仲裁的精神，法官实际充作仲裁员的机会不大。但是，澳门的消费争议仲裁中心是一个例外，它是一个获得政府支持的特殊机构，它主要受理小额钱债的争议。③ 1997 年 4 月，澳门司法政务司萧伟华就澳门政府筹备设立仲裁中心的问题发表讲话时表示："仲裁中心成立初期，邀请法官担任仲裁员，从而争取民间更多的信任。"④ 1996 年公布的《澳门消费争议仲裁中心章程草案》第 4 条第 2 款则明确规定："仲裁决定由一位法院司法官在兼职制度下兼任之仲裁官作出。"所以，从澳门仲裁现状来说，还是存在法官担任仲裁员的

---

① 参见澳门总督办公室第 26/GM/98 号批示"许可设立澳门律师公会自愿仲裁中心"，载《澳门政府公报》1998 年 3 月 11 日第 10 期第 2 组，第 1153 页。

② 参见澳门《本地仲裁法》第 12 条。

③ 参见"推介澳门消费争议仲裁中心"，载《澳门消费》1998 年第 55 期，第 1 页。

④ 《澳门日报》1997 年 4 月 22 日第 1 版。

情况，但是，从澳门司法政务司的讲话精神看，邀请法官担任仲裁员似乎又是权宜之计。澳门《涉外商事仲裁法》参照联合国示范法制定，在涉外仲裁领域，澳门旗帜鲜明地赞成外国人作仲裁员，并且，积极支持当事人自由协定仲裁员资格。[①]

　　台湾最早的《商务仲裁条例》仅要求仲裁员具有法律或各业专门知识，并且信望素孚，采用的是抽象原则规定的方式。但是当时的台湾《商务仲裁协会条例及仲裁费用规则》明确规定具备下述资格之一的可登记为仲裁人：1. 曾任法官、检察官；2. 律师、会计师或从事其他与商务有关的专门职业的；3. 经营工商农矿业有 10 年以上实际经验的；4. 曾任仲裁人或其他有商务仲裁的学识经验的。但同时规定有下列情形之一的，不得登记为仲裁人：1. 曾受一年以上有期徒刑处罚的，但过失犯罪不在此限；2. 经剥夺公权尚未复权；3. 受破产宣告尚未撤销的；4. 未成年人；5. 仲裁人接受当事人请托或收受不正当利益而被除名的[②]。台湾仲裁协会实际上以自己的规则对《商事仲裁条例》加以补充，补充的方式是同时兼顾了肯定列举和否定列举两种方式。而且在旧的制度下，台湾显然只支持卸任法官作仲裁员，对现任法官则不支持。台湾地区也支持外国人作仲裁员。[③] 仲裁协会也支持当事人协定仲裁员资格。

　　台湾《仲裁法》依照联合国示范法作了较大的修改后，其中一个最引人注目的成就就是对仲裁员的身份制度作了重大改

---

　　①　澳门《涉外商事仲裁法》第 11 条第 1 款明确规定："不得以所属国籍或居住地点为理由排除任何人作仲裁员；但当事人另有协议者，不在此限。"

　　②　参见谭兵、陈彬《中国仲裁制度研究》，法律出版社 1995 年版，第 109 页。

　　③　参见陈焕文《两岸商务纠纷及仲裁事务》，永然文化出版股份有限公司 1993 年版，第 247 页。

进。该《仲裁法》对仲裁员的资格兼用肯定列举和否定列举两种形式。该《仲裁法》第6条采用肯定列举式正面详细列举了仲裁员应该具备的资格条件，规定仲裁员必须具备法律或其他各业专门知识或经验，信望素孚。明确规定具备下述资格之一者，可以担任仲裁员，包括：1. 曾任实任推事、法官或检察官者；2. 曾执行律师、会计师、建筑师、技师或其他与商业有关之专门职业人员业务五年以上者；3. 曾任国内、外仲裁机构仲裁事件之仲裁人者；4. 曾任教育部认可之国内、外大专院校助理教授以上职务五年以上者；5. 具有特殊领域之专门知识或技术，并在该特殊领域服务五年以上者①。这些肯定的要件表明：1. 卸任和现任法官和检察官均可获选担任仲裁员，而且推广到推事一职；2. 专业人士增加了从业年限限制，提高了经验要求，但比起内地的8年要短，且把建筑师和技师明确纳入专业人士行列；3. 外国人和中国其他法域的人士作为台湾仲裁员的资格第一次有了明确的保障。因为台湾以外的仲裁经验（无年限限制）和台湾以外的教育职称作为仲裁员的必备资格得到了法律认可。台湾《仲裁法》第7条同时采用否定列举式，对具有某些法律污点或缺陷的人士禁止其担任仲裁员，包括下列人士：1. 犯贪污、渎职之罪，经判刑确定者；2. 犯前款以外之罪，经判处有期徒刑一年以上之刑确定者；3. 经剥夺公权宣告尚未复权者；4. 破产宣告尚未复权者；5. 受禁治产宣告尚未撤销者；6. 未成年人。② 台湾《仲裁法》就仲裁员的资格问题新增了两个制度：其一，仲裁员必须是自然人。该《仲裁法》规定仲裁人必须是自然人，即便当事人约定仲裁机构以外之法

---

① 参见台湾《仲裁法》第6条"仲裁人之资格"。
② 参见台湾《仲裁法》第7条"不得为仲裁人之情形"。

人或团体为仲裁员的，也视作未作约定。① 因此，所谓法人仲裁员制度在台湾是不存在的，这与我们前文分析的澳门本地仲裁员制度显然不同。其二，仲裁员训练制度。台湾《仲裁法》特别要求仲裁员正式上岗之前必须经过正规培训，否则，即便符合上述条件，也不得作为仲裁员正式执业②。这一要件完全是新增加的内容。而且作为仲裁法单独一条特别规定，目前在世界上仲裁立法中也不多见。关于仲裁员训练制度，2002 年 7 月修订台湾《仲裁法》版本第 8 条规定了四类法律专业人员例外。包括：

1. 曾任实任推事、法官或检察官者；

2. 曾执行律师职务三年以上者；

3. 曾在台湾教育部门认可之国内外大专院校法律学系或法律研究所专任教授二年、副教授三年，讲授主要法律科目三年以上者；

4. 台湾《仲裁法》修订前已向仲裁机构登记为仲裁人，并曾实际参与争议事件之仲裁者。

前项第三款所定任教年资之计算及主要法律科目之范围，由台湾法务部会商相关机关定之。

（二）区域仲裁制度中仲裁员的指定

根据内地仲裁法精神，我国内地指定仲裁员的方式有三种：1. 双方当事人各自选定或者委托仲裁委员会主任指定；2. 双方当事人共同选定或者共同委托仲裁委员会主任指定；3. 仲裁委员会主任直接指定，其前提是当事人没有在仲裁规则规定

---

① 台湾《仲裁法》第 5 条规定："仲裁人应为自然人。当事人于仲裁协议约定仲裁机构以外之法人或团体为仲裁人者，视为未约定仲裁人。"

② 台湾《仲裁法》第 8 条规定："仲裁人应经训练或讲习。"

的期限内（20 天）约定仲裁庭的组成方式或选定仲裁员。另根据内地仲裁法精神，如申诉人或被申诉人一方有两个或两个以上时须共同推荐仲裁员，如在 20 天内推举不出，则由仲裁委员会主任指定。① 仲裁员更替的方法与初选方法完全相同。

1996 年前香港《仲裁条例》中基本上包括了前述五种指定方式。其基本程序是由双方当事人各指定一名仲裁员或共同指定一名独任仲裁员。（香港《仲裁条例》规定无明确约定时视为独任仲裁），然后由当事人指定的仲裁员共同委任一名公断人或第三名仲裁员。如果任何一方应委任而没有委任或应共同委任而不能取得一致，则由法院指定补缺仲裁员。1996 年修改后的香港《仲裁条例》将该权利改由香港仲裁国际中心（HKIAC）行使。该中心亦备有自己的仲裁员名册，它采取的是一种间接指定制度。由双方当事人分别提出两名候选人，尔后中心准备一个 6 人名册；其中包括有双方指定的 4 名候选人（不透露来源），然后当事人对名册的 6 名仲裁员分别排列指定次序，交回中心，中心根据双方指定顺序，排在首位的得 6 分，末位的得 1 分，中心将指定得分最多的人选为仲裁员。关于仲裁员的替换问题，香港的做法是获委任的仲裁员拒绝或无能力出任该职位或者死亡，则委任他出任仲裁员的一方可委任新的仲裁员填补其缺。② 但是，仲裁员或公断人因异议被法院撤职时，该仲裁员的空缺经任何一方申请由法院任命，法院既可委任一名或多于一人代行其职或下令解除仲裁协议。③

---

① 参见肖永平《中国仲裁法教程》，武汉大学出版社 1997 年版，第 54 页。
② 参见香港《仲裁条例》第 9 条第 1 款。
③ 参见香港《仲裁条例》第 27 条。

澳门的本地仲裁制度中包罗了当事人协议指定、现有仲裁员指定及法院指定等三种形式①。其基本程序是：当事人应在仲裁协议中指定一名或单数多名仲裁员组成仲裁庭，或订明选定仲裁员方式。如仲裁协议内无仲裁员的指定，也没有指定或选定的方式时，则每一方当事人得指定一名仲裁员。被指定的仲裁员协商选出另一名仲裁员作为主席组成仲裁庭。如协商不成时，则由澳门第一审法院代为委任一名仲裁员，作为仲裁庭的主席。关于仲裁员的替换问题上，澳门《本地仲裁法》支持在仲裁员死亡、自行回避、被拒绝或不能担任职务或因任何理由使指定无效时，按照经作出适当配合后适用指定或任命规则替换新的仲裁员，但当事人约定不准替换的例外②。澳门涉外商事仲裁制度提倡当事人协商确定仲裁员，但如果任何一方当事人无法指定仲裁员或者经指定的仲裁员无法共同产生第三名仲裁员时，则任何一方可以申请管辖法院负责指定，当然，如同本地仲裁制度一样，也允许当事人通过协议对法院指定仲裁员的权利进行限制。③ 澳门《涉外商事仲裁法》一个独特之处是对法院指定仲裁员作了特别要求：当任命仲裁员时，法院应考虑当事人协议内对仲裁员所要求具备之资格，并考虑对确保能任命一名独立及公正无私之仲裁员为重要之一切事宜；在任命独任仲裁员或第三名仲裁员时，尚应考虑任命一名所属国籍或居住地点与胆识过人不同之仲裁员之可取性。关于仲裁员的替换问题，澳门《涉外商事仲裁法》规定得较简单，即适用该被替代仲裁员的原指定程序。

台湾原《商务仲裁条例》第4条、第6条、第8条、第9条

---

① 参见澳门《本地仲裁法》第11条和第15条。
② 参见澳门《本地仲裁法》第17条。
③ 参见澳门《涉外商事仲裁法》第11条、第16条。

分别规定了当事人协议指定、现有仲裁员指定、仲裁协会或法院指定等方式。与内地、香港、澳门不同的是台湾虽然存在权威的仲裁协会，该协会也办理仲裁案，但当它代行指定仲裁员职责时须"一为在仲裁协议中约定；二是由双方当事人商定"①。如无一致意见，仲裁协会无权代为指定。发生仲裁员指定歧义情况时，法院代为指定。在台湾法院指定仲裁员的权力比较广泛，发生下列情况之一即由法院指定："（1）当事人约定由法院选定；（2）当事人选定的仲裁员不能推选出第三仲裁人，则此第三仲裁人由法院确定；（3）一造选定仲裁人后，他造于催告期内未能选定仲裁人；（4）仲裁协会未能在催告期内选定仲裁人；（5）当事人或仲裁协会选定的仲裁人出缺或不履行仲裁任务；（6）已选定的仲裁人存在法定的拒却情形。"② 台湾《商务仲裁条例》第十条规定的仲裁员更替方法有两种：1. 当事人协议指定仲裁员须更替时，由双方另行协定，协定不成由法院为之选定；2. 当事人自行选定的仲裁员发生须更替情况，由对方当事人催告，原指定方当事人应在受催告之日起7日内指定仲裁员，否则由法院指定。1998年12月生效的台湾《仲裁法》对仲裁员的指定及替换制度进一步规范化。该仲裁法第9条第1款既支持当事人之间约定具体仲裁人，亦支持当事人之间仅仅协定仲裁人选定方法。在无协定选择情况下，允许由双方选定的仲裁人共推第三仲裁人为主任仲裁人。该条第2、3款规定了法院指定仲裁员制度。规定如果双方当事人选定的仲裁人未能及时共推主任仲裁人，或当事人双方未能及时就独任仲裁人人选达成一致意见时，任何一方均可请求法院选定。但如当事人约定了案件的仲裁机构时，则

---

① 参见谭兵、陈彬《中国仲裁制度研究》，法律出版社1995年版，第406页。
② 同上书，第107页。

由该仲裁机构选定。这显然是一种介于内地的仲裁机构指定和澳门的法院指定之间的折衷方法。关于仲裁人的替换问题，仲裁法第 13 条规定约定仲裁人的替换，须由当事人再行约定。选定仲裁人的替换由当事人再行选定。在上述两种情况下，如果一方当事人不及时履行其职责，他方当事人可以请求仲裁机构或法院另行选定。

（三）区域仲裁制度中仲裁员的回避与异议制度

我国内地仲裁法规定的仲裁员回避和异议的法定理由主要集中在违反仲裁的独立性和公正性方面，因为内地仲裁制度下主要实行封闭性的仲裁员名册，当事人只能在名册范围内指定仲裁员，因而，一般不存在指定仲裁员与约定条件不符的问题。仲裁法认定仲裁员的下列情况违反仲裁的独立性和公正性，仲裁员必须回避，当事人也有权申请回避：1. 是本案当事人或者当事人代理人的近亲属；2. 与本案有利害关系；3. 与本案代理人有其他关系，可能影响公正仲裁的；4. 私自会见当事人、代理人或者接受当事人代理人请客送礼的。[①] 对内地仲裁员的异议有两种形式：其一是仲裁员主动回避，这种回避没有时间的限制，按通常理解，仲裁员可以在仲裁的全过程中依法定事由自行提出回避；其二是当事人依法提出回避。当事人提出回避申请的应当说明理由，并且应该在首次开庭前提出。回避事由在首次开庭后知道的可以在最后一次开庭终结前提出。内地仲裁法将当事人依法申请仲裁员回避的时间限制于"首次开庭前"和"最后一次开庭终结前"的做法曾经引起一些异议。[②] 主要认为存在三个问

———————

① 参见《中华人民共和国仲裁法》第 34 条。

② 参见林建工、连维兴："浅谈仲裁员的回避制度"，载《仲裁与法律通讯》1997 年第 2 期，第 15—18 页。

题：第一，在当事人按照意思自治的原则约定不开庭时将无法以开庭作为时间限制。第二，当事人于首次开庭之后知悉回避情形，而仲裁庭不再开庭径行判决时，当事人将无法行使申请回避的权利。第三，因为没有相应的回避法定程序，有利于恶意当事人利用申请回避权利造成仲裁程序的重复和混乱，以及时间、人力、物力的浪费。这种观点有一定可取之处，但是，只要有关部门稍加注意即可轻易解决。例如，由最高人民法院作一个司法解释，在无法确定"首次开庭"和"最后一次开庭终结"时间的情况下，以仲裁庭召集双方当事人宣布裁决的时间为所谓"首次开庭"和"最后一次开庭终结"。关于仲裁员是否回避的决定权问题，内地仲裁的做法是由仲裁委员会主任决定，仲裁委员会主任在担任仲裁员时，由仲裁委员会集体决定。

香港《仲裁条例》虽然强调了仲裁员权利的不可撤销性，但在符合规定条件下也可以对仲裁员提出异议，这些理由主要有如下几点：

1. 对仲裁员的指定与仲裁协议不符。英国仲裁史上的一个著名案例中所谓律师是否属商人争论的问题就是因仲裁员的异议而起。英国法院 1969 年审理 Rahcassi Shipping Co. S. A. v. Blue Star Line Ltd. 案时 Roskill 法官认定出庭律师非商人，因而裁定对仲裁员的异议成立。香港《仲裁条例》与英国仲裁法极为相似，因而也强调指定的仲裁员必须符合双方协定资格条件，否则当事人可据此提出异议。

2. 仲裁员在法律上或事实上不能履行其职责。这个主要是指仲裁员因无行为能力或其他原因不能行使职权，而导致仲裁程序无法展开，当事人因此有权提出异议，这种理由的仲裁员异议在我国的四大法域中是较具特色的。仲裁员于法律上或事实上不能履行职责的情况不少，但是因此成为一个单独的仲裁员异议理由倒不多见。

3. 仲裁员行为不端或者不公正。除前述两项理由外，香港仲裁法将其他违反仲裁公正性和独立性的理由统称为"行为不端"，如果仲裁员行为不端（misconduct himself）或处理仲裁程序不当，法院可将其免职①。香港《仲裁条例》中的"行为不端"并无具体定义，但实践中对其解释外延较广，大致涵盖了仲裁员的独立性和公正性的全部内容，即包括仲裁员与当事人有利害关系和仲裁员是否对一方当事人心存偏袒。

香港《仲裁条例》解决仲裁员的异议分两种形式：对符合异议条件的一般仲裁员或公断人提出的异议，应该向香港高等法院提出申请撤销之诉；而对法官仲裁员和法官公断人的异议应向上诉法院申请撤销对该法官仲裁员或法官公断人的指定。

澳门《本地仲裁法》将仲裁员的异议分为"回避与拒却"两种形式，相当于上文归纳的仲裁员主动回避和当事人申请回避的形式。关于仲裁员的主动回避，澳门本地仲裁制度规定仲裁员接受该指定后，仅在基于嗣后发生的原因而使被指定者不能担任有关职务时，自行回避方为正当。澳门《本地仲裁法》同样采纳对仲裁员异议的两种限制规定，即构成拒却依据必须是在指定后出现，除非指定后才获悉拒却依据；对仲裁员的异议必须在获悉有关指定或任命，仲裁庭之设立或回避事由的存在后 15 天内提出异议。异议的理由与对民事诉讼法中对法官异议的理由相同。关于异议的程序，如果当事人未订定拒却的决定方法，则交由普通管辖法院就拒却作出裁判，对此不得上诉，这意味着澳门仲裁法允许当事人对异议程序作出安排。同时澳门仲裁法允许仲裁员遭到异议时选择辞职；对方当事人也可以同意申请人的拒却理由，在这两种情况下，异议立即成立，

---

① 参见香港《仲裁条例》第 25 条（1）款。

无须交由法院处理。澳门《本地仲裁法》还规定，在处理拒却期间，原仲裁庭必须中止仲裁程序，直到对拒却作出决定为止。澳门《涉外商事仲裁法》对仲裁员拒却的理由和程序与澳门《本地仲裁法》的规定完全不同。该法有关内容如下：1. 拒却理由：仅当存在对仲裁员之公正无私或独立性可能引起合理怀疑之情况，或仲裁员不具备当事人约定之资格时，仲裁员方得被拒却（第 12 条第 2 款）。2. 时间限制：（1）拒却理由发生的时间必须是指定仲裁员后始知悉的理由。（2）提出异议的时间为自仲裁庭设立或自知悉拒却理由后 15 天内。3. 拒却程序：（1）协议程序。由双方当事人自由协商确定。（2）法定程序。如果双方当事人未能就仲裁员异议程序达成协议，则由申请拒却的一方书面向仲裁庭提出，如果被申请拒却之仲裁员不愿辞职，或他方当事人不接受该拒却，则由仲裁庭作出决定。（3）法院最后的决定权。如果申请人通过（1）和（2）程序未能成功拒却仲裁员，则在接获驳回拒却之决定之日起 30 日内，请求管辖权法院就拒却作出裁判。处理拒却期间仲裁庭包括被申请拒却之仲裁员继续仲裁程序并履行职责。从这比较的内容可以看出澳门本地仲裁和国际仲裁中关于仲裁员的拒却问题确实存在较大差异。

台湾《仲裁法》对仲裁员回避制度进行了必要规定：

1. 回避的理由：仲裁员具备下列情形之一者，当事人有权申请回避：（1）不具备当事人所约定之资格者；（2）有民事诉讼法第 32 条所定法官应自行回避之同一原因者；（3）仲裁人与当事人间现有或曾有雇佣或代理关系者；（4）仲裁人与仲裁人之代理人或重要证人间现有或曾有雇佣或代理关系者；（5）有其他情形足使当事人认其有不能独立、公正执行职务之虞者。①

2. 时间限制：（1）当事人对其自行选定之仲裁员申请回避

_____

① 台湾《仲裁法》第 15、16 条。

的理由必须是发生在选定仲裁员之后，或至仲裁员选定后方知悉。（2）当事人必须于回避理由知悉后 14 日内提出，如仲裁庭尚未成立，则自仲裁庭成立之日计算。①

3. 申请回避之程序：台湾《仲裁法》将回避程序分为几种：（1）对普通仲裁员申请回避，由申请人首先向仲裁庭提出，对仲裁庭决定不服的，于 14 日内向法院申请裁定。（2）对独任仲裁员申请回避，必须直接向法院申请。（3）双方当事人请求仲裁人回避的，仲裁人应立即回避。无须借助仲裁机构和法院。②

二 区域仲裁制度中仲裁员的法律地位

（一）内地仲裁员权利和义务的制度

内地仲裁员的权利与义务分散规定在《中华人民共和国仲裁法》、《中国国际经济贸易仲裁委员会仲裁规则》、《中国海事仲裁委员会仲裁规则》、各地方仲裁委员会仲裁暂行规则等文件之中。综合这些文件精神，在内地仲裁制度下，仲裁员享有的权利与义务如下：

1. 仲裁员的权利

（1）仲裁庭有权按照其认为适当的方式审理案件。即有权决定开庭审理，也有权决定只依照当事人提交的书面材料及证据进行书面审理；

（2）仲裁庭可以收集其认为必要的证据；

（3）仲裁庭有权决定就专业问题向专家咨询或者指定鉴定人进行鉴定；

（4）仲裁庭有权决定在一方当事人无故缺席时，决定缺席

---

① 台湾《仲裁法》第 16 条第 2 款、第 17 条第 1、2 款。
② 台湾《仲裁法》第 16 条、第 17 条第 3、4、5、6 款。

审理或缺席裁决；

（5）仲裁庭有权根据案件的具体情况进行调解，调解成功时，有权制作调解书，该调解书与仲裁裁决具有同等法律效力；

（6）仲裁庭有权就争议的有关问题作出中间裁决；

（7）仲裁庭有权决定双方当事人应向仲裁委员会支付的费用。也可以决定败诉方当事人应向胜诉方当事人支付的合理补偿。

2. 仲裁员的义务

（1）仲裁员必须独立公正地审理仲裁案件；

（2）不得私自接触当事人或其代理人。自觉披露可能有损独立公正审理的任何情况并回避；

（3）勤勉审慎地履行自己的职责；

（4）严格保守仲裁秘密；

（5）参加学术活动，学习仲裁业务，提高仲裁水平。

（二）香港仲裁员的权利和义务

1. 香港仲裁员的权利

（1）仲裁庭有权决定自己对仲裁案件的管辖权。（香港《仲裁条例》第 13B 条）

（2）仲裁庭享有广泛的程序权。包括下列权利：（香港《仲裁条例》第 2GB 条）

（a）要求申请人提供仲裁费用的保证。

（b）要求对争议款项提供保证。

（c）指示透露文件或送到质问书。

（d）指示须以誓章的形式提出证据。

（e）就有关财产——

（i）指示由仲裁庭、仲裁程序的任何一方或任何专家检查、拍摄、保存、扣留或出售该财产；或

（ii）指示从该财产中取去样本，或对该财产进行观察或试验；

（f）批给临时强制令或指示采取其他临时措施。

（3）仲裁庭在规定的条件下享有延长仲裁程序时限的权利。仲裁庭如认为有关的情况超乎各方在订立仲裁协议时的合理预计，而延长该期限会是合理的；或由于某一方的行径，若以该协议的严格条款约束其他各方是不公平的做法，则仲裁庭可以决定合理延长仲裁程序期限。（香港《仲裁条例》第 2GD 条）

（4）仲裁员在经当事人书面同意可以充任调解员。（香港《仲裁条例》第 2GB 条）

（5）仲裁员的裁决权。香港《仲裁条例》为仲裁员规定的裁决种类比较多，仲裁员不仅享有一般的终局裁决权（香港《仲裁条例》第 18 条），而且享有临时裁决权（香港《仲裁条例》第 16 条）。

（6）享有法院中期命令所赋予的延伸权利。根据香港《仲裁条例》第 23C 条的精神，仲裁员有权根据法官的中期命令在一方缺席或不履行任何其他作为时，有权在该命令所指明的范围和限制条件内继续进行仲裁。

（7）强制仲裁情况下的履行权。香港仲裁员有一种权利是中国其他地区的适用仲裁员所不曾拥有的，这就是强制履行合约的权利。在香港，除非仲裁协议另表明相反意图，否则在下述规定适用于所提交的仲裁的情况下，每项仲裁协议须视为包括如下的规定，即：仲裁员或公断人一如法院般，有同样权利命令强制履行任何合约，但不包括强制履行与土地或土地权益有关的合约。①

---

① 参见香港《仲裁条例》第 17 条。

（8）合理取酬的权益。香港《仲裁条例》全面规定了仲裁员合理取酬的权利，还特别规定了仲裁员费用的法院评定程序以及支付仲裁庭收费的法律责任。（香港《仲裁条例》第 2GJ、2GK 条）

2. 香港仲裁员的义务

香港《仲裁条例》直接规定仲裁员的义务的条款并不多，综合该条例精神以及《港内仲裁规则》、适用于香港的英国判例的内容，香港仲裁员负有下列义务：

（1）仲裁员应保持公正和独立；

（2）仲裁员不得为谋求指派而私自接触当事人或其律师；

（3）仲裁员的披露义务。HKIAC《港内仲裁规则》规定任何可能成为仲裁员的人，在接受指定前或已接受指定后，应向各方当事人披露可能引起人们对他产生偏袒一方当事人的印象或妨碍争议迅速解决的任何情况；

（4）仲裁员应恪尽职守，积极推进仲裁进程，否则，任何一方当事人可以申请法院清除该不负责任的仲裁员；

（5）仲裁员必须确保仲裁程序的自然公正，在案件审理过程中，应平等地对待双方当事人，给予双方当事人表达各自立场意见的机会。尤其在听审的过程中，不得发表有倾向性的意见，否则会因行为渎职而被法院免职；

（6）仲裁员负有保密义务。香港仲裁员所承担的保密义务不仅体现在仲裁案件的审理不得公开，而且即便裁决作出后，不经双方当事人同意，仲裁员也不得将案情公之于众，对仲裁审理中涉及的问题，同样负有保密义务。

（三）澳门仲裁员的权利和义务

1. 澳门仲裁员的权利

（1）管辖权自裁权。仲裁庭得依职权就其管辖权作出裁定，

并得为此对仲裁协议或其所属合同是否存在、有效以及其效力作出审查。（澳门《本地仲裁法》第 27 条）

（2）仲裁员的程序权。

（i）在当事人对仲裁规则未作特别约定时，决定应适用的程序规则。（澳门《本地仲裁法》第 21 条）

（ii）采取临时措施、保全措施、担保措施之权利。仲裁庭得应任何一方当事人之请求，下令双方遵守仲裁庭认为对争议标的为适当之临时措施或保全措施，或要求任一方当事人作出与该等措施有关之适当担保。但当事人另有规定者，不在此限。

（iii）申请法院取证之权利。仲裁庭得依职权或应任何一方当事人之申请，尤其是当为收集证据需当事人或第三人之表示意思之行为，而其拒绝提供合作，要求普通管辖法院协助收集证据。

（3）仲裁员之裁决权。（澳门《本地仲裁法》第 35 条、澳门《涉外商事仲裁法》第 6 章）

（4）仲裁员的补充权利。当事人于收到仲裁裁决后 30 日内，有权向仲裁员申请改正裁决的任何误算、错漏、排印错误或任何其他同类错误，也可以请求仲裁员对裁决作出解释，仲裁员认为合理时可以对上述问题作出更正或解释。对裁决的误算、错漏、排印错误或其他此类错误，仲裁员也可以在裁决作出后依职权作出更正。（澳门《本地仲裁法》第 31 条、澳门《涉外商事仲裁法》第 33 条）

（5）合理取酬的权利。

2. 澳门仲裁员的义务

（1）符合回避的法定条件时，应履行回避之义务。（澳门《本地仲裁法》第 14 条、澳门《涉外商事仲裁法》第 13 条）

（2）仲裁员应承担及时披露之义务。（澳门《涉外商事仲裁

法》第 12 条）

（3）平等对待当事人双方，并给各方行使其权利提供机会。（澳门《本地仲裁法》第 20 条、澳门《涉外商事仲裁法》第 18 条）

（4）仲裁员应积极推进仲裁，当其无所作为时，当事人可以提请法院终止其仲裁员资格。（澳门《涉外商事仲裁法》第 14 条）

（5）仲裁员负有保密义务。

（四）台湾仲裁员的权利和义务

1. 台湾仲裁员的权利

（1）仲裁庭有权就管辖权争议作出决定。（台湾《仲裁法》第 22 条）

（2）仲裁庭有权决定仲裁程序问题。台湾《仲裁法》授权仲裁庭决定开庭的处所及时间（台湾《仲裁法》第 21 条），就有关事实或专业问题通知证人或鉴定人出庭作证（台湾《仲裁法》第 26 条），仲裁庭认为有必要时有权请求法院或其他机关协助。（台湾《仲裁法》第 28 条）此外，仲裁员认为时机成熟时可以主持双方当事人调解或和解，如达成协议，仲裁员还可以据此作成和解书或调解书。（台湾《仲裁法》第 44、45 条）

（3）仲裁裁决权。仲裁庭在审结仲裁案件时，有权以仲裁庭的过半数意见作成仲裁裁决。（台湾《仲裁法》第 32 条）

（4）修正裁决错误的权利。仲裁庭如发现仲裁判断书有误写、误算或其他类此之显然错误者，仲裁庭得随时或依申请更正之，并以书面通知当事人及法院。其正本与原本不同者，亦然。（台湾《仲裁法》第 35 条）

2. 台湾仲裁员之义务

（1）仲裁员应独立公正地审理仲裁案件（散见台湾《仲裁

法》各条文中）。

（2）仲裁员承担充分披露之义务。仲裁员如果具有足以让法官自行回避的障碍、仲裁人与当事人间现有或曾有雇佣或代理关系、仲裁人与当事人之代理人或重要证人间现有或曾有雇佣或代理关系者以及有其他情形足使当事人认为其有不能独立、公正执行职务的嫌疑等情况下都应该向当事人充分披露。（台湾《仲裁法》第15条）

（3）仲裁庭应充分提取当事人的陈述，并为当事人保密。（台湾《仲裁法》第23条）

（4）仲裁庭应遵守仲裁期限之规定。仲裁庭应于仲裁开始之日起6个月内作成仲裁判断，必要时得延长3个月。如果仲裁庭不能在法定期限内作出仲裁判断，则当事人可以径直向法院起诉。

三 区域仲裁制度中仲裁员的责任制度

内地《仲裁法》颁布实施前，不仅实践中无仲裁员责任之先例，理论界也有分歧。[①] 1995年内地《仲裁法》首次明确仲裁员的权利和义务的同时，也明确规定了仲裁员应承担的法律责任。内地《仲裁法》规定仲裁员有该法第34条第4项规定的情形，情节严重的，或者有该法第58条第6项规定的情形的，应当依法承担法律责任，仲裁委员会应当将其除名。[②] 内地《仲裁法》第34条规定的是仲裁员回避的情形。其中第4项是："私自会见当事人、代理人，或者接受当事人、代理人

---

① 参见黄进、徐前权、宋连斌《仲裁法学》，中国政法大学出版社1997年版，第74页。

② 参见《中华人民共和国仲裁法》第38条。

的请客送礼的。"而第58条规定的是法院撤销裁决的条件，其中第6项规定："仲裁员在仲裁该案时有索贿受贿、徇私舞弊、枉法裁决行为的。"通过分析上述有限的法规条款我们认为内地仲裁制度对仲裁员责任的态度有如下特点：（一）赞成在一定的情况下仲裁员对自己的过错行为承担责任。（二）追究仲裁员责任的理由限制于两种情况。如前所述，这两种过错都存在着严重的主观恶意，他们是严重的故意的非法行为。（三）仲裁员过错行为承担责任的方式主要有两种：其一是法律责任；其二是仲裁委员会将其除名。（四）仲裁员承担的具体法律责任规定并不明确。内地《仲裁法》对仲裁员承担法律责任的具体方式并无明文规定，由于该法新近颁布，最高人民法院亦无相应的司法解释。到作者撰写本书时，亦未听闻关于执行《仲裁法》追究仲裁员法律责任的任何案例。内地仲裁法规对这一问题的粗线条的规定，为司法实践留下了如下的两点疑虑尚未解决：（一）仲裁员承担的法律责任究竟是哪一类法律责任？是仅仅指民事责任，还是指刑事、民事两类法律责任。（二）如果是民事责任，那么属于哪种民事责任？如何承担这类民事责任？关于第一个问题，有的学者认为仲裁员的接受请客送礼、索贿受贿、徇私舞弊、枉法裁判等行为应该承担刑事责任①，作者认为，这种理解是完全错误的。内地《仲裁法》第38条所指的法律责任应该是民事责任。其理由有二：第一，从内地惯常的立法语言表达方式看。内地立法在规定对责任人的处理时，如果涉及刑事问题时往往作这样的表达方式："情节严重的，可以追究刑事责任。"或者："对违反第某某条规定

---

① 参见姜宪明、李贵乾《中国仲裁法学》，东南大学出版社1996年版，第74页。

的要追究其民事直至刑事责任。"但该法第38条仅仅笼统地规定承担法律责任，显然没有语气上的递进空间，也就是说，不会升格到刑事范畴。第二，该法第38条要求"依法"承担法律责任，而1997年《中华人民共和国刑法》虽然增加了许多新的罪名，但并没有为仲裁员规定索贿受贿、枉法裁判的罪名。原因很简单，仲裁委员会属于民间性的事业法人，仲裁员与当事人之间是建立在契约基础上的委托与被委托的关系。仲裁员既非国家机关工作人员（即公务员），亦非国家法律工作者，这一定性基本上得到了广泛的认可。仲裁员法律地位的性质从根本上决定了他们不是刑法上贪污受贿等罪名的法律主体。就刑事责任而言，对仲裁员索贿、受贿及枉法裁判问题的刑事处罚实际上无法可依。作者这一理解得到了一些司法、仲裁实践和民商法专家的支持，这些权威人士认为内地《仲裁法》第38条规定的仲裁员责任主要是民事责任，原因是仲裁员是以个人名义实施私人裁判行为的人，而非国家行政机关或司法机关工作人员，亦非行政法律关系中的相对一方当事人，其行为不是行政行为或国家裁判行为，所以，即便仲裁员在仲裁活动中存在该法第38条规定的行为所产生的法律责任应当主要是民事责任。[1] 当然，这是作者从仲裁法字里行间的推导，并不完全准确。即便是上述引用的权威人士的观点也毕竟不是有效的司法解释。学者的争论始终是存在的，实际上有些权威学者认为，仲裁员的法律责任，"既可能是民事责任，也可能是刑事责任"。[2] 关于第二个问题，我们认为，既然仲裁属于契

---

① 参见苏庆、杨振山《仲裁法及配套规定新释新解》，人民法院出版社1999年版，第256页。

② 参见肖永平："也谈我国法院对仲裁的监督范围——向陈安先生请教"，载《仲裁与法律通讯》1997年第6期，第11页。

约行为，对仲裁员因犯该法第 38 条所指的错误，给当事人造成的经济损失，在追究其民事责任时应适用民法中有关合同的规定，有过错的仲裁员，对遭受损失的当事人应负违约责任。在司法实践中，在合同或法律没有明确规定的情况下，违约方承担的违约责任以其因违约而取得的非法所得为限。因此，仲裁员如存在该法第 38 条的情形时，对当事人的民事责任应以其所取得的仲裁酬金为限。

正当学术界针对内地《仲裁法》第 38 条是否包含仲裁员刑事责任争论不休时，2006 年 6 月 29 日，《中华人民共和国刑法修正案（六）》由中华人民共和国第十届全国人民代表大会常务委员会第二十二次会议通过，并以中华人民共和国主席令第五十一号于同日颁布施行。该修正案第二十条规定："在刑法第三百九十九条后增加一条，作为第三百九十九条之一：'依法承担仲裁职责的人员，在仲裁活动中故意违背事实和法律作枉法裁决，情节严重的，处三年以下有期徒刑或者拘役；情节特别严重的，处三年以上七年以下有期徒刑。'"对这一创造性的仲裁入罪的做法许多专家颇有意见。① 不过，争议将随着该修正案的生效逐渐平息。仲裁界舆论认为，"2006 年，刑法第六修正案颁行天下，祭出枉法仲裁大罪。中国为世界仲裁立法做出了创新典范，成为第一个规定枉法仲裁罪的国家，为私法公法化作出了最新诠释。"② 至少，该修正案从某种程度上对内地《仲裁法》第 38 条的争议以刑法修正案的方式作了一个明确注释。

---

① 参见王生长《枉法仲裁入刑须谨慎》。http://www.cietac.org.cn/read-news.asp? NewsID=484。2006 年 3 月 23 日星期四。

② 闻戒、闻思修：《中国仲裁网 2007 年新年献辞》。http://www.china-arbitra-tion.com/readArticle.do; jsessionid = DB65A1562E371323CA6092190AECACBB? id = ff8081810f77261a010fd3d99697010e2007 年 2 月 27 日，01：17 访问。

香港 1996 年《仲裁条例》增补了仲裁员（仲裁庭）责任条款。具体体现在第 2GM 条，该条在"就某些作为和不作为而负的法律责任"标题下，规定了"仲裁员须为某些作为及不作为而负上法律责任"，具体内容有："（1）仲裁庭在法律上须为其或其雇员或代理人在行使或执行或在宣称行使或执行该仲裁庭仲裁职能方面作出的或不作出的作为负法律责任，但只在已证明该作为是不诚实地作出或不作出的情况下，该仲裁庭方须如此负上法律责任。（2）仲裁庭的雇员或代理人在法律上须为其在行使或执行或在宣称行使或执行该仲裁庭仲裁职能方面作出的或不作出的作为负法律责任，但只在已证明该作为是在不诚实地作出或不作出的情况下，该雇员或代理人方须如此负上法律责任。"仔细分析香港《仲裁条例》上述规定，我们可以归纳出香港仲裁员责任制度的下述特点：（一）仲裁庭（员）责任对象不仅包括仲裁庭（员）自身，而且包括仲裁庭的雇员和代理人；（二）仲裁庭（员）承担责任的范围包括作出和不作出两种作为方式；（三）仲裁庭（员）对其作为负责的前提条件是其行为在不诚实的情况下作出或不作出；（四）仲裁庭（员）应负法律责任的作为必须是发生于其行使仲裁庭职能期间，这种行使不论其是真实地行使仲裁庭职能，还是仅仅是自己宣称行使仲裁庭职能；（五）香港《仲裁条例》仅仅规定仲裁员对符合前述四项条件的作为承担法律责任，但并未明确仲裁员所负法律责任的具体方式和内容，实际执行时同样必须借助其他法律才能判定；（六）香港《仲裁条例》不仅规定仲裁庭（员）对其雇员和代理人不诚实的作为负责，而且规定这些雇员和代理人本身亦须对自己的行为负责，其前提条件与仲裁庭（员）的行为责任相同。作者在研究香港《仲裁条例》时发现，该条例对与仲裁员制度规定得如此完善和严格，以至于扩及到与仲裁有关的仲裁员的委任人其至仅仅履行与仲裁有关的行政人员（管理人）。不同的只是对委任人和管理人承担法律责任行为作了更进一步的限制。根据香港《仲裁条例》第 2GN 条之规定，仲裁庭的委任人及管理人的行为责任的前提条件除具备仲裁庭及仲裁庭的雇员和代理人的全部条件（职能限制相应的改为委任职能和行政职能）外，还特别规定，委任人和管理人不对仲裁庭及仲裁庭的雇员和代理人的行为责任负连带责任。对委任人和管理人的雇员或代理人的行为责任则在此基础上作了更严格的限制，即：（一）该作为或不作为是不诚实地作出或不作出的；（二）该名雇员或代理人是参与该不诚实作为或不作为的一方；（三）委任人和管理人的雇员或代理人同样不为仲裁庭和仲裁庭的雇员及代理人的行为负连带责任。

澳门仲裁规范如前所述包含澳门《本地仲裁法》和澳门《涉外商事仲裁法》两个法规。关于仲裁员的法律责任问题只在澳门《本地仲裁法》中作了简单的一条规定，而在澳门《涉外商事仲裁法》中则未作任何规定。澳门《本地仲裁法》中关于仲裁员的责任问题仅仅规定于第 13 条"接受之自由；自行回避"的标题下。该条第 5 款规定："接受仲裁员职务之人无合理理由推辞担任职务时，应对由此造成之损害负责。"这一款包含着几层含义：（一）责任主体只限于接受任命之仲裁员，不包括其雇员或代理人，更不包括仲裁员的委任人和行政人员；（二）仲裁员承担其行为法律责任的事由限于"无合理理由推辞担任职务"；（三）责任范围是对"由此（指第 2 条含义之事由）造成之损害"，显然指的是民事赔偿责任。从这一款规定的前后文分析，我们不难看出，澳门《本地仲裁法》中关于仲裁员责任制度的规定实际上是对候选仲裁员接受任命的自由及接受任命后自行回避权利的一种限制。它真正的潜在含义应当是：仲裁员的候选人有权接受仲裁员的任命，也有权拒绝接受这种任命。但该候选人一旦接受任命后即负有责任公正及时地解决当事人之间的纷争。除非他于接受仲裁员之任命后出现本地仲裁法中规定的仲裁员应当回避或当事人有权拒却的事由，仲裁员方有权选择自行回避，否则，仲裁员如不履行职责，积极推进仲裁，仲裁员将应承担由此给当事人造成的经济损失。我们对澳门《涉外商事仲裁法》中没有规定仲裁员的法律责任并不感到奇怪，因为涉外商事仲裁法以联合国示范法为样板，而示范法对仲裁员的行为责任规定得很暧昧，仅仅规定仲裁员如果在法律上或事实上不能积极推进仲裁，其任命将会被终止。这样的处理实际上相当于当事人对仲裁员拒却的一个理由，根本算不上法律责任。因此，以它为蓝本的澳门《涉外商事仲裁法》当然不会规定仲裁员的法律责任了。

台湾《仲裁法》在我国四个地区中颁布生效较晚，但仍然对仲裁员的责任没有作任何规定。其原因可能也与其立法者声称参照联合国示范法修订原有的《商务仲裁规则》有关。联合国示范法是在较低水平基础上达成的各国、各法系及各大洲的仲裁制度的妥协统一，对于仲裁员的责任这一在各国各大法系引起重大争议的制度，当然不可能统一起来，这是留给各国、各地区关于仲裁制度自由立法的空间。显然，台湾立法者修订商务仲裁条例时，并没有打算填充这一仲裁制度的空白。

研究了我国四大法域仲裁制度中关于仲裁员责任的规定后，现在我们不难发现，我国四个地区的仲裁员责任制度同整个世界的规律并不完全一致。前文我们介绍过，大陆法系国家一般支持仲裁员承担法律责任，而英美法系国家一般支持仲裁员责任的豁免。但我国的香港的法律体系属英美法系，却对仲裁员的法律责任制度作了详细的规定。而属大陆法系的澳门和台湾却在仲裁立法时并未表现出多大兴趣。澳门除在其本地仲裁法中对仲裁员中途擅自辞职的责任作了轻描淡写的规定外，对仲裁员其他情况下

（甚至包括仲裁员索贿、受贿，私自会见一方当事人的严重情况）的法律责任却不愿多费笔墨，而在其《涉外商事仲裁法》中则只字不提仲裁员的责任事宜。台湾《仲裁法》立法较新也没有规定仲裁员的责任问题。可见这两个大陆法系的地区却异常地表现出忽视或豁免仲裁员责任的倾向。中国内地原自称属社会主义法系，但改革开放以来的立法都表现出受两大法系尤其是英美法系影响的痕迹，内地仲裁制度对仲裁员的责任问题持承担责任的态度同时，又将其限定在有限而狭窄的两个方面，而这两个方面显然属于具有重大主观恶意且情节严重之行列，当然为法所不容。内地仲裁员的责任制度表现出向有限仲裁豁免论靠拢的倾向，但如果认定内地的仲裁员责任制度就是有限仲裁豁免论的范例，那还为时尚早。

四 区域仲裁制度中仲裁员制度的共识与分歧归纳

（一）共识

作者在撰写本书时，深感仲裁员制度是我国区域仲裁制度之间分歧最大的部分之一。通过上文分析，我们看到了，在仲裁员制度上，除了在仲裁员的法律地位中，权利部分的管辖权、程序权、裁决权以及羞羞答答的不上台面的获取报酬权，义务部分的回避之义务、披露之义务、公正裁判义务、积极推进仲裁及保密义务等基本相同，其他部分包括仲裁员的资格、指定及异议回避程序、仲裁员的责任制度几乎是天差地别的。因此，构建中国区际商事仲裁制度必须妥善安排好仲裁员制度，特别是其中的身份制度与责任制度。

（二）分歧

1. 仲裁员身份制度

（1）仲裁员资格条件应否具体化

如前所述，内地、台湾与香港、澳门之间的区别在于是否将仲裁员的资格条件具体化。内地、台湾详细地规定了仲裁员的资格条件，而香港、澳门则规定得比较抽象。我国四个法域仲裁员资格制度的区别实际上折射了国际商事仲裁员制度的两大不同种类的仲裁员资格制度——即法定资格是否应该具体化。但是，这又是一个无法回避、无法调和的问题。本来在机构仲裁制度下，这种制度的差异还好协调，可以结合各法域仲裁机构的名册制度下实际从严掌握的标准实施。因为符合严格条件或者具体化条件的仲裁员一般都应该符合仲裁员的抽象条件。然而，如果一旦涉及临时仲裁，仲裁员的资格条件就变得分外敏感。过分严格的仲裁员资格条件会变相否定临时仲裁。因为临时仲裁显然没有仲裁员名册，当事人显然无法对具体仲裁员的技术资格进行甄别。如果大量的临时仲裁因为仲裁员不符合法定条件，其裁决遭到挑战，将使得临时仲裁无法生存。因此，决定仲裁员法定资格是否具体化，就不能不考虑区际商事仲裁制度中是否允许临时仲裁问题。

（2）应否进行训练

实际上各种类型的仲裁员训练在我国各区域仲裁机构中都存在过。但目前只有台湾仲裁制度将其上升为一种正式法律制度。但是，台湾《仲裁法》也对符合条件的人规定了例外。而这些例外条件主要是针对法律专业人士设计的。

（3）指定缺失仲裁员的机构

联合国示范法为了尊重各国的司法体制，对缺失仲裁员的指定实际上没有作出明确规定。只是允许一个或者一个以上的法院或者其他有权利的机构。然而就这么一个模糊概念，在内地及香港落实为仲裁机构指定，而台湾与澳门均赋予给法院。在同一个法域框架下，无论法院也好，仲裁机构也好，都不过是个中介作用，没有实质性的区别。但是，在区际商事仲裁制度中，这种决定便构成了二难推理。如果由仲裁机构指定，那么对临时仲裁的仲裁员指定便成了问题，如果决定由法院指定，那么，在建立区际商事仲裁制度一个可以预见的相当长时间内，很难建立一个为各法域共同接受的法院体系。那么，只能适用区域法院。而相对于区际商事仲裁制度而言，由一个区域法院指定区际商事仲裁的仲裁员必定会引起不必要的异议。

（4）法官仲裁员问题

内地与台湾仲裁制度不允许法官仲裁员，但是香港、澳门则没有这种限制。由于法官仲裁员的争议主要涉及两点：其一是法官的廉洁形象。由于法官实际上是公职人员，如果任由法官担任仲裁员以及不可避免地收取仲裁报酬，可能损害法院形象；其二，涉及对仲裁的监督问题。如果允许法官担任仲裁员，那么，在后续的撤销程序或者申请承认与执行程序中，法官的角色很尴尬。不仅因为存在着法官担任仲裁员的案件提交法官自己相同的法院处理（有时甚至正好就是自己），即便没有这种巧合，当其他法官审查自己的同行作出的仲裁裁决时，也绝对不可能像对待非法官裁决那么轻松。当然，法官仲裁员角色的分歧虽然现实存在，但是，在区际商事仲裁制度中，可能没有那么复杂。因为并不存在区际法院。

（5）法人仲裁员问题

法人仲裁员是澳门本地仲裁员制度的特色，我国其他三个法域并无此项制度。而且，除非把某个常设仲裁机构作为法人仲裁员，否则，纯普通意义上的法人仲裁员在国际商事仲裁领域也不多见。即便是澳门《本地仲裁法》的参照对象 1986 年《葡萄牙仲裁法》第 8 条"仲裁员的资格"，也仅仅规定"仲裁员必须是具有完全法律能力的自然人"。而没有法人仲裁员之说。澳门

《本地仲裁法》第 12 条第 1 款继承了葡萄牙仲裁员资格条件，却在第 2 款规定了法人仲裁员制度。这可以说是其发展与特色。

2. 仲裁员的法律地位制度

仲裁员的义务的体现形式：

目前四个法域关于仲裁员义务的文件有两种形式。一部分以仲裁立法的形式表现出来，例如内地、澳门与台湾。一部分是以常设仲裁机构的仲裁规则或者仲裁员守则形式表现出来。例如内地《中国国际经济贸易仲裁委员会仲裁员守则》、香港的《港内仲裁规则》、台湾的《中华仲裁协会仲裁规则》等。我们前文列举的仲裁员义务基本上是两种形式的归纳。

3. 仲裁员责任制度

我国四个地区法域之间仲裁员责任制度差别很大。表现在责任主体、承责理由及承责方式三个方面。

首先，责任主体。仲裁员的责任主体一般是仲裁员本身，或者笼统意义上的仲裁庭。但是香港仲裁制度的责任对象除仲裁员以外，还延伸到雇员或者代理人。

其次，承责理由。内地的"索贿受贿、徇私舞弊、枉法裁决行为"，香港的"不诚实的作为或不作为"等都是国际商事裁制度中，仲裁员比较的承责理由。然而，澳门本地仲裁制度将"无合理理由推辞担任职务"作为承责的唯一理由，而台湾《仲裁法》干脆对仲裁员责任制度避而不谈，则尤凸显分歧巨大。

最后，承责方式。内地与香港仲裁制度对仲裁员的责任，都只是笼统地规定"应当依法承担法律责任"、"仲裁员须为某些作为及不作为而负上法律责任"。对具体的法律责任语焉不详，实际上是留待法院的自由裁量。而澳门《本地仲裁法》第 13 条第 5 款规定："接受仲裁员职务之人无合理理由推辞担任职务时，应对由此造成之损害负责。"看来是明确的损害赔偿类型的责任。台湾及澳门的涉外仲裁制度因为没有规定仲裁员责任制度，更谈不上责任方式了。

第三节 中国区际商事仲裁员制度的构思

一 区际商事仲裁员制度内容的考量

（一）吸收区域仲裁员制度的共识

前文分析过，我国区域仲裁制度中，在仲裁员制度上，只有在仲裁员的法律地位问题上，存在较大的共识。即仲裁员享有管辖权、程序权、裁决权以及获取报酬权。仲裁员同时应当承担回避义务、披露义务、公正裁判义务、积极推进仲裁及保密义务等。构建中国区际商事仲裁员制度是应当将上述内容加以吸收。

（二）甄别区域仲裁员制度的分歧

1. 仲裁员身份制度

（1）仲裁员资格条件应否具体化问题

临时仲裁是区际商事仲裁制度中无法回避的问题，联合国国际商事仲裁示范法并无否定其存在，而 1958 年 6 月 10 日《承认与执行外国仲裁裁决公约》则明确包含了临时仲裁。我国的香港、澳门地区的仲裁制度也支持临时仲裁，特别是香港，在我国各法域中无论仲裁历史还是仲裁制度的先进程度在四个法域中都堪称楷模，其在国际商事仲裁界影响巨大，当然在我国未来构建区际商事仲裁制度时发挥的影响一定不小。因此，尊重并接受这一国际上早已存在的仲裁形式是十分必要的。而且作者预计，起草《中国区际商事仲裁制度示范法》，建立中国区际商事仲裁中心，制定《中国区际商事仲裁示范规则》尚需时日，区际商事仲裁的实践可能从临时仲裁开始。为了因应临时仲裁制度的建立，从宽掌握仲裁员的资格条件十分必要。但是，作者同样意识到，实现中国区际商事仲裁制度最终理想的任务光靠临时仲裁的力量显然不够，这一重大责任将历史地落在未来建立的"中国区际商事仲裁中心"的肩上。而树立该中心的威望与公信力必须具备相当素质的仲裁员队伍。因此，未来的区际商事仲裁员制度中应当考虑中国区际商事仲裁中心对其仲裁员队伍的特殊要求。

（2）应否进行训练

应否进行仲裁员训练就区际商事仲裁制度而言，并无太大意义。不仅因为临时仲裁员制度，而且作者认为对仲裁员进行训练应该是常设仲裁机构的责任，而不必进行立法性规范。

（3）指定缺失仲裁员的机构

鉴于在一个可以预见的相当长时间内，很难建立一个为各法域共同接受的法院体系，而利用区域法院，可能发生为争取区际仲裁员指定的管辖权之争，并因此造成区域法院之间的矛盾，作者认为，指定缺失仲裁员的机构应以中国区际商事仲裁中心为宜。这一指定权不仅延伸及于仲裁员的替换，还应延伸及于临时仲裁。

（4）法官仲裁员问题

没有区际法院，当然也不存在区际法官的问题。区域法院的法官只要已经退休，仍可以担任区际商事仲裁员。因为他们曾经的特殊身份并不必然地导致未来仲裁程序——特别是法院监督与保障程序——的不便。

（5）法人仲裁员问题

法人仲裁员不仅在区域仲裁制度之间没有取得共识，而且在国际上也没有代表性。以追求区际共识为己任的区际商事仲裁制度不宜吸收法人仲裁员制度。

2. 仲裁员的法律地位制度

仲裁员的义务的体现形式：

作者认为，带有实现仲裁制度本身精神与理念的必不可少的义务，应该在区际商事仲裁示范法中体现，而带有提升仲裁精神的高起点的规范应留待仲裁规则或者职业道德规范。前者包括回避义务、披露义务、公正裁判义务及保密义务，后者包括积极推进仲裁义务。

3. 仲裁员责任制度

区际商事仲裁员责任制度是保障区际商事仲裁顺利建立与发展的基础，因而，对这一制度的制定与保留不应犹豫。但责任主体暂时只能限于仲裁员本身，或者笼统意义上的仲裁庭。不能延伸及于雇员或者代理人，因为这些人应对仲裁员或者仲裁庭负责，而不对当事人负责。至于仲裁员承担责任后是否需要雇员与代理人承担则属于基于委托或者劳务而发生的民事法律关系。仲裁法本身没有必要直接调整。区际商事仲裁制度既是示范制度也是模范制度，对区际商事仲裁员的承责理由不仅应包括"私自会见当事人、代理人，或者接受当事人、代理人的请客送礼"，"索贿受贿、徇私舞弊、枉法裁决行为"或者"不诚实的作为或不作为"，而且应包括"无合理理由推辞担任职务"。承责方式不宜规定得过细，具体责任可以留待准据法解决。

（三）区际商事仲裁员制度的主要内容

根据上述分析，我们将中国区际商事仲裁员制度归纳如下：

1. 区际商事仲裁员的身份制度。根据仲裁员住所地法具备行为能力的自然人均具备仲裁员资格，提倡并鼓励区际商事仲裁机构就仲裁员资格提出更高的标准，建立自己的名册制度。提倡并鼓励区际商事仲裁机构对仲裁员进行遴选、培训工作。仲裁员的指派一般应尊重仲裁协议的规定，没有规定的，一般是双方各指派一人，第三名由双方各自指派的仲裁员共同推举，并担任首席仲裁员或者公断人。如果两名仲裁员无法在规定时间内共同指派首席仲裁员，或者当事人在规定时间内无法就独任仲裁员达成一致意见，则任何一方可以申请中国区际商事仲裁中心指派，各方不得表示不服。当事人对仲裁庭成员需要提出异议的，应当在得知仲裁庭组成名单后15天内向中国区际商事仲裁中心提出，但是，异议理由是此后发生或者得知的除外。除被异议仲裁员主动请辞外，区际商事仲裁中心有权就仲裁员异议作出决定，各方当事人必须接受。替代仲裁员的指派程序与初步指派程序相同。当事人仲裁协议中，要求进行先行调解的，除当事人另有约定外，参加调解程序的仲裁员，在调解不成后，不得作为仲裁员参加后续仲裁程序。

2. 区际商事仲裁员的法律地位。仲裁员依法享有仲裁管辖权、程序权、裁决权，并且有权获得相应的仲裁报酬。但仲裁员同时应承担回避义务、披露义务、公正裁判义务、积极推进仲裁及保密义务。提倡并鼓励区际商事仲裁机构制定仲裁员行为规范，为树立区际商事仲裁员良好形象，提出更具体的意见。

3. 区际商事仲裁员的责任制度。区际商事仲裁员应当力秉公义公正、快捷地解决当事人之间的仲裁事项作出裁决。仲裁员如私自会见当事人、代理人，或者接受当事人、代理人的请客送礼的；或存在索贿受贿，徇私舞弊，枉法裁决行为的或者接受仲裁员职务后无合理理由推辞担任职务的。应当承担相应的法律责任。属于区际商事仲裁机构仲裁名册范围的仲裁员，上述行为一经确实，区际商事仲裁中心，应当将该污点仲裁员除名。

二　区际商事仲裁员制度的建议条款

根据上文分析论证，作者为区际商事仲裁员制度设计如下建议条款：

第 X 条　（仲裁员之要件）

（1）仲裁员应为依据其住所地法为具有完全行为能力之自然人。

（2）当事人通过仲裁协议约定仲裁员条件的应该允许。

（3）区际常设仲裁机构有权按照自己的需要制定更严格的仲裁员资格条件，及相应的仲裁员名册。

（4）仲裁协议或当事人随后之书面协议订定在正式仲裁前应预先进行调解时，曾担任调解人职务之人不得担任仲裁员之职务；但当事人另有约定者，不在此限。

第 X 条　仲裁员的指定

（1）除非当事各方另有协议，否则不应以所属住所地为理由排除任何人作为仲裁员。

（2）当事各方可以自由地就指定一名或数名仲裁员的程序达成协议，但须服从本条第（4）和第（5）款的规定。

（3）如未达成这种协议：

（A）在仲裁员为三名的仲裁中，当事每一方均应指定一名仲裁员，这样指定的两名仲裁员应指定第三名仲裁员；如果当事一方未在收到当事他方提出这样做的要求 30 天内未指定仲裁员或两名仲裁员在被指定后 30 天内未就第三名仲裁员达成协议，则经当事一方请求，应由中国区际商事仲裁中心指定；

（B）在独任仲裁员的仲裁中，如果当事各方不能就仲裁员达成协议，则应由中国区际商事仲裁中心指定。

（4）如果根据当事各方协议的指定程序：

（A）当事一方未按这种程序规定的要求行事；或

（B）当事各方或两名仲裁员未能根据这种程序达成预期的协议；或

（C）第三者，包括机构，未履行根据这种程序交托给它的任何职责，则当事任何一方均可请求中国区际商事仲裁中心采取必要措施，除非指定程序的协议订有确保能指定仲裁员的其他方法。

（5）就本条第（3）或第（4）款交托给第×条规定的中国区际商事仲裁中心的事情所作出的决定，不容上诉。中国区际商事仲裁中心在指定仲裁员时应适当顾及当事各方协议的仲裁员需要具备的任何资格，并适当顾及可能确保能指定独立和公正的仲裁员的种种考虑，而且在指定独任仲裁员或第三名仲裁员时，还应考虑到指定一名所属住所地与当事各方均不相同的仲裁员的可取性。

第 X 条　提出异议的理由

（1）某人被询有关他可能被指定为仲裁员的事情时，他应该可能会对他的公正性或独立性引起正当的怀疑的任何情况说清楚。仲裁员从被指定之时起以至在整个仲裁程序进行期间，应不迟延地向当事各方说清楚任何这类情况，除非他已将这类情况告知当事各方。

（2）只有存在对仲裁员的公正性或独立性引起正当的怀疑的情况或他不具备当事各方商定的资格时，才可以对仲裁员提出异议。当事一方只有根据作出指定之后得知的理由才可以对他所指定的或他参加指定的仲裁员提出异议。

第 X 条　提出异议和程序

（1）当事各方可以自由地就对仲裁员提出异议的程序达成协议，但须服从本条第（3）款的规定。

（2）如未达成这种协议，拟对仲裁员提出异议的当事一方，应在他得知仲裁庭组成或得知第 X 条第（2）款所指的任何情况后 15 天内向中国区际商事仲裁中心提出书面陈述，说明提出异议的理由。除非他提出异议的仲裁员辞职或当事他方同意所提出的异议，否则中国区际商事仲裁中心应就所提出的异议作出决定，该决定不容上诉。

（3）在等待对该请求作出决定的同时，仲裁庭包括被提出异议的仲裁员可以继续进行仲裁程序和作出裁决。

第 X 条　未行事或不能行事

（1）如果仲裁员在法律上或事实上不能履行他的职责或由于其他原因未能不过分迟延地行事，他的任命即告终止，如果他辞职或当事各方就终止他的任命达成协议的话。但如对上述任何原因仍有争议，当事任何一方均可以请求中国区际商事仲裁中心就终止其任何一事作出决定，该决定不容上诉。

（2）如果按照本条或第 X 条第（2）款的规定，一名仲裁员辞职或当事一方同意终止对一名仲裁员的任命，这并不暗示接受本条或第 X 条第（2）款所指的任何理由的有效性。

第 X 条　仲裁员有下列情形之一的，应当依法承担法律责任，中国区际商事仲裁中心应当将其除名。

1. 私自会见当事人、代理人，或者接受当事人、代理人的请客送礼的；

2. 仲裁员在仲裁该案时有索贿受贿，徇私舞弊，枉法裁决行为的；

3. 接受仲裁员职务之人无合理理由推辞担任职务的。

第 X 条　指定替代仲裁员

因根据第 X 条或第 X 条的规定或因仲裁员由于任何其他原因而辞职或因当事各方协议解除仲裁员的任命而终止仲裁员的任命或在任何其他情况下终止仲裁员的任命时，应按照原来适用于指定被替换的仲裁员的规则指定替代仲裁员。

三　区际商事仲裁员制度的立法体例

仲裁员的身份制度、仲裁员的法律地位与仲裁员责任制度构成一个完整的仲裁员制度的法律体系。但这一完整法律体系，在区域仲裁制度中是分散规定的。内地仲裁制度是分别规定在"仲裁委员会与仲裁协会"一章与"仲裁程序"一章之"仲裁庭的组成"一节中；香港《仲裁条例》则分别规定在"仲裁程序的进行""就某些作为及不作为而负的法律责任"标题下；澳门《本地仲裁法》则集中归纳在第一章第三节"仲裁庭"的名下；台湾《仲裁法》主要集中在第二章"仲裁庭之组织"之中。而联合国示范法也将有关内容规定在第三章"仲裁庭的组成"之中。由此看来，尽管各法域对仲裁员制度的具体内容有分歧，但是，在立法结构上却基本相同。包括联合国示范法在内基本上主要在仲裁庭的组成框架下加以规范。作者认为，将仲裁员制度在"仲裁庭的组成"名下集中规定，既有利于仲裁员了解自身的行为规范，也有利于对仲裁法并不十分清楚的当事人查找，从而保障了解自己的应有权利及方便对仲裁员的监督，因此，区际商事仲裁员制度应当以'仲裁庭的组成'专章加以集中规定。

第六章

中国区际商事仲裁的程序与证据规则

　　无论是临时仲裁庭，还是常设仲裁机构，当他们展开仲裁程序，处理仲裁个案时，都必须遵循一定的仲裁程序与规则。这些仲裁程序与规则一般在仲裁立法及仲裁庭所适用的仲裁规则里得到反映。

第一节　国际商事仲裁的程序与证据规则

　　国际商事仲裁程序与证据规则一般涉及如下几个方面：
　　仲裁的立案及送达程序；仲裁的答辩与反诉程序；仲裁的组庭及审理程序；仲裁的证据规则；仲裁的裁决程序。由于仲裁的组庭程序在仲裁员制度及仲裁组织形式制度中分别从不同角度论及，本章将不再详细讨论。

一　仲裁的立案及送达程序

　　在这一阶段，比较受关注的是立案条件及送达程序。一般的规律是，在机构仲裁情况下，立案条件主要是有选定该仲裁机构的仲裁协议，具体的仲裁请求与事实，立案与送达是由仲裁机构完成的。而在临时仲裁情况下，只要求仲裁协议与具体的仲裁请求与事实，并不要求对仲裁机构的选定。立案送达一般由当事人自己完成。

二 仲裁的答辩与反诉程序

本阶段主要关注的是答辩与反诉。对这两个不同性质的时间，仲裁法本身一般并不直接作出规定，在机构仲裁的情况下，往往是遵守该仲裁机构仲裁规则的约定，在临时仲裁的情况下，一般应遵守双方选定的仲裁规则或者临时约定的仲裁规则，没有特别规定的，则由仲裁员掌握，以充分表达意见为原则。

三 仲裁的组庭及审理程序

仲裁的组庭在前文已经研究过，本章不再赘述。仲裁的审理程序一般按照仲裁规则约定执行，临时仲裁按照选定的仲裁规则，或者仲裁员与各方商定的程序进行。尽管世界各著名仲裁机构的仲裁规则约定的审理程序不完全相同，但是一般都包括双方当事人的陈述（包括申诉请求与答辩等）、质证、辩论、调解、最后陈述等几个主要程序。在本阶段比较受关注的是仲裁庭能否作书面审理以及书面审理的条件。

四 仲裁的证据规则

仲裁中的证据规则是近年来受到普遍关注的环节。仲裁的证据规则涉及几个问题：

（一）仲裁证据规则的适用；

（二）证据的形式；

（三）证据的获取；

（四）证据的认定。

仲裁中的证据规则一般不适用诉讼中严格的证据规则，具有灵活性。当事人根据意思自治原则可以选择适用的证据规则。在当事人没有约定时，仲裁庭在遵循正当程序的前提下，对于有关证据事项享有决定权①。

其实证据规则本身可以自成一个相对独立完整的仲裁法理论。但是，由于区际商事仲裁制度系新创立的法律体系，需要研究的对象较多，在本书中就不作专章研究。

五 仲裁的裁决程序

仲裁裁决程序中应该关注的问题有：裁决的类型；裁决的决策程序；裁决的效力。其中仲裁裁决是否必须附理由是仲裁界关注的焦点之一，它决定了友好仲裁的条件与发展方向。

第二节 中国区域仲裁程序与证据规则问题上的共识与分歧

一 内地仲裁程序之简介

（一）内地仲裁的申请和受理阶段

仲裁申请和受理是仲裁的起始阶段，它是整个仲裁程序的启动程序，其重要性自不待言。这一阶段总体上又大致可划分为仲裁申请、仲裁受理和受理后的准备工作等三个分阶段。

1. 仲裁的申请阶段

仲裁申请是当事人以仲裁协议为依据，将仲裁协议项下产生的民商事争议提交仲裁机构处理并作出仲裁裁决的活动。

（1）申请仲裁的条件

---

① 参见赵秀文编著《国际商事仲裁法》，中国人民大学出版社 2004 年版。第297 页。

仲裁申请是仲裁程序启动的大前提，因此，各个国家或地区的仲裁法和常设仲裁机构的仲裁规则，对这一环节都非常重视，为此对这一环节的法律要件都作了一定的安排。比较研究发现，各个国家和地区的仲裁法或仲裁机构的仲裁规则对仲裁申请的条件大致相同。我国内地仲裁法关于仲裁申请要件的规定，反映在《中华人民共和国仲裁法》第 21 条和第 22 条，其主要内容是：

A. 有仲裁协议。仲裁的本质特征在于尊重当事人的意愿，当事人的仲裁协议是仲裁机构对有关民商事争议行使管辖权的依据，因此，当事人向仲裁机构提起仲裁申请时首先要向仲裁委员会提供该委员会对该案享有仲裁管辖权的书面证据。

B. 有具体的仲裁请求和事实、理由。仲裁请求是指申请人请求仲裁机构要解决的问题和要保护的内容。仲裁请求体现着当事人申请仲裁的目的和内容。根据目的、内容的不同，仲裁请求可以分为确认请求、给付请求和变更请求等三种。确认请求是要求仲裁委员会依法确认当事人之间一定的民事、商事法律关系的存在，裁决被申请人履行一定的民事义务以及裁决改变或消灭当事人之间现存的一定的民事关系。给付请求是申请人要求仲裁委员会裁定被申请人为一定的支付义务，如支付价款、违约金等。变更请求，则是请求仲裁委员会裁定解除双方当事人之间既存的法律关系。事实和理由是仲裁申请人支持其仲裁请求的案件事实与法律依据。其中事实分为两类：一是当事人之间民商事法律关系发生、变更、消灭的事实；二是当事人之间民商权益受到侵害或与他人发生争执的事实。但这一阶段只是对证据作表面审查，对证据是否属实、是否足够以及有无直接联系，仲裁委员会均不过问，因为实体问题只有立案后成立的仲裁庭才能审查。

C. 属于仲裁委员会受理的范围。这一要求实际上包含几层含义：其一是申请仲裁的争议事项必须具有可仲裁性，超出仲范围的争议事项仲裁委员会将不会受理。其二是提交仲裁的纠纷，必须属于仲裁协议约定的事项，否则，仲裁委员会也不得受理。如仲裁协议约定双方就合同的履行问题提交仲裁解决，但如果实际发生的是双方对合同的理解出现巨大分歧，或仅仅就实体合同的效力进行认定问题，则仲裁委员会不能受理。其三是双方选定适合解决该类仲裁争议的仲裁委员会。

D. 申请人应该向仲裁委员会递交仲裁协议、仲裁申请书及副本，并按规定预交仲裁费用。

（2）仲裁申请书的内容

仲裁申请书是指仲裁申请人根据仲裁协议，请求将仲裁协议各方之间已经发生的争议提交仲裁机构仲裁，以保护自己权益的书面文件。仲裁实践中，具体申请书的内容是比较复杂的。有的学者将其总结为六个部分①，这当然比较完善，但是，本书中暂不拟作仲裁申请书完善格式的全面探讨，只就《中华人民共和国仲裁法》第23条为仲裁申请书所规定的内容作出解释。

A. 仲裁当事人的身份情况。主要也分两类：当事人是公民个人的，应写明姓名、性别、年龄、职业、工作单位和住所；当事人是法人或其他组织的，应当写明其名称、住所和法定代表人或主要负责人的姓名、职务。

B. 仲裁请求和所依据的事实和理由。这是仲裁申请书的主要内容。没有这一部分，仲裁争议便无从产生，也不可能为仲裁委员会所接纳。

C. 证据和证据来源、证人姓名和住址。即申请人在申请书

---

① 参见肖永平《中国仲裁法教程》，武汉大学出版社1997年版，第129—132页。

中，应当提供能够证明案件事实和自己主张的各种证据及其来源。提供书证、物证、视听材料的，应在递交申请书时一并递交仲裁委员会；提供证人的，应记明证人的姓名和住所。

2. 仲裁申请的受理

仲裁机构对当事人的申请经审查后，认为符合条件的，便会立案审理，从而导致仲裁程序的正式启动，这一行为，我们称之为仲裁的受理。仲裁的受理标志着仲裁委员会对仲裁案件的接纳，同时意味着，从此之后，只要申请人不撤诉，被申请人不提出管辖权异议，或异议获得成功，仲裁庭就必须对仲裁争议作出处理，并最后作出仲裁裁决。仲裁申请的受理阶段一般要做好两个环节的工作：一是审查申请；一是立案。

对仲裁申请进行审查的内容主要是：

（1）申请是否属于可仲裁的范围和受诉仲裁庭管辖；

（2）仲裁协议是否明确、有效，如果不明确，应及时要求当事人达成补充协议；

（3）申请人和被申请人是否都是一项有效仲裁条款的合同的法律主体；

（4）申请手续是否完备，仲裁申请书的内容是否明确。

对上述问题审查通过后，仲裁庭需要完成两项工作：

（1）履行通知义务。仲裁委员会应于收到仲裁申请书后5日内，认为符合条件的，应当受理，并通知当事人；认为不符合受理条件的，应当书面通知当事人不予受理，并说明理由。

（2）履行送达义务。仲裁委员会受理仲裁申请后，应当在仲裁规则规定的期限内，将仲裁规则和仲裁员名册送达申请人，并将仲裁申请书副本和仲裁规则、仲裁员名册送达被申请人。

（二）内地仲裁的答辩和反请求阶段

所谓答辩是被申请人为了维护自己的权利，针对申请人在仲裁申请书中提出的事实和理由进行辩驳的行为。所谓反请求是指在仲裁程序进行过程中，被申请人针对申请人的仲裁请求提出相反的独立请求。答辩和反请求是仲裁过程中被申请人为保护自己权利的两种重要手段，实践中，这两个程序往往是同时进行的，即被申请人在进行答辩的同时也提出反请求。答辩权和反申请的权利也是仲裁过程中，仲裁规范和各仲裁委员会或其他仲裁机构的仲裁规则赋予给被申请人的重要程序权利，这是自然正义对仲裁制度的必然要求。仲裁委员会或者成立后的仲裁庭必须保障被申请人的上述权利，否则，仲裁裁决在进入承认和执行阶段时，可能以仲裁裁决违反仲裁程序为理由，申请撤销仲裁裁决或者拒绝承认和执行仲裁裁决。因此，各个国家和地区的仲裁法规对此也格外重视。内地《仲裁法》要求被申请人收到仲裁申请书副本后，应当在仲裁规则规定的期限内向仲裁委员会提交答辩书。仲裁委员会收到答辩书后，应当在仲裁规则规定的期限内将答辩书副本送达申请人。被申请人未提交答辩的，不影响仲裁程序的进行①。内地各地方仲裁委员会与涉外仲裁机构的仲裁规则对答辩期限所作的规定有所区别。作为国内地方仲裁委员会示范规则的《仲裁委员会仲裁暂行规则示范文本》规定的答辩期为自被申请人收到仲裁申请书副本之后 15 天②，仲裁委员会在收到答辩书后 15 天之内，将答辩书副本送达申请人。而 2005 年 5 月 1日施行的《中国国际经济贸易仲裁委员会仲裁规则》规定的答辩期间为自收到仲裁通知之日起 45 天③。关于被申请人的反请求权利，内地《仲裁法》仅确认申请人放弃或变更仲裁请求的

---

① 参见《中华人民共和国仲裁法》第 25 条第 2 款。
② 《仲裁委员会仲裁暂行规则示范文本》第 11 条第 2 款。
③ 参见 2005 年 5 月 1 日施行的《中国国际经济贸易仲裁委员会仲裁规则》第12 条。

权利和被申请人承认或反驳仲裁请求的权利①，却没有规定反请求的时间限制，《仲裁委员会仲裁暂行规则示范文本》中也没有时间限制。从理论上来讲，被申请人的反请求只要在仲裁裁决之前均为有效，但是，《中国国际经济贸易仲裁委员会仲裁规则》却规定被申请人如有反请求，最迟应在收到仲裁通知之日起 45 天内以书面形式提交仲裁委员会。仲裁庭认为有正当理由的，可以适当延长此期限②。

答辩是当事人的一项重要的权利。但是，法律对答辩没有作特别的要求，被申请人可以按自己的爱好撰写答辩书，并没有严格的格式和内容要求。答辩既然是被申请人的仲裁权利，被申请人当然可以放弃，但这并不影响仲裁的进程，内地《仲裁法》和上述两种仲裁规则均有明文规定。被申请人在仲裁开庭前的答辩权利如果放弃，在后面的仲裁审理阶段还可以当庭行使。从抗辩的角度来讲，这是仲裁实践中，律师们常用的一种策略，可以收到让对手措手不及的效果。但是，从迅速解决争议的角度来讲，这样做不见得可取。因为，针对被申请人的新观点或新证据，申请人有权庭后补充证据并进行反驳，而这又会导致新一轮的质证程序，因而，被申请人如不及时答辩反而会拖延争议的解决。当然，从被申请人角度出发，他们是否希望争议得到及时解决，倒是值得怀疑的。

对反请求的提出，虽然仲裁法也没有特别的规定，但是从程序角度出发，仲裁的反请求和诉讼的反诉有许多相同之处。仲裁的反请求也必须与申请人的原请求既有关联性又有相对的独立

---

① 参见《中华人民共和国仲裁法》第 27 条。
② 参见 1998 年 5 月 10 日施行的《中国国际经济贸易仲裁委员会仲裁规则》第 13 条。

性。前者的意思是反请求必须是针对原来的仲裁请求提出来的，因为被申请人提出反请求的目的在于抵消或吞并申请人的原仲裁请求，或者使其失去意义，从而维护自己的合法权利。后者的意思是被申请人提出反请求后，如果仲裁裁决作出之前，申请人撤回了仲裁请求，仲裁并不因此而终止，除非被申请人也撤回反请求。

在仲裁的答辩和反请求阶段，申请人和被申请人还可以享有下列权利：

1. 申请人可以放弃和变更仲裁请求；

2. 被申请人可以对仲裁协议的有效性向法院或者仲裁委员会提出异议；

3. 当事人任何一方如认为有必要，均可向仲裁委员会申请财产保全，仲裁委员会将该申请提交有关法院。根据最高人民法院的通知精神，目前，纯国内仲裁案件的诉讼保全，一般交由财产所在地的基层人民法院执行，而涉外案件的保全则由财产所在地的中级人民法院执行。

（三）内地仲裁的审理阶段

仲裁庭组成之后，仲裁即进入了审理阶段。所谓审理是仲裁庭对案件事实和证据是否属实进行审查的仲裁程序。仲裁的审理阶段对判断仲裁争议最后的是非曲直是至关重要的环节，正是通过这一阶段的审理和查证工作使当事人各方充分交换了对争议的看法，虽然这一阶段尚未作出裁决，但经过这一阶段的调查和质证，仲裁庭和当事人双方对基本的事实甚至争议的是非曲直已经心里有数。根据《中华人民共和国仲裁法》第三节的规定，仲裁的审理阶段需要了解下列内容：

1. 仲裁的审理原则

（1）开庭原则

仲裁案件的审理主要有两种形式,即开庭审理和书面审理。两种方式各有千秋,当事人可以通过仲裁协议自由选择。内地《仲裁法》的精神一般是要求仲裁开庭审理,当事人协议不开庭的,仲裁庭可以书面审理。[①] 内地《仲裁法》的这种精神确立了以开庭审理为主,尊重当事人协议选择审理方式的原则。我们将这种原则称之为"开庭原则"。

(2) 不公开原则

不公开原则即仲裁的保密原则,这是国际商事仲裁领域又一项公认的原则。这一原则与司法上公开审判原则正好相反。司法诉讼要求公开审理,为的是增加透明度,便于人民群众的监督,增强人民对司法的信心;而仲裁是建立在仲裁协议基础上的民间裁判行为,都是与私法性质有关的民事争议,人们自然不想把它公之于众。仲裁的不公开原则要求仲裁的仲裁员、仲裁委员会的秘书人员等对仲裁过程中的有关事宜负有保密责任。仲裁应在保密状态下进行,不得允许仲裁非参与人旁听,更不得对外报道,对仲裁案件的案情、审理过程、仲裁庭意见等等均不得随意泄露。内地《仲裁法》也采纳了公认的保密原则,它要求仲裁不得公开进行。当事人协议公开的,可以公开进行,但涉及国家秘密的除外。[②] 内地《仲裁法》的这种规定一方面追随了国际仲裁的潮流,从而确定了不公开原则,也充分体现了仲裁制度的实质,因而尊重当事人的意愿,对当事人约定公开的,允许公开,体现了仲裁制度下的意思自治原则。但是,意思自治不得超越法律界限,涉及国家秘密的不论当事人是否协议公开,都不允许公开审理。

---

① 参见《中华人民共和国仲裁法》第39条。
② 同上书,第40条。

2. 仲裁的证据制度

仲裁的证据是指仲裁过程中，当事人双方提供或仲裁庭依法搜集或取得的能够证明案件真实情况的一切客观事实材料。仲裁证据与诉讼证据一样，包括书证、物证、视听材料、证人证言、当事人陈述、鉴定结论、勘验笔录等几个种类。

内地《仲裁法》关于仲裁的证据制度归纳起来有几种：

（1）谁主张，谁举证；

（2）仲裁庭有权搜集必要证据；

（3）证据须经质证；

（4）专业问题，当事人可以约定鉴定，仲裁庭也有权指定鉴定。当事人和仲裁庭均有权要求鉴定部门参加开庭，接受询问；

（5）证据可能灭失或者以后难以取得的情况下，当事人有权申请证据保全。

最高人民法院 2001 年民事证据规则实施后，各地仲裁委员会在修改自己的仲裁规则时也相应的引进了该规则的新的证据概念：

（1）限期举证原则；①

（2）举证责任归责原则②；

（3）证据交换的程序③；

（4）证据推定原则④；

---

① 参见 2005 年 5 月 1 日施行的《中国国际经济贸易仲裁委员会仲裁规则》第 36 条第 2 款。

② 同上书，第 3 款。

③ 2003 年 11 月 10 日《广州仲裁委员仲裁规则》第 51 条第 2 款。

④ 同上书，第 54 条。

（5）新证据可补原则①等等。

3. 开庭审理的基本程序

如果当事人选定或者仲裁委员会主任指定开庭审理的方式，则一般要经过如下程序：

（1）通知当事人仲裁开庭日期

内地仲裁法第 41 条规定："仲裁委员会应当在仲裁规则规定的期限将开庭日期通知双方当事人。有正当理由的可以在仲裁规则规定的期限内请求延期开庭。是否延期，由仲裁庭决定。"关于该条的期限限制，根据《仲裁委员会仲裁暂行规则示范文本》第 26 条规定．仲裁委员会应当在仲裁开庭 10 日前将开庭日期通知双方当事人；双方当事人经仲裁庭同意，还可以提前开庭。当事人有正当理由的，可以在开庭前 7 日请求延期开庭；是否延期，由仲裁庭决定。《中国国际经济贸易仲裁委员会仲裁规则》则规定秘书局应于开庭前 20 天通知双方当事人，当事人有正当理由的必须在开庭前 10 天以书面形式向秘书局提出。

关于当事人无故不到庭的后果，内地《仲裁法》规定，申请人无故不到庭或未经仲裁庭许可中途退庭的，可以视为撤回仲裁申请；而被申请人无故不到庭或者未经仲裁庭许可中途退庭的，可以缺席裁决。在落实《仲裁法》这一精神方面，国内仲裁机构的《仲裁委员会仲裁暂行规则示范文本》第 27 条和 2005 年 5 月 1 日实施的《中国国际经济贸易仲裁委员会仲裁规则》第 34 条均作了类似规定。对仲裁地点的问题，内地《仲裁法》和国内仲裁机构的《仲裁委员会仲裁暂行规则示范文本》均没有作特别规定，但是，《中国国际经济贸易仲裁委员会仲裁规则》第 31 条允许当事人选择仲裁地点，中国国际经济贸易仲裁

---

① 2003 年 11 月 10 日《广州仲裁委员仲裁规则》第 53 条。

委员会或其分会所在地为仲裁地。

（2）开庭开始阶段

开庭的开始阶段，仲裁庭依次要做如下工作：

A. 由首席仲裁员或独任仲裁员核对双方当事人及其代理人的身份；

B. 宣布案由；

C. 宣布仲裁员和书记员的名单；

D. 告知双方当事人有关仲裁的权利和义务；

E. 询问当事人是否提出针对仲裁员的回避申请。

F. 仲裁庭宣布正式开庭。

在仲裁的开始阶段，必须注意的是，被申请人如果要针对仲裁协议的效力和仲裁案件的管辖权提出异议，必须在仲裁庭宣布开庭前提出，否则，一旦仲裁庭宣布开庭，即进入实体阶段，被申请人即被视为承认仲裁庭的管辖权，从而丧失管辖权异议的权利。

（3）庭审程序阶段

仲裁法与诉讼法的立法方式不同，内地《仲裁法》及其国内和涉外两大仲裁机构的仲裁规则都没有对仲裁的详细程序加以列举，主要根据仲裁的本质需要，强调了当事人的三个权利和仲裁庭的两个义务。当事人的三个权利是：

A. 辩论权。《仲裁法》第 47 条规定：当事人在仲裁过程中有权进行辩论。这就是说，在庭审过程中，双方当事人及其代理人在仲裁庭的主持下，可以随时就案件的事实及如何适用法律，陈述各自的主张，互相辩驳和论证，以维护自己的合法权益。

B. 最后陈述权。即当事人在仲裁庭辩论的终结阶段，有权在开庭过程中的双方陈述和质证的基础上，对自己的观点和立场作一个归纳和总结。

C. 记录补正权。根据内地《仲裁法》第48条规定，当事人如果认为仲裁庭的开庭笔录中对自己陈述的记录有遗漏或者差错的，有权申请补正，仲裁庭如果不同意补正，应该记录该申请。

仲裁庭的两项义务实际上是与上述当事人权利的对应规定，它们是：

A. 听取当事人最后陈述的义务。《仲裁法》规定，辩论终结时，首席仲裁员或者独任仲裁员应当征询当事人的最后意见。这一义务的主体是"首席仲裁员"（三人合议制）和"独任仲裁员"（独任仲裁制），履行义务的时间是当事人之间辩论终结时。

B. 仲裁庭应当将开庭情况记入笔录。记录由仲裁员、记录员、当事人和其他诉讼参与人签名或者盖章。

尽管法律没有详细规定仲裁程序，参照内地民事诉讼法和内地仲裁实践，仲裁的庭审程序如下：

A. 当事人陈述；

B. 告知证人的权利、义务，证人作证，宣读未到庭的证人证言；

C. 出示书证、物证和视听材料；

D. 宣读勘验笔录和鉴定结论；

E. 申请人及其仲裁代理人发言；

F. 被申请人及其仲裁代理人发言；

G. 双方互相辩论；

H. 按申请人、被申请人的顺序征询当事人的最后意见。

（4）书面审理

所谓书面审理，是仲裁庭根据当事人之间的仲裁协议，不予开庭，只根据当事人提供的书面材料对案件进行审理并作出仲裁裁决的行为。在内地，进行书面审理的情况往往具有如下特点：

A. 进行书面审理必须有双方当事人要求书面审理的协议。

B. 进行书面审理的案件一般应是争议金额小、案情简单、事实清楚的案件，否则，不应该采用书面审理的形式。

（四）内地仲裁的和解、调解和裁决阶段

仲裁与许多其他解决民事争议的方式一样，都允许当事人对自己的权益作出处理，并且有权以自己的方式解决争议。和解与调解便是其中两个重要方式。

1. 和解

所谓和解，是指双方当事人通过协商就已经提交仲裁的争议自行达成解决争议协议的行为，和解的根本特点就是没有仲裁员的介入，纯属当事人之间自发达成。从和解发生的场所角度来区分，和解可以分为庭内和解和庭外和解两种形式。庭内和解顾名思义就是在仲裁庭开庭过程中达成的和解；而庭外和解就是当事人在仲裁庭之外私下自行达成的和解。按照当事人处理实体权利的方式划分，和解可以区分为三种方式：第一，申请人弃权。申请人在仲裁立案后，自动放弃自己的仲裁请求，从而结束争议。第二，被申请人承认。仲裁过程中，被申请人对申请人的仲裁请求没有异议，并表示同意履行义务，双方为此达成履行义务之协议。第三，双方当事人找到解决仲裁争议的方案，并就此签订协议。

和解的法律后果是仲裁程序的终止或撤销。当事人在达成和解后一般有两个结案方式：其一是由申请人撤回仲裁申请；其二是当事人双方请求仲裁庭根据双方的和解协议作出裁决书。①

当事人达成和解协议后，能否反悔？能否再次申请仲裁？这个问题，在国际仲裁界存在两种截然相反的观点：一种认为可以再申请仲裁；另一种认为，当事人不得再申请仲裁。作者认为应

---

① 参见《中华人民共和国仲裁法》第 49 条。

该允许当事人再次申请仲裁。原因是，当事人在和解阶段，虽然处理了他们之间的实体权利，一旦双方签字即行生效，没有后悔可言。但是，他们之间的仲裁协议却始终独立存在，只要他们在和解协议中没有解除仲裁协议，仲裁协议就不因为实体问题是否解决而受到影响，一旦发生纠纷该争议事项仍然属于仲裁协议调整范围，当事人当然可以依据仲裁协议再行提交仲裁；而且在存在仲裁协议的前提下，仲裁的权利如同诉权一样，是仲裁法赋予当事人的一种解决争议的程序权利，任何其他协议都不得剥夺。当然，申请人如果已经签订和解协议的情况下，如果再行申请仲裁能否胜诉那就另当别论了。如同司法上丧失实体权不一定就丧失诉权一样，取得了诉权不见得就取得了胜诉权。

对和解后再行仲裁的态度，内地《仲裁法》采取了允许仲裁的立场。内地《仲裁法》允许当事人达成和解协议并撤回仲裁申请后反悔的，可以根据仲裁协议再行申请仲裁[①]。内地国内仲裁机构的仲裁暂行规则也作了类似规定。但是，《中国国际经济贸易仲裁委员会仲裁规则》第41条第3款的规定有所出入，该款规定："当事人就已经撤回的案件再提出仲裁申请时，由仲裁委员会作出受理或不受理的决定。"也就是说，在内地的涉外仲裁机构规则中，当事人对仲裁和解并撤回申请应持慎重态度，否则，一旦当事人反悔重新提出仲裁申请就必须得到仲裁委员会批准才可能得以立案受理。

2. 调解

所谓调解，是指当事人在仲裁庭的主持下，当事人在自愿协商、互谅互让的基础上达成一致意见以解决纠纷的一种结案方式。

---

① 参见《中华人民共和国仲裁法》第50条。

内地《仲裁法》及国内仲裁机构的仲裁暂行规则示范法对仲裁调解的规定主要有如下内容：

（1）调解是当事人和仲裁庭的一项程序权利，但不是仲裁的必经程序。只有当双方当事人自愿调解时，调解才必须进行。

（2）调解不能被潜在的败诉方用来作为拖延争议解决的一种逃避义务的手段，因此，不能久调不决，如果调解不成的，仲裁庭应及时作出裁决。

（3）调解成功达成调解协议时，仲裁庭可以制作调解书或根据调解协议作出仲裁裁决。两者具有同等的法律效力。

（4）《仲裁法》要求仲裁委员会制作的调解书中应当写明当事人的仲裁请求及当事人就此协商的结果。调解书必须以仲裁委员会的名义签发，仲裁员应当在调解书上签字。

（5）调解书自双方当事人签收时生效。

（6）允许当事人在签收前反悔，当事人反悔的，仲裁庭应及时作出仲裁裁决。

内地的中国国际经济贸易仲裁委员会2005年5月1日实施的规则对调解制度的规定要详细得多。其中第40条涉及调解问题：

"第40条　仲裁与调解相结合

（1）当事人在仲裁委员会之外通过协商或调解达成和解协议的，可以凭当事人达成的由仲裁委员会仲裁的仲裁协议和他们的和解协议，请求仲裁委员会组成仲裁庭，按照和解协议的内容作出仲裁裁决。除非当事人另有约定，仲裁委员会主任指定一名独任仲裁员组成仲裁庭，按照仲裁庭认为适当的程序进行审理并作出裁决。具体程序和期限不受本规则其他条款限制。

（2）如果双方当事人有调解愿望，或一方当事人有调解愿望并经仲裁庭征得另一方当事人同意的，仲裁庭可以在仲裁程序进行过程中对其审理的案件进行调解。

（3）仲裁庭可以按照其认为适当的方式进行调解。

（4）仲裁庭在进行调解的过程中，任何一方当事人提出终止调解或仲裁庭认为已无调解成功的可能时，应停止调解。

（5）在仲裁庭进行调解的过程中，双方当事人在仲裁庭之外达成和解的，应视为是在仲裁庭调解下达成的和解。

（6）经仲裁庭调解达成和解的，双方当事人应签订书面和解协议；除非当事人另有约定，仲裁庭应当根据当事人书面和解协议的内容作出裁决书结案。

（7）如果调解不成功，仲裁庭应当继续进行仲裁程序，并作出裁决。

（8）如果调解不成功，任何一方当事人均不得在其后的仲裁程序、司法程序和其他任何程序中援引对方当事人或仲裁庭在调解过程中曾发表的意见、提出的观点、作出的陈述、表示认同或否定的建议或主张作为其请求、答辩或反请求的依据。"

《中国国际经济贸易仲裁委员会仲裁规则》关于仲裁与调解的关系可以说在中国内地一系列仲裁机构甚至包括法院对调解的态度可以说是最宽松的，可以说对调解的重视得到充分的体现。

3. 裁决

仲裁庭完成前述程序后便进入裁决阶段，完成这一阶段究竟需要多长时间，《仲裁法》并没有统一规定，而是将这个问题留待各仲裁委员会的仲裁规则加以明确。为此，供内地地方各仲裁委员会参照的《仲裁委员会仲裁暂行规则示范文本》第42条规定："仲裁庭应当在仲裁庭组成后四个月内作出仲裁裁决。有特殊情况需要延长的，由首席仲裁员或者独任仲裁员报经本仲裁委员会主任批准，可以适当延长。"但是，《中国国际经济贸易仲裁委员会仲裁规则》第42条："仲裁庭应当在组庭之日起六个月内作出仲裁裁决书。在仲裁庭的要求下，仲裁委员会主任认为确有正当理由和必要的，可以延长该期限。"

内地《仲裁法》的立法现在已经很久远了，当时的立法对裁决的种类实际上没怎么在意，因而规范的实际上只有终局裁决一种。但是，近年来仲裁发展进步很快，为了适应新形势，许多仲裁委员会自己起草仲裁规则时增加了新的裁决类型。例如2000年10月1日实施的《中国国际经济贸易仲裁委员会仲裁规则》中第二章第四节还仅仅对终局裁决与补充裁决作出规定，但是2005年5月1日的仲裁规则即增加了中间裁决与部分裁决。而2003年11月10日《广州仲裁委员仲裁规则》第78条也特别对"先行裁决"作出了规定。

二 香港仲裁程序之简介

（一）仲裁的开始阶段

在香港仲裁中，仲裁开始（香港仲裁法称之为展开仲裁）以申请人将仲裁通知书送达被申请人之日为标志。香港《仲裁条例》规定仲裁协议的一方向另一方或多于一方送达通知书，要求他或他们委任或赞同委任一名仲裁员时，仲裁即当作展开，如仲裁协议规定争议须提交予协议中所提名或指定的人，则在仲裁协议的一方或多于一方送达通知书，要求他或他们将争议呈交该被提名或指定的人时，仲裁即当作展开[①]。香港《仲裁法》强调的是仲裁通知书的送达，仲裁通知书与仲裁申请书并不相同，根据港内仲裁规则，这两者之间允许至少有28天的时间差。因为港内仲裁规则规定仲裁申请书必须在仲裁员接受对他的指定后28天内提出。当然，申请人也有权选择将仲裁申请书与仲裁通

---

① 参见香港《仲裁条例》第34A条。

知书同时送达，以加快仲裁争议的处理进程。

那么，仲裁通知书究竟包括什么内容呢？香港《仲裁条例》并没有特别规定，根据香港仲裁实践，仲裁通知书一般包括下列内容：

1. 将争议提交仲裁的要求。

2. 争议双方当事人的名称及其地址、电话、电传和传真号码。如果申请人聘请了代理人，也要提供其代理人的上述资料。

3. 含有仲裁协议或仲裁条款的合同性文件。

4. 简要说明争议的性质及其原委，并列明索赔请求的要点。

5. 关于由 HKIAC 直接指定一名仲裁员，或者由 HKIAC 提出一个不超过三名仲裁员的名册供双方当事人选择的建议。

香港国际仲裁适用的《联合国国际贸易法委员会仲裁规则》第 3 条对仲裁通知书作了类似规定，仲裁通知书不仅要送达给对方当事人，而且应将其副本寄交 HKIAC 秘书长。

仲裁通知书的送达既然被认为是仲裁开始的起点，那么仲裁通知书是否送达对各方当事人及仲裁庭来说都十分重要。为了避免送达概念的分歧，香港《仲裁条例》第 34 条第（2）款特别规定了几种送达的形式：

1. 递送予须予送达的人；或

2. 将通知书留在该人在香港的通常居住地方或最后为人所知的地方；或

3. 按该人在香港的通常居住地方或最后为人所知的居住地方而寄挂号邮件将通知书致予该人；

4. 按照仲裁协议书订明的其他方式送达。

法律还特别规定，以上述第 3 种方式寄送的通知书，除非相反证明成立，否则该通知书须当作为已循照通常的邮递程序寄达收件人。

（二）仲裁的答辩程序

被申请人收到仲裁通知书后，应在 28 天内提出答辩，被申请人的答辩书应包括下述内容：

1. 确认或否认上述仲裁意向。如否认，则应说明所依据的理由；

2. 对索赔请求的全部或部分金额的确认或否认；

3. 如提出反诉，则简要说明其性质和情况；

4. 或者同意申请人请求 HKIAC 直接指定一名仲裁员的建议，或者同意在 HKIAC 提供的三人仲裁员名册中指定一名仲裁员；

5. 如由代理人代理，则应说明该代理人的详细情况，包括他的姓名和地址，以及电话、电传和传真号码。

（三）仲裁审理阶段

仲裁庭成立后便展开了仲裁审理程序，仲裁的审理方式一般由仲裁庭决定。在决定如何审理仲裁争议前，香港的仲裁庭往往会召开一次预备性会议，主要解决有关该案的仲裁程序问题。其具体内容无论是香港《仲裁条例》还是港内仲裁规则和国际仲裁规则都没有详细规定，根据 HKIAC 仲裁实践的归纳，在仲裁庭主持下召开的预备性会议主要涉及 18 个问题①（以港内仲裁，并适用《港内仲裁规则》为例）：

1. 当事人是否了解通过调解解决争议的可能性？

2. 当事各方愿意选择联合国贸法会制定的《国际商事仲裁示范法》中规定的程序吗？

3. 当事双方是否已订立了排除对仲裁裁决上诉的协议？他们是否愿意这样做？

---

① 参见赵秀文《香港仲裁制度》，河南人民出版社 1997 年版。第 148—149 页。

4. 是否采用简易程序？

5. 是否需要在开庭审理之前确定将审理的主要问题？

6. 当事各方的责任与他们各自应承担的赔偿金额一并审理，还是分开？仲裁庭是否应发出相应的指令？

7. 是否应聘请一位助手协助仲裁庭确定当事人对争议事项应承担的责任？

8. 当事人是否了解向法院付款的程序和《港内仲裁规则》第 18 条的规定？

9. 提交申诉书和答辩状的时间表依《港内仲裁规则》第 6 条规定办理，还是重新确定一个日程表？

10. 是否还应做哪些特别规定？

11.《港内仲裁规则》第 6 条第（6）款规定的文件应全部提交，还是先提交文件目录？

12. 是否有必要根据《港内仲裁规则》第 6 条第（7）款向当事各方发布提交补充文件的指令？

13. 是否有证人？如有的话，他们是专家证人还是事实证人？或者两者兼有？在有专家证人的情况下，是否举行一次听证会？会议在交换专家报告之前进行，还是在此之后？在有事实证人的情况下，证人证词是否交换？何时交换？它们是否应作为主要证据？

14. 谁是仲裁当事人的代理人？如果需要开庭的话，估计用多长时间，在何时何地开庭？

15. 开庭时是否需要速记和录音？仲裁程序使用英语还是其他语言？是否需要翻译？

16. 仲裁庭是否应根据《港内仲裁规则》第 15 条作出费用担保的裁定？

17. 当事人是否明确同意裁决不必附具理由？

18. 是否还有仲裁庭认可可以经济快捷地解决争议所必需的其他事项？

上述 18 个问题是在港内仲裁的情况下需要了解的，在国际仲裁情况下又有所不同，国际仲裁适用《联合国国际仲裁示范法》和《联合国贸易法委员会仲裁规则》，因此，上述问题应参照示范法和贸法会仲裁规则作适当调整。必须指出的是，仲裁庭对了解上述问题的方式有很大的自由裁量权，仲裁庭认为必要时，可以只就上述问题向当事各方发调查问卷，而不实际主持召开所谓预备性会议。

对许多内地人来说，英美法系的香港的仲裁程序一定很新鲜。本书讨论到现在，实际上还停留在程序问题上，因为到现在申请人还没有提交主张其实体权利的索赔请求书。但是，完成仲裁审理程序的调查后，这一阶段就真正开始了。

《港内仲裁规则》规定，申请人应在收到仲裁员接受任命的通知后 28 天内向仲裁庭提交索赔请求书，申请人应在请求书中详细列明请求索赔的事项、争议的事实、索赔的证据、所依据的法律等等，被申请人应在收到索赔请求书后 35 天内提出答辩，如有反诉，被申请人也应在上述期限内提出。申请人接到被申请人的答辩和反诉后应在 21 天内提出新的答辩。对申请人的反答辩，被申请人还有 21 天答辩期。申请人和被申请人在进行索赔和答辩时都应该附具证明文件。同时这些文件也应该提交仲裁庭。

申请人和被申请人完成上述的意见交流后，可以约定审理的形式，约定书面审理的就不得再要求开庭审理。如果双方未作书面审理的约定，则有权要求开庭审理。应当事人要求，仲裁庭应将开庭的时间、地点告知双方，并将审理的主要事项和问题的清单提交当事各方。仲裁庭可同时要求当事人双方将开庭审理的开场白和结束语书面提交仲裁庭。

正式的开庭比较简练，主要围绕仲裁庭的问题清单进行询问和质证。除双方书面同意外，仲裁开庭时一般不公开、不允许旁听和报道。为了确保仲裁的保密性，《港内仲裁规则》还要求HKIAC在收到当事人提交的最后一份文件资料后满一年后销毁。

香港《仲裁条例》对仲裁的程序所作的强制性规定并不多，这样作的目的是为仲裁庭灵活处理案件留下更多的空间。1996年的香港《仲裁条例》专门以第2GA条和第2GB条详细地规定了仲裁庭的权利和义务。由于前文已有讨论，在此，不再赘述。此外，1996年的修订本中还给仲裁庭增加了两项与仲裁程序有关的权利，这就是第2GD条"延长仲裁程序时限的权力"和第2GE条就"拖延提起申索"对当事人制裁的权力。

第2GD条"延长仲裁程序时限的权力"是这样规定的：

（1）凡协议将日后争议提交仲裁的仲裁协议规定，除非申索人在该协议所订定的时间之前或所订定的期限内采取步骤以——

（a）展开仲裁程序；或

（b）展开其他解决争议的程序（而该程序必须用尽始可展开仲裁程序），否则申索须受禁制或申索人的权利须予终绝，则本条适用于该协议。

（2）仲裁庭可因应本条适用的仲裁协议的一方所提出的申请，按照本条作出命令，以延长采取第（1）款所提述的步骤的期限。

（3）只有在已有申索产生以及在用尽任何可用的以获得延长时限的仲裁程序后，方可提出申请。

（4）申请人必须在提出申请后7天内向其他各方发出申请通知书。该等其他各方有权在裁定该申请的程序中陈词。

（5）仲裁庭只可在信纳——

（a）有关的情况超乎各方在订立仲裁协议时的合理预计，而延长该期限会是合理的；或

（b）由于某一方的行径，若以该协议的严格条款约束其他各方，是不公平的做法的情况下，根据本条作出命令，以延长该期限。

（6）仲裁庭可按其认为合适的条款延长期限，而所延长的期限为一段其认为合适的期间；即使先前所订定的期限（不论是借协议或借先前的命令而订定）已届满，仲裁庭亦可如此行事。

（7）如有任何成文法则限制展开仲裁程序的期限，本条并不影响该成文法则的实施。

（8）如在有关时间，并没有能够行使本条授予仲裁庭的权力的仲裁庭存在，则该权力可由法院或法院大法官行使。

第 2GE 条对拖延提起申索进行了规定：

（1）所有仲裁协议均包括以下的隐含条款，即：根据该协议有申索权的一方，在申索关乎能够借仲裁解决的情况下，应提起该申索，不得拖延。本款受在该协议中相反规定的任何明订条款规限。

（2）在仲裁庭前进行的仲裁程序中，仲裁庭如信纳某方或某方的顾问曾不合理地拖延提出或提起申索，则可作出命令——

（a）撤销该方的申索；及

（b）禁止该方就该申索展开进一步的仲裁程序。

（3）上述命令可由仲裁庭主动作出，亦可因应在仲裁席前进行的仲裁程序的另一方所提出的申请而作出。

（4）就第（2）款而言，如拖延——

（a）引起或相当可能引起申索中的争论点不会得到公平解

决的重大危险；或

（b）已对或相当可能对仲裁程序的其他各方造成严重损害，即属不合理的拖延。

（5）如在有关时间，并没有能够行使本条授予仲裁庭的权力的仲裁庭存在，则该权力可由法院或法院大法官行使。

（四）香港仲裁的裁决阶段

香港《仲裁条例》和《港内仲裁规则》及《联合国国际贸易法委员会仲裁规则》中均未规定仲裁裁决（即终局裁决）的期限。香港《仲裁条例》第15条只是给仲裁庭一种授权性的规定，根据该规定仲裁庭有权在任何时间作出裁决，而且，即便当事人约定有仲裁期限，法院或大法官均有权将该期限延长。《仲裁条例》只是要求仲裁员积极、全力推进仲裁（包括当两位仲裁员意见不一致时，应尽速通知当事人和公断人），否则，任何一方均有权将懒惰的仲裁员撤职，被撤职的仲裁员无权就其已经提供的服务接受任何报酬。

从上述规定精神可知，香港的仲裁程序，无论对当事人还是对仲裁庭来说均有较大的自治权利，仲裁庭对仲裁的程序推进具有较大的自由裁量权，但是，这并不意味着仲裁庭毫无约束，仲裁当事人可以在预先签订的仲裁协议或者我们前文讨论的"预备性会议"中就仲裁程序的进程速度达成一致，从而对仲裁庭形成约束力，即便没有这样的程序约定，仲裁员和公断人也应该严格自律，否则，也会因自己的懒怠而被法院驱逐。

三　澳门仲裁程序之简介

（一）澳门仲裁的开始

澳门仲裁的准备阶段是从原诉人向被诉人发出仲裁通知开始的。按照澳门《本地仲裁法》要求，如果当事人在仲裁协议或随后订立的书面协议如果订立有仲裁机构或仲裁员人选，则原诉人可以直接将仲裁通知书寄交该仲裁机构或仲裁员。如果无此约定，拟把争议提交仲裁庭之一方当事人（原诉人）应以具收件回执之挂号信或能证明收件人收件之其他书面文件，将该事实通知他方当事人①。该仲裁通知书中应该指明所依据的仲裁协议，如果未在协议内确定争议标的，则通知中也应该实事求是地予以说明。仲裁通知书中还应该就仲裁庭的组建方式作出表态。原诉人可在通知书内提出自己的一名或数名仲裁员人选或提出建议指定独任仲裁员人选，邀请对方当事人（被诉方）作类似指定或对独任仲裁员人选作出表态。如果双方约定由第三方指定一名或数名仲裁员时，原诉人应通知第三人在规定时间内指定仲裁员，如无规定时间，则应在 15 日内作出指定，并通知双方当事人。仲裁自被诉人收到上述仲裁通知开始。

（二）仲裁准备

仲裁庭适用的仲裁规则和仲裁地点应由当事人在仲裁协议或随后的书面协议中约定，或者约定适用专门机构的仲裁规章，或者约定将仲裁筹备工作交由专门机构负责，从而当然地适用该机构之仲裁规章。如果当事人无法在接受第一名仲裁员之前确立上述问题，则应交由仲裁员确定。在澳门涉外商事仲裁中，如果当事人不能约定适用的仲裁规则，则仲裁庭有权采用其认为适当的方式进行仲裁。

关于仲裁语言问题，澳门《本地仲裁法》并没有特别规定，因为澳门面积不大，在纯粹的本地仲裁中语言障碍并不大。但是，在澳门涉外商事仲裁中，语言问题就显得特别重要，因此，澳门《涉外商事仲裁法》第 22 条特别规定当事人应通过仲裁协

---

① 参见澳门《本地仲裁法》第 15 条。

议约定仲裁适用的语言，当事人无约定时，由仲裁庭决定。

（三）澳门仲裁的审理阶段

1. 原诉人的陈述与被诉人之答辩

仲裁庭组成之后，在当事人所协议或仲裁庭所确定的时间内，原诉人应该及时向仲裁庭提交仲裁请求书（索赔请求书），就索赔请求之事实、双方当事人争议之点及请求赔偿之标的作详细说明。原诉人的陈述书应附具支持其仲裁请求的法律文件和证据材料。被诉人应针对原诉人的仲裁请求作出答辩，被诉人的答辩书应该回答原诉人在仲裁请求书中的相应问题，并同样须附具证据材料。如果被诉人对仲裁的管辖权有异议，应该在其提交的第一份答辩书内或者第一份答辩书之前提出。双方当事人都有权对他们的请求书或答辩书进行修改，但仲裁庭如认为当事人提出的改动太迟，可以不予接受。

在这一阶段中，如果原诉人被通知提交载明其主张之请求书而不提交时，仲裁程序将不予进行，原诉人应负担设立仲裁庭之费用。被诉人在指定期限内不提出答辩时，仲裁庭应证实已作出传唤，并下令有关程序继续进行。但是，被诉人之无所行动并不能视为接受原诉人的主张，除非当事人之间有此规定。

2. 澳门仲裁的审理程序

（1）书面审理与开庭（口头）审理的选择

对仲裁争议的审理方式，当事人可以以书面约定。当事人约定书面审理时，则任何一方无权单方面请求口头审理。当事人之间无特别协定时，由仲裁庭决定是否设立口头审理阶段，以便提出证据或进行辩论。

（2）仲裁程序的一般原则

澳门仲裁制度刚刚建立不久，又没有权威的仲裁机构，澳门消费争议仲裁中心，由于其只受理争议标的少于 25000 澳元以下的争议，具有一定的特殊性。而其他如律师公会仲裁中心等专门机构，由于成立较晚，收案也不多，如果现在就认为它是澳门仲裁制度的典范还言之过早。因此，我们暂时还无法严格参照某一权威仲裁机构的仲裁规则依循仲裁的全过程来分析澳门仲裁的具体程序。但是，我们从分析澳门《本地仲裁法》第20条规定的仲裁程序一般原则出发，可以对澳门仲裁的程序有一个大致认识，该项原则，实际上对涉外仲裁同样适用①。该条奠定了如下的程序原则：

（1）在仲裁程序中，当事人应获绝对平等对待，且任一方当事人应有行使其权利之机会；

（2）就争议及仲裁程序中所出现之问题，在确保适用辩论原则之前提下，任一方当事人应有充分机会支持其主张及表达其观点；

（3）被诉人须被传唤作出答辩，且得根据民事诉讼法所允许之情况，在仲裁协议或当事人随后之协议范围内提出反诉；

（4）在作出终局裁决前，应听取双方当事人口头或书面意见；

（5）应提前足够时间以挂号信或其他约定之方式，通知当事人有关仲裁庭审查证据之听证及讨论待决之法律问题之会议之日期及地点，以及所有之陈述书、陈述、申请、所提交文件及裁决。

3. 澳门仲裁的证据制度

证据是仲裁庭进行实体审查，从而判断当事人之间是非曲直的重要依据。澳门仲裁法在这方面也给予了足够重视，并确立了下列仲裁证据制度：

---

① 参见澳门《涉外商事仲裁法》第37条第1款。

（1）仲裁证据的种类。仲裁法规定澳门民事诉讼法所接受的证据均可作为仲裁的证据，即澳门仲裁的证据类型与澳门司法诉讼证据的种类完全相同。

（2）仲裁制度对证人证据的特别约束。澳门《本地仲裁法》规定，曾担任有关争议调解人职务之人不得以证人身份作证或出任鉴定人，除非当事人另有约定。另外《澳门消费争议仲裁中心的规章》第15条第3款还规定："各当事人的证人不得超过三人。"对证人作数量限制，这可是开创证据制度的先例。

（3）仲裁庭有权请求法院协助收集证据。仲裁庭在审理仲裁争议过程中，如发现有必要收集特定证据，而需要当事人或第三人之配合，而有关证人拒绝配合时，仲裁庭可以依职权，也可以应任何一方当事人之申请，出面要求普通管辖法院协助收集该项证据。法院收集到的有关证据应以书面或者其他适当之方式记录后送交仲裁庭。

（4）仲裁庭有权聘请专家证人。根据澳门《涉外商事仲裁法》第26条规定的精神，仲裁庭认为必要时，可以指定一名或一名以上鉴定人就仲裁庭所委托的特定问题提出鉴定报告。同时为使得鉴定人对鉴定事项有一个清楚的了解，从而出具一份准确、公平的鉴定报告。仲裁庭有权责令有关当事人向鉴定人提供一切有关资料、文件或者让鉴定人接触有关货物或其他财产。鉴定人出具报告后，任何一方当事人或者仲裁庭均有权要求鉴定人出庭作证，回答当事人或仲裁庭的质询。

（5）任何一方当事人在证据方面不合作，并不影响仲裁进程。澳门《本地仲裁法》第23条第3款规定，如果任何一方当事人被传唤出席听证，而拒绝出席；或者拒不提供书面证据等并不影响仲裁进程。相反，仲裁庭可以依据取得的现有仲裁证据，继续推进仲裁程序。当然，不提供证据的一方，如果因此无法支持其主张，很可能承担败诉的后果。

4. 澳门仲裁程序的中止

在完成正常仲裁程序，并由仲裁庭作出终局裁决前，澳门仲裁可能因为一些法定因素的出现而导致仲裁程序的中止。归纳起来有如下几个因素：

（1）当事人协定中止。澳门仲裁法赋予仲裁当事人双方通过书面协定将仲裁程序中止一段时间。这段时间当事人既可以用来协商调解、和解，也可以用来准备证据或其他法律文件。但是，在这种情况下，法律允许的中止时间有限，不得超过60日，并且，会导致仲裁的其他限制期限相应顺延。这种中止方式，在国际商事仲裁领域中可算是少见。①

（2）争议的消失。在澳门本地仲裁中，这种情况指的是原诉人放弃其仲裁请求或者被诉人承认对方的仲裁请求，并且就解决争议事项达成和解协议的情况下，原诉人与被诉人之间的争议已经得到了解决，经仲裁庭作出裁决确认上述行为有效时，仲裁程序即可中止。但是，原诉人放弃仲裁请求的行为并不影响被诉人的反诉，反诉可以独立存在，并且可以继续进行下去，直到作出裁决。

（3）为补充调解程序而中止。如果双方当事人在协议中约定必须经过调解环节，而原诉人不能提供曾召集该调解之证据时，仲裁庭可以中止仲裁程序最多30日，以便让原诉人补充调解程序。如果原诉人在上述期限内不召集调解，则仲裁庭有权中止仲裁程序，并由原诉人承担仲裁费用。反之，如果原诉人证实曾召集调解，由于不可归咎于原诉人的原因使得召集未能实现，仲裁程序仍可继续进行。

---

① 参见澳门《本地仲裁法》第26条第1款。

（四）澳门仲裁的裁决与终止

澳门仲裁程序一般因终局裁决的作出而终止。仲裁庭作出终局裁决的期限受当事人之间的仲裁协议及在接受第一名仲裁员之前订立的书面协议的约束。如果没有任何规定时，仲裁庭应该自指定或任命最后一名仲裁员之日起 6 个月内作出终局裁决。但是，上述期限当事人可以协议延长，不受次数限制（内地由仲裁委员会主任或秘书长批准延长）。且仲裁程序中发生的回避、请求拒却、自行回避或替换仲裁员以及一方当事人之死亡或消灭等均导致期限之中止，直到结束这种不确定状态为止。另外，根据《澳门涉外商事仲裁条例》的精神还有几种终止仲裁程序的情况：

1. 在仲裁过程中，当事人之间就解决争议达成协议，仲裁庭应当终止仲裁程序，应当事人请求，仲裁庭可以根据当事人协议的内容作成与终局裁决具有同等法律效力的仲裁裁决。

2. 原诉人撤回仲裁请求，可导致仲裁程序终止。但是被诉人表示反对，且仲裁庭承认确定性解决争议对被诉人有正当利益者除外。

3. 双方当事人同意终止仲裁程序。

4. 仲裁庭证实基于其他理由仲裁程序已无必要或不可能继续进行时，仲裁程序可以终止。

仲裁程序终止的法律后果是仲裁庭活动的终止和仲裁员授权的结束，除非法院要求变更或仲裁或当事人要求补充仲裁。

四　台湾仲裁程序之简介

我们结合台湾《仲裁法》（2002 年 7 月 10 日修订）及 2001 年 10 月 16 日《中华仲裁协会仲裁规则》介绍台湾的仲裁程序与仲裁证据规则。

（一）台湾仲裁程序的开始

台湾《仲裁法》规定，当事人将争议事件提付仲裁时，应以书面通知相对人。仲裁程序自相对人（被申请人）收到申请人提付仲裁之通知时开始。如果相对人有两个或两个以上的，则以最早收到仲裁通知的相对人的收受日期为准。根据 2001 年 10 月《中华仲裁协会仲裁规则》第九条规定，仲裁申请书应包括下列内容：

1. 当事人姓名、住所或居所。当事人为法人或其他团体或机关者，其名称及事务所、营业所或公务所。

2. 有法定代理人、仲裁代理人者，其姓名、住所或居所。

3. 仲裁标的及其金额或价额。

4. 应受判断事项之声明及其事实与理由。

5. 仲裁受理机构。

6. 年、月、日。

申请人在仲裁申请书中应该写明有关证据及其他资料。

仲裁机构在收到上述申请书后，经审查，不符合条件的，应通知当事人补正，符合条件的应连同有关申请书和证据材料立即通知相对人。

2001 年 10 月《中华仲裁协会仲裁规则》第十一条规定，相对人在收到上述申请书后 10 日内，向仲裁机构提出答辩，第十二条规定答辩书应包含如下内容：

1. 当事人姓名及住所或居所。当事人为法人或其他团体或机关者，其名称及公务所、事务所或营业所。

2. 有法定代理人、仲裁代理人者，其姓名、住所或居所。

3. 应受判断事项之声明及其事实与理由。

4. 仲裁受理机构。

5. 年、月、日。

同样，相对人的答辩书必须说明支持其答辩理由的证据材料。仲裁机构在收到答辩书及其附属文件后，应立即转交申请人。

（二）仲裁审理程序

台湾的仲裁审理程序涉及以下几个方面问题：

1. 仲裁审理的准备工作

（1）仲裁程序及之决定

根据台湾《仲裁法》的精神，仲裁程序首先应由双方当事人协商确定，当事人未就仲裁程序特别约定的应该适用台湾《仲裁法》，如果台湾《仲裁法》没有规定的，则仲裁庭可以适用民事诉讼法或者其认为适当的程序进行①。

作者认为，台湾《仲裁法》关于程序的这一规定似乎有画蛇添足之嫌。

首先，第19条合理地吸取了联合国《示范法》第19条关于仲裁当事人有权约定仲裁程序的精神，体现了对当事人私法自治原则的充分尊重。

其次，在这一规定里，"程序"一词概念不清，按一般理解，仲裁程序是仲裁机构处理具体争议所依循的步骤。也就是说程序所指的本来是仲裁庭处理当事人民商事争议的具体操作过程，它主要体现在仲裁机构的仲裁规则中。而世界上许多国家的仲裁法一般只对仲裁的一般性、原则性问题作出规定，对具体的仲裁程序没有作详细的规定，因而，仲裁法本身常常不能作为仲裁程序的依据。为落实仲裁法的精神，许多仲裁机构以仲裁地的仲裁法为依据制定自己的仲裁规则，以便处理具体仲裁案件时供当事人选用。而《示范法》所提倡的私法自治权就在于当事人

---

① 台湾《仲裁法》第19条。

可以选用，也可以不选用。但是，《示范法》绝无在当事人对仲裁程序未作选择时，以《示范法》代替仲裁庭的仲裁规则的意图。对台湾而言，道理也一样。我们对台湾《仲裁法》的研究发现，仲裁法虽然与《商务仲裁条例》相比，确实增加了不少内容（本条即为一例），但是，仔细分析仲裁法的内容，就不难发现，新的仲裁法对仲裁程序的规定其实也很抽象和原则。仲裁法中的仲裁"程序"概念其实是"程序原则"，而这些程序（原则）往往是强制性的，不允许当事人自由选择，因为仲裁地的仲裁法如果得不到遵守的话，则往往会导致仲裁裁决得不到法院的承认与执行。在涉外仲裁案件中尤其如此。因此，台湾《仲裁法》第19条的规定，关于"当事人就仲裁程序未约定者，适用本法之（程序原则——作者注）规定"是偷换了概念。前者为当事人所选择的是仲裁的程序细节，而后者为仲裁法规定的是"程序原则"，当事人没有选择前者（实际上是仲裁规则）的情况下，是不能以本法（程序原则）代替的。只能如同联合国《示范法》所规定那样，"仲裁庭可以在本法的规定的限制下（仲裁地仲裁法必须遵守——作者注），按照它认为适当的方式进行仲裁"，才比较合适。因为这样一来，实际上授权仲裁庭选择适合个案的仲裁规则。仲裁庭既可以选择使用本仲裁机构的仲裁规则（实践中常常如此），也可以选用联合国贸易法委员会仲裁规则，还可以选用其他国际著名仲裁机构的仲裁规则。

再次，即便在台湾《仲裁法》没有规定的大环境下，适用台湾民事诉讼法也是极端错误的，因为这是完全不同的两种法律。民事诉讼法所规定的程序带有强制性，如被告人不到庭，必要时可以拘传等，这显然与仲裁的本质大相径庭。我们在研究仲裁法时也很少看到仲裁程序中适用民事诉讼法的情况，除非是审判机构——法院适用民事诉讼法的有关规定来对仲裁进行监督和保障。

最后，如果台湾《仲裁法》第 19 条所指的仲裁程序是指国际私法上的程序法选择，那也不对。因为国际私法的法律选择，只能在同一性质的法律关系中，按照不同的连接点适用相应的程序法，但不能跨越法律关系。因此，以仲裁法的程序选择，不管是多么的黔驴技穷都不涉及民事诉讼法。

（2）仲裁时间、地点及语文的确定

台湾《仲裁法》规定，当事人对仲裁地有约定的尊重当事人的选择，无约定的由仲裁庭决定。

仲裁当事人对仲裁程序有约定的，应按照该程序推进仲裁。如果没有约定仲裁程序，仲裁庭应于接获被选为仲裁人之通知日起 10 日内，决定仲裁处所及询问期日。

在涉外仲裁案中，当事人应该约定仲裁程序所适用的语种，但不论当事人如何约定，任何一方及仲裁庭都有权要求就与仲裁有关的文件提供其他语种的译本。当事人或者仲裁人不通晓国语的仲裁庭应该提供翻译。

2. 开庭审理原则

台湾仲裁制度将我们通常称之为"开庭审理"的环节称为为"询问程序"（《中华仲裁协会仲裁规则》第四章）。显然，台湾《仲裁法》与其他地区仲裁法的一个区别是没有授权当事人作所谓"书面审理"和"开庭审理"的选择。而从台湾《仲裁法》第 21 条中关于仲裁庭于得到被选为仲裁员的通知后 10 日内自动确定询问期日的规定推知，台湾仲裁制度下一般都要求开庭审理。1989 年《台湾商务仲裁协会仲裁程序实施办法》第 16 条特别规定："仲裁人于仲裁判断前，应行询问，使两造陈述。"但是，2001 年 10 月中华仲裁协会《中华仲裁协会仲裁规则》第四章"询问程序"中，则修改了此项规定。显然，从仲裁机构的角度看，只要当事人之间约定，书面审理也是应有之义。

3. 不公开审理原则

台湾《仲裁法》如许多国家和地区的仲裁法一样，要求仲裁程序不能公开，除非当事人另有约定①。台湾行政院在为台湾《仲裁法》第 23 条第 2 款草案作出说明时称："隐密为仲裁制度重要特色之一，国际社会在仲裁程序原则上均不公开，爰增订第二项，并于但书明订定当事人另有约定者，从其约定，以贯彻当事人自主原则②。"

4. 仲裁的询问程序

台湾《仲裁法》没有详细规定仲裁庭的询问程序，但是，2001 年《中华仲裁协会仲裁规则》第四章虽然以"询问程序"为题，但其内容亦很空泛。归纳起来，仲裁庭在本阶段应做的工作是：询问双方当事人，让他们陈述自己的主张及理由，另外，仲裁人还可以询问证人、鉴定人，以了解事实。当事人也可以主动请求仲裁庭调查某些证据，但是，如果仲裁人认为该证据不必要，也可以拒绝。在进行询问时，仲裁人可以要求当事人、证人、鉴定人到庭；如不到庭，仲裁人不能对不到庭的人加以拘提或加以其他制裁。但是，如当事人无正当理由，拒不到庭，不得以未受询问为理由，对仲裁判断表示不服。仲裁庭应就询问细节作成笔录。笔录包括下列内容：

"1. 作成之处所及年、月、日、时；

2. 仲裁人、书记员及通译姓名；

3. 仲裁事件；

---

① 参见台湾《仲裁法》第 23 条第 2 款。
② 参见台湾《立法院议案关系文书—院总第五四六号》第 245 页。

4. 到场当事人姓名，有代理人者，其代理人之姓名；

5. 进行之内容。"①

仲裁笔录应由仲裁人及书记员签名，仲裁员不能签名者，由其他仲裁人签名并附记其事由。独任仲裁员不能签名的由书记员签名，并附具其事由。笔录应自判断书交付或送达双方之日起保存 10 年。

5. 台湾仲裁的证据制度

台湾的仲裁证据制度比较简单主要有如下内容：

（1）当事人必须为自己的主张举证；②

（2）仲裁庭有权通知证人或鉴定人到场作证，接受盘问，但不得强制到庭。〔台湾《仲裁法》第 26 条第 1 款）

（3）证人如果无正当理由拒不到庭，仲裁庭可以声请法院强制他到庭。（台湾《仲裁法》第 26 条第 2 款）

（4）为妥善处理好仲裁争议，仲裁庭必要时可以请求法院或其他机构协助。受请求之法院，关于调查证据，有受诉法院之权。（台湾《仲裁法》第 28 条）

6. 仲裁程序之异议

仲裁当事人在仲裁过程中有权对违反仲裁协议、《仲裁法》的仲裁程序提出异议。但是如果当事人明知程序有问题，而继续进行仲裁程序，则丧失异议权。当事人所提出的异议，应该由仲裁庭自行决定，当事人不得表示不服。仲裁程序并不因为当事人提出异议而终止。除非仲裁庭经考虑其异议理由并作出支持决定时，方可停止。而对当事人的下列主张，仲裁庭认为其无理由

---

① 2001 年 10 月中华仲裁协会《中华仲裁协会仲裁规则》第 32 条。

② 仲裁的举证责任问题台湾《仲裁法》并无详细规定，但是台湾《仲裁法》第 19 条规定，"本法未规定者，仲裁庭得准用民事诉讼法……"而台湾民事诉讼法采用"谁主张谁举证"的原则。

时，可以继续进行仲裁程序，直到作出仲裁裁决，而这些问题的最后是非及其法律后果最后将在法院的监督阶段解决：

（1）仲裁协议不成立；

（2）仲裁程序不合法；

（3）违反仲裁协议；

（4）仲裁协议与应判断之争议无关；

（5）仲裁庭欠缺仲裁权限；

（6）其他须提起撤销仲裁判断之诉之事由。

（三）仲裁的和解与裁决

台湾《仲裁法》规定"未依本法订立仲裁协议者，仲裁机构得依当事人之申请，经他方同意后由双方选定仲裁人进行调解。调解成立者，由仲裁人作成调解书①"。这说明台湾地区很重视调解工作。但是，台湾的调解概念与我们通常所理解的仲裁中的调解环节有所不同。因为在台湾，调解问题是独立于仲裁程序之外，它是在没有仲裁协议情况下，经双方同意由仲裁人作出调解的，而且，由专门的法规去调整，前文提到的刚刚生效的《仲裁机构组织与调解程序及费用规则》即专门调整"调解"问题。可见，在台湾仲裁人调解已经形成一种专门的制度，与我们所讨论的仲裁程序中调解环节不完全相同。本书也不打算专门讨论。

台湾《仲裁法》在调解程序之外还专门规定了和解程序。仲裁案件在仲裁裁决作出之前都可以进行和解。当事人就争议事项达成和解的，由仲裁人作成具有执行效力的和解书②。另根据2001年《中华仲裁协会仲裁规则》第35条规定："仲裁庭于仲

---

① 参见台湾《仲裁法》第45条。

② 同上书，第44条第1款。

裁判断前，得劝导双方当事人试行和解。

和解成立者，仲裁庭应作成和解书，应记载下列事项，并由双方当事人或其代理人及仲裁人签名或盖章：

一、当事人姓名、住所或居所；当事人为法人或其他团体或机关者，其名称及事务所、营业所或公务所。

二、有法定代理人、仲裁代理人者，其姓名、住所或居所。

三、出席仲裁人之姓名、住所或居所。

四、和解事由。

五、和解内容。

六、和解成立之场所。

七、和解成立之年、月、日。

前项和解书，仲裁庭应于和解成立之日起五日内，报知本会。其原本应保存二十年。"

上述和解书与仲裁判断书有同等法律效力。不同的是，和解书在申请法院强制执行时，必须先行申请法院作出执行裁定，方可进行。

无论和解是否成立，根据台湾《仲裁法》第 21 条之规定，仲裁庭应在决定仲裁处所和询问日期后六个月内作成仲裁判断书（裁决书），必要时，可以延长三个月。充分利用这一融通期限，仲裁庭作出最后裁决的期限可长达九个月。台湾行政院在修订草案中指出："现行条文第一项规定仲裁人应于决定仲裁处所及询问日期后三个月内作成判断，必要时仅得延长三个月，惟于案情复杂、鉴定报告延迟、天灾、不可抗力或双方同意暂停程序试行和解等情形均可能逾越六个月之期限，故修正为判断书应于六个月内作成。"[1]

---

[1]　参见台湾《立法院议案关系文书—院总第五四六号》，第 243 页。

台湾《仲裁法》第 33 条与第 35 条规定的是终局裁决与补充裁决（或者说终局判断与补充判断），但是，2001 年 10 月 16 日《中华仲裁协会仲裁规则》第 40 条规定："仲裁庭得为一部及中间判断。"这实际上就是允许部分裁决与中间裁决。

二 中国区域仲裁程序与证据规则的共识

上述分析显示，我国区域仲裁制度在仲裁程序与证据规则方面存在如下方面共识：

（一）仲裁的立案及送达程序

在这一阶段，立案条件基本相同，综合四个法域的仲裁制度，一般包括四个方面：1. 主体资格；2. 仲裁请求；3. 争议的事实与理由；4. 仲裁依据（包括仲裁协议与仲裁条款等）。

（二）仲裁的答辩与反诉程序

如同国际商事仲裁实践一样，我国四个法域的仲裁法与及各法域仲裁机构的仲裁规则都规定必须赋予被申请人以答辩与反诉的程序权利，差异的只是时间。然而，对这两个不同性质的时间，各法域仲裁法并没有直接作出规定，而是由各法域仲裁机构的仲裁规则加以明确化。

（三）仲裁审理程序

各法域对仲裁的审理程序一般均交由仲裁规则调整。无论是机构仲裁还是临时仲裁一般都包括双方当事人的陈述（包括申诉请求与答辩等）、质证、辩论、调解、最后陈述等几个主要程序。并且各区域仲裁制度均对开庭原则与不公开原则持赞成态度。但是对简易案件，仲裁庭如果征得双方当事人一致同意，各法域均可以采取书面审理方式。

（四）仲裁的证据规则

仲裁制度自其诞生以来就与诉讼有着天然的联系，这一点在仲裁的证据规则上尤其如此。由于国际民事诉讼法的深刻影响，我国区域仲裁制度中关于证据的形式，证据的获取（包括寻求法院的支持等），证据的认定等方面基本趋同。不同的是各法域仲裁体系受本法域诉讼影响对仲裁证据的把握程度，以及是否允许具结问题。而且，根据作者了解，尽管按照文字制度比较区域仲裁制度存在许多共同或者类似之处，但是，由于各法域司法文化的差异对仲裁风格的浸淫无疑是深刻的，因而，各法域仲裁庭处理案件过程中对证据规则的运用表现的外在形式是千差万别的。

（五）仲裁的裁决程序

尽管在区域仲裁法上有一些细微区别，但是，结合各法域仲裁机构的仲裁规则分析，我们不难发现，区域仲裁裁决类型均包括了终局裁决、部分裁决、中间裁决、先行裁决与补充裁决等形式。裁决均原则上要求以仲裁庭的多数决定，裁决的效力均具有既判力与强制执行效力。

三　我国区域仲裁程序与证据规则的分歧

（一）仲裁的立案及送达程序

在这一阶段最大的区别就是立案与送达的程序。由于中国内地只有机构仲裁，没有临时仲裁，因而，在中国内地只有仲裁机构立案与送达，没有当事人之间的通知送达。而香港、澳门、台湾三个地区除仲裁机构的立案与送达外，在临时仲裁的情况下，允许当事人之间的送达。按照《香港国际仲裁中心本地仲裁条例》第1条"展开仲裁"的精神，香港国际仲裁中心虽然是个机构，但是实际上主要提供服务功能，仲裁程序的展开与送达主要是通过当事人之间完成的，法律与仲裁规则还特别规定了当事人之间为展开仲裁必须进行的所谓"仲裁通知"的程序。

（二）仲裁的答辩与反诉程序

区域之间司法文化差异，从而引起的仲裁文化差异，在仲裁的答辩与反诉程序中最大的反映就是时间差。内地的答辩与反诉时间国内案件是 15 天，涉外案件是 45 天。香港国际仲裁中心本地仲裁答辩与反诉时间是 35 天，而对答辩或者反诉的回复为 21 天；涉外仲裁适用《联合国国际贸易法委员会仲裁规则》，对答辩与反诉时间没有特别规定，只是规定遵守仲裁庭规定的时间，但是对仲裁庭规定时间限制是不超过 45 天。《澳门消费争议仲裁中心规章》仅规定在调解前提出答辩意见。由于该中心主要处理消费争议，因而其规章没有规定反诉程序。台湾《中华仲裁协会规则》规定的答辩时间为 10 天，但对反诉时间没有规定。

（三）仲裁的组庭及审理程序

区域仲裁制度之间的差异不仅表现在临时仲裁及其相应程序的接纳，而且，在调解制度上也存在较大分歧。中国内地的调解程序没有阶段区别，实际上任何阶段只要当事人存在调解、和解的可能性，均可能立即进入调解程序。而当事人没有主动提及调解情况下，仲裁员会在庭审结束时询问当事人的调解意向，如果双方当事人有调解意向，则展开调解，如果任何一方当事人不同意调解，仲裁庭就不一定调解。而且调解员与仲裁员相同，并无回避之说。香港调解分前置调解与程序中调解。如果仲裁协议规定先行调解，那么，如果不能如期委任调解员的情况下，可由法官委任。仲裁员或者公断人在争议提交仲裁之后遵照当事人的书面约定进行调解。无论哪一种情形，如果调解未果，而仲裁员在调解中获得的秘密信息，在重新开始仲裁程序之前，仲裁员必须尽可能将其认为与仲裁有关的重要信息披露给当事人各方。澳门本地仲裁制度本身对和解只是在第 28 条作了轻描淡写的一款规定。但是，《澳门消费争议仲裁中心规章》实际上将调解变成了必经的前置程序。台湾尤其重视调解程序，在四个法域中，只有台湾专门制定了调整仲裁的独立规范《仲裁机构组织与调解程序及费用规则》，该规则第五章专门规定"调解之程序及费用"。调解成功时可以制作调解书，调解不成功时，当事人可以申请出具调解不成功证明。另外，2001 年《中华仲裁协会仲裁规则》第 35 条还另外规定了一套和解程序。使得台湾仲裁制度下，调解与和解变成两个不同的概念。按照台湾《仲裁法》第六章精神，两者区别在于是否订有仲裁协议。调解不必以仲裁协议的存在为前提。

（四）仲裁的证据规则

各法域的《仲裁法》直接规定证据规则的比较少，有限的几个条文主要集中在法院对仲裁程序的证据保障上。[1] 内地《仲裁法》规定的相对较多一点[2]，只有澳门《本地仲裁法》设立专条"证据"对证据规则进行规定。[3] 可以说，每一个法域的仲裁法本身所规定的证据规则并不完整，因而，各法域仲裁机构的仲裁规则对证据规则进行补充是必然的。实际上现有各法域的仲裁机构的规则也毫不客气地行使了这种权利。当然，太过具体化的证据规则本书无法详细讨论，本书应该讨论的是，如何划分仲裁法与仲裁规则对证据规则的调整界限。上述列举的各法域相关证据规则显然侧重不完全相同。

（五）仲裁的裁决程序

仲裁裁决的程序问题中是否需要向法院裁决备案问题、能否

---

① 例如《中华人民共和国仲裁法》第 46 条，香港《仲裁条例》第 2GC 条，澳门《本地仲裁法》第 25 条，台湾《仲裁法》第 26、28 条等。

② 参见《中华人民共和国仲裁法》第 43—46 条。

③ 即澳门《本地仲裁法》第 25 条。

撤销及上诉问题可以说是比较突出的分歧。

按照内地《仲裁法》精神，仲裁委员会之裁决无须向法院备案，当事人也无权向法院上诉。但是，当事人可以在六个月内提起撤销之诉。香港仲裁没有裁决向法院备案制度，但是，法院可以根据联合国《国际商事仲裁示范法》第 34 条的规定撤销国际裁决，申请必须在申请人收到裁决日后三个月内提出。当然，这只是一种理论可能性，因为实践中极少发生①。但是，香港《仲裁条例》对香港法院针对本地裁决赋予了更大的权力。香港《高等法院规则》第 73 号命令，当事人在 21 天内可针对裁决中的法律问题向法院上诉，条件是各方当事人均同意上诉或者法院认为相关法律问题对仲裁一方或多方的权利有重大影响从而准予上诉。法院是否认为相关法律问题有重大影响的衡量原则据说是一种 Nema 原则②。但是，当事人之间在仲裁前后如果签订排除协议排除针对本地裁决的上诉权，则当事人不得上诉，法院也不得给予此项批准。澳门《本地仲裁法》第 32 条规定仲裁裁决必须存放"普通管辖法院办事处"，除非属于机构仲裁或者当事人另有约定。澳门《本地仲裁法》第 34 条允许当事人通过仲裁协议或者事后协议订定一上诉仲裁审级或者向高等法院上诉。如果未有上诉协议，则当事人可以在得到仲裁裁决通知书日起 30 日内向普通管辖法院申请撤销裁决，普通管辖法院的裁判还可以向高等法院上诉。澳门

---

① 参见莫石、郑若骅编著《香港仲裁实用指南》，法律出版社 2004 年版，第 53 页。

② 同上书，第 53—54 页。该原则意思是如果合同是格式合同，申请人必须证明，法律问题所涉的事实合法律背景，在争议涉及的商业领域中很常见；仲裁庭明显是错了或不可能是对的；由法院决定法律问题，对此商业领域具有普遍意义。如果不是格式合同，申请人若能证明仲裁员对相关合同条款的理解明显是错的，法院通常会许可上诉。

《涉外商事仲裁法》采用联合国示范法，该法第 34 条规定，当事人在收到裁决后三个月内向法院提起撤销之诉。台湾《仲裁法》第 34 条规定仲裁判断书，应另备正本，连同送达证书，送请仲裁地法院备查。该法第 41 条同时规定当事人可以根据第 40 条的撤销理由于判断书交付或送达之日起 30 日内向仲裁地之地方法院提起撤销之诉。

第三节 中国区际商事仲裁程序与证据规则的构思

一 区际商事仲裁程序与证据规则的构思

（一）吸收区域商事仲裁程序与证据规则的共识

前文分析，我国区域仲裁制度中立案条件基本相同；四个法域的仲裁法与及各法域仲裁机构的仲裁规则都必须赋予被申请人以答辩与反诉的程序权利；各法域对仲裁的审理程序一般均交由仲裁规则调整。一般都包括双方当事人的陈述（包括申诉请求与答辩等）、质证、辩论、调解、最后陈述等几个主要程序。并且共同支持开庭原则与不公开原则，征得双方当事人一致同意，可以采取书面审理方式；在仲裁的证据规则上，我国区域仲裁制度中关于证据的形式，证据的获取（包括寻求法院的支持等），证据的认定等方面基本趋同；仲裁裁决类型均包括了终局裁决、部分裁决、中间裁决、先行裁决与补充裁决等形式。裁决类型均原则上要求以仲裁庭的多数决定，裁决的效力均具有既判力与强制执行效力。

上述内容是我国区域仲裁程序与证据规则的归纳，这些内容尽管本属区域仲裁制度的内容，但其反映了仲裁制度的一般规律，同样适用于未来构建的区际商事仲裁制度。因此，作者将上述内容全部吸收为区际商事仲裁制度的内容。

（二）甄别区域商事仲裁程序与证据规则的分歧

1. 仲裁的立案及送达程序

关于区际商事仲裁的立案与送达程序。作者认为必须尊重未来区际商事仲裁领域机构仲裁与临时仲裁同时并存的局面，因而，关于立案与送达在机构仲裁的情况下，可以向区际商事仲裁中心申请立案，并由该中心负责送达，如属临时仲裁，可以由当事人之间直接送达，只要证明对方收到即可。当然，仲裁庭组建后的送达及程序由仲裁庭决定。

2. 仲裁的答辩与反诉程序

关于答辩与反诉时间的掌握问题，区际商事仲裁本质上属于涉外仲裁的一种，只是它属于主权之内的法域之间的商事纠纷，而不是国际仲裁基于主权法域之间争议。因而，作者认为，区际商事仲裁必须考虑跨法域送达应有的困难，区域仲裁规则中 10 天、15 天的期限显然不可取。既然《联合国国际贸易法委员会仲裁规则》中将时间最长限制在 45 天，且为多个法域仲裁机构规则适用于涉外部分，应当具有一定的共性可以借鉴。

3. 仲裁的组庭及审理程序

调解与和解是解决区际商事争议的途径之一，甚至其社会效果比纯粹的仲裁裁决效果要好。而且，为各区域仲裁制度所采纳，新型的区际商事仲裁制度不应将其排斥在外。至于其阶段问题，作者认为，应该给予调解与和解更加宽松的途径。作者支持台湾《仲裁法》下的和解与调解分离制度，即和解是仲裁过程中发生的协调行为，而调解不必以既存的仲裁协议为前提，只要双方愿意，仲裁机构或者均应该有权主持调解。关于仲裁内的和解形式，作者倾向于内地调解与仲裁相结合的形式，在仲裁的任何阶段，只要当事人一致同意，仲裁庭可以立即主持调解（在区际仲裁制度下称为"和解")。

4. 仲裁的证据规则

篇幅有限的仲裁立法的确难以满足过分复杂的仲裁证据规则规范,作者赞成证据规则主要由仲裁规则调整,但同时认为,区际商事仲裁示范法本身应该对一些原则性问题加以规定。例如举证责任问题、证据保全问题、专家证据问题、仲裁庭独立取证问题等作出原则规定。

5. 仲裁的裁决程序

如前所述,由于区际法院的缺位,在区际商事仲裁制度中当然不应该作出向法院裁决备案的问题。目前世界上没有任何一个国家愿意放弃对仲裁的监督,我国区际商事仲裁制度也不可能享受特别的优待。关键是撤销之诉及法律问题上诉程序的取舍。作者认为,上诉程序只是在香港本地仲裁的特有制度,不具有区际代表性。因为内地与台湾均无上诉程序,澳门是有条件的上诉程序,即必须经当事人一致同意。而且香港国际仲裁领域也没有上诉程序。联合国示范法对裁决上诉也没有予以支持。那么,就只有保留撤销之诉了。在区际商事仲裁制度中,撤销之诉的理由并不复杂,因为区域仲裁制度的相应规定基本大同小异,完全可以参照联合国示范法相应规定。问题是在没有区际法院的情况下,哪个法院对撤销之诉行使司法管辖权呢?本书的研究到目前为止因为顾及敏感的所谓区际法院的问题,所以在构建区际商事仲裁制度时一直回避法院的介入,其中的难言之隐读者自当能理解。然而,在论及仲裁裁决的撤销之诉时,如果我主张摒弃撤销之诉,难免有过分激进之嫌,而且也不符合国际商事仲裁发展的一般趋势与规律。

那么,如何区际商事仲裁制度中裁决撤销之诉的管辖法院呢?作者认为,为了实现四个法域的公平管辖,必须选择一个客观连接点。我们认为以"仲裁地"为连接点，确定撤销之诉的管辖法院比较合适。理由是：

（1）按照仲裁制度原理，仲裁地可由当事人选择，因而，"仲裁地"本身含有契约自由的含义，体现仲裁制度的自愿原则。

（2）仲裁地具有相对灵活性。不仅因为仲裁地可由当事人自由选择，而且，无论临时仲裁还是中国区际商事仲裁中心的分支机构均分布在各个法域，从而客观上形成司法管辖机会均等的局面，从而体现法域平等原则。

（3）关联性强。撤销之诉的管辖法院不能像国际民事诉讼那样，漫无目的地搜寻。以至于出现国际民事诉讼领域或者出现管辖权竞合的平行管辖或者出现急于管辖的不方便法院搪塞。区际商事仲裁撤销之诉的管辖法院必须对拟列入撤销审查的裁决具有一定的司法利益。而仲裁地法院无疑对裁决具有审查地司法利益。

行使撤销权的时间按照联合国示范法以三个月为宜。

（三）区际商事仲裁程序与证据规则之归纳

根据上述分析，作者将区际商事仲裁程序与证据规则简要归纳如下：

1. 仲裁的立案及送达程序

关于区际商事仲裁的立案与送达在机构仲裁的情况下，可以向区际商事仲裁中心申请立案，并由该中心负责送达，如属临时仲裁，可以由当事人之间直接送达，只要证明对方收到即可。

仲裁申请书应该包含主体资格、仲裁请求、争议的事实与理由、仲裁依据（包括仲裁协议与仲裁条款等）等基本内容。

2. 仲裁的答辩与反诉程序

区际商事仲裁过程中，被申请人享有答辩与反诉权利，但该权利的行使必须在收到申请人直接送达或者仲裁机构送达的仲裁申请书之日起 45 天内行使。

3. 仲裁审理程序

区际商事仲裁地具体程序应由区际商事仲裁机构地仲裁规则调整，临时仲裁可以由当事人约定仲裁程序规则，也可以由仲裁庭按照合适地程序进行仲裁。但无论机构仲裁还是临时仲裁均应包括双方当事人的陈述（包括申诉请求与答辩等）、质证、辩论、调解、最后陈述等几个主要程序。区际商事仲裁原则上采取开庭原则与不公开原则，但简易案件经双方当事人一致同意，可以采取书面审理方式。

区际商事仲裁过程中，如果当事人双方表达共同的和解意愿，仲裁庭应予以支持。没有仲裁协议的当事人主动申请区际商事仲裁中心帮助调解的，中心在征得对方当事人同意后，可以主持调解。调解成功的制作调解书，与区际商事仲裁裁决具有同等法律效力；调解不成功的，当事人双方如达成提交区际商事仲裁的协议，可以进入仲裁程序。经任何一方当事人申请，区际商事仲裁中心可以给调解不成功的当事人出具调解证明。

4. 仲裁的证据规则

区际商事仲裁程序中符合国际民事诉讼要求的证据均可以作为仲裁证据。区际商事仲裁程序中，当事人应该对自己的仲裁主张进行举证；涉及证据保全问题的，经有关当事人申请，仲裁庭可以请求证据所在地法院提供司法协助；仲裁庭可以根据仲裁的需要咨询有关方面专家，仲裁庭也可以在认为必要的情况下直接对某些证据进行对立取证。在区际商事仲裁程序中，只有经过质证的证据才能作为定案依据。

5. 仲裁的裁决程序

仲裁庭有权根据区际商事争议审理与解决的程度、进展情况作出终局裁决、部分裁决、中间裁决、先行裁决与补充裁决等形式。裁决均原则上要求以仲裁庭的多数决定，裁决的效力均具有既判力与强制执行效力。

当事人认为裁决符合撤销条件的，可以在收到裁决之日起三个月内向"仲裁地"法院提起撤销之诉。

二 区际商事仲裁程序与证据规则的立法模式

（一）区际商事仲裁程序与证据规则的立法示范表述

根据前文分析，再结合立法语言规范，我们将区际商事仲裁制度的程序与证据规则的相关法律规范设计如下建议条款：

第 X 章 仲裁程序的进行

第 X 条 对当事各方平等相待

应对当事各方平等相待，应给予当事每一方充分的机会陈述其案情。

第 X 条 程序规则的确定

（1）以服从本法的规定为准，当事各方可以自由地就仲裁庭进行仲裁所应遵循的程序达成协议。

（2）如未达成这种协议，仲裁庭可以在本法的规定的限制内，按照它认为适当的方式进行仲裁。授予仲裁庭的权力包括确定任何证据的可采性、相关性、实质性和重要性的权力。

第 X 条 仲裁地点

（1）当事各方可以自由地就仲裁地点达成协议。如未达成这种协议，区际商事仲裁中心或其处理该案分支机构所在地为仲裁地。临时仲裁仲裁地由仲裁庭在裁决中认定。

（2）虽有本条第（1）款的规定，除非当事各方另有协议，仲裁庭可以在它认为适当的任何地点聚会，以便在它的成员间进行磋商，听取证人、专家或当事各方的意见或检查货物、其他财产或文件。

第 X 条　仲裁程序的开始

（1）当事人选择中国区际商事仲裁中心仲裁的，仲裁程序自该中心受理立案之日开始。

（2）当事人选择临时仲裁的，仲裁程序自被申诉人收到将该争议提交仲裁的请求之日开始。

第 X 条　申诉书和答辩书

（1）在当事各方协议的或仲裁庭确定的期间内，申诉人应申述支持其申诉的种种事实、争论之点以及所寻求的救济或补救，被诉人应于收到申诉书之日起 45 日内进行答辩，被诉人需要提起反诉的，也应该在答辩期内一并提出。当事各方可以随同他们的申诉书和答辩书提交他们认为有关的一切文件，也可以附注说明他们将要提交的文件或其他证据。

（2）除非当事各方另有协议，在仲裁程序进行中，当事任何一方均可以修改或补充其申诉书或答辩书，除非仲裁庭考虑到提出已迟而认为不宜允许提出这种改动。

第 X 条　开庭和书面审理程序

（1）除当事各方有任何相反协议外，仲裁庭应决定是否进行口头审理，以便提出证据或进行口头辩论，或者是否应以文件和其他材料为基础进行仲裁程序。然而，除非当事各方商定不开庭，仲裁庭应在进行仲裁程序的适当阶段开庭，如果当事一方如此要求的话。

（2）任何开庭和仲裁庭为了检查货物、其他财产或文件而举行的任何会议，均应充分提前通知当事各方。

（3）当事一方向仲裁提供的一切陈述书、文件或其他资料均应送交当事他方，仲裁庭可能据以作出决定的任何专家报告或证据性文件也应送交当事各方。

第 X 条　证据

（1）当事人应当对自己的主张提供证据。仲裁庭认为有必要收集的证据，可以自行收集。

（2）证据应当在开庭时出示，当事人可以质证。

（3）在证据可能灭失或者以后难以取得的情况下，当事人可以申请证据保全。当事人申请证据保全的，仲裁庭应当将当事人的申请提交证据所在地的管辖法院。

第 X 条　仲裁庭指定的专家

（1）除非当事各方另有协议，仲裁庭：

（A）可以指定一名或一名以上的专家就仲裁庭要确定的具体问题向仲裁庭提出报告；

（B）可以要求当事人一方向专家提供任何有关的资料，或出示或让他接触任何有关的文件、货物或其他财产，供他检验。

（2）除非当事各方另有协议，如当事一方有此要求或仲裁庭认为有必要，专家在提出他的书面或口头报告后，应参加开庭，使当事各方有机会向他提出问题并派出专家证人就争论之点作证。

第 X 条　在获取证据方面的法院协助

仲裁庭或当事一方在仲裁庭同意之下，可以请求相关行政区主管法院协助获取证据或者采取证据保全措施。法院可以在法院地法权限范围内并按照其获取证据的规则的规定执行上述请求。

第 X 章　裁决的作出和程序的终止

第 X 条　仲裁庭裁决依据

在有一名以上仲裁员的仲裁程序中，除非当事各方另有协议，仲裁庭任何决定，均应由其全体成员的多数作出。如果存在首席仲裁员情况的，如果有当事各方或仲裁庭全体成员的授权，首席仲裁员可以就程序问题作出决定。

在复数仲裁庭情况下，如数名仲裁员持相反意见的人数相当，则由替换仲裁员介入仲裁的公断人决定。

第 X 条 和解

（1）如果在仲裁程序中当事各方和解解决争议，仲裁庭应终止仲裁程序，而且如果当事各方提出请求而仲裁庭又无异议，则应按和解的条件以仲裁裁决书的形式记录此和解。

（2）根据和解的条件作出的裁决应按照第 X 条的规定作出，并应说明它是一项裁决。这种裁决应与根据案情作出的任何其他裁决具有同等的地位和效力。

第 X 条 调解

（1）未依本法订立仲裁协议者，仲裁机构得依当事人之申请，经他方同意后，由双方选定仲裁员进行调解。调解成立者，由仲裁员作成调解书。仲裁员在制作调解书时，应当建议双方当事人补签仲裁协议，或者将请求仲裁员调解区际商事争议的一致意向在调解协议中明示表达出来。

（2）依前款制定的调解书与仲裁和解、仲裁裁决具有同等法律效力。

第 X 条 裁决的形式和内容

（1）裁决应以书面作出，并应由一名或数名仲裁员签字，在有一名以上仲裁员程序中，仲裁庭全体成员的多数签字即可，但须对任何省去的签字说明原因。

（2）裁决应说明它所根据的理由，除非当事各方协议不要说明理由或该裁决是根据第 X 条的规定按和解条件作出的裁决。

（3）裁决应写其日期和按照第 X 条第 X 款的规定所确定的仲裁地点，该裁决应视为是在该地点作出的。

（4）裁决作出后，经各仲裁员按照本条第（1）款的规定签字的裁决书应送给当事各方各一份。

（5）如仲裁庭认为有必要或当事人提出请求并经仲裁庭同意时，仲裁庭可以在作出最终裁决之前的任何时候，就案件的任何问题作出中间裁决、临时裁决或部分裁决。本法所提及的裁决均包括中间裁决、临时裁决或部分裁决。

第 X 条　程序的终止

（1）仲裁程序依终局裁决或仲裁庭按照本条第（2）款发出的命令予以终止。

（2）仲裁庭在下列情况下应发出终止仲裁程序的命令：

（A）申诉人撤回其申诉。除非被诉人对此表示反对而且仲裁庭承认彻底解决争议对他来说是有正当的利益的；

（B）当事各方同意终止程序；

（C）仲裁庭认定仲裁程序在任何其他理由之下均无必要或不可能继续进行。

（3）仲裁庭的任务随着仲裁程序的终止而结束，但须服从第 X 条和第 X 条第 X 款的规定。

第 X 条　裁决的改正和解释；追加裁决

（1）除非当事各方已就另一期限达成协议，在收到裁决书后 30 天内：

（A）当事一方可以在通知当事另一方后请求仲裁庭改正裁决书中的任何计算错误，任何抄写或排印错误或任何类似性质的错误；

（B）如果当事各方有此协议，当事一方可以在通知当事国一方后请求仲裁庭对裁决书的具体一点或一部分作出解释。

如果仲裁庭认为此种请求合理，它应在收到请求后 30 天内作出改正或加以解释，解释应构成裁决的一部分。

（2）仲裁庭可以在作出裁决之日起 30 天内主动改正本条第（1）款（A）项所指的类型的任何错误。

（3）除非当事各方另有协议，当事一方在收到裁决书后 30 天内可以在通知当事他方后请求仲裁庭对已在仲裁程序中提出但在裁决书中遗漏的申诉事项作出追加裁决。如果仲裁庭认为其请求合理，仲裁庭在 60 天内作出追加裁决。

（4）如果必要，仲裁庭可以将根据本条第（1）或第（2）款作出的改正、解释或追加裁决的期限，予以延长。

（5）第 X 条的规定应适用于裁决的改正或解释并适用于追加裁决。

第 X 章　对裁决的撤销之诉

第 X 条　仲裁裁决的撤销

（1）只有按照本条第（2）和第（3）款的规定申请撤销，才可以对仲裁裁决向仲裁地法院提起撤销之诉。

（2）仲裁裁决只有在下列情况下才可以被第 X 条规定的法院撤销：

（A）提出申请的当事一方提出证据证明：

（a）第 X 条所指的仲裁协议的当事一方欠缺行为能力；或根据当事各方所同意遵守的法律，或未认明有任何这种法律，则根据其准据法，上述协议是无效的；或

（b）未将有关指定仲裁员或仲裁程序的事情适当地通知提出申请的当事一方，或该方因其他理由未能陈述其案情；或

（c）裁决处理了不是提交仲裁的条款所考虑的或不是其范围以内的争议，或裁决包括有对提交仲裁以外的事项作出的决定，但如果对提交仲裁的事项所作的决定与对未提交仲裁的事项所作出的决定能分开的话，只可以撤销包括有对未提交仲裁的事项作出决定的那一部分裁决；或

（d）仲裁庭的组成或仲裁程序与当事各方的协议不一致，除非这种协议与当事各方不能背离的本法的规定相抵触，或当事

各方并无此种协议，则与本法不符；或

（B）法院认为：该裁决与仲裁地的公共政策相抵触。

（3）提出申请的当事一方自收到裁决书之日起，三个月后不得申请撤销；如根据第 X 条提出了请求，则从该请求被仲裁庭处理完毕之日起三个月后不得申请撤销。

（4）法院被请求撤销裁决时，如果适当而且当事一方也要求暂时停止进行撤销程序，则可以在法院确定的一段期间内暂时停止进行，以便给予仲裁庭一个机会重新进行仲裁程序或采取仲裁庭认为能够消除请求撤销裁决的理由的其他行动。

（二）区际商事仲裁程序与证据规则的立法体例

区际商事仲裁程序与证据规则实际上跨越了两个部分：仲裁程序专章与仲裁裁决专章。尽管仲裁的证据规则有条件成为自成体系，甚至形成仲裁立法的专章或专篇。然而，如前文分析，无论是国际商事仲裁还是区域仲裁制度的立法惯例，都没有对证据规则进行大规模的规范，因而本书也没有给仲裁证据规则进行过分详细的探讨与规范，应当遵从国际惯例留待仲裁规则予以规范。在本书中，仲裁的证据规则被纳入仲裁程序专章。但因此，仲裁的程序部分就过分冗长，我们认为应该按照阶段进行合理分割。在未来的《中国区际商事仲裁示范法》中应该分为："仲裁程序的进行"、"裁决的作出和程序的终止"及"对裁决的撤销之诉"三个标题。

三 《中国区际商事仲裁中心仲裁示范规则》的简单构想

（一）制定《中国区际商事仲裁中心仲裁示范规则》的必要与作用

制定《中国区际商事仲裁中心仲裁示范规则》的必要性其实一目了然，因为建立中国区际商事仲裁制度后，为了建立前文论述的中国区际商事仲裁中心，必须同时制定一套作为该仲裁中心仲裁程序规范的仲裁规则。同时，由于区际商事仲裁制度认可临时仲裁，而临时仲裁情形中，无论是当事人双方，还是当事人与仲裁庭之间，甚至仲裁庭内部成员之间就临时仲裁所适用的程序规则往往存在很大的争议。旷日持久的争议不仅会拖延区际商事争议的解决，而且，会给当事人对区际商事仲裁的信任与信心留下阴影，这样反而会阻碍区际商事仲裁制度的发展。在这种背景下，制定一套示范规则供临时仲裁当事人与仲裁庭选择适用对合理引导区际商事仲裁制度下的临时仲裁的健康规范的发展具有十分重要的意义。

起草示范规则在国际与我国仲裁实践中都有先例。在国际上《联合国国际贸易法委员会仲裁规则》已经被很多国家或地区的仲裁机构参照适用，香港国际仲裁中心在处理国际仲裁案件时就是直接适用《联合国国际贸易法委员会仲裁规则》。在内地 1995年 8 月 1 日为了配合当时中国内地新仲裁法的实施，指导各地按照新仲裁法成立仲裁委员会，国务院法制局也制定了一套《仲裁委员会仲裁暂行规则示范文本》。各地仲裁委员会成立后纷纷参照该文本制定本委员会的仲裁规则。

（二）《中国区际商事仲裁中心仲裁示范规则》的参照模式

《中国区际商事仲裁中心仲裁示范规则》应该是吸收各法域现行仲裁机构仲裁规则优点而产生的。作者认为，《联合国国际贸易法委员会仲裁规则》在国际商事仲裁界已经产生了巨大影响，如前所述，该规则实际上是香港国际仲裁中心国际仲裁的仲裁规则，内地、台湾等地的著名仲裁机构的仲裁规则实际上也是以其为蓝本相应修改的。因此，《联合国国际贸易法委员会仲裁规则》确定的规范对我国四个法域的仲裁界人士应该能够产生较大的共鸣。作者在此也建议《中国区际商事仲裁中心仲裁示范规则》以《联合国国际贸易法委员会仲裁规则》为蓝本，并且结合区际商事仲裁示范法的精神内容以及各法域著名仲裁机构（例如内地的中国国际经济贸易仲裁委员会、广州仲裁委员会，香港国际仲裁中心，台湾中华仲裁协会等机构）的仲裁规则的优点加以修订。

由于本书重点研究的是区际商事仲裁制度本身，对《中国区际商事仲裁中心仲裁示范规则》具体内容就不作详细探讨了。

第七章

中国区际商事仲裁法律适用问题研究

区际商事仲裁所处理的争议涉及我国不同的法域，按照一国两制原则，各法域都具有独立的法律体系，仲裁庭在进行裁决时，将面临国际或区际民商事诉讼相同的法律选择问题。研究中国区际商事仲裁制度，不能回避区际法律冲突与法律适用问题。

第一节　国际商事仲裁的法律适用问题

法律运用问题在国际商事仲裁中占有相当重要的地位。在国际民事诉讼中的法律适用由于管辖法院与法院地利益的固定联系，管辖法院一般都从维护国家司法主权出发，坚定地捍卫法院地国的司法主权利益。表现在法律适用问题上，一般把诉讼法作为公法无条件地适用法院地法。在程序法领域不存在一般意义上的法律选择问题。同时，许多国家在避免反致、转致的幌子下，都明确规定，本国冲突规范所指引的外国法限于目标国的实体法，而不包括其冲突规范。因此，在国际民事诉讼中所谓的法律适用问题基本上就只剩下实体法适用问题，或者说寻找准据法的问题。然而，在国际商事仲裁中，由于国际仲裁的民间性质，没有其固定捍卫的某一国家司法主权利益。因而，国际商事仲裁领域面临的法律适用问题既包括通常意义上的准据法，也包括程序法，还包括冲突规范本身的选择适用。

一 国际商事仲裁程序法的法律适用

国际商事仲裁程序法实际上包含有两种含义：其一是仲裁庭处理具体个案的程序规则，通常叫仲裁规则；其二是调整仲裁各方（包括当事人、仲裁员、仲裁机构、甚至法院与仲裁关系）的法律规范，即我们通常所说的仲裁法。

关于仲裁规则问题，一般仲裁法的精神允许当事人自由选择仲裁规则，甚至在其认为有必要时，可以自行制定一套程序规则，要求仲裁庭遵照执行。在当事人没有选择，没有约定的情况下，一般由仲裁庭自行决定应适用的仲裁规则。在机构仲裁的情况下，仲裁庭一般会适用该仲裁机构自行制定的仲裁规则。

关于仲裁法的选择问题，意思自治原则当然是第一位的选择。在当事人没有选择的情况下，国际商事仲裁领域倾向于适用仲裁地法（Lex arbitri），"如果当事人仅在仲裁条款中规定了仲裁地，一般认为应适用仲裁地国的程序法"。[①] 这也是所谓国际商事仲裁程序法的"本座论"[②]。这一观点在 1958 年《纽约公约》第 5 条第（4）款中也得到了支持。20 世纪中后期主要在欧洲内地提出并发展起来的"非国内化（de-nationalised）仲裁理论"，企图使国际商事仲裁摆脱与仲裁地的联系，主张"仲裁员可以适用一般法律规则或者商业习惯法（Lex mercatoria），而不

---

① 参见韩健《现代国际商事仲裁法的理论与实践》，法律出版社 1993 年版，第 199 页。

② 参见赵威主编《国际仲裁法理论与实践》，中国政法大学出版社 1995 年版，第 201 页。

适用任何特定法律体系的实体规则"。① 该理论获得了一定的支持，1961 年《关于国际商事仲裁的欧洲公约》第 4 条第（1）款正是这种理论精神的反映。但是，尽管如此，这些新型理论无法对抗仲裁地法的优势影响。由于仲裁制度中特殊申请撤销程序的存在，仲裁程序无论是双方共同选择的仲裁规则、仲裁法，还是所谓依据"非国内化（de-nationalised）仲裁理论"所选择的程序法，最后都无法逃避仲裁地国法的监督与制约。因而，除直接适用仲裁地法外，实际上凡是作其他选择的程序法或者程序规则，都必须重叠适用仲裁地国法，特别是其中的强制性规则。

二　国际商事仲裁冲突规范的选择适用

在国际商事仲裁中与国际民事诉讼中，仲裁员与法官都需要解决实体法冲突，通过适用冲突规范寻找适用于个案的准据法。我们把实体法的冲突称为一级冲突（conflict "au premier degre"）。然而，与法官不同的是，国际商事仲裁员不仅要解决实体法的一级冲突，还必须解决二级冲突（conflict "au deuxieme degree"），即"对可适用的冲突规则体系作出选择"。② 因为法官总是适用法院地的冲突规则，而国际商事仲裁员则不能当然地适用仲裁地冲突规范，仲裁员完全有权适用其认为恰当的冲突规范。1961 年《关于国际商事仲裁的欧洲公约》第 7 条第（1）款明确规定："当事人可自由确定仲裁人应在争议实体上适用的法律。在当事人未对可适用的法律做出说明时，仲裁人采用按其判断适于案件的冲突规则所指定的法律。在这两种情况下，仲裁人将考虑合同

---

① 参见韩健著《现代国际商事仲裁法的理论与实践》，法律出版社 1993 年版，第 205 页。

② 同上书，第 225 页。

的规定以及商业惯例。"①

在国际商事仲裁实践中，解决二级冲突的问题，有时候比解决一级冲突更加复杂。

在国际商事仲裁实践中，冲突规范的选择有几种解决方案：

（一）适用当事人合意选择的冲突规范

按照仲裁领域的惯例，当事人的选择一般优先适用。当事人合意选择的冲突规范实际上包括两种：其一是当事人在世界各国现存的冲突规范中选择一个适用于争议案件的冲突规范；其二，只要双方当事人能达成合意，当事人完全可以自行约定一套适用于争议案件的非现行立法的冲突规范。例如，当事人完全可以约定选择某一专家学者起草的，没有形成立法的建议规则或者示范规则等。

（二）适用仲裁地的冲突规范

尽管仲裁地的冲突规范对仲裁庭没有当然的约束力，但是在国际商事仲裁实践中，仲裁地冲突规范还是具有明显的优势地位。这是国际仲裁领域理论（territorial theory）所强烈支持的主张。这种解决方案认为，选择仲裁地冲突规范具有可预见性与统一性，也是尊重当事人的意愿。因为当事人能够自由地选择仲裁地，由此也就间接地选择了可适用的冲突规则。② 这一观点在1957 年国际法协会阿姆斯特丹决议第 11 条中也得到了采纳，具有一定的代表性。

（三）适用仲裁员本国的冲突规范

采取这种方案的理由是仲裁员对本国冲突规范最熟悉，便于

---

① 参见丁建忠编著《外国仲裁法与实践》，中国对外经济贸易出版社 1992 年版，第 387 页。

② 参见韩健著《现代国际商事仲裁法的理论与实践》，法律出版社 1993 年版，第 226 页。

适用。但是，这一主张在国际商事仲裁实践中没有代表性，很少适用。

（四）适用将要执行裁决国家的冲突规则

这一主张系基于保障仲裁裁决可执行性而提出的。但是，现代国际商事仲裁制度发展到今天，特别是在 1958 年《纽约公约》生效后，各国对仲裁裁决的承认与执行基本采取比较开明的态度，一般不会计较裁决的法律适用（包括仲裁规范的适用）问题。即便基于公共秩序保留拒绝承认与执行，但适用时还是比较审慎的。何况如发生这种可能性时，仲裁一方当事人往往在辩论时有所提及，仲裁员做出裁决时也会有所顾及。以裁决执行地国家的冲突规范为目标的适用也不具有代表性。

（五）适用最密切联系地国的冲突规范

最密切联系地原则是现代美国法律选择的学说，在国际私法领域具有相当大的影响。然而，这一学说是为了解决实体法（准据法冲突）问题。国际商事仲裁实践中，有些仲裁员将这一规则照搬适用于冲突规范的选择，以解决二级冲突问题，但效果并不理想。

（六）重叠适用与争议有关的冲突规范

这是针对国际商事仲裁实践中出现实体法虚假冲突（false conflict situation）而适用的冲突规范。即在所有有关争议的冲突规范都指向同一实体法时（即本质上并不存在实体法的冲突），仲裁员可直接适用所有冲突规则所指向的同一实体法。不过，由于这一方案适用的前提完全属于巧合，因而，重叠适用冲突规范的方案的作用具有一定的局限性。

（七）适用一般冲突规范

这种方案是仲裁员在审理具体案件时，从许许多多的仲裁规范中通过比较分析，寻找为国际上普遍承认的一般冲突规范，然后适用于具体案件。但是，这一方案过于理想化。因为国际私法尽管存在发展趋同的规律，但是在世界范围内取得完全共识的具体冲突规范尚在少数，因而，在国际商事仲裁实践中其适用范围受到限制。

（八）跨越冲突规范的适用

这一方案就是跨越冲突规范直接适用实体法，从而不存在冲突规范的选择适用问题。当然，这是一种特殊情形，将在下一标题实体法的适用部分加以介绍。

三　国际商事仲裁实体法的法律适用

（一）依意思自治原则选择实体法

如果当事人在仲裁协议中或者仲裁程序展开后就实体法作出合意选择，仲裁庭一般应该遵照适用。意思自治原则不仅是国际商事仲裁中的惯例，也是国际私法中被普遍接受的冲突规范之一。

（二）依冲突规则选择实体法

在当事人没有选择实体法时，一般由仲裁员适用前述选择的仲裁规范指引具体个案的准据法。这是国际商事仲裁中最普遍的法律适用方式。

（三）直接适用实体规则

在国际商事仲裁实践中，实体规则的直接适用包括三个方面：

其一是合同自体法的适用。国际商事仲裁程序中，仲裁员不依任何冲突规则，直接适用所选择的国内实体法，在合同领域尤其如此。这样选择的法律叫做"合同自体法（proper law of a contract）"。对 Proper law 概念的理解国际国内都有分歧，有学者认为，其同时适用于侵权领域与合同领域。在合同法领域，在当事人合意选择的情况下，指当事人选择适用的法律，在当事人没有选择的情况下，指与合同有最密切联系国家的法律①。在 20世纪后半叶，以美国《第二次冲突法重述》为代表，"最密切联系原则"学说为许多国家国际私法学说与立法所接受。受该学说影响，在国际商事仲裁领域，许多仲裁员不再依照传统的冲突规范系属公式机械地寻找准据法，而是直接按照最密切联系原则的要求并且考量国际贸易的惯例与经验直接选择适用具体国家的实体法。

其二是少数情况下直接适用国际法与一般法律原则。国际法与一般法律规则本来属于国际公法范畴，在国际商事仲裁领域很少直接适用。然而，国际商事仲裁所处理的争议非常复杂，在一些特别的国际商事仲裁案件中，仲裁庭在处理个案时可以直接适用国际法与一般法律规则。国际法协会在其关于"国际组织与私人当事人之间订立的合同"和"国家与外国人协议中的合同准据法"的两个文件中，也接受适用国际法或一般法律原则②。

其三是国际条约与国际惯例。前者如 1980 年《联合国国际货物销售合同公约》、1978 年《联合国海上货物运输公约》，1988 年 12 月《联合国国际汇票与国际本票公约》；后者如国际法协会 2000 年修订的《贸易术语解释国际通则》、国际商会1993 年修订的《跟单信用证统一惯例》等。仲裁员适用这些国际条约与国际惯例时，往往可以直接界定争议各方的实体权利义务，而无需借助冲突规范的指引适用某一具体国家的实体法。而且，国际条约与国际惯例的适用不一定需要当事人的合意选择，

①　参见肖永平著《肖永平论冲突法》，武汉大学出版社 2002 年版，第 52 页。
②　参见［美］汉斯·史密特主编《国际合同》，中国社会科学出版社 1988 年版，第 21 页。

只要仲裁员觉得在个案中合适即可直接适用。

第二节　中国区际商事仲裁中的区际法律冲突

一　复合法域国家与区际法律冲突

所谓法域（英文翻译方式多样，例如 legal region，law district，legal unit，territorial legal unit 等），即适用独特法律制度的特定范围①。法域的意义在于在特定法域内的法律制度自成体系，至少从立法机制角度看，是不受其他法域影响的。法域有大有小。最大的法域就是国与国之间基于主权独立而形成的国家法域。例如中国与美国之间，德国与英国之间。小的法域有各主权国家内部基于政治体制而形成的相对独立的法律体系。例如英国的威尔士与苏格兰之间，美国的加利福尼亚州与得克萨斯州之间，以及加拿大魁北克省与安大略省之间。法域的进步意义于国际上体现了司法主权，于国内意义则充分尊重不同生存环境与背景人群或者族群自我约束的立法权。法域的负面作用在于因法域而产生的法域之间的法律冲突。即对相同的法律关系，不同的法域调整的法律规范不同。如果这种差异仅仅表现在各自的立法艺术上，问题还不大，问题在于当不同法域之间人民往来时，立即出现了究竟是以何种法律为依据的问题。这就是法域之间法律冲突最通俗的解释。有些国际私法专家认为，法域的存在并不必然导致法律冲突，因为法域之间法律冲突的发生必须具备三个条件"这就是各法域人民或成员相互交往并建立法律关系；各法域承认外法域人民或成员在其域内的民商事法律地位；各法域承认外

① 参见黄进《区际冲突法》，永然文化出版股份有限公司 1996 年版，第 17 页。

法域的法律的域外效力"。① 这当然是十分精辟的结论。作者从这三项条件推理出带普遍性的结论是：只要存在不同的法域，就必然存在法律冲突。因为按照上述条件，至少在今天的国际社会或者任何一个多法域国家内部，不论多么强势的法域完全否认禁止法域之间人民往来或者不承认其他法域人民民商事法律地位几乎是不可能的，除非交战国之间或者处于内战的国家内部。例如我国国内革命战争期间，当时的国民党政府对苏区的法律完全不予认同，因而就无所谓苏区法律与国统区法律之间的法律冲突问题。由此，我们就会惊奇地发现，在现代社会，原来事情的结论比事务的推理要简单得多。我们只要反过来分析一个特定时空里，究竟是否存在不同的法域，只要存在不同的法域或者说两个以上的法域（复合法域），就必定存在法律冲突。如果这个法域是国家，那么就存在国际法律冲突；如果这个法域是国家内部区域，那么，就存在区际法律冲突。

我国长期以来本属单一法制国家，虽然在国际民商事交往过程中存在国际法律冲突，但是，在我国内部并不存在法域之间的冲突。然而，自从邓小平先生的"一国两制"伟大构想实践以来，我国单一法制国家局面已经被多元法制国家的司法格局所取代。我国主权范围内已经划分为中国内地、香港、澳门及台湾等四个平等法域。如前所述，法律冲突是复合法域的必然产物，我国主权内部从此也产生了区际法律冲突。

二 区际商事仲裁中的法律冲突问题

区际法律冲突是个无法回避的法律现实。它将伴随着我国区际民商事交往的深入逐步在各个领域显现出来。当我们研究

---

① 参见黄进《区际冲突法》，永然文化出版股份有限公司1996年版，第19页

区际商事仲裁的时候就不能不有所考虑，因为区际法律冲突肯定就在中国区际商事仲裁制度实施的第一天，在我国区际商事仲裁的第一件仲裁争议中立即出现，而且不会有什么例外与意外。

根据作者的预计，区际法律冲突将在区际商事仲裁中以如下的形式表现出来：

（一）属人法的法律冲突。我们前文在研究区际仲裁员资格时曾提出具备行为能力的自然人。同样确认区际商事仲裁管辖权的依据是有效的仲裁协议，而仲裁协议有效的一个前提就是契约主体要具备相应的权利能力与行为能力。而认定主体资格适用的就是属人法，无论是自然人还是法人。

（二）管辖权的法律冲突。区际商事仲裁的管辖权冲突并没有区际民事诉讼的管辖权冲突那么复杂，因为仲裁领域存在着共同的管辖依据——仲裁协议。然而，由于对仲裁协议有效性规范的差异，加上来自各法域法院强大的所谓"监督"势力，使得区际商事仲裁管辖权的问题不得不面对区域法院的审核，因为当事人总会依据区域法律向区域法院寻求支持——区际商事仲裁管辖权的异议，这种行为的发动在很多场合并不以区际商事仲裁理论与示范法律规范本身的意志为转移。无论我们的区际商事仲裁理论如何强调管辖权自裁都难以阻挡当事人企图否定区际商事仲裁管辖权而产生的潜在个案利益。

（三）实体法的法律冲突。区际商事仲裁期间，仲裁庭在对仲裁争议进行裁决时，可以说在每一件案件中都涉及实体法的适用，从而面对实体法的冲突问题。例如区际商事合同的有效性，区际动产或不动产物权的归属问题，区际物权行为的有效性，区际海事海商行为的定性，区际公司清算或者区际破产效力的问题，无不牵涉到某一法域具体实体法的适用，并因此产生实体法法律冲突。

（四）程序法律冲突。程序法律冲突在区际商事仲裁中应该比较少见，因为仲裁展开的程序依据是仲裁规则，无论是机构仲裁还是临时仲裁，仲裁规则只有一个，或者适用区际商事仲裁中心的仲裁规则，或者适用当事人自由选择甚至自行约定的程序规则。但是，我们必须意识到，在区际商事仲裁中的程序有两种概念，其一是以仲裁庭或者说仲裁进程的推进而发生的程序，这是人所共知的。另一种程序是以当事人为中心的程序，或者说当事人自行展开的程序需要对方或者仲裁庭认可时发生的程序合法性与有效性的争议。例如在区际商事仲裁中，一方当事人为了证明自己的主张出示的证据是一盘 VCD 光盘。而另一方质证时声称，该 VCD 光盘系秘密针孔摄像，侵犯了隐私权，取证程序非法，要求认定为无效证据。那么，仲裁庭在作出裁决时马上就面临区际取证的应当遵循的法律程序问题。同样，当事人委托律师参加区际商事仲裁时，委托手续是否合法有效同样涉及程序的法律冲突。

（五）区际冲突规范本身的冲突。在研究国际法律冲突时，我们曾遇到过依冲突规则指引的目标法域的法律究竟是否包括该法域的冲突规则的争论，该争论还引发出国际私法上著名的"反致"与"转致"规则。但是，在国际民事诉讼中，这种情况虽然存在理论可能性，真正出现的概率较小。况且，现在越来越多的国家为了解决国际民事争议的方便在进行本国国际私法立法时都反对反致制度，例如意大利、希腊、秘鲁等①。中国国际私法学会在其集体讨论研究的结晶《中华人民共和国国际私法示范法》第八条就反致作出的示范条款是："本法规定适用的法

---

① 参见黄进主编《国际私法》，法律出版社 1999 年版，第 268 页。

律，是指现行有效的民商事实体法律，不包括冲突规范，但本法另有规定的除外。"① 国际私法摒弃反致、转致制度不仅仅是基于法理上的原因，更重要的是现实基础。因为每一个法院都立足服务于本国法域，在复合法域国家，每一个法域的法院都首先立足服务于本法域，首先执行的是本法域的冲突规范。只有本法域冲突规范允许适用其他法域冲突规范时才可能在勉强的有限的范围内适用他国或其他法域冲突规范。然而，本法域的冲突规范对区际商事仲裁来说可能成为奢侈品。因为以解决区际商事争议为己任的区际商事仲裁制度，在可以预见的将来并不存在平行而有约束力的为各法域共同认同的区际私法，就正如暂时无法讨论建立区际法院一样。那么，区际商事仲裁庭为了解决区际法律冲突的问题就必须适用某一个法域的区际私法或者区际冲突规范。这就意味着仲裁庭在适用处理区际商事争议时，在具体适用某一法域准据法之前，首先得寻找指引准据法的区际冲突规范。这就意味着必要时是否必须设立指引具体法域区际私法的冲突规范。这样理解就变得有点像绕口令。但是，作者相信未来的区际商事仲裁实践可能遇到比这种绕口令式的冲突规范更令人费解的冲突法问题。

（六）区际冲突法中的基本理论问题的立场选择。如同法院处理国际民事争议一样，仲裁庭在处理区际商事争议时同样会遇到涉及区际私法的一切基本理论问题。例如前述的反致、转致问题，区际民商事关系中的识别问题，区域准据法的解释问题，我国区域法律制度的查明问题，区际法律的规避问题，区际商事争议中的先决问题，区域公共秩序的问题。

---

① 参见中国国际私法学会《中华人民共和国国际私法示范法》，法律出版社2000年版，第5页。

三　解决区际法律冲突的措施与一般原则

解决区际法律冲突的法律规范是区际冲突规范或者广义的区际私法。实际上区际私法的概念要比区际冲突规范含义要广得多。前者除包含区际冲突规范的含义外，还包括区际管辖权问题与程序问题。由于区际商事仲裁制度中面临的问题并非局限于冲突规范本身，还涉及冠以区际私法的其他内容，因此，无论是否合理，本书暂称为"区际私法"。然而，需要解释的是，区际私法实际上包含两个概念：其一是区际私法立法，主要是由各法域的具体区际私法规范或者准用国际私法规范；其二是区际私法理论。之所以特别区分这两个含义，是因为实际上许多著名的国际仲裁机构在进行国际商事仲裁时，并不一定直接适用某一国家的国际私法规范，他们往往根据国际私法的一般理论在具体案件中决定适用某一理论性的冲突规范。我们认为，这一经验同样可以为我国区际商事仲裁制度借鉴。仲裁庭在裁决区际商事争议时，既可以选择适用某一具体行政区的区际私法规范，也可以结合案情适用相应的区际私法理论寻找个案准据法。

就制定区际私法规范或者研究区际私法理论而言，作者认为区际商事仲裁领域区际法律冲突问题，应该遵循下列原则：

（一）法域平等原则。区际法律冲突的一个大前提就是法域平等，如果没有法域平等就不可能发生区际法律冲突问题，当然一国两制也就失去了法律基础。就区际商事仲裁而言，法域平等原则要求仲裁庭平等地对待各法域区际私法规范，平等地对待根据区际私法规范所指引的准据法，不得有所偏废。

（二）意思自治原则。意思自治原则是区际仲裁制度的基础，特别是为建立仲裁管辖权而以仲裁协议形式表现出来的意思自治。有了这一基本的意思自治，法律在寻求准据法规范时应该给予更多的尊重，不仅尊重当事人共同选择的冲突法规范，而且甚至允许当事人直接约定准据法内容本身。

（三）最密切联系原则。最密切联系原则在国际私法与区际私法中可以说是保留性的帝王原则。当依照具体区际法律冲突规范无法确定案件的准据法时，最后就必须寻求适用最密切联系原则去选择相对关联性强的准据法作为定案依据。

（四）公平原则（虚拟准据法原则）。公平原则可以说是区际商事仲裁制度中特殊的解决区际法律冲突的基本原则。在国际或者区际民事诉讼中，当事人之间具体权利义务的判决必须有相应的实体法作为依据——无论是本国实体法，还是其他法域的实体法。但是，仲裁制度是基于仲裁协议的合意而建立的解决争议机制。该制度追求的最重要的价值取向之一是本质上的公平。至于这种本质上的公平是否与具体的准据法的适用有关并不重要。简单地说，仲裁庭在处理区际商事争议时，面对区际法律冲突并不必然地选择某一法域的区际私法或者实体准据法，仲裁庭征得双方当事人同意完全可以不适用任何实体冲突规范，而根据自己心中的公平理念直接作出裁决，甚至进一步征得当事人的一致同意，直接作出不附理由的仲裁裁决。在这种情形下，仲裁庭适用的不是任何法律现行有效的实体准据法规范，而是仲裁员自己理解的公平理念，由于这种公平理念存在于仲裁员心中无法以具体的法律条文表达出来，因而，也可以称之为虚拟准据法。这种解决区际法律冲突的原则也可以称为公平原则或者虚拟准据法原则。

第三节　中国区际商事仲裁法律适用的 若干问题

一　区际冲突规范的选择

区际冲突及其相应的具体冲突规范的研究与论证工程量浩大，且自成体系，如果本书介入该项研究与论证会冲淡本书研究主题，因而只能将区际冲突规范作为一个整体对待，研究其与区际商事仲裁的关系。

在区际冲突规范作为一个整体的情况下，区际商事仲裁面临的最重要的任务之一就是选择区际冲突规范本身。如前所述，由于区际商事仲裁并非立足于某一具体法域，尽管其仲裁机构或者分支机构或者临时仲裁庭自身必然处于某一法域内，但是，由于区际商事仲裁处理的是跨法域民商事争议，本身并不立足或者可以保护某一具体法域的司法利益。因此，区际商事仲裁中并无国际或区际民事诉讼中法院那样自动首先适用法院地区际冲突规范问题。因为区际商事仲裁并不必然自动适用仲裁地法域的区际冲突规范。而如前所述，为四个法域全体自动接受的共同的区际冲突规范实际上并不存在，甚至在可以预见的将来可能不会出现。那么，区际商事仲裁庭裁决时首先就必须解决区际冲突规范的选择问题。

首先，区际商事仲裁过程中对区际冲突规范的选择应该尊重仲裁制度本身的特性——意思自治原则。仲裁庭在选择区际冲突规范时，应该征求双方当事人意见，寻求在区际冲突规范问题上取得共识。由于区际冲突规范本身并不直接调整实体法律关系，因而适用的结果存在一定的不确定性，也就是说，适用本法域的冲突规范所指引的结果不一定对自己有利，反之，适用其他法域的冲突规范其指引的实体法可能与本法域冲突规范所指引的实体法完全相同〔当代国（区）际民商事冲突规范越来越表现明显的趋同倾向，不同法域的冲突规范差异越来越小〕，即便有所差异，其指引的实体法不一定对自己不利。例如，中国内地合同法中关于合同无效的条件远比香港的法律宽泛。适用内地实体法可能无效的合同，适用香港法却可能有效。因而，中国内地的公司为了使得合同有效，不一定愿意适用内地合同法。甚至其他法域的居民或企业法人从维护合同稳定的目的出发也不一定愿意适用内地合同法，除非让合同无效更符合其仲裁利益。因此，引导仲裁争议双方当事人在区际冲突规范的适用上，达成一致意见，其难度显然没有对双方的具体争议进行实体调解难度那么大，特别是，仲裁员对双方当事人加以引导情况下，更容易达成一致意见。作者认为，只要当事人在区际冲突规范的适用上达成一致意见，仲裁庭应该无条件加以适用。

其次，区际冲突规范理论的适用。国际或区际民商事交流的发展造就了国（区）际冲突规范的繁荣。许多国家或者国内法域并没有自己专门的国际私法专门法，但是同样处理国际民事纠纷，理由是国际私法理论的繁荣，带来国际冲突法规范的认可趋同。因而，许多国家在处理国际民商事争议时，直接适用国际私法有关冲突理论规范。就我国区际法律冲突而言，尽管目前我国区际法律冲突与区际私法的讨论如火如荼，然而，我们可以确定，至少到撰写本书之日，我国内地与港澳台四个法域没有任何一个法域进行过独立的区际私法或者区际冲突规范立法。这意味着当前在从事区际商事仲裁甚至区际民事诉讼审判时，如果一定要寻求区际冲突规范的立法条文，可以说区际商事仲裁将一筹莫展。而目前的区际民事诉讼审判关于区际法律适用问题一般都是参照国际私法规范。正如美国将"STATE"解释成既包括主权国家的"STATE"，也包含美国国内各州（英文也是"STATE"）。因而，美国的国际冲突规范与州际（即区际）冲突规范实际上已经混同。根据目前所搜集的信息看，除了中国国际私法学会会长黄进教授在其《区际冲突法》一书中展示了一套完整的区际冲突规范①外，并无任何地区将区际私法或者区际冲突规范列入立法计划。作者判断，处理区际法律冲突问题，我国很有可能走上与英美法国家相同的道路。这就使得未来的区际商事仲裁可能根本找不到完全与区际法律冲突合适配套的冲突规范，要么就求助于区域国际私法规范，要么就只能适用区际冲突法理论了。作者认为，黄进教授的上述区际民事法律适用示范条例也应该成为未来区际商事仲裁制度中选择适用区际法律适用规范理论的重要依据之一，甚至可以基于当事人的意思自治，成为区际商事仲裁直接依据的冲突规范。

二　区际实体法规范的直接适用

在国际私法中，"国际统一实体私法规范"是国际私法重要的组成部分②，它本质上是国际法律冲突的实体法解决方案。例如国际知识产权法律冲突的结果导致 1883 年签订的《保护工业产权的巴黎公约》，1886 年签订的《伯尔尼保护文学和艺术作品公约》，1891 年签订的《商标国际注册马德里协定》等国际条约最终作为直接实体规范解决了知识产权实体法冲突。

那么，我国区际之间是否存在类似的可供区际商事仲裁适用的实体法规范呢？作者认为完全可能。关键是如何理解"区际"

---

① 黄进教授区际冲突示范法全称为《中国内地地区与台湾、香港、澳门地区民事法律适用示范条例》。参见黄进《区际冲突法》，（台湾）永然文化出版股份有限公司 1996 年版，第 373—389 页。

② 参见黄进主编《国际私法》，法律出版社 1999 年版，第 28 页。

这一概念。我们所称的区际既包含内地与港澳台四个法域的相互之间，也包含两个法域之间。由于我国特殊的历史与政治背景，在未来一定的时期内，要签署涉及全部四个法域的实体协议恐怕是个不容易实现的理想，然而，区际商事交往的发展，已经使得四个区域双边协议或者安排性文件越来越多，甚至个别法域为了本地区的利益而片面地给予其他一个、两个，甚至三个法域居民或者企业的特殊利益政策等，例如内地与香港及澳门分别签署的紧密型经贸安排等应该就属于这样的协议。如果区际商事仲裁过程中涉及相应的协议，应该可以直接适用。当然，前提条件是区际商事仲裁的当事人是相关法域的居民或企业。否则，不能适用。作者相信，随着"一国两制"的政治蓝图渐入佳境，我国区际双边或者多边实体法规范应该会逐渐增加。那么，未来的区际商事仲裁中，直接适用区际实体法规范的机会也就越来越多了。

三 意思自治原则的特别地位

区际商事仲裁本身的特点决定了意思自治原则具有特别的地位。意思自治原则在区际商事仲裁中的地位与作用表现在如下几个方面：

（一）根据意思自治原则，决定仲裁管辖权。仲裁管辖的前提是体现当事人意思自治精神的仲裁协议，这是仲裁程序启动的最基本的意思自治。没有这一意思自治，所有的民商事争议都自动地、被动地归入法院的强制管辖范围。

（二）意思自治决定仲裁庭的结构与成员。这是仲裁制度与诉讼制度最大区别之一。诉讼制度下，当事人对合议庭的组成除消极申请回避之外，实际上是无权表态的，当事人只能接受。而仲裁制度下，当事人如何合意可以决定仲裁庭的结构、仲裁员的资格条件，乃至具体的仲裁员或者首席仲裁员的人选。

（三）意思自治决定仲裁的程序规则。尽管世界上仲裁机构千差万别，但是，各国仲裁机构在仲裁的程序规则上都几乎无例外地尊重当事人的约定，除非这种约定违反了仲裁的强制性法律规定。中国内地的 CIETAC 是这样，UNCITRAL，ICC，AAA 等也基本类似。

（四）意思自治决定仲裁的冲突规范与实体规范。前文已经分析过区际冲突规范的选择。实际上，那只是一种理想状态分析，因为除仲裁展开前的选择外，在仲裁已然展开的情况下，当事人之间如果真的能够就法律选择达成一致的话，一般直接就实体法的适用达成一致意见的较多。这一情形在目前的区域涉外审判与区域涉外仲裁的实践中也明显地表现出来，尤其在虽具有涉外因素，但是诉讼主体则属同一法域情况下，由于对其他法域实体法的陌生，这些当事人往往愿意就适用共同法域实体法达成一致意见。主体属人法的一致后来进一步发展到代理人诉讼观点的一致，在作者经历的许多涉外民事诉讼案件中，尽管有些案件一方当事人为中国内地的企业，其他当事人或者为英属维尔京群岛公司或者为香港企业，可是由于双方代理律师都是中国内地人，而双方都选择适用中国内地的法律。作者相信类似的情形在未来区际商事仲裁中也会遇到。不过无论从仲裁法理还是从冲突法原理角度分析，对当事人的意思自治充分尊重是第一要素，无论这种选择是理性还是非理性的。

意思自治决定仲裁适用的实体规范还有一个特殊的表现形式，那就是当事人可以一致授权仲裁庭根据"公平合理原则"对仲裁争议进行处理。这意味着仲裁庭可以适合任何实体法，甚至如果仲裁庭认为必要也可以不适用任何实体法，而直接根据心中的公平理念作出实体裁决。可以说，这是意思自治原则在仲裁领域的特别表现形式，因为这在国际或者区际民事诉讼中是不可想象的，而在作者看来，这恰恰是意思自治的最高境界。

（五）意思自治决定仲裁的裁决形式。普通的仲裁裁决应有仲裁庭认定的事实与裁决理由。但是，经过当事各方一致同意，仲裁庭也可以出具不附理由的裁决。这种裁决在仲裁裁决的撤销程序与仲裁裁决的承认与执行的审查中具有一定的进步意义。而且，作者认为，仲裁制度的宗旨与司法审判的宗旨不完全相同，除了追求所谓的公平正义外，司法审判的目的还有通过具体案件的审判向社会显示法律精神，弘扬社会正义，以达到阻止、预防违法犯罪作用。但是，仲裁的宗旨主要还是停留于相对肤浅的层次，确切地说，尽管仲裁有许多深层的价值取向，但是从案件当事人追求的目的来看，那就是定纷止争。而不附理由的裁决不仅能够实现这种简易的目标，而且其效率比起普通裁决要高得多。

四　区际商事仲裁领域若干专项准据法

区际商事仲裁中除普通涉外民商事法律关系中所涉及的法律适用问题外，还会涉及仲裁领域特殊的法律适用问题。

（一）仲裁协议的法律适用（Lex Arbitral）

仲裁协议的效力决定了仲裁本身的管辖权，因此，仲裁协议的法律适用问题是在仲裁制度下一系列的法律适用问题中，必须首先解决的问题。

按照国际私法一般原理，合同关系的法律适用有几种理论，首先根据意思自治原则适用当事人在合同中选择的准据法；其次根据"场所支配行为"原则形成的"客观标志说"适用相应的准据法，其中行为地法也是根据此说指引的准据法之一；再次是"最密切联系说"，其中包括根据最密切联系原则权衡形成的

"特征履行（Characteristic Performance）"；最后是所谓合同自体法说①。那么，仲裁协议究竟适用什么实体法呢？作者认为，仲裁协议虽然也是合同，但是，仲裁协议与约定实体权利义务关系的实体合同不同，仲裁协议实际上是一种程序协议。当然，如果当事人就仲裁协议本身的法律适用问题有明确约定，自然应当适用，但是，如果当事人没有约定，那么究竟依据什么连接点寻求准据法呢？作者认为，特征履行原则是无法适用的，因为它是以其中一方的金钱履行义务方式为前提，认定非金钱义务方的履行为特征履行。而仲裁协议是行为协议，没有金钱支付关系。合同的自体法说实际上是其他三个法律适用理论的适用。因此，决定仲裁协议的准据法的连接点只有行为地。在仲裁协议中，有意义的行为地只有两个，其一是"仲裁协议签订地"，其二是"仲裁协议履行地"即仲裁地。在两个行为地的选择上，仲裁地更具有实际意义。因为仲裁协议的签订地具有一定的随意性，与仲裁庭的行为没有任何意义，而仲裁地对各方，最重要的是对仲裁庭的行为具有决定意义。为此，作者认为，仲裁协议效力适用仲裁行为地法。

仲裁协议效力适用仲裁行为地法在国际上也得到许多国家的支持。德国最高法院在审理的一个当事人没有选择准据法的案件中认为，没有必要去研究当事人的默认选择，直接作出决定适用法国法。因为当事人选择巴黎作为仲裁裁决的地点。此外埃及最高法院以及日本最高法院都在相应的判例中作出了支持仲裁地准据法的决定。② 中国国际私法学会制定的《中华人民共和国国际

---

① 参见余先予主编《国际私法学》，中国财政经济出版社 2004 年版，第 234—250 页。

② 参见赵秀文《国际商事仲裁及其适用法律研究》，北京大学出版社 2002 年版，第 38—39 页。

私法示范法》第 151 条规定："【仲裁协议】仲裁协议的效力，除当事人的行为能力外，适用当事人选择的法律；当事人未作出选择的，适用仲裁地法或者裁决作出地法；当事人未作出选择，且仲裁地或者裁决地未作出决定的，适用争议事项的准据法，特别是主合同的准据法或者中华人民共和国法律。"这一示范条款基本上与本书的观点一致。不过该规范为了稳妥起见，补充规定"仲裁地或者裁决地未作出决定的"的设想情况至少在区际商事仲裁中是不必要的，因为仲裁地是可以立即确定，在区际商事仲裁中心建立后，如果当事人没有明确选定仲裁地就以区际商事仲裁中心的所在地为仲裁地。①

当然，适用仲裁地法律的主动权掌握在仲裁庭的手里。但是，仲裁裁决如果进入执行阶段还会遭遇执行地法院的审查，尽管麻烦，但是这是《纽约公约》第 5 条第（2）款第（1）项所允许的。当然，在我国区际仲裁裁决的执行中是否应该适用法院地法进行重复审查还是无条件直接承认另当别论。

（二）仲裁程序法的法律适用

根据意思自治原则，当事人可以选择适用仲裁程序规则。在机构仲裁情况下，一般选择了仲裁机构就自动选择了该仲裁机构的仲裁规则。例如 CIETAC，ICC，AAA 等仲裁机构的仲裁规则等都作了类似的规定。在临时仲裁情况下，如果当事人没有选择，仲裁庭可以选择适用合适的程序规则，这一原则没有问题。问题是仲裁规则以外的其他的法律程序适用什么法呢？这些问题可能包括仲裁员的指定或者撤销此项指定、仲裁庭的权利与责任，仲裁裁决的作出以及裁决的承认与执行。仲裁程序法的外在

---

① 参见中国国际私法学会主编《中华人民共和国国际私法示范法》，法律出版社 2000 年版，第 33 页。

表现就是仲裁法本身。① 人们可能因此产生困惑，我们不是在研究区际商事仲裁示范法吗？那区际商事仲裁程序直接适用区际商事仲裁示范法好了．为什么还有法律适用问题呢？是的，这一点没错。只要真实地存在着一个真正为各法域接受的《中国区际商事仲裁法》（注意本书所附的是"示范法"），那么我们可能就堂而皇之地加以适用。问题在于一个为各法域接受的具有立法效力的《中国区际商事仲裁法》在未来相当长的时期内是不存在的，而区际商事仲裁不可能等待这样的法律出现才开展。实际上只要区际商事仲裁理论，甚至区际商事仲裁示范法为各法域，甚至为区际仲裁的当事人所接受，那么区际商事仲裁就可以展开。在区际商事仲裁理论以及区际商事仲裁示范法为各法域所接受的一段时期内，仲裁法仍然停留于区域立法，只不过各法域根据区际商事仲裁理论或者示范法调整若干内容或者增加区际仲裁的部分条款而已。即便真的存在《中国区际商事仲裁法》，也同样存在法律适用问题，正如各法域仲裁机构处理涉外仲裁案件一样，虽然适用本法域的仲裁法，但是，那本是适用准据法的结果，而不是必然。因为当事人完全可以约定适用其他法域的仲裁法，而不必然地适用仲裁机构所在地的法律。

不过，仲裁程序法的适用仍然以当事人的选择为主，仲裁庭应当积极推荐适用中国区际商事仲裁示范法及其相应理论，但是在当事人不能达戊一致意见的情况下，仍应适用仲裁地的仲裁

---

① 仲裁法究竟是实体法还是程序法本身是有争议的。作者认为仲裁法是实体法与程序法的混合体，其中关于仲裁协议仲裁员的条件权利义务等范畴属于实体性质，而其中关于纯仲裁程序部分，例如申请与受理、开庭与裁决等等具有程序则明显属于程序性质。但是，本书为了与仲裁庭在审理具体商事争议过程中适用的案件实体法（例如具体的合同准据法，物权准据法，票据行为准据法等）相区别，把整个调整仲裁行为及要素的仲裁法作为程序法处理。

法。理由是仲裁是建立在当事人合意基础上的一种解决当事人民商争议的一种程序行为，而这种程序的结果具有强制执行效力与既判力，因而也赋予仲裁程序行为某种"准诉讼行为"性质，根据场所决定行为的法律适用原则，同时兼顾仲裁协议对仲裁行为的影响，可以推论仲裁的程序法也应该适用仲裁地法律。

当然，程序法更多地延伸出来的可能还有取证程序，授权程序，财产保全与证据保全程序等等。但是，这些都不是仲裁庭行为，是仲裁庭需要认定的行为。仲裁庭按照场所决定行为原则根据行为地法予以认定，如果根据行为地法有关行为无效，而根据仲裁地的法律认定为有效的，则可以选择适用仲裁地的法律认定有效。至于财产保全与证据保全行为涉及相关法院配合的问题，除非仲裁庭特别委托，法院总是根据法院地法采取相关的证据或财产保全措施的。因此，这些司法监督与保障行为，只要符合法院地法的精神亦当认定有效。

中国国际私法学会制定的《中华人民共和国国际私法示范法》第152条规定："仲裁程序适用当事人约定的程序规则，但是不得违反仲裁地法或者裁决作出地法的强制性规定。当事人未约定的，适用仲裁庭确定的程序规则。"① 这一示范条款注意到了程序规则的适用，但是对仲裁法本身的选择没有作出规定。作者建议未来中国内地进行国际私法立法时应该对该示范条款进行增补，将仲裁法自身的选择加以考虑。

（三）裁决区籍的法律适用

裁决的区籍问题决定了一个裁决的属人身份，更具体的意义在于当一个区际商事仲裁裁决进入承认与执行程序时，区域法院

---

① 参见中国国际私法学会主编《中华人民共和国国际私法示范法》，法律出版社2000年版，第33页。

究竟是按照什么程序对该裁决的承认（如必要的话）与执行进行审查的问题。解决裁决区籍的法律适用问题时，国际商事裁决国籍的标准可资借鉴。

1. 国际商事仲裁中裁决的国籍问题

在国际商事仲裁领域确定裁决国籍的标准主要有如下几个：

（1）地域主义标准

这种标准是以裁决的作出地或者仲裁程序进行地为确定仲裁裁决国籍的标准。目前在国际商事仲裁领域地域主义的观点占据主导地位。但如定义所言，地域主义标准中又有两种不同做法，其一是以仲裁裁决地为标准。例如《奥地利执行令》第 1 条第（16）款和第 79 条规定："在奥地利，仲裁裁决的国籍由仲裁裁决作出的地点决定。"其二是以仲裁程序进行地为标准。这种标准的代表如瑞典，根据斯德哥尔摩商会仲裁 1984 年出版的《在瑞典仲裁》一书，指出"在区分仲裁裁决的国籍时适用地域标准，其中仲裁程序进行的地点具有决定性的作用，而不是签署裁决的地点"。①

（2）准据法主义标准

准据法主义标准是指以仲裁过程中适用的程序法为标准界定仲裁裁决的国籍。采用这种标准的代表有德国、法国等。1899年，法国法院就以判例认定，在法国适用英国法作出的裁决为"英国"裁决。②

（3）混合标准

其实在许多情况下，当事人通过仲裁协议选择了仲裁地点，

① 参见赵秀文《国际商事仲裁及其适用法律研究》，北京大学出版社 2002 年版，第 192 页。

② 同上。

如果当事人没有另行选择仲裁程序法情况下，仲裁庭一般适用仲裁地的法律。仲裁裁决的国籍同时适用地域标准与准据法标准。例如 1982 年南斯拉夫《国际私法》第 97 条规定："（1）在南斯拉夫境外作出的仲裁裁决为外国裁决；（2）外国仲裁裁决具有仲裁地国的国籍；（3）在南斯拉夫境内适用外国程序法作出的仲裁裁决，如果与南斯拉夫强制性规则不抵触，视为外国裁决。"

（4）其他标准

除上述三大主流标准外，国际上还存在着少数适用仲裁员国籍标准（例如匈牙利），以及仲裁实体法标准（例如土耳其）[①]。

2. 区际商事仲裁中裁决的国籍问题

我们认为，在区际商事仲裁制度中，上述几种标准而言，以地域主义标准相对比较科学。因为准据法的途径一是当事人选择；一是仲裁庭按照冲突规范指引。但是这两者都不能合理解决问题，无论在国际仲裁还是在区际仲裁中，可供选择适用的程序规则很多。在国际仲裁中如果选择国际商会的仲裁与调解规则、联合国示范法或者《联合国国际贸易法委员会仲裁规则》，那么这样产生的裁决依据准据法究竟算哪个国家的仲裁裁决呢？同样在区际商事仲裁中，如果通过调解达成裁决或者授权仲裁庭根据公平原则进行裁决，甚至授权仲裁庭作出不附理由的裁决，那么，一个明明白白的现实的区际商事裁决可能无法判断其区籍，或者出现无区籍裁决的区籍消极冲突的不正常情况。仲裁员的区籍具有随意性，而且通常是作为否定性标准不能直接界定区籍，也不能适用。至少就区际商事仲裁而言，以仲裁适用的实体法作

---

① 参见赵秀文《国际商事仲裁及其适用法律研究》，北京大学出版社 2002 年版，第 196—199 页。

为界定仲裁裁决区籍是不合适的。因为所谓的实体法实际上是多重的，例如就商业契约而言，涉及的实体准据法就有：合同形式有效性的实体法（行为地法），合同内容有效性实体法（特征履行，或者最密切联系原则），合同主体资格实体法（属人法）等，如果我们照搬国际商事仲裁的少数实体准据法的标准，同样会面临无所适从的困境，或者形成区籍的积极冲突（即裁决具有多重区籍）情形。

相对而言，地域主义标准能够较大程度地克服上述标准的弊端。因为不论仲裁如何进行，它总得处于一定的时空之中。无论是裁决地还是仲裁程序进行地都是客观存在的。在地域主义的两种具体做法中，作者以前曾经主张以仲裁裁决的作出地为标准界定裁决区籍，认为"它容易消除裁决国籍的积极或消极冲突。如果以仲裁程序进行地为标准，由于一方面仲裁程序的多个环节可以在不同地点进行（如送达地与开庭地不同、开庭地与仲裁庭合议地不同），另一方面，即便仅就开庭询问环节而言，有时为了显示公平，开庭可能在申请人与被申请人所在地轮流进行，这样一来，裁决的国（区）籍也会有多个连接点，造成多重国（区）籍的积极冲突"。① 但是，近年来，随着亲历仲裁实践，仲裁经验的日趋丰富，我们更加坚定认为以仲裁程序进行地作为区籍界定标准更合适，因为仲裁裁决作出地具有较强的偶然性。据作者了解许多仲裁裁决都是开庭完毕后，仲裁员自己在家里撰写的，有时候仲裁员带着手提电脑满世界飞，勤勉的香港籍区际商事仲裁首席仲裁员在飞往美国夏威夷的飞机上，在沙特迪拜的超星级旅馆里，在澳大利亚的阳光沙滩继续着自己的裁决撰写工作。裁决初

---

① 参见詹礼愿《中国内地与中国港澳台地区仲裁制度比较研究》，武汉大学出版社 2006 年版，第 238 页。

稿撰写完毕后，该仲裁员又通过电子邮件寄送澳门与广州的仲裁员征求意见。澳门的仲裁员正在伦敦国际仲裁院参与国际仲裁，他在伦敦的宾馆里上网收取了电子邮件，并进行了精心的修改。广州的仲裁员正好在埃及旅游，在埃及开罗的旅馆里他借助旅馆电脑收取了邮件，审阅后，电子邮件回复表示没有意见。三个仲裁员正好同时获邀参加在瑞典斯德哥尔摩商会仲裁院主办的仲裁研讨会。在开会期间，首仲短暂地召开仲裁庭碰头会，会程 10 分钟，议题只有一个——就是裁决签字。像这样的裁决如果根据裁决作出地界定区籍，则无从认定。甚至区籍仲裁裁决可能被认定为"外国裁决"。上述情形虽为作者设想，但并不完全虚拟。在2006 年 4 月深圳的一次仲裁员培训会上，作者听说中国国际经济贸易仲裁委员会华南分会的一件仲裁案历经三年，裁决书长达 130 页，七万多字。像这样的裁决，仲裁员跨多个法域撰写裁决是完全可能的，而且，撰写裁决的地点没有任何正式记录。仲裁程序虽然可能分段分地进行，但是，国际与区域商事仲裁实践显示，仲裁进行地一般都是相对集中的。最重要的是，仲裁程序进行地是有文字的在案记录。这是与裁决作出地最大的区别。

当然，作为本书研究目标之一，作者希望建立独立于裁决区籍之外的独立的"中国区际商事裁决"类型。然而，由于区际法院的缺失使得一定的时期内，区际商事裁决不得不借助于区域法院的承认与执行。因此，为承认与执行之目的，研究裁决区籍的法律适用规范当属必要。

（四）区际商事裁决执行的法律适用

区际商事裁决执行的法律适用比国际商事仲裁裁决执行的法律适用要简单。一般各法域法院适用法院地法进行执行。如果真正实施了本书第九章建议实施的区际裁决执行委托机制，那么法律适用问题可能更简单，因为当事人将直接面对的只有一个法域

的法院，而无须像当前那样，不得不面对不同法域的法院，适用
不同法域的法院地法。

第四节　中国区际商事仲裁示范法中的
法律适用原则

区际商事仲裁示范法中是否应该规定法律适用规范问题值得
探讨，因为实际上许多国际或者国内的仲裁法中并没有涉及法律
适用规范。必要的少数条款都是体现在各国国际私法规范中。但
是，区际商事仲裁制度毕竟与国际商事仲裁所处的司法环境不
同，因为并没有，而且可以预见的未来也不会有其他相应的为我
国四法域共同接受的区际私法来调整区际商事仲裁所必然面对的
区际法律冲突问题。因此，我们必须在区际商事仲裁示范法中进
行必要的规定，哪怕只有少数几条共识。

一　区域仲裁制度中关于法律适用问题的规范

（一）内地《中华人民共和国仲裁法》虽然设立第七章"涉
外仲裁的特别规定"，但是却没有规定法律适用条款。

（二）香港《仲裁条例》中关于法律适用的规范主要有三
条：

第40E条（2）款（b）项："有关仲裁协议各方同意该协
议须受某些法律规限，而根据该等法律，该协议属无效；或在
有关仲裁协议并无指明该等法律的情况下，根据内地法律，该
协议属无效；"

第44条（2）款（b）项："根据仲裁协议各方所同意的规
限该协议的法律，该仲裁协议并不属有效；如协议并无指明任何
适用的法律，则根据作出裁决的国家的法律，该仲裁协议并不属

有效；或"

附件5第（36）条（a）款"（一）第7条所指的仲裁协议的当事一方欠缺行为能力，或根据当事各方所同意遵守的法律，或未订明有任何这种法律，则根据作出裁决的国家的法律，上述协议是无效的；或"

（三）澳门《涉外商事仲裁法》的法律适用规范主要有两条：

"第二十八条（适用于争议实质之规则）

一、仲裁庭应按当事人选定适用于争议实质之法律对争议作出裁决。指定适用某一国家或地区之法律或法律制度，应视为直接指定该国家或地区之实体法规则，而非该国家或地区之法律冲突规则；但另有明确指明者，不在此限。

二、如当事人无作出任何指定，仲裁庭应适用其认为可适用之法律冲突规则所指定之法律。

三、仲裁庭仅在当事人明示准许之情况下，方可依公允及善良原则（ex aequo et bono）或以友好调解人（amiable compositeur）身份作出裁决。

四、在任何情况下，仲裁庭均应按合同之规定作出裁决，并考虑到适用于该具体案件之商业习惯。"

"第三十六条（拒绝承认或执行之依据）

一、在下列情况下，得拒绝承认或执行不论在任何国家或地区作出之仲裁裁决：

a）经援用仲裁裁决所针对之一方当事人请求，且该当事人向被请求承认或执行仲裁裁决之管辖法院提出证据证明：

i）第七条所指之仲裁协议之一方当事人当时处于某种无行为能力之情况；或根据当事人所同意遵守之法律，又或未订明任何此种法律，而根据作出仲裁裁决之国家或地区之法律，该协议非为有效"；

（四）台湾《仲裁法》法律适用规范有两条：

"第 47 条　在中华民国领域外作成之仲裁判断或在中华民国领域内依外国法律作成之仲裁判断，为外国仲裁判断。

外国仲裁判断，经声请法院裁定承认后，得为执行名义。"

"第 50 条　当事人声请法院承认之外国仲裁判断，有下列各款情形之一者，他方当事人得于收受通知后 20 日内声请法院驳回其声请：

1. 仲裁协议，因当事人依所应适用之法律系欠缺行为能力而不生效力者。

2. 仲裁协议，依当事人所约定之法律为无效；未约定时，依判断地法为无效者。"

如前分析，区域仲裁法对法律冲突规范的规定比较少，上述罗列的有限的几条规范作者归纳如下共同特点：

（一）三个法域均支持意思自治原则。

（二）三个法域均为裁决的执行过程中拒绝承认与执行而设立的冲突规范。

（三）主要围绕仲裁协议效力而设立冲突规范。

（四）在仲裁协议效力的准据法问题上支持地域主义的原则。但是，港澳台所指的地域主要是指仲裁裁决的作出地，而不是仲裁的进行地。这与作者的观点正好相反。

二　区际商事仲裁制度中的法律适用建议规范

区际商事仲裁制度作为调整区际商事仲裁法律关系的制度，在很长的时期内必须独立面对并解决区际民商法律冲突问题，在区际商事仲裁示范法中应当为区际法律适用规范留下应有的一席之地。但是，区际商事仲裁制度也不能喧宾夺主，区际民商法律冲突主要应该由区际私法调整。区际商事仲裁制度只应该涉及与仲裁制度密切相关的问题。对区际冲突规范中与区际商事仲裁制度联系不紧密或者只有间接联系的部分，在区际商事仲裁示范法中不应加以规定。因此，区际商事仲裁的示范法中应该包含如下几类冲突规范：

（一）仲裁协议效力适用规范；

（二）冲突规范的法律适用规范；

（三）仲裁程序适用规范；

（四）裁决执行适用的冲突规范；

（五）区际实体法的适用规范；

（六）裁决区籍的法律适用规范；

（七）裁决的拒绝承认或执行的理由。

由于在仲裁立法中相对集中规定仲裁法律适用规范并无先例，本书只有尝试性自行起草，兹列举建议条款如下：

（一）仲裁协议效力适用规范

"第 X 条 【仲裁协议】

仲裁协议的效力，除当事人的行为能力外，适用当事人选择的法律；当事人未作出选择的，适用仲裁地法或者裁决作出地法；当事人未作出选择，且仲裁地或者裁决地未作出决定的，适用争议事项的准据法，特别是主合同的准据法。"

（二）冲突规范的法律适用规范

"第 X 条 【冲突规范】

如当事人无作出任何选择，仲裁庭应适用其认为可适用之法律冲突规则所指定之法律。指定适用某一行政区法律制度，应视为直接指定该地区之实体法规则，而非该地区之法律冲突规则；但另有明确指明者，不在此限。"

（三）仲裁程序法适用规范

"第X条 【仲裁程序法】

仲裁程序法当事人未约定的，仲裁庭应推荐适用中国区际商事仲裁示范法，当事人不能达成一致意见的，应适用仲裁地的仲裁法。"

（四）裁决执行适用的冲突规范

"第X条 【裁决的承认与执行】

区际裁决的承认与执行，依法院地法。"

（五）区际实体法的适用规范

"第X条 【区际实体法规范】

仲裁庭在处理区际商事争议时，如相关领域存在对争议各方均具有约束力的区际实体规范，应优先适用。"

（六）裁决区籍的法律适用规范

"第X条 【裁决区籍】

区际裁决的区籍，由仲裁程序进行地界定。"

（七）裁决的拒绝承认或执行的理由

"第X条 【裁决的拒绝承认与执行】

（1）只有在下列情况下才可拒绝承认或执行区际仲裁裁决：

（A）经根据裁决被提出要求的当事一方请求，如果该当事一方向被要求承认或执行裁决的主管法院提出证据证明：

（a）第X条所指的仲裁协议的当事一方欠缺行为能力，或根据当事各方所同意遵守的法律，或未订明有任何这种法律，则根据其准据法，上述协议是无效的；或

……"

三 区际商事仲裁法律适用规范的立法模式

关于冲突规范在仲裁立法中的地位问题，目前国际国内的立

法都停留在若隐若现的认可，但是并没有系统的专门立法先例。如前所述，在区际商事仲裁必须独立解决区际法律冲突的情况下，我们必须将区际商事法律适用规范独立以专章加以规定，并将其命名为"区际商事仲裁的法律适用"。当然，在仲裁裁决的承认与执行部分涉及的少数法律适用规范例外，主要是涉仲裁效力问题的法律适用相关问题应当列入区际裁决的承认与执行问题。

第八章

中国区际商事仲裁的司法监督与保障

无论国际商事仲裁还是国内仲裁，都无法回避其与法院的关系问题。我国区际商事仲裁制度同样不能例外。其根本的原因在于仲裁本质上属于民间契约性质，而无论仲裁庭在审理仲裁争议过程中，还是裁决作出后，仲裁总是遇到需要通过强制手段方能达到目的的需求。同时，无论法制多么开明的国家，决不会任由一个准司法机构无限制地发展。于是，民间仲裁与司法机构达成了默契，司法机构为仲裁提供保障，同时对仲裁进行必要的监督。这就是国际商事仲裁领域所谓司法对仲裁的监督与保障制度。

法院对仲裁的保障与监督是法院根据法院地的仲裁法规和政策，代表国家以法院的强制力为仲裁的顺利进行和维护仲裁裁决的威信提供法律支持，同时，对仲裁过程中出现的违反仲裁法规及自然公正的行为予以制止和纠正的法律制度。

第一节　国际商事仲裁司法监督与
保障理论

综观当今各国、各地区立法，法院与仲裁的监督和保障关系是现代国际商事仲裁制度的共识。但是法院介入仲裁的深度和广度又是各国仲裁制度的差异点，特别在大陆法系和英美法系影响下的法域之间这种差别尤其显著。香港和中国内地、澳门及台湾是分别受英美法系和大陆法系影响的四个法域，它们仲裁制度中所反映的法院与仲裁制度关系的差异在很大程度上反映了英美法系和大陆法系的差异。

一　法院对仲裁保障与监督制度的形成

长期以来，仲裁和法院之间管辖权之争，使得人们误认为仲裁与法院之间势同水火，相互对立。从历史发展进程的角度考察，这种说法并非无稽之谈。在仲裁发展史上，法院与仲裁的矛盾确实曾经非常激烈，法院面对仲裁制度的挑战和竞争，采取的是一种压制态度，不太愿意承认仲裁的管辖权，即便勉强承认，对仲裁裁决也是采取百般挑剔的做法，而对裁决的承认与执行则往往不予配合。

仲裁与法院关系的改善是 20 世纪的事情。1923 年《日内瓦仲裁条款议定书》（Geneva Protocol on Arbitration Clauses）中，各缔约国均承认仲裁协议的有效性，但得受不同缔约国的司法管辖权管辖，第一次以具有国际法效力的国际条约形式公开宣示法院与仲裁的关系。1927 年《执行外国仲裁裁决的公约》（日内瓦公约）（Convention on the Execution of Foreign Arbitral Awards, Geneva Convention）又进一步规定了依据仲裁协议作出的仲裁裁决均得承认为具有约束力，并且得按照援引该裁决的领土的程序规则而强制执行，从而在执行问题上解决了仲裁与法院之间的矛盾，并且以非常正规的国际公约形式确定了各缔约国承担承认仲裁裁决的既判力（约束力）和执行力（强制执行）的义务。1927 年的日内瓦公约由于缔约国有限，影响不够广泛。1958 年

《承认与执行外国仲裁裁决的纽约公约》（The New York Convention on the Recognition and Enforcement of Foreign Arbitral Awards）则彻底解决了国际范围的仲裁裁决的承认和执行问题。《纽约公约》已经得到广泛的认同，截至 2005 年 12 月 7 日，已经有 137 个国家和地区加入了《纽约公约》。① 该公约本来的目的仅仅是为了解决仲裁裁决的承认与执行问题，但是，由于这些公约的精神所产生的巨大影响，其深远意义已经超过了裁决的承认与执行的范围，而导致人们对仲裁制度观念的重大变革。从此以后，各国纷纷制定正规的仲裁法规，不仅依据国际公约对仲裁裁决的承认与执行问题作了必要安排，而且对司法与仲裁关系的其他环节也作了适当协调。这可以说是国际商事仲裁领域的一场革命。在这场革命中，仲裁与司法关系上出现了一些微妙却是很明显的互动，其表现就是：法院对仲裁的保障职能不断加强，而法院对仲裁的监督职能则不断弱化。② 体现这场革命成果的是 1985 年 6 月 21 日联合国国际贸易法委员会第 18 次年会通过的《联合国国际商事仲裁示范法》（UNCITRAL Model Law on International Commercial Arbitration），示范法通过后，许多国家又再一次对照示范法对本国仲裁法作了修改，如印度 1996 年 1 月 25 日生效的《仲裁与调解法》③、1997 年 7 月 1 日生效的新西兰新仲裁法④等，少数国家甚至将示范法直接引入本国仲裁制度，将其作为本

---

① 参见 http：//www. sccietac. org/cietac/gb/content/content. jsp？ id = 548，2007 年 2 月 20 日，00：46 访问。

② 参见肖永平"也谈我国法院对仲裁的监督范围——向陈安先生请教"，载《仲裁与法律通讯》1997 年第 6 期，第 5—12 页。

③ 参见《印度新仲裁法——仲裁与调解法》，载《仲裁与法律通讯》1997 年第 5 期，第 1 页。

④ 参见"新西兰新仲裁法生效"，载《仲裁与法律通讯》1997 年第 4 期，第 2 页。

国法的一部分一并执行，有的则完全套用示范法进行立法。今天，国际仲裁领域以《联合国国际商事仲裁示范法》为代表，已经形成了仲裁与司法管辖既互相独立，又互相支持，法院对仲裁既提供保障，又代表国家进行监督的合理格局。

二 法院对仲裁的保障与监督的方式

法院对仲裁的保障和监督是分散地体现在仲裁程序的各个环节之中。综合起来主要有如下几个大的方面：

（一）法院对仲裁的保障功能

1. 法院对仲裁协议的执行和完善——仲裁管辖权的保障

我们前文分析仲裁管辖权的时候曾指出，仲裁协议是仲裁管辖权的基础。但是，有时仲裁协议得不到一方当事人的尊重而径直起诉到法院时，就必须有法院的配合才能使仲裁协议得以强制执行。1958 年《承认与执行外国仲裁裁决公约》第 2 条第（3）款规定："当事人就诉讼事项订有本条所指之协议者，缔约国法院受理诉讼时应依当事人一造之请求，命当事人提交仲裁，但前述协议经法院认定无效、失效或不能实行者不在此限。"有时仲裁协议内容不明确造成仲裁协议的执行困难。此时，如果当事人之间不能在自愿基础上重新达成协议加以明确的话，仲裁协议虽然成立却无法得到实际履行。许多国家规定在这种情况下，仲裁协议仍应执行，而对其中不明确的事项，当事人可以提交法院，由法院依照法律规定对之加以明确，以实现当事人的仲裁意愿。

2. 法院对仲裁程序的保障

法院对仲裁程序的保障主要是指在仲裁程序进行过程中，需要仲裁当事人以外的个人或组织配合，或者需要采取一定的强制措施时，由于仲裁庭系民间实体，无权采取必要行动，这些功能便转而由法院行使。

一般说来，在仲裁过程中需要采取上述措施的有为当事人指定缺额仲裁员、财产保全、证据保全、调查取证或传唤必须出庭的证人到庭等。

3. 仲裁裁决承认与执行的保障

法院对仲裁裁决根据当事人之申请以法院裁定的方式承认仲裁裁决的效力。有执行内容的通过法院予以强制执行。这是法院对仲裁的最权威和最后的保障。

（二）法院对仲裁的监督措施

1. 对仲裁员的监督

在有些国家和地区，对仲裁员的异议是通过向法院提出进行的，特别是在仲裁员不积极推进仲裁程序，从而延误当事人争议的解决时更是这样。

2. 对仲裁裁决的司法审核（有的地方叫司法复核）

司法复核是一种裁决作出后，于法律规定的一个短暂时间内，由一方当事人提出撤销仲裁裁决的申请，从而导致受诉法院依法对仲裁裁决进行司法审查的诉讼活动。通过审查，法院对确有法定撤销理由的裁决可以发还仲裁庭重新作出裁决，也可以裁定撤销仲裁裁决。

3. 仲裁裁决的拒绝承认和执行

承认与执行和拒绝承认和执行是一个问题的两个方面，前者表现为对正确裁决的保障，而后者则表现为对错误裁决的监督和否定。

由于本章所讨论的法院对仲裁保障和监督机制的具体表现我们在前文已经论述或者在后文将要论述，本章只是从法院与仲裁的关系角度进行对比分析，因此对有关仲裁程序或司法行为的环节只作提述，不作展开。详细内容可参阅有关章节。

第二节　中国区域仲裁司法监督与
保障上的共识与分歧

一　区域仲裁制度中的司法监督与保障制度

（一）内地与港澳台法院对仲裁的保障机制

内地与港澳台法院对仲裁的保障主要体现在如下几个方面：

1. 仲裁管辖权的保障

有效的仲裁协议可以排除法院的诉讼管辖权，在有效仲裁协议前提下，当事人一方如置仲裁协议于不顾，径向法院起诉时，另一方以仲裁协议为依据提出异议，法院一般会确认仲裁的管辖权，但其具体方式，因地而异。按照香港《仲裁条例》第 6 条精神，联合国国际贸易法委员会制定的《国际商事仲裁示范法》第 8 条同时适用于港内仲裁与国际仲裁。根据该条规定，当事人一方向法院起诉，另一方当事人在进行实质答辩前，以仲裁协议为理由要求交付仲裁，如法院或大法官倘信纳并无充分理由支持该事项可无须按照协议提交仲裁，以及信纳申请人在法律程序展开时并一直如此准备和愿意作出任何能使仲裁恰当进行的必要事情，可作出命令将法律程序搁置。而内地《仲裁法》规定当事人达成仲裁协议后，一方向人民法院起诉未声明有仲裁协议的，人民法院受理后，另一方在首次开庭前提交仲裁协议的，人民法院应驳回起诉①。两相比较，内地法院采用驳回起诉形式，实际上是终止法院管辖权；而香港采用的则是中止诉讼形式即将法律程序（诉讼）"搁置"起来，先提交仲裁。

澳门《本地仲裁法》中，没有明确规定法院对仲裁协议管

---

① 参见《中华人民共和国仲裁法》第 26 条。

辖权的支持，但澳门《涉外商事仲裁法》规定，在这种情况下，只要另一方在最初进行实体性答辩前，要求法院将有关争议提交仲裁，法院一般会责令起诉方将争议提交仲裁，除非法院认定该仲裁协议无效、不能实行或不能适用。台湾《仲裁法》第4条规定："仲裁协议，如一方不遵守，另行提起诉讼时，法院应依他方声请裁定停止诉讼程序，并命原告于一定期间内提付仲裁。但被告已为本案之言词辩论者，不在此限。

原告逾前项期间未提付仲裁者，法院应以裁定驳回其诉。

第一项之诉讼，经法院裁定停止诉讼程序后，如仲裁成立，视为于仲裁庭作成判断时撤回起诉。"

2. 仲裁程序的保障

（1）仲裁员或公断人的任命

仲裁员的任命一般来说在仲裁程序开始后由双方当事人分别进行，首席仲裁员一般由双方已指派的仲裁员共同推举。本来不存在法院介入的问题，但实践中往往出现当事人一方特别是被申请人一方在仲裁中不予合作的局面；有时已被任命的仲裁员或公断人因行为瑕疵而被撤职，因此有必要建立缺席机制，以弥补这种漏洞，保障仲裁程序的顺利进行。

1996年修订前的香港《仲裁条例》规定法院在当事人一方或双方不配合时或不能达成一致意见时直接委任仲裁员或公断人的几种情况，但修订后，该职权已转由香港国际仲裁中心承担。但仲裁员或公断人被撤职时，法院可以应当事人的申请指派替补仲裁员或公断人。内地仲裁制度下法院无权过问仲裁员的任命程序，仲裁员的补缺机制是由仲裁委员会主任完成的。①

澳门《本地仲裁法》第16条和澳门《涉外商事仲裁法》第

---

① 参见《中华人民共和国仲裁法》第32条。

12 条正常途径如果无法指定仲裁员时，则任何一方可以申请管辖法院负责指定。澳门《涉外商事仲裁法》一个独特之处是对法院指定仲裁员作了特别要求："当任命仲裁员时，法院应考虑当事人协议内对仲裁员所要求具备之资格，并考虑对确保能任命一名独立及公正无私之仲裁员为重要之一切事宜；在任命独任仲裁员或第三名仲裁员时，尚应考虑任命一名所属国籍或居住地点与胆识过人不同之仲裁员之可取性。"

台湾《仲裁法》第 12 条规定，一方当事人经受催告，于 14 日之内不能选定仲裁员，则可以申请法院指定。

（2）仲裁取证的保障

由于仲裁机构权力的非强制性，各个国家或地区虽然赋予仲裁组织裁判权，但均未赋予其为完成上述任务而采取强制措施的权力。这种权力只有作为国家机器一部分的司法机关才能行使。而仲裁庭同法院一样必须以充足的证据支持其裁决。仲裁程序中，一般应由双方当事人举证，以支持自己的观点，即便举证不足，当事人应当承担相应的仲裁风险。但为了弄清案件的是非曲直，有时须第三人出庭作证，而该第三人并不负有向仲裁庭作证的义务，仲裁庭亦无权强制其到庭作证，因而陷入困境。解决这个问题必须借助法院的保障功能才能实现。

香港《仲裁条例》第 2GC 条第（3）、（4）款后，规定法院或大法官可命令证人出庭作证或录下书面证据或提供实物证据，同时经法院签发"移交被扣押者到庭作证令"可将囚犯提到仲裁庭接受讯问。另根据该条例第 2GC 条第（1）款（b）（ii）之规定，香港法院可以扣押争议标的物以便进行观察和试验为仲裁庭提供证据。内地《仲裁法》没有要求人民法院强制证人到仲裁庭作证，但人民法院有权为仲裁保全证据。法律规定在证据可能损失或者以后难以取得的情况下，当事人可以申请证据保全。

当事人申请证据保全的，仲裁委员会应当将当事人的申请提交证据所在地基层人民法院。

澳门《本地仲裁法》第25条规定仲裁庭搜集当事人或第三人之言语证据时，如果得不到合作，则有权要求普通管辖法院协助搜集证据。而澳门《涉外商事仲裁法》的规定与联合国示范法相同。

台湾《仲裁法》第26、28条规定证人无正当理由不到场应询时，仲裁庭有权请求法院命其到场。仲裁庭为进行仲裁有权请求法院协助调查证据。

（3）财产保全的保障

财产保全的目的是在仲裁庭作出最后裁决之前，防止当事人隐匿、转移、变卖有关资产，以保证将来发生法律效力的裁决得到顺利执行。但是如前所述，仲裁庭自身无权对有关财产采取保全措施，也必须借助法院的强制权力。根据香港《仲裁条例》第2GC条第（1）、（2）款之规定，香港法院有权对与仲裁有关并为一方所拥有或处于一方占有之下的财产发布财产保全令。内地《仲裁法》第28条规定"一方当事人因另一方当事人的行为或者其他原因，可能使裁决不能执行的，可以申请诉讼保全。当事人申请诉讼保全的，仲裁委员会应当将当事人的申请依照民事诉讼法的有关规定提交人民法院"。而《中华人民共和国民事诉讼法》第258条之规定，"当事人申请采取财产保全的，中华人民共和国的涉外仲裁机构应当将当事人的申请，提交被申请人住所地或者财产所在地的中级人民法院裁定"。

根据澳门《本地仲裁法》第24条之规定，不仅当事人可以直接向普通管辖法院申请采取临时措施或保全措施，而且，仲裁庭有权直接就这些措施作出决定或要求一方当事人提供担保，如果当事人不执行的话，仲裁庭有权要求普通管辖法院下达执行命令。澳门涉外仲裁的规定与联合国示范法相同。

台湾《仲裁法》第39条规定，当事人有权就仲裁的保全事宜，向法院申请假扣押或假处分，但是应相对人的请求，法院有权责令申请人在规定期限提起仲裁。

（4）时效救助的合理保障

仲裁协议中当事人有时规定了仲裁的时效，有时这一法律概念规定在仲裁法中。在仲裁实践中，当事人有时由于证据或其他方面的因素使得申请人无法在规定时效内提起仲裁申请，如因时效的过期而丧失通过仲裁寻求保护的权利可能造成极大的不公平，因而有必要予以补救。在国际仲裁领域，完成这个任务的有时是仲裁庭，但更多的时候是法院。在香港，根据1996年以前的《仲裁条例》，这一延展时效的权力归属法院，修订后的条例第2GD条则将该权力赋予了仲裁庭。在无仲裁庭能行使该项权力时仍然由法院行使。根据第2GD条之规定，如果当事人因未在仲裁协议规定的时间内展开仲裁程序或开展作为仲裁先决条件的其他救济措施而面临失去申诉权的困境时，如无仲裁庭，则法院经考虑可以基于下述两个理由将该时效予以延展。其一是，签订仲裁协议时的无法合理判断情势，因而延展期限将是公平的；其二是，一方当事人的行为迫使另一方当事人局限于如此短促的时效是不公平的。法院延展时效以恰当为原则，无其他特别限制。

作为一个问题的两个方面，如果申诉人不及时行使权利，故意拖延提起申诉时间，从而可能导致争论无法合理解决或者导致对当事人的严重不利结果，则在无仲裁庭情况下，香港法院可以依修订后的条例第2GE条之规定下令驳回申诉人仲裁请求并禁止申诉人就该项主题展开进一步的仲裁程序。

内地与澳门及台湾的仲裁法中没有类似延展时效和禁止拖延申诉之说，对仲裁时效问题，内地仲裁法采用法定原则，首先适用特别法，特别法没有规定时才适用民事诉讼时效①，实际上是不允许当事人约定时效。根据内地民法通则，国内民事诉讼时效为两年，涉外货物买卖诉讼时效为四年，自当事人知道或应该知道权利被侵犯之日起计算。由于内地仲裁法采用法定时效制度，因此不存在延展的问题。

（5）中期命令的保障

由于仲裁庭系根据当事人仲裁协议临时组成，其权威性与作为司法机关的法院不同，本身不存在强制力，因此在仲裁程序进行过程中如果发生藐视仲裁庭决定的现象，需要法院强制力的支持。香港《仲裁条例》第 23C 条针对这种情形规定了法院中期命令的制度以保障仲裁程序的连续性。根据该条规定，如根据仲裁协议提交仲裁的任何一方，没有在仲裁庭命令所指明的时间内，或如果命令并无指明时间，则为没有在一段合理时间内，遵照仲裁员或公断人在仲裁过程中作出之命令，则法院可应仲裁员或公断人，或应提交仲裁的任何一方提出的申请，作出命令，以扩大仲裁员或公断人的权力，使之在一方缺席或不履行任何其他作为时，有权在该命令所指明的范围和限制条件内继续进行仲裁。内地、澳门、台湾《仲裁法》没有类似之规定。

3. 法院对仲裁裁决的承认和执行

仲裁系当事人选择的解决纠纷方式，仲裁庭根据某一具体仲裁协议而产生，其裁决对双方当事人当然地发生法律约束力。如果一方当事人不能够自动履行裁决，就要依靠法院的强制力。根据国际经验，仲裁制度之所以几个世纪以来长盛不衰除了它自身的能动性以外，也靠法院在一定条件下对仲裁裁决的承认与执行。

香港《仲裁条例》第 2GG 条之规定，仲裁庭所作的裁决、

---

① 参见《中华人民共和国仲裁法》第 74 条。

命令可以在法院或大法官的许可下，像具有同样效力的判决或命令一样予以执行。香港同时将联合国贸法会制定的《国际商事仲裁示范法》和 1958 年《承认和执行外国仲裁裁决公约》作为香港《仲裁条例》的附件直接实施，因此对国际仲裁裁决也可以依据上述文件得到承认和执行。内地《仲裁法》第 62 条也规定，一方当事人不履行仲裁裁决的，另一方当事人可以依照民事诉讼的有关规定向人民法院申请执行。接受申请的人民法院应当执行。《中华人民共和国民事诉讼法》第 217 条则规定了执行仲裁裁决的具体细则。澳门和台湾的仲裁制度也遵循国际惯例给予仲裁裁决的承认与执行以充分的支持，但是，后文将作专章介绍，本章就不作详细介绍。可以说，法院对仲裁裁决的承认和执行是法院对仲裁的最高和终极的保障，也是仲裁制度得以存在和发展的重要原因之一。

（二）内地与港澳台法院对仲裁的制约机制

法院对仲裁进行保障的同时也会进行制约。法院的制约机制如同保障机制一样，同样渗透到仲裁的每个环节，香港仲裁法与内地仲裁法也或多或少安排了这种制约机制。

1. 仲裁员的异议机制

各国仲裁法一般都设有仲裁员的异议机制，规定已被选定的仲裁员、首席仲裁员或公断人在存在法定瑕疵的条件下应被撤换。但这一制度如何操作，世界各国有着较大的区别。本书在仲裁员制度一章也曾经讨论过。在仲裁员的所有异议机制中，其中制度之一是法律授权法院撤销有瑕疵的仲裁员资格。但是，在这一点上内地与港澳台的制度有所不同。香港《仲裁条例》第 3 条规定依仲裁协议委任的仲裁员或公断人，其权限不可撤销，但如获法院或大法官的许可，则不在此限。该条例第 25 条第（1）款则规定，仲裁员或公断人的本身行为不当，或在仲裁程序中行为不当，法院可将其撤职；该条例第 26 条第（1）款则规定，任何一方当事人可以以已委任的仲裁员并非公正无私或可能非公正无私为由申请法院撤销该仲裁员或申请强制令禁止仲裁员进行仲裁；该第 26 条第（2）款则规定，如仲裁涉及任何一方是否犯有欺诈罪时，法院有撤销依据该仲裁协议而委任的仲裁员或公断人的权限。内地《仲裁法》没有授予法院撤销仲裁员的权力，但是该法第 34 条规定了仲裁员回避制度。根据该条，符合下列条件之一的仲裁员必须回避，当事人也有权申请其回避：其一，是本案当事人或者当事人代理人的近亲属；其二，与本案有利害关系；其三，与本案当事人、代理人有其他关系，可能影响公正仲裁的；其四，私自会见当事人、代理人或者接受当事人、代理人请客送礼的。该法第 38 条还规定，如仲裁员私自会见当事人、代理人或者接受当事人、代理人的请客送礼情节严重的或有索贿受贿、徇私舞弊、枉法裁决行为的，则应当依法承担法律责任，仲裁委员会应当将其除名。但上述制约均是通过仲裁员自行回避或仲裁委员会主任决定或仲裁委员会集体决定实现的，与法院无关。

澳门《本地仲裁法》第 14 条规定了回避与拒却程序，符合拒却条件的，由普通管辖法院作出裁判，不得上诉。而台湾《仲裁法》第 13 条规定："仲裁协议所约定之仲裁人，因死亡或其他原因出缺，或拒绝担任仲裁人或延滞履行仲裁任务者，当事人得再行约定仲裁人；如未能达成协议者，当事人一方得声请仲裁机构或法院为之选定。"

2. 对仲裁管辖权的限制

在前一部分讨论法院对仲裁管辖权的保障时提到，根据国际惯例在有效仲裁协议的前提下，各国法院一般会依循仲裁优先原则，将管辖权交仲裁机构。但事情也有例外，这种例外一般出现在仲裁员或仲裁协议被法院撤销的情况下。

香港《仲裁条例》第 26 条第（2）款规定，如依仲裁协议提起的仲裁是涉及任何一方有否犯欺诈罪的问题时，则为有需要使得该问题得以由法院裁定，法院有权下令该协议不再有效。该条第（3）款规定，如法院根据上述理由下令仲裁协议不再有效，法院可拒绝将违反该协议而提起的诉讼搁置。即实际上当事人之间的争议转而由诉讼解决，由法院行使管辖权。该法第 27 条第（4）款规定，在仲裁协议因仲裁员问题或其他问题被法院撤销时，法院可以进一步命令，就该项争议而言，如有仲裁裁决得作为提出诉讼的先决条件的规定亦不再生效。即有关争议事项可以不经仲裁这一中间环节直接由法院行使诉讼管辖权。内地的《仲裁法》只规定了保障仲裁管辖权机制，但由于法律未授权法院于仲裁程序进行阶段因仲裁员或案件自身性质因素而撤销仲裁协议和仲裁员，因此，缺乏法院对仲裁管辖权的限制机制。但根据内地司法惯例，如有关性质的纠纷涉及刑事犯罪（包括欺诈问题），内地裁判机关（包括仲裁庭）均会依先刑后民原则，中止民事程序（包括仲裁程序）留待刑事问题处理后，再恢复民事程序。这也可以勉强说是一种限制，但又有所不同，因为仲裁管辖权并未被剥夺，只是中止行使。

3. 法院介入实质性初步法律论点的裁定

由于许多国家关于仲裁裁决的复核或上诉只作表面审查，一般只考虑法律问题而很少甚至不考虑事实问题，法院也不会再开庭就事实问题进行聆讯，因此，一个裁决是否经得住司法复核，很大程度上取决于对法律问题的判断。因此当事人（主要是可能胜诉一方当事人）为了免除未来裁决被撤销的危险，可能主动或在仲裁庭授意下向法院要求先行就有关争议的法律问题作出决定。

香港《仲裁条例》第 23A 条第（1）款规定，在当事人之间未订立"免除协议"前提下，当事人在得到仲裁员或已介入仲裁的公断人同意或仲裁各方一致同意情况下，向法院申请对仲裁过程中产生的任何法律问题作出裁定，法院如相信就该申请作出裁定可能会大量节省仲裁各方的费用以及该问题可能会获准上诉，则会接受申请作出决定。法院对初步法律论点的裁定非经法院或上诉法院许可不得再行上诉。内地《仲裁法》中未有关于"法院对初步法律论点的裁定"的规定。应该说法院先行介入对法律问题的判断既是对仲裁的一种限制，也是保障裁决稳定性的一个重要措施。

4. 对仲裁裁决的司法复核

仲裁既然属民间解决纠纷的一种形式，其裁决的权威性当然不是绝对的。综观世界各国仲裁立法包括有关国际公约均无规定无条件承认和执行仲裁裁决者。各国或复合法制国家的地区法域司法机关在对某一仲裁裁决承认与执行之前总会对该裁决作一番审查复核，但条件各不相同。

香港《仲裁条例》第 23 条规定，如果当事人对仲裁裁决不服，法院一般无权制止当事人提起上诉。但须符合两个条件：(1) 双方当事人均同意请求法院变更裁决；(2) 当事人在仲裁展开后未订立免除上诉协议。符合上述条件，法院方会签发上诉批文。如果当事人之间订有免除上诉协议，则法院无权复核。内地仲裁法贯彻一审终局原则，规定裁决书自作出之日起发生法律效力，因此不允许上诉，但允许仲裁当事人向仲裁委员会所在地中级人民法院申请撤销该裁决。而对这种申请，法律并没有像香港仲裁法那样附有先决条件。内地《仲裁法》中没有"免除上诉协议"的规定，从理论上讲，任何当事人均有权向仲裁委员会所在地中级人民法院申请撤销，从而导致对该裁决的审查复核，至于该申请是否成功则另当别论了。

5. 法院对裁决效力的否定

通过前述司法复核程序，仲裁裁决如符合法定条件，其效力将会得到法院确认，从而具有与判决同等的约束力；如不符合法定条件，法院将会依法否定其效力。

香港《仲裁条例》第 23 条（2）款规定，法院裁定上诉时可命令（1）维持、更改该裁定或将该裁定作废；或（2）将裁决连同法院对上诉主题的法律问题的意见，一并发还给仲裁员或公断人另行考虑。而该法第 25 条第（2）款规定，凡仲裁员或公断人的本身行为不当，或在仲裁程序中行为不当，又或仲裁或裁决是以不当手段促致的，法院均可将裁决作废。而根据内地《仲裁法》第 58 条规定，人民法院如发现有下列六种情形之一者，应当裁定撤销裁决：（1）没有仲裁协议的；（2）裁决事项不属于仲裁协议的范围或者仲裁委员会无权仲裁的；（3）仲裁庭的组成或者仲裁程序违反法定程序的；（4）裁决所根据的证据是伪造的；（5）对方当事人隐瞒了足以影响公正裁决证据的；（6）仲裁员在仲裁该案时有索贿、徇私舞弊、枉法裁决行为的。该法第 70 条对涉外仲裁裁决的撤销作了特别规定，即凡"当事人提出证据证明涉外仲裁裁决有民事诉讼法第 260 条第 1 款规定的情形之一的，经人民法院组成合议庭审查核实，裁定撤销"。这一条列举的四种情形都属程序方面的问题，该法第 58 条列举的第（4）、（5）、（6）项属实体方面的问题，不包括在内。此外，如法院认定该裁决违背社会公共利益的也应当撤销。另根据该法第 61 条规定，人民法院受理撤销裁决的申请后，认为可以由仲裁庭重新仲裁的，通知仲裁庭在一定期限内重新仲裁，人民法院应当中止撤销程序。仲裁庭拒绝重新仲裁的，人民法院应当恢复撤销程序。从上述文件可以看出，香港法院对未能通过复核程序裁决有三种处理方式：作废（即撤销）、发还和更改。而内地仲裁制度只有两种方式：发还和撤销。内地法院不能直接更改裁决内容。这种差异还是源自司法复核制度的区别。香港法院是通过当事人上诉形式复核裁决，所以，如发现裁决法律问题，香港法院可以径行直接改判；而内地法院是通过当事人提起撤销裁决申请形式来进行复核，因此人民法院否定裁决效力时只有两种选择：一是发还仲裁庭重新仲裁（内地法院依法在作出撤销决定前给予仲裁庭一次自我修正机会）；一是撤销裁决。当然，人民法院撤销裁决后，当事人的争议还可以通过人民法院诉讼解决，但当事人面临的将是一个新的普通民事诉讼程序。如再要仲裁，则必须达成新的仲裁协议。

澳门本地仲裁制度规定了法院否定仲裁裁决效力的两种制度，其一是依法判决仲裁裁决无效；其二是在当事人未约定上诉程序时，允许法院在当事人提起的撤销之诉根据法律规定的条件撤销仲裁裁决。前者适用澳门《本地仲裁法》第 37 条（无效），其条件是：

（1）因非涉及当事人可处分之权利而便有关争议不能循仲裁途径解决；

（2）未依据第 20 条 c 项之规定传唤被诉人，且被诉人未参与有关程序；

（3）因仲裁庭审理不属其管辖范围内之问题或未对应审理之问题审查；

（4）裁决违反公共秩序原则。后者适用该法第 38 条，其条件是：

①任一方当事人无订立仲裁协议之能力，或"引致检察院参与诉讼之争议，在该诉讼内当事人因无诉讼必要之能力，在法庭不能依靠自身的行为，而需要检察院之代理者"；

②裁决系由无管辖权或不符合规则设立之仲裁庭作出；

③在仲裁程序中违反"仲裁程序一般原则"而严重影响争议之

解决，但不妨碍该法第 37 条第（1）款（b）项规定之适用；

④欠缺仲裁员之签名；

⑤对裁决未说明理由。

在澳门《涉外商事仲裁法》第 34 条规定的撤销条件是：

"a）如作出撤销请求之当事人提出证据证明：

i）第 7 条所指之仲裁协议之一方当事人当时处于某种无行为能力之情况；或根据当事人所同意遵守之法律，又或未订明任何此种法律，而根据澳门之法律，该协议非为有效；

ii）作出撤销请求之一方当事人未获关于指定或任命仲裁员或仲裁程序之适当通知，或因其他理由不能行使其权利；

iii）仲裁裁决涉及之争议非为仲裁协议之标的，或仲裁裁决内含有对仲裁协议范围以外事项之决定；然而，如在仲裁裁决内对提交仲裁之事项之决定得与对未提交仲裁之事项之决定分开，则仅可撤销仲裁裁决中含有对未提交仲裁之事项所作之决定之部分；或

iv）仲裁庭之设立或仲裁程序与当事人之协议不符，但该协议与当事人不能背离之本法规某一规定相抵触除外；又或当事人无此协议时，仲裁庭之设立或仲裁程序与本法规之规定不符；

b）如法院认定：

i）根据澳门之法律规定，争议标的不得透过仲裁解决；或

ii）仲裁裁决与公共秩序相抵触。"

台湾《仲裁法》第 40 条为撤销裁决设定的撤销条件是：

"一、有第 38 条①各款情形之一者。

---

① 台湾《仲裁法》第 38 条 有下列各款情形之一者，法院应驳回其执行裁定之声请：

一、仲裁判断与仲裁协议标的之争议无关，或逾越仲裁协议之范围者。但除去该部分亦可成立者，其余部分，不在此限。

二、仲裁判断书应附理由而未附者。但经仲裁庭补正后，不在此限。

三、仲裁判断，系命当事人为法律上所不许之行为者。

二、仲裁协议不成立、无效，或于仲裁庭询问终结时尚未生效或已失效者。

三、仲裁庭于询问终结前未使当事人陈述，或当事人于仲裁程序未经合法代理者。

四、仲裁庭之组成或仲裁程序，违反仲裁协议或法律规定者。

五、仲裁人违反第 15 条第 2 项所定之告知义务而显有偏颇或被声请回避而仍参与仲裁者。但回避之声请，经依本法驳回者，不在此限。

六、参与仲裁之仲裁人，关于仲裁违背职务，犯刑事上之罪者。

七、当事人或其代理人，关于仲裁犯刑事上之罪者。

八、为判断基础之证据、通译内容系伪造、变造或有其他虚伪情事者。

九、为判断基础之民事、刑事及其他裁判或行政处分，依其后之确定裁判或行政处分已变更者。"

6. 法院拒绝承认与执行某些瑕疵裁决

仲裁裁决在不能自动履行的条件下只有通过法院的强制执行方能实现，但法院并非无条件承认和执行裁决，而是进行一些限制。凡不符合条件的则裁定不予执行。拒绝承认和执行某些不符合条件的裁决是法院对仲裁进行制约的最后也是最强有力的措施。

香港《仲裁条例》原有专门的一条（即第 28 条）规定裁决的强制执行，但该条已被 1989 年第 64 号文件第 17 条废除，现行的《仲裁条例》由第 2GG 条对本地仲裁裁决的执行进行调整。实际上，由于香港《仲裁条例》中司法复核机制的存在，法院执行的要么是经双方仲裁展开阶段签有"免除上诉协议"的终局裁决；要么就是通过司法复核或未通过司法复核由法院直接更改内容的裁决或者当事人未提起上诉的裁决。这些裁决均是终局的具有法律约束力，法院可以直接强制执行。内地《仲裁法》并未授予仲裁当事人上诉权，亦未在申请撤销裁决程序中授权法院更改有瑕疵的裁决，故在强制执行阶段须对仲裁裁决进行审查，《中华人民共和国民事诉讼法》第 217 及第 260 条分别对拒绝执行国内仲裁机构裁决和涉外仲裁机构裁决的条件进行了明确规定。第 217 条主要规定是如人民法院发现仲裁具有：无仲裁条款；裁决事项不属仲裁协议范围或不可仲裁；仲裁庭组成程序不合法；证据不足；适用法律错误；仲裁员作弊等情形之一，即裁定不予执行。第 260 条规定，如涉外仲裁裁决具有无仲裁协议；未得到通知，非被申请人责任未能陈述意见；仲裁庭组成不合规则；仲裁事项不可仲裁或裁决违反公共秩序等情形之一者，裁定不予执行。

对于外国仲裁裁决的执行，香港《仲裁条例》原分为外国裁决和公约裁决两类分别审查。原香港《仲裁条例》第 37 条规定了强制执行外国裁决条件及拒绝执行仲裁裁决的条件，申请强制执行的外国裁决必须满足：（1）仲裁协议有效；（2）仲裁庭组织符合协议或双方约定；（3）符合管辖仲裁程序的法律；（4）裁决为终局裁决；（5）仲裁事项依香港法可提交仲裁；（6）裁决的强制执行不违反香港公共政策。2000 年第 2 号文废除了香港《仲裁条例》第Ⅲ部，同时增加了"内地裁决的强制执行"作为第ⅢA部。第Ⅳ部"公约裁决的强制执行"仍然保留。该条例第 44 条（第Ⅳ部）第（2）款规定，拒绝强制执行公约裁决的情形有：（1）仲裁协议一方无行为能力；（2）根据准据法仲裁协议无效；（3）被申请执行方未收到委任仲裁员或仲裁程序的恰当通知，或因其他原因未能出庭；（4）仲裁裁决涉及未交付仲裁事项或超越授权范围；（5）仲裁庭组成不符合仲裁协议，或不符合仲裁地法；（6）裁决非为终局；（7）裁决事项不可仲裁；（8）裁决执行违反香港公共政策。内地《仲裁法》并未就外国仲裁裁决的执行作出特别规定，但《中华人民共和国民事诉讼法》第269条规定"国外仲裁机构裁决,需要中华人民共和国人民法院承认与执行的,应当由当事人直接向被执行人住所地或者其财产所在地中级人民法院申请,人民法院依照中华人民共和国缔结或参加的国际条约,或者按照互惠原则办理"。

与内地和香港相比,澳门和台湾的仲裁制度中赋予法院在裁决的承认与执行上的规定比较简单。澳门《本地仲裁法》将外国仲裁裁决与本地仲裁裁决几乎相等的地位,只是规定申请执行和反对执行仲裁裁决均遵照民事诉讼法进行;澳门的涉外仲裁领域,法院有权根据法律规定审查裁决,发现具有法定瑕疵的有权拒绝承认和执行,具体审查的条件与联合国示范法相同。而台湾《仲裁法》对法院的授权尽管简单,但是法院仍然可以对裁决的权利来源(包括仲裁协议的有效性和裁决是否越权两方面)和是否违反公共秩序等重要问题进行审查,发现法定瑕疵即予以拒绝承认和执行。

二 区域仲裁制度中司法监督与保障制度的共识与分歧

(一) 区域仲裁制度中司法监督与保障制度的共识

区域仲裁制度中的司法监督与保障机制存在着比较多的共识,具体体现在如下方面:

1. 仲裁员的异议机制。各法域基本上都存在仲裁员异议机制。这是为了保证参与仲裁的仲裁员能够公正公平地处理案件。

2. 仲裁管辖权的保障。我国四个法域法院都本着仲裁优先的原则,在存在仲裁协议的情况下,首先保障有关民商事争议通过仲裁解决。除非该协议被认定无效。

3. 仲裁程序的保障。内地与港澳台仲裁制度在仲裁取证的保障、财产保全的保障及法院对仲裁裁决的承认。这也与国际商事仲裁制度的一贯规律相符。

4. 法院对仲裁裁决的承认和执行。尽管由于各法域的民事诉讼程序法的差异，使得对仲裁裁决的承认与执行仲裁裁决的具体程序不一定相同，然而，各法域对建立在契约性基础上的民间机构的仲裁裁决的既判力与执行力都给予了共同的保障。

5. 对仲裁裁决的司法复核。仲裁裁决的撤销程序是各国及我国各法域共同存在的裁决监督制度。而且，在规定撤销裁决条件问题上，各法域主要基于仲裁协议效力、仲裁员的公正问题及仲裁程序等原因，撤销仲裁裁决。

6. 法院对裁决效力的否定。区域法院在根据本法域撤销条件，进行司法审查，发现符合撤销条件的，有权裁定撤销仲裁裁决。裁决已经撤销，即不再具有既判力与强制执行力，因而，从根本上否定了仲裁裁决的效力。

（二）区域仲裁制度中司法监督与保障制度的分歧

1. 仲裁程序的保障。在仲裁程序的保障机制中，法院是否保留任命仲裁员或公断人的任命补缺的权利，是区域仲裁制度的重要分歧之一。目前按照澳门、台湾仲裁法律制度，仲裁员的补缺是由法院进行的。内地仲裁制度规定由仲裁委员会指定，香港规定由香港国际仲裁中心行使，但是，在仲裁员或公断人被撤职时，则由法院指派新的仲裁员与公断人。时效济助与中期命令的保障只有香港仲裁制度存在，其他仲裁制度并未规定。

2. 法院对仲裁裁决的承认和执行。各法域尽管对仲裁裁决的既判力与强制执行力均无异议，但是，由于各法院一般按照自己的民事诉讼法完成上述程序。显然，属于英美法系的香港与属于大陆法系的澳门对承认与执行的程序显然不可能相同。

3. 仲裁员的异议机制。仲裁员异议机制尽管都有，但是，异议机制目的基本有两种，其一是针对仲裁员的背景与行为操守；其二就是针对懒惰仲裁员。为推进仲裁进程，我国四个法域的仲裁员异议制度中基本都包含了第一种情形。如台湾《仲裁法》等。

4. 对仲裁管辖权的限制。对仲裁管辖权的限制实际上就是对以仲裁协议为代表的契约自由的限制。这是一个敏感的话题，然而，在仲裁领域这种情况是普遍存在的。它就是所谓的"可仲裁性问题"（Arbitrablity）。中国内地是以《仲裁法》第 3 条的形式将"（一）婚姻、收养、监护、扶养、继承纠纷；（二）依法应当由行政机关处理的行政争议"。等争议排除在仲裁管辖之外。同时，中国内地的劳动仲裁属于强制仲裁，并不以仲裁协议为前提。香港《仲裁条例》虽然没有专项条款划定仲裁范围，但是，香港仍然存在这如前所述的香港《仲裁条例》第 26 条第（2）款，该款规定，如依仲裁协议提起的仲裁是涉及任何一方有否犯欺诈罪的问题时，则为有需要使得该问题得以由法院裁定，法院有权下令该协议不再有效。另外香港《仲裁条例》第 2AB 条还述及"法定仲裁"问题。澳门《本地仲裁法》以"仲裁标的"为题采用结合式的方法规定了仲裁标的（即可仲裁性）的范围。在本地仲裁中，可处分权利之任何争议均可提交仲裁，但下列争议不得通过仲裁解决：（1）特别法规定应由法院或者通过强制仲裁者（澳门《本地仲裁法》主要规定自愿仲裁问题）；（2）已经确定裁判的争议；（3）导致检察院参与诉讼之争议。① 此外，澳门《本地仲裁法》第三章还规定了"必要仲裁制

---

① 澳门《本地仲裁法》第 2 条规定："不涉及不可处分权利之任何争议均可成为仲裁标的；但特别法规定应提交司法法院或必要仲裁处理者，不在此限。

下列争议尤其不得为仲裁标的：

a）争议已因本案裁判转为确定而获解决；但涉及解决在该裁判内未载明之关于其日后执行之问题者，不在此限；

b）引致检察院参与诉讼之争议，在该诉讼内当事人因无必要之能力，在法庭不能依靠自身之行为，而需要检察院之代理者。"

度"。显然，这是一种基本超越当事人意思自治之外的仲裁管辖。澳门《涉外商事仲裁法》几乎完全参照联合国《国际商事仲裁示范法》，其关于可仲裁性的规定也几乎完全照搬联合国示范法的有关规定。即涉外可仲裁性范围以"商事"为限。台湾《仲裁法》对可仲裁性事项有了比较明确的概括性、原则性规定，这是台湾《仲裁法》中新增加的一项内容。该仲裁法规定提交仲裁机构仲裁的争议，必须是允许当事人自行调节、和解的事项，即所谓"以依法得和解者为限"①。上述情况表明，我国内地与港澳台各法域虽然均有可仲裁性问题，但各法域的表述并不完全一致。本书考虑到将区际仲裁限定于"商事"领域，没有将可仲裁性问题作专章研究。因为"商事"领域争议事项的可仲裁性问题争议较少，主要是受联合国示范法影响的共同结果。然而，要指出的是，只要中国内地、澳门《本地仲裁法》以及台湾《仲裁法》并未直接引用示范法的"商事"概念，那么关于"商事"本身的范围冲突始终是存在的。

5. 法院介入实质性初步法律论点的裁定。香港仲裁制度下，为了免除日后因法律问题被撤销的麻烦，仲裁庭可能主动授意向法院要求先行就有关争议的法律问题作出决定，然后继续仲裁。但是，内地、澳门与台湾的仲裁制度则没有这类制度。

6. 法院对裁决效力的否定。各法域对仲裁裁决的司法复核是共同的，不同的是复核的标准。但分歧也是明显的，表现在三个方面：（1）撤销条件与理由分歧。前文已经进行了详细列举，在此无须赘述。（2）启动否定裁决效力的主体。内地申请

---

① 台湾《仲裁法》第 1 条规定："有关现在或将来之争议，当事人得订立仲裁协议，约定由仲裁人一人或单数之数人成立仲裁庭仲裁之。

前项争议，以依法得和解者为限。"

撤销的主体是"当事人";在香港本地仲裁制度下,向法院提起上诉的以及在国际裁决的情况下,撤销裁决申请人是"当事人"但是,如果属国际裁决,存在根据香港的法律,争议不能通过仲裁解决或裁央与香港公共政策相抵触的,法院可主动撤销国际裁决①。不过,该项权力只是理论权力,实际上香港法院很少行使②。在澳门本地仲裁制度下,"任何利害关系人"与"检察院"随时主张仲裁裁决无效,而"司法法院"也可以依职权宣告裁决无效。当事人可以约定依撤销条件对裁决进行上诉,如果当事人没有约定,"普通管辖"法院依职权对符合撤销条件的裁决予以撤销。澳门涉外仲裁制度下,"当事人"可以申请撤销裁决,"法院"也可以对"i)根据澳门之法律规定,争议标的不得透过仲裁解决;或 ii)仲裁裁决与公共秩序相抵触"。的裁决依职权撤销。台湾仲裁制度只规定"当事人"的撤销申请权。(3)法院否定裁决效力的形式。内地法院对符合撤销条件的主要采取发回重审与撤销两种形式;香港法院对进入司法审查程序的仲裁裁决,除可以发回重审及撤销外,还可以修改裁决③。澳门本地仲裁制度下,法院对仲裁裁决可以认定无效,也可以撤销。对法院的无效认定及撤销之诉裁判,当事人均可以向高等法院上诉。澳门涉外商事仲裁制度下,在撤销程序中,法院不仅可以撤销裁决,而且"如属适当且一方当事人请求中止撤销程序",法院可以在确定的一段期

---

① 参见莫石 郑若骅编著《香港仲裁实月指南》,法律出版社 2004 年版,第 52 页。

② 香港国际仲裁中心仲裁员莫石、郑若骅在《香港仲裁实用指南》(法律出版社 2004 年版)第 53 页指出,"到写本书时,还没有根据联合国《示范法》第 34 条请求撤销香港的国际裁决的案例"。

③ 参见香港《仲裁条例》第 23 条第(2)款。

间内中止撤销程序，以便仲裁庭"重新进行仲裁程序"或"采取其认为能消除撤销仲裁裁决理由的其他措施"。但是，什么是"其他措施"，法律并未规定，实际上却留下了较大的适用空间。台湾《仲裁法》授权台湾法院的只有裁决撤销权，没有规定发回重新仲裁的权力。

7. 法院拒绝承认与执行某些瑕疵裁决。

各法域对具备法定条件的瑕疵裁决均规定了拒绝承认与执行制度，但是，这些法定条件却不大相同，且拒绝承认与执行的程序不同。但是，这一环节涉及问题太多，留待后文以专章讨论。

第三节　中国区际商事仲裁司法监督与保障体系的构想

一　区际商事仲裁司法监督与保障机制的考量

如同其他仲裁法律制度一样，区际商事仲裁制度中的司法监督与保障机制同样是在对区域仲裁制度下司法监督与保障机制共识的吸收与分歧的甄别基础上构建自己的合理体系。与其他具体仲裁制度不同的是，区际商事仲裁制度的司法监督与保障机制需要司法体系的配合，如前所述，由于没有区际法院，区际商事仲裁制度下的司法监督与保障机制将不得不求助于区域法院的司法协助。因此，我们在考量区际商事仲裁制度的司法监督与保障机制时，必须将执行这一监督与保障机制管辖的区域法院的角色考虑进去。

（一）区域司法监督与保障机制的共识是构建区际商事司法监督与保障机制的基础

前文的分析表明，区域司法监督与保障机制中的共识很多，不过，多半停留于立场性、观点性的内容，具体内容上还是有差别的。尽管如此，我们的区际商事仲裁制度还是有必要加以吸收，务必使得区际商事仲裁制度建立在区际和谐共识的基础上。

1. 仲裁员的异议机制。在构建区际商事仲裁员制度时，作者认为只是提及仲裁员回避问题，因为回避是区际商事仲裁制度自身能够解决的问题。但是，对仲裁员的异议需要必要的强制效力，这是仲裁制度力所不及的。因而，必须列入司法保障与监督体制考量。我们认为，对于懒惰的仲裁员不积极推进仲裁程序，无故超越仲裁规则规定的结案期限，造成当事人争议的无限拖延及过分增加当事人不必要的支出，在这些情况下，必须给当事人以适当的司法救济手段。授权法院驱逐懒惰的仲裁员，积极推进仲裁程序，争取区际商事争议的早日解决符合区际商事仲裁制度的根本宗旨。这种情况对临时仲裁尤其重要，因为以中国区际商事仲裁中心为代表的机构仲裁，通过内控程序，可以对仲裁庭与仲裁员发挥必要的制约作用，但是临时仲裁庭由于不从属具体的仲裁机构，没有道义与纪律上的约束，容易产生忽视甚至损害当事人利益的行为，因而寻求司法监督机制是十分必要的。另根据前一章节对区际商事仲裁制度的法律适用问题的研究，可以认定对仲裁员的异议机制应该由仲裁地法院行使管辖权，因为只有仲裁地法院才能依据场所决定行为原则对仲裁行为实际控制。

2. 仲裁管辖权的保障。仲裁优先的原则是各法域共同的仲裁理念，区际商事仲裁制度也应该吸收。然而，仲裁优先原则存在着例外，这就是仲裁协议被认定无效。这一例外本身没有争议，也应该被区际商事仲裁制度吸收。关键是什么法院认定仲裁协议无效时才能否定仲裁管辖权呢？作者在前一章节经过分析研究认为"第 X 条　【仲裁协议】仲裁协议的效力，除当事人的行为能力外，适用当事人选择的法律；当事人未作出选择的，适用仲裁地法或者裁决作出地法；当事人未作出选择，且仲裁地或者裁决地未作出决定的，适用争议事项的准据法，特别是主合同的准据法"。但这只是仲裁协议的实体准据法的规范，与本标题下所关心的管辖法院不是一回事。作者认为，除非仲裁地法院认定仲裁协议无效，否则，其他法域法院的认定并不能否定仲裁庭的管辖权。尽管理论上讲，不论哪一个法院审理，适用同一准据法会得出相同的结果，然而，并不是所有法域的法院都会行使管辖权。最重要的是，区际商事仲裁裁决所针对的是当事双方，其仲裁利益不一定在认定仲裁协议无效的法院所在法域。在其他没有挑战仲裁协议有效性的法域，区际商事仲裁裁决还是有效的。只有仲裁地法院认定仲裁协议无效时，才能彻底否定仲裁行为的效力。例如香港甲方与台湾乙方当事人因为在澳门的 500 吨铜材交易在澳门达成仲裁协议，决定将争议事件提交中国区际商事仲裁中心仲裁。协议仲裁地点在中国内地。如果经台湾当事人起诉，香港法院认定仲裁协议无效。但区际商事仲裁中心仍可作出裁决。因为只要澳门或台湾法院不挑战仲裁协议的有效性，并且承认与执行区际商事仲裁中心的裁决，裁决的目的就可以实现。反之，如果任何一方当事人向中国内地法院起诉要求认定仲裁协议无效，并且得到中国内地法院的支持，那么，仲裁行为的合法性就受到挑战，仲裁庭就不应继续仲裁程序。

3. 仲裁程序的保障。区际商事仲裁制度在仲裁取证、财产保全等方面需要法院的支持，区域法院将应仲裁庭的请求按照法院地程序法作出相应的保障措施。

4. 法院对仲裁裁决的承认和执行。区际商事仲裁制度显然应该包含法院对仲裁裁决的承认与支持，而且区域法院是根据法院地法决定对仲裁裁决的承认与支持。

5. 对仲裁裁决的司法复核。基于仲裁协议效力、仲裁员的公正问题及仲裁程序等原因撤销仲裁裁决既是区域仲裁制度的共识，也是国际商事仲裁制度的共性，这一制度应该为区际商事仲裁制度所吸收。

6. 法院对裁决效力的否定。在国家社会里，区际商事仲裁制度同样不能回避司法的监督机制，区际商事仲裁制度同样必须接受在法定的条件下，允许区域法院撤销仲裁裁决。不过，按照前文的区际商事裁决区籍的法律适用法，能够行使裁决撤销权的应该是仲裁地法院。

（二）甄别选择区域司法监督与保障机制的分歧，是构建区际司法监督与保障机制的必要步骤

区域仲裁制度下司法监督与保障的分歧无疑是相当大的。甄别是困难的，因为没有区际法院的专门支持，寄希望于区域法院的支持。但是，我国四个法域的司法文化差异巨大，香港属于英美法系，澳门与台湾应该属于大陆法系，中国内地属于社会主义法系。每个法域对仲裁的支持与监督都有自己的特色，而我们构建区际商事仲裁制度目的在于通过寻求区际商事仲裁制度共识，建立起有效的区际商事争议解决机制，因而，无论多么困难，作为示范制度是可以按照对区际商事仲裁的宗旨与价值取向作出最合适的选择。

1. 仲裁程序的保障。前文关于仲裁员制度的专章论述中，已经论述过仲裁员的补缺程序应该由区际商事仲裁中心进行，因而，区际商事仲裁制度中，无须保留法院任命仲裁员或公断人的任命补缺的权利。时效救助与中期命令的保障因为只有香港仲裁制度存在，其他仲裁制度并未规定，因而并无代表性，区际商事仲裁制度暂时无须规定。

2. 法院对仲裁裁决的承认和执行。法院对仲裁裁决的承认与执行的民事诉讼程序属于公法范围，只能适用法院地法。尽管属于英美法系的香港与属于大陆法系的澳门对承认与执行的程序不同，但是，这种差异并非仲裁法所能够解决的，只能尊重。

3. 对仲裁管辖权的限制。为了避免各因为可仲裁性问题引起不必要的争议，本书论证的区际商事仲裁制度所涉及的仲裁范围为区际商事争议。而所谓"商事"概念则严格参照适用联合国《国际商事仲裁示范法》的"商事"概念。即对"商事"一词应作广义解释，使其包括不论是契约性或非契约性的一切商事性质的关系所引起的种种事情。商事性质的关系包括但不限于下列交易：供应或交换货物或服务的任何贸易交易；销售协议；商事代表或代理；代理；租赁；建造工厂；咨询；工程；许可证；投资；筹资；银行；保险；开发协议或特许；合营和其他形式的工业或商业合作；货物或旅客的天空、海上、铁路或公路的载运。①

4. 法院介入实质性初步法律论点的裁定。这是香港仲裁制度下特殊制度，由于内地、澳门与台湾的仲裁制度则没有类似规定，因而并不具备代表性。因而，不能引进区际商事仲裁制度之中。

5. 法院对裁决效力的否定。

（1）撤销条件与理由。尽管内地与港澳台仲裁制度对撤销条件解释不同。但内容基本与联合国示范法关于裁决条件大体相同，有的法域甚至完全照抄，因而，以该示范法为依据统一撤销条件是可行的。由于内容太多，具体条件将留待下一标题的具体条款的草拟中表述。

（2）启动否定裁决效力的主体。在撤销仲裁裁决程序中，

---

① 参见联合国《国际商事仲裁示范法》注释2"商事"一词解释。宋连斌、林一飞译编：《国际商事仲裁资料精选》，知识产权出版社2004年版，第574页。

当事人是共同的诉讼启动主体。在涉及不可裁决事项或者违反公共秩序情况下，法院也可以主动撤销仲裁裁决。这两个主体应为区际商事仲裁制度所吸收。但是"检察院"这个主体是不可取的，因为这仅是澳门本地仲裁制度下特殊主体资格，而且是针对无效之诉而言。而所谓无效之诉在区际商事仲裁制度中应该不能支持，不仅因为其特殊主要是减少法院的介入层面，而且因为这一制度发展到极点，会因过多的介入主体的不可预见性，使得仲裁裁决始终处于效力待定状态，从而失去定纷止争的功效，从而最终否定仲裁制度存在的基础。

（3）法院否定裁决效力的形式。撤销与重新仲裁是我国四个法域否定仲裁裁决效力的共同方式，在区际商事仲裁制度中应该予以吸收。香港法院对进入司法审查程序的仲裁裁决的"修改权"因为以所谓上诉制度为生存背景，不符合一般情况下只作程序审查的撤销之诉的特点，因而在区际商事仲裁制度的撤销之诉中不应授予法院修改裁决的权力。澳门涉外商事仲裁制度下赋予仲裁庭"采取其认为能消除撤销仲裁裁决理由的其他措施"尽管有模糊空间，但是没有违背仲裁法精神，且与联合国示范法精神相同，因而可以保留。必须提醒的是，行使撤销之诉管辖权的法院应该是仲裁地法院，因为它指向了裁决的区籍问题，同时仲裁本质上是一种解决民事争议的"民事法律行为"，行为的效力应与其行为地的法律紧密联系，因而由仲裁地的法院行使撤销管辖权是比较合适的。

二 区际商事仲裁司法监督与保障机制的示范条款

（一）仲裁员的异议机制

关于仲裁员的异议机制前文在仲裁员制度时已有提及。但是，该章主要从仲裁员角度讨论，本章的焦点是司法保障与监督。就仲裁员的异议机制而言，在区际商事仲裁制度中应该区分以中国区际商事仲裁中心为代表的机构中心与临时仲裁。属于中国区际商事仲裁中心的机构仲裁范围的案件，仲裁员的异议最后决定应当由中国区际商事仲裁中心作出，而临时仲裁的异议决定最后由仲裁地法院作出。

第 X 条　提出异议的理由

（1）某人被询有关他可能被指定为仲裁员的事情时，他应该可能会对他的公正性或独立性引起正当的怀疑的任何情况说清楚。仲裁员从被指定之时起以至在整个仲裁程序进行期间，应不迟延地向当事各方说清楚任何这类情况，除非他已将这类情况告知当事各方。

（2）只有存在对仲裁员的公正性或独立性引起正当的怀疑的情况或他不具备当事各方商定的资格时，才可以对仲裁员提出异议。当事一方只有根据作出指定之后得知的理由才可以对他所指定的或他参加指定的仲裁员提出异议。

第 X 条　提出异议和程序

（1）当事各方可以自由地就对仲裁员提出异议的程序达成协议，但须服从本条第（3）款的规定。

（2）如未达成这种协议，拟对仲裁员提出异议的当事一方，应在他得知仲裁庭组成或得知第 X 条第（2）款所指的任何情况后 15 天内向仲裁庭提出书面陈述，说明提出异议的理由。除非他提出异议的仲裁员辞职或当事他方同意所提出的异议，否则仲裁庭应就所提出的异议作出决定。

（3）如根据当事各方协议的任何程序或根据本条第（2）款的程序提出的异议未能成立，提出异议的当事一方可以在收到驳回所提出的异议的决定的通知后 30 天内请求中国区际商事仲裁中心就该异议作出决定，该决定不容上诉；在等待对该请求作出决定的同时，仲裁庭包括被提出异议的仲裁员可以继续进行仲裁程序和作出裁决。

（4）如本条第（2）款所涉及的仲裁庭系临时仲裁，则第（3）款所提及"中国区际商事仲裁中心"应由仲裁地法院替代。

第 X 条　未行事或不能行事

（1）如果仲裁员在法律上或事实上不能履行他的职责或由于其他原因未能不过分迟延地行事，他的任命即告终止，如果他辞职或当事各方就终止他的任命达成协议的话。但如对上述任何原因仍有争议，当事任何一方均可以请求中国区际商事仲裁中心就终止其任何一事作出决定，该决定不容上诉。如属临时仲裁，则此项决定应由仲裁地法院作出。

（2）如果按照本条或第 X 条第（X）款的规定，一名仲裁员辞职或当事一方同意终止对一名仲裁员的任命，这并不暗示接受本条或第 X 条第（X）款所指的任何理由的有效性。

（二）仲裁管辖权的监督与保障

仲裁制度的监督与保障是一个综合性制度，它是各具体仲裁制度的归纳与综合，因此，在起草区际仲裁管辖权的监督与保障机制条款时，必然涉及前文在第三章区际商事仲裁管辖权制度中已经起草的仲裁优先原则。为比较全面介绍本章的制度，我们认为有必要进一步引用。但是，针对非仲裁地法院对仲裁协议的认定，本章应该增加相应的新内容。

第 X 条　定义及解释规则

为了本法的目的：

（A）"商事"一词应作广义解释，使其包括不论是契约性或非契约性的一切商事性质的关系所引起的种种事情。商事性质的关系包括但不限于下列交易：供应或交换货物或服务的任何贸易交易；销售协议；商事代表或代理；代理；租赁；建造工厂；

咨询；工程；许可证；投资；筹资；银行；保险；开发协议或特许；合营和其他形式的工业或商业合作；货物或旅客的天空、海上、铁路或公路的载运。

第 X 条　仲裁协议和向法院提出的实质性申诉

（1）向法院提起仲裁协议标的诉讼时，如当事一方在其不迟于其就争议实质提出第一次申述的时候要求仲裁，法院应让当事各方付诸仲裁，除非法院发现仲裁协议无效、不能实行或不能履行。

（2）在本条第（1）款提及的诉讼已提起时，仍然可以开始或继续进行仲裁程序，并可作出裁决，同时等待法院对该问题的判决。

第 X 条　仲裁庭对自己的管辖权作出裁定的权力

（1）……

（2）……

（3）……

（4）尽管有仲裁地法院以外的其他法域法院对仲裁协议的无效认定，仲裁庭可以决定的继续仲裁程序。

（三）仲裁程序的监督与保障

法院对区际商事仲裁的程序保障本来包含缺位仲裁员的指定、仲裁取证与财产保全及证据保全等方面，但是，本书在第四章中提出，仲裁员的补缺功能应该由中国区际商事仲裁中心完成。因而，尽管区域仲裁制度中，仲裁员补缺是法院对仲裁制度的保障功能之一，但是，区际商事仲裁制度示范规范中将不包括法院补缺功能。

第 X 条　在获取证据方面的法院协助

仲裁庭或当事一方在仲裁庭同意之下，可以请求相关行政区主管法院协助获取证据或者采取证据保全措施。法院可以在其权限范围内并按照法院地法获取证据的规则的规定执行上述请求。

第 X 条　财产保全方面的法院协助

一方当事人因另一方当事人的行为或者其他原因，可能使裁决不能执行或者难以执行的，可以申请财产保全。当事人申请财产保全的，仲裁庭应当将当事人的申请提交相关行政区主管法院。申请有错误的，申请人应当赔偿被申请人因财产保全所遭受的损失。

（四）对仲裁裁决的司法复核与效力的否定

法院对仲裁裁决的司法复核与效力的否定是一个问题的两个方面，司法复核是法院对仲裁的监督，而对裁决效力的否定系司法复核的结果之一。因为司法复核并非无条件、无章法的随意复核，实际上国际商事仲裁都是设定撤销裁决的条件，由法院按照设定的撤销条件，进行司法复核。复核的结果可能有三种：不符合撤销条件的予以驳回，符合撤销条件的，如上文分析，可以分撤销、发回重审及其他补救措施等几种情况。因此，设计示范法条款时应该将司法复核与对裁决效力的否定一并考虑。

第 X 条　仲裁裁决的撤销

（1）只有按照本条第（2）和第（3）款的规定申请撤销，才可以对仲裁裁决向仲裁地法院提起撤销之诉。

（2）仲裁裁决只有在下列情况下才可以被第 X 条规定的法院撤销：

（A）提出申请的当事一方提出证据证明：

（a）第 X 条所指的仲裁协议的当事一方欠缺行为能力；或根据当事各方所同意遵守的法律，或未认明有任何这种法律，则根据其准据法，上述协议是无效的；或

（b）未将有关指定仲裁员或仲裁程序的事情适当地通知提出申请的当事一方，或该方因其他理由未能陈述其案情；或

（c）裁决处理了不是提交仲裁的条款所考虑的或不是其范围以内的争议，或裁决包括有对提交仲裁以外的事项作出的决定，但如果对提交仲裁的事项所作的决定与对未提交仲裁的事项所作出的决定能分开的话，只可以撤销包括有对未提交仲裁的事项作出决定的那一部分裁决；或

（d）仲裁庭的组成或仲裁程序与当事各方的协议不一致，除非这种协议与当事各方不能背离的本法的规定相抵触，或当事各方并无此种协议，则与本法不符；或

（B）法院认为：该裁决与仲裁地的公共政策相抵触。

（3）提出申请的当事一方自收到裁决书之日起，三个月后不得申请撤销；如根据第 X 条提出了请求，则从该请求被仲裁庭处理完毕之日起三个月后不得申请撤销。

（4）法院被请求撤销裁决时，如果适当而且当事一方也要求暂时停止进行撤销程序，则可以在法院确定的一段期间内暂时停止进行，以便给予仲裁庭一个机会重新进行仲裁程序或采取仲裁庭认为能够消除请求撤销裁决的理由的其他行动。

（五）法院对仲裁裁决的承认与执行

法院对仲裁裁决的承认与执行是下一章专题讨论的话题，由于涉及本书到目前为止尚未讨论的内容，我们决定将法院对仲裁裁决承认与执行的示范条款的设计留待第九章讨论。

三　法院对区际商事仲裁监督与保障机制的立法体例

法院对区际商事仲裁监督与保障机制渗透到仲裁的各相关环节，尽管本书为研究方便以专章集中研究，但是，从立法体例上来讲，中国区际商事仲裁制度的示范规范立法应该按照仲裁本身的逻辑进行立法。也就是说，法院对区际商事仲裁监督与保障机制的示范条款应该分散到仲裁程序的各相应部分。具体说来，

（1）对仲裁员的异议机制应该安排在"仲裁庭的组成"专章中；（2）仲裁管辖权的监督与保障实际上涉及的是仲裁的管辖依据仲裁协议问题，因而应当安排在"仲裁协议"专章中；（3）仲裁程序的监督与保障既然主要是程序问题"仲裁程序的进行"专章中；（4）"对仲裁裁决的司法复核与效力的否定"以及（5）"法院对仲裁裁决的承认与执行"在仲裁制度中占有比较重要的地位，国际上许多国家立法以及我国许多区域仲裁立法都将其作为独立专章加以规范，因而在区际商事仲裁示范法中，也应该分别专章加以调整。

第九章

中国区际商事仲裁裁决的承认与执行

第一节 国际商事仲裁裁决的承认与执行

仲裁裁决的最后阶段是裁决的承认与执行，只有通过承认与执行仲裁的目的才能真正实现。然而，仲裁与司法最大的差别是司法是一种完整的解决民商争议体系，可以独立完成从受理民商争议，到通过民事诉讼程序裁判争议，最后到通过执行程序最终实现判决的司法目的的过程。然而，仲裁的民间契约属性决定了仲裁自身无法企望立法赋予强制权力，一旦当事人不能自觉履行仲裁裁决，寻求法院的支持与保障是必然的。国际商事仲裁实践表明，任何国家或者地区的法院对仲裁裁决的执行并不是无条件的，每个法域的立法者对仲裁裁决的执行都设定了宽严不一的条件，对域外仲裁裁决还规定了裁决的条件。由于区际法院的缺位，我们的区际商事仲裁裁决最终不得不寻求区域法院的支持。按照前文研究的区际仲裁裁决区籍的识别标准识别的区际裁决只能属于某一法域的裁决，就其他法域而言，区际裁决将被识别成域外裁决，区际裁决必然会像其他域外裁决一样遭遇裁决的承认与执行以及为实现这两个目的而不可避免的相关法律问题。国际商事仲裁中裁决的承认与执行主要涉及如下几个问题：

一　外国裁决与非内国标准

国际商事仲裁裁决的承认与执行问题首先必须解决外国裁决或者"国际裁决"的识别问题。这是一个国家适用不同的程序的先决条件。我们知道，内国裁决（domestic award）只存在强制执行问题，而按照国际惯例，外国裁决（foreign arbitral award）在执行之前还必须面对裁决的承认问题。有时，外国裁决的承认本身就是一个独立的程序，不一定需要随之而来的强制执行。即便是裁决的强制执行，许多国家对内国裁决与外国裁决的强制执行采取不同的程序，特别是依据不同的条件进行拒绝执行的审查。

外国裁决与内国裁决的区别的识别标志，或者说所谓裁决的国籍问题第七章已经讨论过。识别国籍的标准主要有地域标准、仲裁程序适用法的标准以及混合标准。目前为世界各国所普遍认可的是地域主义的"裁决作出地"标准，其依据是《承认及执行外国仲裁裁决的纽约公约》第 1 条"仲裁裁决，因自然人或法人间之争议而产生且在声请承认及执行地所在国以外之国家领土内作成者，其承认及执行适用本公约"。

然而，尽管有国际条约依据，法院毕竟是根据本国法律对仲裁裁决进行定性。有时候，法院地根据本国法认定某一裁决属于外国裁决，但其裁央地的国家并不认为属于本国裁决。或者说，这所谓的"外国"并不存在。例如，执行地国法院认定某一裁决为仲裁地的裁决，但是，仲裁地国法院可能并不认为该裁决属于本国裁决。为了避免这种裁决国籍消极冲突引发的公约适用真空。公约使用了"非内国裁决（non-domestic award）"① 的概

---

① 《纽约公约》第 1 条"本公约对于仲裁裁决经声请承认及执行地所在国认为非内国裁决者，亦适用之"。参见宋连斌、林一飞译编：《国际商事仲裁资料精选》，知识产权出版社 2004 年版，第 547 页。

念，换言之就是所谓"非内国裁决标准"，即无论裁决的具体国籍如何，只要执行地法院不认为属于本法域裁决即可适用《纽约公约》加以承认与执行。值得我们特别重视的是，由"非内国裁决标准"引申出来的"非内国仲裁理论"认为，"国际仲裁裁决没有国籍，它与任何国家的法律秩序都没有必然的联系。鉴于国际仲裁裁决的国际性，它是'浮动的'，到处漂泊，哪个法院执行了它，该法院地法即赋予了该裁决当地法律上的效力……非内国仲裁裁决不构成裁决法律组成部分"。①

二 承认与执行外国裁决的法律渊源

承认与执行外国仲裁裁决的法律依据主要有两大类：其一是国内立法；其二是国际立法。在国内立法中又分为仲裁法形式与诉讼法两种方式。前者如印度 1996 年《仲裁与调解法》第二部第一章（第44—51条）对承认与执行外国仲裁裁决的问题进行了规范；后者如德国 1998 年《民事诉讼法》第 1061 条，法国 1981 年《民事诉讼法典》第五篇第 1498 条，我国内地的民事诉讼法第 217 条也属于此类。在国际立法上，主要有联合国贸法会制定的《国际商事仲裁示范法》和相关国际公约中的规定。其中比较著名的有 1958 年《承认及执行外国仲裁裁决公约》（《纽约公约》）、1961 年《欧洲国际商事仲裁公约》和《美洲（巴拿马）国家仲裁公约》。

三 拒绝承认与执行外国仲裁裁决的主要理由

承认与执行仲裁裁决的问题最主要集中在拒绝承认与执行外

---

① 参见赵秀文编著《国际商事仲裁法》，中国人民大学出版社 2004 年版，第 475 页。

国仲裁裁决方面。综合上述承认与执行外国裁决各类法律渊源，拒绝承认与执行外国仲裁裁决的主要理由如下：

（一）仲裁协议的效力瑕疵

仲裁协议是仲裁管辖权的根本依据。如果执行地法院认为仲裁协议无效，或者仲裁协议的当事人无行为能力，那么，法院可以拒绝承认与执行该项裁决。而认定仲裁协议无效的法律依据主要依当事人的意思自治，在当事人无约定的情况下，一般依裁决地法。当事人的行为能力，按照国际私法原则，一般适用其属人法，主要是其国籍国的法律。采用此项标准的立法有：《纽约公约》第 5 条第（1）款（甲）项、《国际商事仲裁示范法》第 36 条（1）款（A）项（a）目及 1986 年《荷兰民事诉讼法典》第 1076 条第 1 款第（A）项第（1）目。

（二）仲裁违反了正当程序

有些学者认为，《纽约公约》第 5 条第（1）款（乙）项实际上是为国际商事仲裁设立了正当程序的基本标准：即给予当事人指定仲裁员和进行仲裁程序的适当通知以及保证当事人有机会能够提出申辩①。对此，我们表示赞同。实际上，在国际商事仲裁的立法与实践中，保证仲裁的正常程序已经成为执行地法院对申请承认与执行的外国裁决或者非本国裁决进行审查时所特别关注的问题，也因此，成为执行地法院拒绝承认与执行仲裁裁决的基本理由之一。采纳这种观点的，除了前述《纽约公约》第 5 条第（1）款（乙）项外，还有《国际商事仲裁示范法》第 36 条（1）款（A）项 b 目以及澳大利亚新南威尔士《1984 年商事仲裁法》第 58 条第（4）款（c）项。

---

① 参见韩德培、黄进主编，宋航著《国际商事仲裁裁决的承认与执行》，法律出版社 2000 年版。

（三）仲裁裁决超越了当事人申请裁决的范围

只要有效的仲裁协议规定的争议事项，仲裁庭都有理论管辖权。然而，在具体争议案件中，仲裁申请人请求仲裁庭解决的不一定是仲裁协议所涉及的所有争议事项，一般情况下只涉及仲裁协议范围的一个或者数个部分。尽管仲裁庭拥有基于仲裁协议的较大管辖权，但在具体商事仲裁案件中，仲裁庭的实际管辖权仅限于仲裁申请人请求事项。也就是说，仲裁庭只能就当事人申请解决的仲裁事项进行裁判，超越了申请人的仲裁申请部分，仲裁庭就失去了实际管辖权的基础，因此形成的裁决，执行地法院有理由拒绝承认与执行。支持这一观点的有《纽约公约》第5条第（1）款（丙）项、《国际商事仲裁示范法》第36条（1）款（A）项（c）目及澳大利亚新南威尔士《1984年商事仲裁法》第58条第（4）款（d）项等。

（四）仲裁庭的组成或仲裁程序与仲裁协议或者仲裁程序法不符

这一理由体现了执行地法院对当事人在仲裁庭的组成与仲裁程序阶段的意思自治的充分尊重。仲裁庭的组成或仲裁程序首先应当尊重当事人在仲裁协议中确定的仲裁庭组成条件或仲裁程序要求，只有无此约定情况下，适用仲裁地法才作为补充。如果根据上述法律适用规则，仲裁庭的组成或者仲裁程序有瑕疵的，执行地法院有权拒绝承认与执行该项判决。这一理由规定在《纽约公约》第5条第（1）款（丁）项、《国际商事仲裁示范法》第36条（1）款（A）项d目及1986年《荷兰民事诉讼法典》第1076条第（1）款第（A）项第（2）目之中。

（五）裁决的效力瑕疵

国际商事仲裁制度要求进入执行程序的裁决必须是已经生效的终局裁决。世界各国的仲裁制度为仲裁裁决生效设置了许多制约措施。最典型的是撤销程序，在英美法系国家是所谓裁决上诉制度，有些国家的仲裁制度本身也设立了上诉程序等等，这些制约程序使得裁决的内容并不具有终局性与稳定性，从法理上讲不能进入执行程序。裁决的效力瑕疵是执行的大忌，非终局裁决不仅会影响执行的效果（一旦执行后被撤销，尽管通过执行回转恢复被错误执行的财产，但浪费了司法资源），而且执行的反复会严重影响裁决的威信，影响仲裁事业的发展。因此，许多国际、国内仲裁立法都严格规定，执行地法院对存在效力瑕疵的仲裁裁决有权拒绝承认与执行。例如《纽约公约》第 5 条第（1）款（戊）项、《国际商事仲裁示范法》第 36 条（1）款（A）项 e 目及 1986 年《荷兰民事诉讼法典》第 1076 条第 1 款第（A）项第（4）、（5）目等。

（六）仲裁事项不可仲裁

可仲裁性问题实际上是仲裁管辖权的一个重要方面，单就这一专题足可以专门章节加以研究。前文分析过，由于区际商事仲裁制度集中研究"商事"领域的仲裁事项，且作者认为，区际商事仲裁的"商事"概念应当与联合国示范法的"商事"概念保持一致，故本书没有特别研究。然而，在国际商事仲裁领域，裁决事项是否属于可仲裁范围是仲裁裁决能否得到执行地法院承认与执行的重要理由之一。《纽约公约》第 5 条第（2）款（甲）项、《国际商事仲裁示范法》第 36 条（1）款（B）项 a 目以及澳大利亚新南威尔士《1984 年商事仲裁法》第 58 条第（6）款（a）项都明确认定如果被申请承认与执行的外国裁决在法院地法不属于可仲裁范围，那么该项裁决的承认与执行申请将遭到拒绝。

（七）承认与执行仲裁裁决违反公共政策

对外国仲裁裁决的公共政策的审查是执行地法院把握的最后

一道关。这是一个既模糊又笼统的标准。因为什么是公共政策本身并没有什么客观标准，每个国家几乎都是根据自己的标准对公共政策进行界定。更多的国家在本国法中也没有对公共政策作出规定，实际上由执行地法院自由把握。然而，这些模糊特性并没有妨害各国在制定拒绝承认与执行外国仲裁裁决时对公共政策标准的偏爱。《纽约公约》第 5 条第（2）款（乙）项、《国际商事仲裁示范法》第 36 条（1）款（B）项（b）目及澳大利亚新南威尔士《1984 年商事仲裁法》第 58 条第（6）款（b）项都明确支持公共政策作为拒绝承认与执行外国仲裁裁决的标准。《国际法协会 2002 年新德里大会国际商事仲裁委员会以"公共政策"拒绝执行国际仲裁裁决的最终报告》① 可以说是国际商事仲裁领域对公共政策最权威的研究。该报告认为"每个国家享有在其境内以'公共政策'为由拒绝执行仲裁裁决，这是一条普遍接受的规范"②。"有人试图确定'公共政策'和'国际公共政策'的内容，但不可能对其作出精确定义"。③ "委员会承认每个国家的法院享有在其管辖范围内决定何种事由构成公共政策的最终权利。"④ 可见，不管合理与否，违反法院地公共政策是国际商事仲裁领域普遍接受的拒绝承认与执行仲裁裁决的理由。

上述拒绝承认与执行外国仲裁裁决的理由仅是作者的归纳，

---

① 该报告中文译本参见鲍冠艺、黄伟译，王瀚校：《国际法协会 2002 年新德里大会国际商事仲裁委员会以公共政策拒绝执行国际仲裁裁决的最终报告》。参见广州仲裁委员会主办《仲裁研究》第七辑，2006 年版，第 88—97 页。

② 参见《国际法协会 2002 年新德里大会国际商事仲裁委员会以公共政策拒绝执行国际仲裁裁决的最终报告》第 9 条，广州仲裁委员会主办《仲裁研究》第七辑，2006 年版，第 89 页。

③ 同上书第 12 条，广州仲裁委员会主办《仲裁研究》第七辑，2006 年版，第 90 页。

④ 同上书第 24 条，广州仲裁委员会主办《仲裁研究》第七辑，2006 年版，第 92 页。

目前在世界上对多数国家具有约束力的拒绝承认与执行外国仲裁裁决的理由的规范表述是《承认及执行外国仲裁裁决公约》（《纽约公约》）第 5 条第（1）款。该款规定：

"一、裁决唯有于受裁决援用之一造向声请承认及执行地之主管机关提具证据证明有下列情形之一时，始得依该造之请求，拒予承认及执行：

（甲）第 5 条所称协定之当事人依对其适用之法律有某种无行为能力情形者，或该项协定依当事人作为协定准据之法律系属无效，或未指明以何法律为准时，依裁决地所在国法律系属无效者；

（乙）受裁决援用之一造未接获关于指派仲裁员或仲裁程序之适当通知，或因他故，致未能申辩者；

（丙）裁决所处理之争议非为交付仲裁之标的或不在其条款之列，或裁决载有关于交付仲裁范围以外事项之决定者，但交付仲裁事项之决定可与未交付仲裁之事项划分时，裁决中关于交付仲裁事项之决定部分得予承认及执行；

（丁）仲裁机关之组成或仲裁程序与各造间之协议不符，或无协议而与仲裁地所在国法律不符者；

（戊）裁决对各造尚无拘束力，或业经裁决地所在国或裁决所依据法律之国家之主管机关撤销或停止执行者。

二、倘声请承认及执行地所在国之主管机关认定有下列情形之一，亦得拒不承认及执行仲裁裁决：

（甲）依该国法律，争议事项系不能以仲裁解决者；

（乙）承认或执行裁决有违该国公共政策者。"

1985 年制定的联合国《国际商事仲裁示范法》第 36 条又以《纽约公约》第 5 条第（1）款为蓝本作出了类似的表述。不过，由于 1985 年制定联合国示范法时，中国共产党领导的中华人民共和国已经取代了国民党政府在联合国的席位。因此，目前使用的翻译本均为现代中文的简化翻译本，取代了《纽约公约》中文本的文言文翻译方式。为了方便下文引用，特将第36条第（1）款全文引述如下：

"第36条　拒绝承认或执行的理由

（1）只有在下列情况下才可拒绝承认或执行不论在何国作出的仲裁裁决：

（A）经根据裁决被提出要求的当事一方请求，如果该当事一方向被要求承认或执行裁决的主管法院提出证据证明：

（a）第7条所指的仲裁协议的当事一方欠缺行为能力，或根据当事各方所同意遵守的法律，或未订明有任何这种法律，则根据作出裁决的国家的法律，上述协议是无效的；或

（b）未将有关指定仲裁员或仲裁程序的事情适当地通知依据裁决被提出要求的当事一方，或该方因其他理由未能陈述其案情；或

（c）裁决处理了不是提交仲裁的条款所考虑的或不是其范围以内的争议，或裁决包括有对提交仲裁以外的事项作出的决定，但如果对提交仲裁的事项所作出的决定与对未提交仲裁的事项所作出的决定能分开的话，可以承认并执行包括有就提交仲裁的事项作决定的那一部分裁决；或

（d）仲裁庭的组成或仲裁程序与当事各方的协议不一致，或并无这种协议，则与仲裁所在国的法律不符；或

（e）裁决尚未对当事各方具有约束力，或作出裁决的国家的法院，或根据其法律作出裁决的国家的法院已将裁决撤销或中止；或

（B）如经法院认定：

（a）根据本国的法律，该争议的标的不能通过仲裁解决；或

（b）承认或执行该裁决与本国的公共政策相抵触。"

四　不被承认与执行的域外裁决的效力

不被承认与执行的外国裁决的效力问题本质上还是该裁决的承认与执行问题。前文我们总结了国际商事仲裁实践中拒绝承认与执行的七大理由。执行地法院可以根据其中任何一个理由拒绝该项仲裁裁决的承认与执行。然而，一份被拒绝承认与执行的外国裁决是否与国内仲裁裁决被撤销后的命运相同呢？答案是完全不同的。在国内仲裁制度中，一个纯内国裁决如果被本国法院撤销，则该项裁决的效力完全被否定，那么，当事人一般就只能将争议事项提交诉讼，除非当事人就该争议事项另行达成仲裁协议，而这一概率是特别低的。但是，一份外国裁决或者国际仲裁裁决被执行地国家拒绝承认与执行，并不意味着该裁决效力的彻底否定。因为一份外国裁决或者国际裁决，其申请承认与执行的目标国家（以下简称目标国家或者目标法域）可能不止一个。例如裁决败诉方在数个目标国家内均有可执行财产等。同样一份裁决在一个目标国家被拒绝承认与执行不一定在其他国家被拒绝。因为每个国家都是按照自己的法律对裁决进行审查，各国拒绝承认与执行的理由不完全相同，甚至相同拒绝执行的理由理解内涵也不同（例如前文提及的公共政策问题），都可能导致一份被某一目标国家拒绝执行的裁决，在其他目标法域得到承认与执行。例如某一伦敦国际商事仲裁院的仲裁裁决在伊朗被拒绝承认与执行，在法国或者日本却得到承认与执行。因而，所谓国际商事仲裁裁决的拒绝承认与执行实际上是个相对概念，相对于某一目标国家是被拒绝承认与执行了，相对于其他目标国家而言，这一裁决仍然具有既判力与强制执行效力。裁决被拒绝承认与执行是基于来自仲裁裁决地或者仲裁程序法所在地的裁决瑕疵。例如裁决被仲裁裁决地或者仲裁程序法所在地国的法院撤销或者停止执行。这是因为按照目前的国际商事仲裁法律适用法规则，仲裁裁决具有仲裁裁决地或者仲裁程序法所属地国的国籍。或者比照主体概念，成为国际商事仲裁裁决的"属人法"。按照《纽约公约》第5条第（1）款（戊）项精神，仲裁裁决"业经裁决地所在国或裁决所依据法律之国家之主管机关撤销或停止执行者"。将被拒绝承认与执行。按照《纽约公约》的上述精神，如果被申请执行的仲裁裁决被其"国籍国"的法院撤销或者停止执行，那么，所有《纽约公约》成员国都有权拒绝承认与执行。当然《纽约公约》是侧重于执行地法院的权利角度规范，上述引用的《纽约公约》第5条第（1）款（戊）项并不构成成员国的义务。毕竟承认与执行外国仲裁裁决完全是执行地国司法主权范围内的事，即便符合上述条件，执行地法院如果认为执行该项瑕疵裁决符合本国的司法利益，那么他们仍然可能承认与执行该瑕疵裁决。在坚持"非内国仲裁理论"的国家尤其如此，因为这些国家认为，国际裁决独立于裁决地之外，即便被裁决地国法院撤销，也改变不了仲裁裁决由仲裁庭作出的事实。其他国家同样可以根据本国法承认与执行该项争议裁决。在国际上法国法院承认与执行被瑞士法院撤销了的对希尔玛顿案作出的裁决，美国法院承认与执行被埃及法院撤销了的仲裁庭对克罗马罗案作出的裁决就很著名①。

第二节　中国区域仲裁域外裁决的承认与执行现状

仲裁裁决的承认与执行涉及本地仲裁与涉外仲裁。涉外仲裁

---

① 参见赵秀文编著《国际商事仲裁法》，中国人民大学出版社2004年版，第472页。

既包括区内仲裁机构或者仲裁地在区内的临时仲裁的涉外裁决也包括外国裁决，港澳回归后，我国区际之间出现的以其他法域命名的仲裁裁决，例如2000年修订后的香港《仲裁条例》第IIIA部"内地裁决的强制执行"中所涉及的"内地裁决"等。就本地仲裁而言，并不存在承认问题，强制执行一般都有明确规定。鉴于区际法院的缺位，区际商事仲裁制度更关注区际商事仲裁裁决在各法域的承认与执行。区际仲裁裁决除可能被仲裁地法院认定为本区裁决外，从其他区域法院的角度看，区际仲裁裁决很可能被识别为"外区裁决"或者按照"非内国仲裁理论"被识别为"区际裁决"，在这种情况下，区域法院都会按照涉外仲裁裁决的承认与执行处理。为此，作者认为，有必要重点研究区域仲裁法中域外仲裁裁决的承认与执行问题。

一　内地承认与执行外国外区仲裁裁决的制度

内地《仲裁法》中没有直接规定外国仲裁裁决的承认与执行问题。但是，1991年的《中华人民共和国民事诉讼法》第269条规定："国外仲裁机构的裁决，需要中华人民共和国人民法院承认与执行的，应当由当事人直接向被执行人住所地或其财产所在地的中级人民法院申请，人民法院应当依照中华人民共和国缔结或参加的国际条约，或者按照互惠原则办理。"

1987年4月10日，最高人民法院发布了《关于执行我国加入〈承认及执行外国仲裁裁决公约〉的通知》，宣布我国已经于1986年12月2日决定加入1958年纽约公约，该公约于1987年4月22日对内地生效。

1995年8月28日，最高人民法院发布了《关于人民法院处理与涉外仲裁及外国仲裁事项有关问题的通知》（法发【1995】18号），其中第2条规定："凡一方当事人……向人民法院申请承认和执行外国仲裁机构的裁决，如果人民法院认为……申请承认和执行的外国仲裁裁决不符合我国参加的国际公约的规定或者不符合互惠原则的，在裁定……拒绝承认与执行之前，必须报请本辖区所属高级人民法院进行审查；如果高级人民法院同意……拒绝承认和执行，应将其审查意见报最高人民法院，待最高人民法院答复后，方可裁定……拒绝承认和执行。"

1998 年 10 月 21 日，最高人民法院发布了《关于承认和执行外国仲裁裁决收费及审查期限问题的规定》（法释【1998】28号），其中第 4 条规定："当事人依照纽约公约第 4 条规定的条件申请承认和执行外国仲裁裁决，受理申请的人民法院决定予以承认和执行的，应在受理申请之日起两个月内作出裁定，如无特殊情况，应在裁定后六个月内执行完毕；决定不予承认和执行的，须按最高人民法院法发【1995】18 号《关于人民法院处理与涉外仲裁及外国仲裁事项有关问题的通知》的有关规定，在受理申请之日起两个月内上报最高人民法院。"

2000 年 1 月 24 日，最高人民法院以法释〔2000〕3 号司法解释公布了《最高人民法院关于内地与香港特别行政区相互执行仲裁裁决的安排》，该安排规定内地对香港特别行政区作出的仲裁裁决予强制执行，执行法院为被申请人住所地或者财产所在地中级人民法院。内地法院按照内地法律作出执行处理。但是存在下列情况之一的，内地法院可以拒绝执行：

（一）仲裁协议当事人依对其适用的法律属于某种无行为能力的情形；或者该项仲裁协议依约定的准据法无效；或者未指明以何种法律为准时，依仲裁裁决地的法律是无效的；

（二）被申请人未接到指派仲裁员的适当通知，或者因他故未能陈述意见的；

（三）裁决所处理的争议不是交付仲裁的标的或者不在仲裁

协议条款之内，或者裁决载有关于交付仲裁范围以外事项的决定的；但交付仲裁事项的决定可与未交付仲裁的事项划分时，裁决中关于交付仲裁事项的决定部分应当予以执行；

（四）仲裁庭的组成或者仲裁庭程序与当事人之间的协议不符，或者在有关当事人没有这种协议时与仲裁地的法律不符的；

（五）裁决对当事人尚无约束力，或者业经仲裁地的法院或者按仲裁地的法律撤销或者停止执行的；

（六）内地法院认定依执行地法律，争议事项不能以仲裁解决的。

（七）内地法院认定在内地执行该仲裁裁决违反内地社会公共利益。

内地民事诉讼法及最高人民法院的文件的规定向我们展示了内地承认与执行外国仲裁裁决的如下政策内容：

（一）对公约裁决的执行，适用《纽约公约》的有关部门规定。但是必须注意的是，我国加入《纽约公约》时作了互惠声明和商事保留声明。内地具体执行该公约的法院是各地中级人民法院。而且必须在受理申请后的两个月内作出是否承认裁决的决定，并且在裁定承认后六个月内执行完毕。如果不予承认和执行，必须遵照上报制度逐级上报，直到最高人民法院作出最后决定。

（二）对非公约裁决仍然按照《中华人民共和国民事诉讼法》第 269 条的规定依照互惠原则承认和执行。但是，内地的司法实践中极少出现这种程序。

（三）对香港裁决没有规定"承认"裁决程序，也就是说香港与内地相互执行裁决时是直接进入强制执行程序，而免于"承认程序"。

二 香港承认与执行外国外区仲裁裁决的制度

按照香港《仲裁条例》精神，香港的承认与执行外法域的裁决制度分为外国裁决（或公约裁决）与内地裁决两大类，并就其承认与执行问题分别作了不同规定。

（一）外国裁决（或公约裁决）的承认与执行。

1. 什么是公约裁决？

根据香港《仲裁条例》的释义，公约裁决是依据仲裁协议在某一国家或领土（香港除外）所作出的裁决，而该国家或领土乃《纽约公约》的缔约方。从条例给出的公约裁决的含义看，香港是以仲裁裁决的作出地所属国是否为《纽约公约》的成员国来识别仲裁裁决是否公约裁决。

2. 公约裁决的法律效力

（1）强制执行力。公约裁决在香港可以通过两种方式得到强制执行。其一是通过诉讼方式强制执行。其二是采用与香港《仲裁条例》第 2GG 条同样的方式强制执行。

（2）既判力。根据香港《仲裁条例》而可以强制执行的公约裁决不仅对裁决当事人之间具有法律约束力，而且，裁决当事人还可以在香港进行的法律程序中援引该裁决进行抗辩、抵消或其他用途。

3. 申请强制执行公约裁决应该提交的法律文件

《仲裁条例》规定，要求强制执行公约裁决的一方当事人必须向法院提交下列文件：

（1）提交妥为认证的裁决正本，或经妥为核证的裁决副本。

（2）提交仲裁协议正本或经妥为核证的协议副本。

（3）如裁决或协议是以外语书写的，则须交出由官方或经宣誓的翻译员，或外交或领事人员所核证的译本。

4. 拒绝裁决强制执行的法定理由

香港《仲裁条例》采用了《纽约公约》的规范方式，只规定了拒绝承认与执行该公约裁决的法定理由，而没有正面规定承认与执行该公约裁决应具备的条件。该公约规定，只要具备下列情形之一，法院即可拒绝执行公约裁决：

首先，应由被申请执行人证明的理由；

（1）仲裁协议的当事人依其属人法无行为能力；

（2）仲裁协议依双方协定的准据法无效。无协定准据法时，依据裁决地国法律无效；

（3）被申请执行人未接到指派仲裁员或仲裁程序之恰当通知，或因其他原因，未能进行申辩者；

（4）裁决所处理之争议非为交付仲裁之标的或不在其仲裁条款之列，或裁决载有超越交付仲裁范围以外的事项，但交付仲裁事项之决定可与未交付仲裁之事项划分时，不在此限；

（5）仲裁庭之组成或仲裁程序与仲裁协议不符，无协议时而与仲裁地所在国法律不符；

（6）裁决尚未终局，或者裁决作出地国之法院或根据裁决作出地国家的法律或准据法所属国家已经将该项裁决作废，或暂时中止。

其次，法院依职权认定，并可以拒绝强制执行的法定理由；

（1）依法院地法，争议事项不具备可仲裁性；

（2）承认或执行公约裁决将违背本国公共政策；

5. 如公约裁决包含的决定，涉及未交付仲裁的事项，则该公约裁决可予以强制执行的范围为裁决内涉及已交付仲裁的事项的决定，且该等决定能够与未交付仲裁的事项的决定分开。

6. 延缓执行

香港法院在处理公约裁决的承认与执行时，如果发现一方当事人已经向裁决作出地法院或裁决准据法国之法院申请撤销仲裁裁决或停止裁决的执行时，该法院有权决定延缓裁决之执行，应申请人之请求，法院有权要求被申请执行人提供适当担保。

（二）内地裁决的执行

与中国内地不同，香港将前述《最高人民法院关于内地与香港特别行政区相互执行仲裁裁决的安排》的内容是以修改立法的形式加以贯彻落实的。具体表现在，2000 年香港立法会修改了香港《仲裁条例》，废除了原条例中第 III 部及与其相对应的附表 1 和附表 2。增加了第 IIIA 部 "内地裁决的强制执行"。其基本内容为：

1. 内地裁决的效力

根据香港《仲裁条例》第 40B 的精神，内地裁决在香港具有既判力与强制执行效力，犹如香港裁决一样。这一条款绝非套话，它意味着一种立法的笼统承认。正因为这样的规定，才使得内地裁决在香港无须进行 "裁决承认" 的审查程序，直接进入强制执行阶段。

2. 申请强制执行的证据手续

按照香港《仲裁条例》第 40 条的精神，内地裁决寻求香港强制执行须提交：

（1）经妥为认证的该裁决正本或该裁决的经妥为核证副本；

（2）有关仲裁协议的正本或有关仲裁协议的经妥为核证副本；及

（3）如裁决或协议并非以两种法定语文或其中一种写成的，则须交出由官方或经宣誓的翻译员，或外交或领事人员所核证的其中一种法定语文译本。

3. 拒绝强制执行的理由。

香港《仲裁条例》第 40E 条第（2）、（3）款规定了七条拒绝执行内地裁决的理由：

（1）根据适用于有关仲裁协议的一方的法律，该方缺乏某方面的行为能力；或

（2）有关仲裁协议各方同意该协议须受某些法律规限，而根据该等法律，该办议属无效；或在有关仲裁协议并无指明该等法律的情况下，根据内地法律，该协议属无效；或

（3）他并无获得关于委任仲裁员或关于仲裁程序的恰当通知，或他因为其他原因未能提出其论据；或

（4）该裁决所处理的分歧，并非交付仲裁条款所预期者，或该项分歧超出该等条款的范围，又或该裁决包含对在交付仲裁范围外的事项的决定；但如属第（4）款所规定者，则不在此限；或

（5）有关仲裁当局的组成或仲裁程序不符合该仲裁各方的协议，或在没有上述协议的情况下，有关仲裁当局的组成或仲裁程序不符合内地法律；或

（6）该裁决对仲裁各方尚未具约束力，或裁决已由内地的主管当局或已根据内地的法律，予以作废或暂时中止。

（7）如内地裁决所关乎的事项根据香港的法律是不能借仲裁解决的，或强制执行该裁决是会违反公共政策的，则亦可拒绝强制执行该裁决。

4. 管辖法院

按照《最高人民法院关于内地与香港特别行政区相互执行仲裁裁决的安排》第二条精神，接受与管辖强制执行内地裁决的法院为香港特区高等法院。

5. 内地裁决的认定标准

按照《最高人民法院关于内地与香港特别行政区相互执行仲裁裁决的安排》的精神，"香港特区法院同意执行内地仲裁机构（名单由国务院法制办公室经国务院港澳事务办公室提供）

依据《中华人民共和国仲裁法》所作出的裁决",这一表述似乎显示出重叠适用两个标准:其一是作出主体标准:即作出裁决的主体必须是"内地仲裁机构",其二是程序法标准:即裁决适用的程序法是《中华人民共和国仲裁法》。

三 澳门关于承认与执行外国仲裁裁决的制度

我们前文分析澳门对内国仲裁裁决的承认与执行时已经知道了澳门是以地域主义的裁决作出地为标准划分内国裁决和外国裁决的,因此,凡在外国作出的仲裁裁决即属于外国裁决。由于澳门与内地、香港、台湾之间目前尚无直接协议关系,因此,目前来自我国这三个法域的仲裁裁决,在澳门与外国裁决的法律地位相同。澳门对外国裁决的承认与执行主要体现已适用于澳门的《纽约公约》,对内地及香港、台湾的裁决只能适用于《澳门涉外商事仲裁法》第八章,在实践中,澳门法院按照《澳门民事诉讼法典》进行审查,由于《纽约公约》及体现该公约精神的澳门《涉外商事仲裁法》内容已有多处介绍,下文仅从法院程序角度进行陈述。综合起来,包含如下内容:

(一) 确认的条件

在澳门以外包括中国内地、香港与台湾地区作出的仲裁裁决必须经过《澳门民事诉讼法典》规定的审查程序,在获得"确认"之后才能在澳门发生法律效力①。如果适用于澳门的国际公约、司法协助条约或其他特别法规有相反的规定,例如订定较简单的审查程序、范围更小的拒绝承认的条件,甚至免除审查而自

---

① 根据《内地与澳门特别行政区关于相互认可和执行民商判决的安排》精神,澳门对内地民商判决,适用"认可"程序,由于该"安排"不适用仲裁,故本文仍使用"确认"一词。

动获承认生效等，则不适用此审查程序。

所谓"确认"，是为了使外国裁决能在澳门产生作为一个审判行为的效力，包括作为一个确定性裁判和成为执行凭证。但如果有关裁决只是在澳门法院审理的案件中作证据使用，则不需要经过审查及确认的程序。

审查的对象不限于仲裁程序的最终裁决，还可以包括仲裁程序进行过程中所作出的批示、命令等确定当事人法律状况的决定。

给予"确认"所必需满足的条件包括（第 1200 条）：

（1）对载有待确认裁决的文件的真确性不存在疑问，且决定的内容是能够被理解的；

（2）根据裁决作出地的法律，该裁判或裁决属确定性判决；

（3）根据作出裁决地的法律，被申请人获依法通知，且在有关的仲裁程序中已遵守了辩论原则和当事人对等原则；

（4）待确认裁决的内容没有明显违反澳门的公共秩序。

除此之外，当被申请方当事人在其答辩状提出时，法院还需要查明是否存在下列否定性条件：

（1）经已确定的裁判裁定，作出待确认裁决的仲裁员或组成仲裁庭的任一仲裁员是在渎职、违法收取利益或受贿的情况下作出该裁判；

（2）提交当事人不知悉或在有关仲裁程序中未能利用的文件，而单是该文件已足以令裁判变成对败诉方较有利；

（3）待确认裁决与另一较早确定的、对双方当事人有约束力的裁判相抵触；

（4）如果待确认裁决是针对澳门居民作出，而根据澳门的冲突规范应适用澳门的实体法律，且在适用澳门法律的情况下，裁决的结果将对其更有利。

事实上，上述前三个否定性条件，属于《澳门民事诉讼法

典》第 653 条规定的可提起再审上诉的其中三种情况（第 1202
条第 1 款）。

上述最后的一个否定性条件反映了"国民优待原则"。但
是，由于适用外地法律还是澳门法律，从而产生对当事人较有利
或不利的法律后果，属于其可处分或可放弃的权利的范围，所
以，根据该法典第 1202 条第 2 款的规定，如果当事人不提出，
法院不会主动通过审查来实现这个原则，它并不是确认外国裁决
的必要条件。

综上所述，《澳门民事诉讼法典》明确规定了在确认外国仲
裁裁决时，必须满足的一系列条件，也通过设定否定性条件，限
制被申请人可以提出的抗辩依据，从而明确订定了澳门法院在进
行审查时须考虑的因素。在这种程序中进行的大部分是形式上的
审查，但当涉及是否违反澳门的公共秩序、被申请人提交能影响
判决结果的文件和根据澳门实体法律可得到更有利判决时，则包
含实质性的审查。

（二）确认程序及管辖法院

确认及审查程序属澳门中级法院管辖。

申请人须提交一份起诉状，并附同载有待确认裁判的文件。
被申请方在被传唤后，可在 15 天内，就上述第 1202 条所限定的
范围提出答辩，对此申请方可在 10 天内作出回应。在进行必要
的取证措施之后，案卷将送交检察院作检阅以便提交意见书，最
后由中级法院作出裁判，对此裁判可按一般的上诉规定，向终审
法院提起上诉。

（三）澳门对外国仲裁裁决的执行

如果没有适用于澳门的国际公约或司法协助条约的相反规
定，外国仲裁裁决在经过审查程序获得确认之后，便可以通过执
行程序进行司法执行。因此，外国裁决要在澳门获得执行，经过

审查程序得到确认后，它就等同于一个由澳门法院作出的裁决，可以进入执行程序。在执行的过程中，与执行本地的裁判没有分别。根据该法典第 24 条规定，与审查程序不同，有关的执行程序由初级法院处理。

四 台湾承认与执行外国仲裁裁决的制度

（一）什么是外国仲裁？

台湾《仲裁法》是内地与港澳台地区中唯一对外国仲裁裁决作出明确界定的仲裁规范。该法规定：在台湾领域外作成之仲裁判断或在台湾域内依外国法律作成之仲裁判断，为外国仲裁判断①。这一规定表明在内国裁决与外国裁决的识别问题上，台湾采取了并列使用地域主义的裁决作出地标准和准据法标准。

（二）外国仲裁裁决的承认与执行

对外国仲裁裁决的承认与执行，台湾的仲裁立法着眼于承认环节。根据台湾《仲裁法》第 47 条第 2 款之规定："外国仲裁判断，经申请法院裁定承认后，得为执行名义。"正是基于这一规定，台湾《仲裁法》中对外国仲裁裁决的审查集中于承认与拒绝承认的形式和条件。并且相关条款均以承认的相关问题为标题。

如同澳门《涉外商事仲裁法》一样，台湾《仲裁法》中关于外国仲裁裁决的承认与执行问题与《纽约公约》的规定几乎完全相同。具体对照如下：

1. 台湾《仲裁法》第 48 条关于提请承认应提交的文件，对应《纽约公约》第 4 条。

与《纽约公约》第 4 条相比，台湾《仲裁法》增加了一个要求外国裁决适用外国仲裁法规、外国仲裁机构仲裁规则或国际

---

① 参见台湾《仲裁法》第 47 条。

组织仲裁规则时，申请人应提交相关文件的全文的规定。台湾行政院本来是想把适用这些文件作为识别内外国裁决的标准，后来审查委员会以《联合国示范法》、《纽约公约》及英国仲裁法未有类似标准为由予以否定。但是，这些文件的全文却作为申请人的应提交的文件作了强行规定。其实，这种做法并不科学。因为外国仲裁法或国际组织仲裁规则属于法律文件性质，理应由法院依职权查明。这是国际私法上的一个普遍性原则。

2. 台湾《仲裁法》第 49 条关于法院依职权认定拒绝承认外国裁决的法定理由，与《纽约公约》第 5 条第（2）款相对应。

这两条内容完全相同，只是《纽约公约》第 1 条第（3）款中关于互惠保留的规定被移植增加到台湾《仲裁法》第 49 条。

3. 台湾《仲裁法》第 50 条关于由被申请执行人负责举证的拒绝承认和执行的法定理由，与《纽约公约》第 5 条第（1）款相对应。

这两条内容也完全相同，只是台湾《仲裁法》与其民事诉讼法相协调，要求被申请执行人必须于收到申请通知后 20 天内依据上述理由申请法院驳回承认之申请。而这期限的规定《纽约公约》则有所不便。

4. 台湾《仲裁法》第 51 条关于延缓承认与执行程序的规定，与《纽约公约》第 6 条相对应。

这两条只是语言表达的差异，内容完全相同，没有增减。

第三节　中国区际仲裁裁决承认与
执行制度的构想

区际商事仲裁裁决承认与执行制度的构建，既应该尊重国际商事仲裁关于外国裁决承认与发展的一般规律，又要考虑我国的国情，特别是我国一国两制的国情。区际商事裁决的承认与执行涉及问题较多，作者择其主要问题提出自己粗浅看法。

一 关于区际商事裁决的区籍问题

界定区际商事裁决区籍的法律适用问题我们在第七章已经研究过，那是在必须对裁决界定区籍的条件下的法律适用。然而，作者认为，就建立一种新的仲裁制度而言，我们不得不首先考虑是否一定要界定区籍的问题。

前文我们在讨论国际商事仲裁制度时，研究过"外国裁决与非内国标准"问题。国际商事裁决在一部分国家法院根据仲裁地法识别为外国裁决，为了解决可能产生的裁决国籍的消极冲突问题，许多国家对国际商事仲裁机构的裁决使用了"非内国标准"，直接将国际商事仲裁机构作出的裁决识别为"国际裁决"。那么，我国建立区际商事仲裁制度时是否必须将中国区际商事仲裁中心作出的区际仲裁裁决或者临时仲裁庭依据中国区际商事仲裁示范法作出的区际商事裁决归入某一法域的"区籍"呢？我们认为，完全不必要。作者区际商事仲裁制度理想的裁决执行模式应该将区际商事仲裁裁决作为一种独立的裁决类型，并命名为"区际裁决"，而不必要归入具体法域之区籍。理由是：

（一）区际裁决虽然必然在某一具体法域进行，然而，区际裁决适用的是区际商事仲裁示范法及相应的仲裁规则，与具体法域的仲裁法没有必然的联系；

（二）建立区际商事仲裁制度的目的是为了突破司法独立障碍，解决各区当事人对其他法域因缺乏了解而产生的不信任的情结。如果区际裁决被具体识别为某一区域裁决，就容易与区域仲裁机构适用区域仲裁法所产生的裁决混淆，从而达不到建立区际商事仲裁制度的目的。

（三）尽管我国四法域在同一主权之下，共同的中华文化便利区际司法交流。然而，我国的复合法域体制是在全世界复合法域国家中独一无二的特点是，我国是"一国两制"的法域，各法域之间的政治体制并不相同，这就决定了法域之间的政治乃至司法观念的分歧始终存在。区际裁决如果被识别为区域裁决将会因为区际的政治与司法观念分歧而影响其他法域对其效力的认可程度。

尽管如此，本书也反复讨论过，区际法院的缺位使得区际商事仲裁制度的设计缺乏区域仲裁制度立法应有的主动性。因此，区际裁决的执行必须借助于区域法院，而区域法院一般会根据法院地法进行识别。在目前区域仲裁制度尚未设立独立的"区际裁决"类型情况下，区域法院只能将区际裁决识别为区域裁决，然后加以承认与执行。因此，区际商事仲裁制度增加裁决区籍的识别是必要的。由于第七章已经设计过裁决区籍的示范法条款，本章不再讨论。

二 区际裁决是否需要设立"承认（recognition）程序"？

裁决的承认与执行实际上是两种程序。需要承认的裁决不一定要执行，但是，需要执行的裁决必须首先得到承认。但是，这种承认不一定需要独立的程序来完成。

仲裁裁决的"承认程序"实际上主要解决两个问题：其一是在仲裁庭已经就某一争议问题作出生效裁决，而败诉方企图在另一个法域就同一问题，通过诉讼谋求一份对其有利的相反裁判；其二是在一国民事诉讼中，该争议案件涉及一份已经在其他法域仲裁庭作出的生效裁决，这一裁决可能是该项民事诉讼的一项证据。为了该裁决在民事诉讼中发挥有效证据作用，需要申请民事诉讼发生地法院承认该项裁决。

承认是执行裁决的前提与基础，承认是执行裁决时绕不过的法律问题。但是，许多国家并没有在自己的民事诉讼法或者仲裁法中规定当一个法域赋予域外裁决的执行效力时，实际上意味着已经通过法律形式自动承认符合条件的域外裁决。

那么，我们的区际裁决进入强制执行程序前是否需要设立独立的"承认程序"呢？有些学者认为，区际之间相互执行其他法域之间的仲裁裁决时应该设立裁决的相互承认程序，"否则，如果遇到一方当事人只要求法院承认裁决的效力而不请求执行裁决，两地法院将面临无法可依的尴尬局面"。① 我们前文分析区域仲裁制度时也注意到《最高人民法院关于内地与香港特别行政区相互执行仲裁裁决的安排》并没有规定内地与香港之间的裁决设立独立的承认程序。同时，我们在分析 2000 年修订后的香港《仲裁条例》时发现其中第 40B 条第（2）款规定"任何根据本部可予强制执行的内地裁决，就一切目的而言，须视为对有关仲裁的各方当事人具有约束力；据此，任何此等人士均可在香港进行的法律程序中援引该裁决作为抗辩、抵消或作其他用途，而在本部中，凡提述强制执行内地裁决之处，须解作包括提述援引该裁决"。该款内容表明，香港《仲裁条例》实际通过这一条款赋予了对内地裁决一种无条件的立法承认，只是就裁决的强制执行问题设定条件与程序。

域外裁决的承认程序即便在国际上也主要是针对外国主权国家的裁决，复合法或国家的内部法域之间也很少设立独立的承认程序。我国"一国两制"构想的实现，本身已经隐含着国内法域之间法律体制的承认与尊重，既包括法域之间司法机构的判决

① 参见袁古洁《中国内地与港澳若干法律问题研究》，广东人民出版社 2006 年版，第 112 页。

也包括区域立法所承认的仲裁裁决。因此，无论区域法院对其他法域的仲裁裁决，还是对本书所研究的区际裁决，均应无条件立法承认。这样既不必另行设立域外裁决的承认程序，也可以解决前述学者关心的当事人只需要承认，而不需要执行所面临的尴尬。

三　区际公共政策问题

公共政策在英美法中称 public policy，译为"公共政策"，大陆法系国家称 order public，译为"公共秩序"。我国香港属于英美法系或者叫普通法系，澳门属于大陆法系。在我国区际商事仲裁制度中，究竟使用什么名称呢？我们认为 public policy，翻译成"公共政策"使用比较合适，理由比较简单，因为《纽约公约》中称为"public policy"，而我国作为缔约国受该公约约束。

公共政策在国际商事仲裁制度里，被认为是法院地国为保护其法律制度免受因使用外国法带来的无法容忍的后果的侵犯而设置的一道"安全阀"，同时也旨在确保某些国内法规直接适用于某些特定的法律关系中。①

我国区际商事仲裁制度中是否应留有公共政策的一席之地呢？按照作者的理想，我国四法域处于同一主权之下，主要适用于国与国之间的公共政策，不应适用于我国区际之间裁决的承认与执行，因为仲裁制度的理想价值就是让裁决的既判力与强制执行力尽可能接近于判决，而这种政策的适用无疑是实现这种理想目标的障碍——不管合理与否。然而，本书在第 2 章讨论区际商事仲裁制度的基本原则时就指出，"一国两制"原则不仅是我国

---

① 参见宋航《国际商事仲裁裁决的承认与执行》，法律出版社 2000 年版，第 171 页。

的一种政治上的基本国策，也是我们构建区际商事仲裁制度的基本原则。为此，我们建立区际商事仲裁制度时必须充分考虑我国现行政治体制下，对各法域政治与法律体制的充分尊重，特别是不同政治制度法域之间司法互信。鉴于目前各法域之间政治制度差异较大，保持和尊重与其政治制度相应的公正与道德理念亦属于必要。因此，在制定区际商事仲裁制度是应该允许各法域基于本法域的公共政策而拒绝执行区际商事仲裁裁决。实际上，《最高人民法院关于内地与香港特别行政区相互执行仲裁裁决的安排》中第七条第三款已经认可了以公共政策为由拒绝执行我国其他区域裁决之基础。

四　拒绝执行区际裁决的理由

由于我国加入了《纽约公约》，该公约中关于拒绝承认与执行外国仲裁裁决的理由不仅对我国内地与香港具有约束力，前文介绍台湾与澳门区域仲裁制度时我们注意到台湾与澳门地区的区域仲裁法关于拒绝执行域外仲裁裁决的理由与《纽约公约》基本一致。因此，按照该公约的理由设计区际商事仲裁制度拒绝执行裁决的理由争议应该最小。但是，如前所述，由于《纽约公约》的中译本系文言文表述方式，不符合现代汉语的表述习惯，作者认为，在内容的表述方式问题上应该采取联合国《国际商事仲裁示范法》的表述方式。

五　申请强制执行区际裁决的程序手续

关于申请强制执行区际裁决的程序手续并无特别值得关注之处，作者认为，《最高人民法院关于内地与香港特别行政区相互执行仲裁裁决的安排》第三与第四条规定的程序也可以适用区际裁决的强制执行申请。

六 区际商事仲裁裁决承认与执行制度示范法条款设计

根据前述分析，我们将与本章相关内容涉及示范法条款如下：

（一）第 X 条 适用范围

……

（2）仲裁如有下列情况即为区际仲裁：

（A）任何以书面仲裁协议或者以仲裁条款约定提交中国区际商事仲裁中心仲裁管辖的仲裁；

（B）任何提交临时仲裁庭管辖，但适用本法作为程序法所进行的仲裁；

（C）任何仲裁地在我国境内，但不能被识别为任何区域裁决的仲裁。

（二）第 X 条 定义及解释规则

……

（D）"区际裁决"是指中国区际商事仲裁中心作出的或者临时仲裁庭适用本法作出的仲裁裁决以及任何仲裁地在我国境内，但又不能识别为任何区域裁决的裁决。

（三）第 X 章 区际裁决的效力与执行

1. 第 X 条 区际裁决的效力

（1）除本章另有规定外，区际裁决可透过在区域法院强制执行，或犹如凭借区域仲裁法强制执行区域仲裁员所作的裁决一样在目标法域强制执行。

（2）任何根据本章可予强制执行的区际裁决，就一切目的而言，须视为对有关仲裁的各方当事人具有约束力；据此，任何此等人士均可在内地、香港、澳门及台湾地区进行的法律程序中援引该裁决作为抗辩、抵消或作其他用途，而在本章中，凡提述强制执行区际裁决之处，须解作包括提述援引该裁决。

2. 第 X 条　申请强制执行的文件

（1）申请人向区域法院申请执行区际裁决的，应当提交以下文书：

（a）执行申请书；

（b）仲裁裁决书；

（c）仲裁协议。

（2）执行申请书的内容应当载明下列事项：

（a）申请人为自然人的情况下，该人的姓名、地址；申请人为法人或者其他组织的情况下，该法人或其他组织的名称、地址及法定代表人姓名；

（b）被申请人为自然人的情况下，该人的姓名、地址；被申请人为法人或者其他组织的情况下，该法人或其他组织的名称、地址及法定代表人姓名；

（c）申请人为法人或者其他组织的，应当提交企业注册登记的副本。申请人是外国籍法人或者其他组织的，应当提交相应的公证和认证材料；

（d）申请执行的理由与请求的内容，被申请人的财产所在地及财产状况。

执行申请书应当以中文文本提出，裁决书或者仲裁协议没有中文文本的，申请人应当提交正式证明的中文译本。

3. 第 X 条　拒绝执行的理由

（1）只有在下列情况下才可拒绝执行区际仲裁裁决：

（A）经根据裁决被提出要求的当事一方请求，如果该当事一方向被要求执行裁决的主管法院提出证据证明：

（a）第 X 条所指的仲裁协议的当事一方欠缺行为能力，或根据当事各方所同意遵守的法律，或未订明有任何这种法律，则

根据其准据法，上述协议是无效的；或

（b）未将有关指定仲裁员或仲裁程序的事情适当地通知依据裁决被提出要求的当事一方，或该方因其他理由未能陈述其案情；或

（c）裁决处理了不是提交仲裁的条款所考虑的或不是其范围以内的争议，或裁决包括有对提交仲裁以外的事项作出的决定，但如果对提交仲裁的事项所作出的决定与对未提交仲裁的事项所作出的决定能分开的话，可以承认并执行包括有就提交仲裁的事项作决定的那一部分裁决；或

（d）仲裁庭的组成或仲裁程序与当事各方的协议不一致，或并无这种协议，则与仲裁所在国的法律不符；或

（e）裁决尚未对当事各方具有约束力，或作出裁决的行政区的法院，或根据其法律作出裁决的行政区的法院已将裁决撤销或中止；或

（B）如经法院认定：

（a）根据本行政区的法律，该争议的标的不能通过仲裁解决；或

（b）执行该裁决与本行政区的公共政策相抵触。

（2）如已向本条第（1）款（A）项（f）目所指的法院申请撤销或中止裁决，被请求执行的法院如认为适当，可以暂停作出决定，而且如经要求执行裁决的当事一方提出申请，还可以命令当事他方提供适当的担保。

七　区际商事仲裁裁决示范法条款的立法体例

无论在联合国示范法，还是在各国国内仲裁法中"仲裁裁决的承认与执行"一般都在仲裁立法的最后部分，在区际商事仲裁制度的示范立法中也不应例外。由于区际商事仲裁制度无须

就区际裁决专门设立承认程序，作者认为应该设计一专门条款对区际裁决的既判力与强制执行效力进行规范。为此，传统的专章标题"裁决的承认与执行"应替换为"区际裁决的效力与执行"。至于与本章有关的区际仲裁范围与区际裁决释义应比照《纽约公约》与联合国示范法位列"总则"中。

第四节　建立中国区际仲裁裁决承认与执行委托机制的构想

区域仲裁裁决的相互承认与执行问题已有不少专家研究过，然而研究结果却往往令人沮丧。我们发现在现行法律框架下，一份仲裁裁决要得到域外的承认与执行所花费的时间，甚至比该裁决本身形成过程更复杂、更漫长，更令人不可捉摸。当一个裁决败诉方的财产分散在多个法域，而需要执行的标的金额较大需要执行多个法域财产才能满足时，这个裁决的执行申请人将陷入承认与执行不断重复的程序漩涡中。因为申请人不得向不同的法域一个个地申请承认与执行。当然，如果全体涉案法域都承认与执行，对他来说虽然程序漫长了一点，但总能解决问题；反之，如果只有部分法域承认与执行其他法域拒绝承认与执行，或者只承认不执行，那么申请人的时间与成本消耗则使其陷入高投入低回报，甚至无回报的万丈深渊。为解决这个困局，作者在本书提出建立区际仲裁裁决承认与执行委托机制的构想。需要说明的是，构建中国区际商事仲裁制度是一个渐进的过程，期间可能涉及区域之间尚未达成共识情况下，对待其他区域裁决设定"裁决承认程序"，因而，作者考查本项具体构想时，根据现状，对承认程序一并考虑而正式的区际商事仲裁制度，应当免除承认程序。

一 区际仲裁裁决承认与执行委托机制的概念与特点

区际仲裁裁决承认与执行委托机制是一种就仲裁裁决多法域承认与执行的合作模式。在这种机制下，当我国某一法域仲裁裁决需要在多个法域承认与执行时，申请人只需要向其中一个法域管辖法院申请，然后，由受理（委托）法院根据当事人申请委托其他法域法院依据本法域程序承认有关仲裁裁决，并对裁决未履行之余额强制执行。最后，将执行到位的标的返还委托法院交付申请人。

委托承认与执行的特点是：

（一）主要适用于统一裁决需要多法域承认与执行的情形。例如中国国际经济贸易仲裁委员会仲裁裁决的执行标的为 1000 万港元，被执行人在中国内地的财产价值 200 万港元，在香港有财产 500 万港元，而在澳门的财产有 200 万港元，在台湾的财产有 100 万港元。那么这一裁决的有效执行显然仅限于一个法域的财产是不够的，必须其他法域法院配合，这种情况下才能适用委托承认与执行模式。如果一个法域的财产足够执行，而不需要其他法域法院的承认与执行，那么本书的委托模式则不适用。

（二）从程序上看，申请人只需要向一个法域法院申请承认与执行，需要其他法域配合时，由受申请法院委托承认与执行。如前述案例，如果申请人按照现行制度，申请人需要分别向一个个法域申请承认与执行，肯定会既费时间，也费金钱，而且因为下一法域执行的内容只能是前手法域执行余额，这需要其他法域的法院予以证明，这个过程显然十分复杂。如果采取委托承认与执行制度，则十分方便。

（三）从裁决的处理过程看，各法域法院之间变成委托与被委托关系。而现行制度下，各法域法院互相独立，并无任何关系。

（四）委托承认与执行节省的只是程序与成本，并不影响各法域的司法独立。后续法域法院受前手法院委托后，仍然按照本法域关于承认与执行域外裁决的法律进行审查。如果后续法院根据本法域法律作出拒绝承认或者拒绝执行的结论，该法院只需要通过委托法院将结论转达申请人。如果拒绝承认与执行法院尚有救济法律程序，则申请人必须到相应法域寻求司法救济。

（五）委托程序于后续法院执行完毕或者作出拒绝承认与执行的结论后终结。一个法域的执行完毕或者拒绝承认与执行，并不意味整个申请程序的结束，因为委托法院可以根据申请人提供的财产线索按照上述程序继续向其他法域法院委托承认与执行。例如香港国际商事仲裁中心作出的仲裁裁决在香港法院申请执行财产不足时，如果香港法院作为委托法院委托台湾法院承认与执行，但是台湾法院根据本法域的《仲裁法》作出拒绝承认或者执行的裁定后，香港法院与台湾法院之间的委托立即终止，申请人可以亲临台湾法院申请其他司法救济，同时，香港法院可以根据当事人提供的财产线索向中国内地或者澳门特别行政区法院委托承认与执行。

二 区际仲裁裁决承认与执行委托仲裁裁决的法律基础

研究表明，中国内地与港澳台之间建立法院委托承认与执行仲裁裁决机制是可行的，因为这个结论是建立在对下列问题的评估基础上的：

（一）仲裁法制开明与趋同是建立该项模式的法律基础

我国内地与港澳台地区自 1995 年以来，内地与港澳台地区分别展开了新一轮仲裁立法运动。首先 1995 年 9 月 1 日，内地《中华人民共和国仲裁法》彻底改变过去仲裁制度零乱、散漫各自为政的局面；其次，1996 年 6 月 27 日，香港对旧的仲裁条例作了修订，淡化了港内仲裁与国际仲裁的区别，增加法院对仲裁的保障，减少法院对仲裁的干预等，2000 年又针对内地裁决的承认与执行进行了部分增补；再次，澳门 1996 年 9 月 15 日颁布并实施了澳门《本地仲裁法》，1998 年 11 月 13 日颁布澳门《涉外商事仲裁法》是在一片空白的基础上建立了澳门自己的仲裁体系；最后 1998 年 12 月 24 日台湾修改了旧的《商务仲裁条例》，颁布新的《仲裁法》（2002 年进行了有限的 3 条修改）。这轮新的立法运动共同的特点是以《联合国国际商事仲裁示范法》为蓝本，有的立法例如澳门《涉外商事仲裁法》及香港的国际仲裁部分基本上是示范法的克隆，我国四个法域制定或修改仲裁法使得本地区的仲裁制度符合国际仲裁发展的潮流，从而达到仲裁的世界先进水平。新一轮仲裁立法与修法的结果使得我国四个法域之间的仲裁制度差距并不太大，呈现出巨大的相似性。这种可贵的相似性是建立委托体制的法律前提。

（二）《联合国国际商事仲裁示范法》、《承认及执行外国仲裁裁决纽约公约》是建立区际仲裁裁决承认与执行委托的法律基础

可以毫不夸张地讲，我国四个地区近几年来的仲裁造法运动，实际上就是向示范法学习和借鉴，并立法上通过向示范法靠拢，从而与国际接轨的过程。如前所述，作者认为，这一目的基本上已经达到。尤其是在法院对仲裁的监督与保障机制、仲裁裁决的撤销与仲裁裁决的承认与执行等方面基本趋同，或者最大限度上弥合了原有政策的差距。目前内地与港澳台仲裁制度的主要差异只是集中在仲裁法的渊源、仲裁员的身份制度、仲裁机构的组织形式、仲裁的具体程序等形式问题上，而这些差异对内地与港澳台相互承认与执行仲裁裁决并无大碍。

　　而在与本书论题相关的领域，值得注意的是 1958 年《承认及执行外国仲裁裁决纽约公约》对我国四法域的影响。作者经过比较分析认为，内地和港澳台地区在承认及执行仲裁裁决问题上态度基本相同，即遵守或借鉴《纽约公约》解决外国裁决的承认与执行问题，不同的只是借鉴的方式。内地将《纽约公约》作为国际条约直接履行；香港将该公约作为《仲裁条例》的附件，并专门就该公约裁决的执行作出特别规定；台湾和澳门则是将该公约精神规定在仲裁立法之中。澳门是通过完全套用示范法将《纽约公约》的精神体现出来；而台湾则是将该公约内容规定在《仲裁法》之中加以实施的。

　　由于内地与港澳台地区的仲裁制度受联合国示范法及《纽约公约》影响深刻，并在承认与执行域外裁决问题上实现了趋同，为建立区际委托承认与执行仲裁裁决模式奠定了法律基础，尤其是消除了具体操作相互承认与执行裁决的程序技术上的障碍。作者所以形成这种结论，是因为委托承认与执行域外仲裁裁决模式本身隐含了一个前提，即一个法域法院向其他法域法院委托承认与执行本法域仲裁裁决的请求一般都能够得到支持，拒绝只是例外。而满足这一前提条件的法律基础就是各法域关于承认与执行仲裁裁决的条件具有相似性，因而，依据本法域仲裁法能够得到承认与执行的仲裁裁决，适用外法域的仲裁法基本也能够得到承认与执行。这样，通过委托机制能够提高承认与执行的效率。否则，如果各法域的制度差异太大，导致本法域得到承认与执行的仲裁裁决在委托其他法域承认与执行时遭到较大的拒绝概率时，逼得多数当事人向相关法域逐个寻求司法救济，这种机制就变成了画蛇添足的程序了，当事人还不如自己直接一家家申请。

三　区际仲裁裁决承认与执行的艰难现状呼唤建立委托机制

尽管内地与港澳台的仲裁立法越来越趋同，但是内地与港澳台相互间开展相互承认与执行彼此法域仲裁裁决的水平各有参差。

（一）内地与香港之间相互承认与执行状况

内地与香港之间是开展仲裁合作比较密切和频繁的地区。据有关资料显示，从 1989 年 1 月至 1997 年 7 月 1 日，香港法院以《纽约公约》为依据，仅执行内地中国国际贸易仲裁委员会及其分会作出的裁决就达 150 件之多①。应该说，这是个令人满意的成果。香港回归前，香港法院内地仲裁裁决的法律依据是英国在 1975 年 9 月 24 日加入《纽约公约》，1977 年 4 月 21 日将《纽约公约》延伸适用于香港。而《纽约公约》也在 1987 年 4 月 22 日在中华人民共和国正式生效，香港作出需要在内地执行的案件申请时，依照《纽约公约》在国内申请执行。在香港回归之后，根据 1999 年 6 月 24 日内地最高人民法院与香港特别行政区律政司签订的《关于内地与香港特别行政区相互执行仲裁裁决的安排》（以下简称《安排》）精神，香港特别行政区于 2000 年修订了香港《仲裁条例》，将上述《安排》的精神反映在《2000 年仲裁（修订）条例》"第 IIIA 部 内地裁决的强制执行"之中。第 IIIA 部详细规定，内地寻求香港法院强制执行裁决的程序与条件，同时规定了拒绝执行的条件。尤其特别的是，在我国四法域中，只有香港《仲裁条例》规定了本书论题的同一裁决的多法域执行问题。该条例第 40C 条第（2）款规定："凡——

---

① 参见宋连斌："内地法域承认和执行台湾仲裁裁决的若干问题探讨"，中国国际私法学会 1998 年年会论文。

（a）已在内地作出申请，寻求强制执行某内地裁决；但

（b）该裁决并没有借上述强制执行而完全履行，则在该裁决中尚未藉上述强制执行而完全履行的范围内，该裁决可根据本部强制执行。正是由于内地与香港之间的安排作了比较详细的考虑，在我国的四法域之间，内地与香港之间相互承认与执行仲裁裁决最为顺利。甚至专门为需要多法域合作的裁决提供了法律依据。

（二）内地与澳门之间

回归前，葡萄牙没有将《纽约公约》延伸适用于澳门，直至 2005 年 7 月 19 日，才由中国政府将《纽约公约》延伸适用于澳门特别行政区。因而，内地与澳门之间并没有如同与香港那样的以《纽约公约》为基础的相互承认与执行的合作历史。2003年 10 月 17 日《内地与澳门关于建立更紧密经贸关系的安排》及其附件文本在正式签署，两地的经贸往来将更加频繁。我们知道，澳门本法域立法较之于我国其他法域比较晚，但是立法起点比较高，但由于目前内地与澳门并无相互承认与执行仲裁裁决的特别安排，内地与澳门之间相互承认与执行仲裁裁决的情况反而比较少。澳门中级法院负责承认执行外国仲裁裁决，包括内地、香港与台湾的裁决。"中级法院受理的审查外地裁判的案件数量在逐年增加，在 2000 年只有 6 宗，到 2003 年已增至 19 宗，全部都是针对外地法院作出的裁判或决定。来自内地和香港法院的占绝大多数，其他的分别来自台湾地区、日本、菲律宾、葡萄牙、加拿大和美国。这些外地裁判绝大部分是离婚判决，其次是关于继承和收养，也有涉及商业合同纠纷的"。① 我们从该文推

---

① 参见澳门特区终审法院朱健："澳门承认和执行外地裁判与涉外管辖权的现况"一文。

知，至少到 2003 年，澳门中级法院尚未有承认与执行我国其他法域仲裁裁决的先例，这是一个令人遗憾的现实。

（三）内地与台湾之间

内地与台湾之间在仲裁问题上处于一种有依据无合作的状态。台湾承认和执行内地仲裁裁决的依据表现在其《两岸关系条例》第 74 条。该条规定：

"在内地法域作成之民事确定裁判、民事仲裁判断，不违背台湾地区公共秩序或善良风俗者，得申请法院裁定认可。

前项经法院裁定认可之裁判或判断，以给付为内容者，得为执行名义。

前二项规定，以在台湾地区作成之民事确定裁判、民事仲裁判断，得申请内地法域法院裁定认可或为执行名义者，始适用之。"

内地法域承认台湾地区仲裁裁决的依据是 1998 年 1 月 15 日最高人民法院的司法解释：《关于人民法院认可台湾地区有关法院民事判决的规定》（法释【1998】11 号）。因为该规定第 19 条规定："申请认可台湾地区有关法院民事裁定和台湾地区仲裁机构裁决的，适用本规定。"

该解释于 1998 年 5 月 26 日实施后，1998 年 6 月 9 日，浙江省台州市人民法院即裁定认可台湾南投地方法院作出的一份民事裁定。2004 年 6 月厦门市中级人民法院裁定对台湾"中华仲裁协会"（2002）仲声仁字第 135 号仲裁裁决的效力予以认可。

（四）港澳台之间

澳门两部新的仲裁法规颁布以前，提交仲裁解决的民事纠纷较少，因而申请域外承认与执行的仲裁裁决不多见。台湾与香港之间就仲裁裁决的承认与执行问题倒是有一些协作关系。1987 年台湾地区台北地方法院就曾裁定承认和执行一份香港仲裁裁决,① 就证明了这种协作关系的存在。

上述分析可以看出,除内地与香港、台湾与香港之间相互承认与执行仲裁裁决比较好外,其他法域之间相互承认与执行仲裁裁决的形势并不能令人满意。对单一法域仲裁裁决的承认与执行尚且如此,何况本书论及的多法域的执行裁决合作问题。然而,区际民商交往早已将我国各法域之间紧密联系,特别是内地分别与港澳签署紧密经贸关系的安排协议文件之后,建立有效的解决区际民商纠纷体制已经十分迫切。在今天各法域基本已经形成以联合国国际上是件裁示范法及《纽约公约》为共同基础的仲裁法律体制情况下,剩余的障碍主要是程序协调问题。目前各法域实际上已经分别处理了大量的区际仲裁裁决,这些裁决实际上要产生了跨法域甚至多法域的承认与执行的实际需要,然而,现实的案例却很少,只能说明各法域各自为政裁决的承认与执行体系,加上申请人对其他法域程序的陌生认识严重阻碍了区际仲裁裁决相互承认与执行,并最终妨害了区际民商交往。现实要求我们解决区际仲裁制度的"瓶颈"问题。

四 区际仲裁裁决承认与执行委托的程序借鉴

区际仲裁裁决承认与执行委托的构想主要受国内法院异地执行体制与《商标注册马德里协定》下的商标国际注册的"领土延伸"体制的启发。

(一) 内地法院的委托执行体制

我国内地法院按照执行管辖受理生效判决或者生效仲裁裁决

---

① 参见台湾林俊益编著《国际商务仲裁（二）——裁判集》,台湾长弘出版社1990年版,第422—423页。香港吴何船务有限公司与台湾尽利轮船股份有限公司缅甸船员费用垫付纠纷案。

申请时，发现被申请人的主要财产在外地时，特别是受理法院并非被执行人住所地法院时，收案法院一般会把该案件委托财产所在地或者被执行人住所地法院执行。受委托的法院按照正常执行程序执行完毕后交付委托法院。执行费用分两种形式，在预收费的地区，由收案法院预收，转交执行法院；在免预交的地区（主要是在广东试点），受理法院不预收费用，而由受委托法院从执行标的中直接扣除。对申请人负责的是受理或委托法院，而不是受委托法院。申请人也不用再向财产所在地或者被执行人住所地法院申请。

（二）马德里协定下的领土延伸机制

1891 年签订（1971 年最后修订于斯德哥尔摩）的《商标国际注册马德里协定》，该协定第三条之三与第五条规定，成员国国民，或者在成员国有居所或者营业所的人将其拥有的商标向其本国商标局注册，获得本国注册后，再通过本国的商标管理部门或者代理组织向世界知识产权组织国际局提交一份按照马德里协定规定的国际注册申请案；国际局把"国际注册"予以公布，同时，把申请案、审查结果及国际注册复印后分送申请请求保护的指定国，指定国有权在一年内根据本国法声明拒绝保护该商标，如未表示拒绝，则商标的国际注册就在指定国自动生效，转变为该国国内注册。

上述表面上似乎风马牛不相及的体制所以能够为我国区际仲裁裁决的执行体制所借鉴是因为他们存在着许多共同点，包括：

1. 只有一个申请受理机构。前者是收案法院，后者是缔约国本国商标管理部门；

2. 可以延伸多个相关管辖区。前者可以延伸到收案法院管辖外的财产所在地或者被执行人住所地；后者可以延伸于其他缔约国；

3. 被延伸的管辖区根据自己的法定程序完成委托事项。前者是受委托法院按照法律程序独立执行，并不受制于委托法院；后者是指定国商标管理当局；

4. 接受申请的机构与各延伸管辖区对应机构之间的委托关系由受首先申请机构完成，申请人自己并不需亲临相应管辖区域重复申请程序。

我国四法域之间建立多法域委托承认与执行仲裁裁决体制应具备与上述国内法院委托执行机制及马德里协定的领土延伸机制类似的条件：

1. 委托机构与受委托机构属于不同的管辖区域，因而有委托的必要。国内的不同法院管辖区、马德里协定体制的不同领土、我国区际之不同法域等是制造这种体制的必要条件。

2. 共同的法律基础。国内法院委托体制基于全国统一的诉讼法；马德里协定体制下的马德里协定（国际公约）；如前所述我国区际仲裁制度共同的法律基础是《联合国国际商事仲裁示范法》与《关于承认与执行仲裁裁决的纽约公约》。

3. 对延伸管辖区法律制度的充分尊重。国内法院委托体制下委托方与受托方属于同一法域当然不成问题。马德里体制下，被延伸的领土即希望商标受到保护的缔约国也是根据自己的商标保护的法律政策作出拒绝与否的决定，马德里机制并没有否定被延伸领土的司法主权。而作者所倡导的区际仲裁裁决承认与执行委托机制所解决的主要是程序问题，各法域还是根据本法域对域外仲裁裁决承认与执行的条件进行判断，决定是否予以合作。即便到了如下文所述的第（三）个阶段，也是建立在充分尊重区际司法独立的基础上，各方的共同妥协，对维护一国两制、尊重司法独立没有任何影响。

4. 这种体制给申请人带来的无可争议的实际利益。国内法院委托体制与马德里协定体制给当事人带来的省时、节约成本及高效率是国内司法实践与商标国际注册实践所证实。作者认为，上述优点在我国建立区际仲裁委托承认与执行机制后也必然毫无争议地表现出来：

（1）省时。委托承认与执行机制使得申请人只需要执行一次承认与执行程序，且各相关法域的审查可以同时进行，因而，从时间上节省了不少。

（2）节约诉讼成本。由于申请人无须分别向各法域申请，因而可以节约相应的差旅费与减少因重复申请而支付的额外诉讼费用。

（3）提高执行效率。委托承认与执行机制既堵塞了败诉方利用区际司法独立规避执行义务的漏洞，同时也由于各法域可以同时审查，使得败诉方无法利用现行体制下无法避免的时间差逃避债务。

上述比照研究的成果显示了我国区际仲裁的承认和执行与国内法院委托执行判决机制及商标国际注册马德里机制具有较大的可比性。作者坚信，随着"一国两制"制度日益深入人心，区际仲裁裁决的委托承认与执行机制的建立与实施只是迟早的事。本书的构想并非乌托邦的幻想，而是建立在扎实的法理基础上。

五 建立区际仲裁裁决承认与执行委托机制的进程与法律形式

按照作者设想，在未来建立区际仲裁裁决承认与执行机制时，可能根据区际政治形势与法律趋同进展的不同程度，分为三个阶段：

（一）简单的文书转递机制

初期阶段，可能仅仅从节省程序，避免繁琐的申请手续角度出发，由受申请法院受理申请后，发现本法域的财产不足以完全履行裁决义务时，既可由申请人主动申请要求其他法域承认裁决，执行裁决余额，也可以由收案法院告知申请人申请法院委托。这一阶段类似于区际司法协助，收案法院仅仅发挥委托与转递文书的作用。

（二）收案（委托）法院代理承认条件审查，受托法院直接执行

这一阶段是在第（一）阶段基础上，由于各法域之间对彼此承认域外仲裁裁决的条件已经十分熟悉，特别是对各法域"公共政策"的标准基本明了，因而，在长期交流充分信任的基础上，各法域对需要在本法域执行的仲裁裁决按照本法域承认域外仲裁裁决的条件先行委托收案法院进行审查。符合承认条件的，才转递本法域受托法院直接执行；不符合承认条件的，收案（委托）法院不予转递。如果申请人一定要求拟议中的受托法院承认与执行，只能亲临该法域单独申请。

（三）免于承认审查，受托法院直接进入执行程序

经过第（二）阶段的合作，各法域应该渐渐统一了承认域外仲裁裁决的条件，特别是在公共政策问题上逐步观念趋同，或者通过协议将公共政策的范围界定。那么，这究竟意味着能够得到收案（委托）法院承认的仲裁裁决，一般都能够获得受托法院的承认，除非受托法院就个案根据本法域的特殊情况特别拒绝承认。这一阶段，可以说是区际仲裁裁决承认与执行委托的最高境界，甚至是整个国际与区际仲裁制度的最高境界。

关于建立区际仲裁裁决承认与执行委托机制的法律形式，作者认为，可以比较灵活。1999 年 6 月，中国内地与香港为解决相互执行仲裁裁决问题所采取的先签署区际"安排"协议，再各自修订仲裁立法的形式不失为一个现实可行的模式，可资借

鉴。当然，由于法域之间政治关系不完全相同，可以摸索出更多的模式，只要能有效表达各法域真实志愿，促进该机制的早日建立都可以接受。

六 建立区际仲裁裁决承认与执行委托机制过程中的困难

坦率地讲，建立区际仲裁裁决承认与执行委托机制的法律基础与客观条件已经成熟，值得顾虑的倒是我国区际政治形势的发展，能否产生足够的推动力催生此一机制。

近几年来，我国区际政治形势发生了许多可喜变化，但也出现了某些令人遗憾的退步。香港与澳门先后于 1997 年 7 月 1 日与 1999 年 12 月 20 日回归祖国，给中华民族带来了团结和统一的曙光。内地与港澳 CEPA 机制的建立，有效地促进了三地之间的经济与民商交往，这为区际仲裁制度的发展提供了肥沃的社会土壤。但与此同时，台湾民进党执政后日渐嚣张的台独气焰，阻碍了两岸的和解进程，也阻碍了两岸正常民商往来，也使得台湾的仲裁事业自我孤立于迅猛发展的区际仲裁形势之外。1998 年 1 月 15 日最高人民法院《关于人民法院认可台湾地区有关法院民事判决的规定》及《台湾地区与内地法域人民关系条例》相互对彼此的仲裁裁决与判决的相互承认与执行尚属理智之举，但台湾能否在仲裁制度上进一步与各法域合作则不得而知。

我们坚信，不管区际政治形势如何发展，各法域政府首先应该尊重区际民商交往不可阻截的现实，采取务实措施解决区际民商交往的争议解决的有效机制，各法域仲裁同行应当为创造一个良好的仲裁制度生存环境而奔走呼号，本书建议如蒙考虑，当属作者幸甚。

第十章

中国区际商事仲裁制度的建立与实施

完成了中国区际商事仲裁制度的实体部分的研究与论证，我们需要进一步解决如何推动这一新型的仲裁制度，如何从理论走向现实，如何转化为解决我国区际商事争议的有效手段。

第一节 《中国区际商事仲裁示范法》
的起草与构思

大凡研究国际商事仲裁制度的人都不能忽视 1958 年《纽约公约》与联合国《国际商事仲裁示范法》对统一国际商事仲裁制度分歧的伟大意义，本书在前文对我国四个法域的区域仲裁制度的共识与分歧进行了比较研究，可以看出共识是主流，分歧也不小。而建立区际商事仲裁制度的一个潜在的含义就是区际商事仲裁制度中的具体制度的规范必须是各法域共同接受，至少是不应强烈排斥的。为此，在制定具体的仲裁制度时必须扩大共识通过甄别缩小分歧。这项工作目前如果以官方立法研究的形式进行显然既敏感也不现实，只能由学者或者相关的民间仲裁机构进行。而民间研究的结果所形成的阶段性成果只能为区域立法机构借鉴并无实际约束力，因此形成的区际商事仲裁规范只能称为示范法。作者在前文已经命名为《中国区际商事仲裁示范法》。本章为表述方便有时简称"区际示范法"。

一 《中国区际商事仲裁示范法》的可研论证

本书第一章已经为区际商事仲裁制度的可行性进行了论证，本节侧重的是起草并制定如同联合国《国际商事仲裁示范法》那样一种介于半官半民性质的《中国区际商事仲裁示范法》。其民间性质意义在于"区际示范法"本身并不是具有约束力的法律制度，对各法域没有直接约束力，除非当事人选择或者仲裁庭仲裁机构或者临时仲裁庭依职权决定适用，否则，没有直接的约束力；其半官方意义在于，如同联合国示范法那样，尽管属于示范性质，但是它是联合国强烈推荐的示范文本，或者说是官方认可的非常权威的示范文本，与民间学者提出的成千上万种带有纯学理解释的立法文本完全不同。我们知道仅仅从起草《中国区际商事仲裁示范法》行为意义而言，《中国区际商事仲裁示范法》的可研论证没有实际意义，因而任何研究仲裁法的学者或者实际工作者都可以拿出不同的明显打上个人观点烙印的《中国区际商事仲裁示范法》文本。本章本节的主题是论证起草一份具有类似联合国示范法那种具有半官半民性质的《中国区际商事仲裁示范法》文本。作者认为，起草这样的文本并非乌托邦幻想，而是具有一定的理论及政治可行性。理由如下：

（一）联合国示范法的光辉榜样，使得我国各法域政治领导对示范法不会心存过多的猜疑。我们知道，联合国示范法的出台首先是尊重各国的司法主权，并没有强制要求各主权国家必须接受，而且，在个别制度上为各国根据本国特色保留自由选择的空间。例如关于履行协助和监督仲裁的某种职责的机构问题上，联合国示范法的表述就以"（ ）"提示的方式预留给主权国家各种选项。有些国家这一职能由常设仲裁机构行使，有些国家这一职能由法院履行。联合国示范法自1985年6月21日由联合国国际贸易法委员会通过以来，为世界各国的仲裁立法所发挥的示范作用无疑是巨大的，但是，并没有任何国家对这一示范立法发出干涉司法主权的抱怨。可见示范法模式不会挑战各法域的独立司法体系，无论是国家法域还是国内地区法域。

（二）四个法域对联合国示范法的采纳造就了区际示范法的立法可行性。从技术上讲，由于联合国示范法已经引领了国际商事仲裁制度二十多年，在国际商事仲裁领域享有崇高威信，并且成功地引导各国仲裁立法的趋同。在前文的分析中，作者在每个专题中基本提点了联合国示范法对该章专项制度的影响。实际上我国四个法域的仲裁立法的主流制度基本参考了联合国示范法，这就造就了我国区域仲裁制度之间众多的共识，这些共识是构建我国区际商事仲裁制度，起草我国区际仲裁法的技术基础。显然，由于联合国示范法的引领，我国区际商事仲裁示范法的起草，其可能遭遇的阻力，至少从技术层面看来，要比当年联合国制定《国际商事仲裁示范法》难度要小得多。

（三）国家主权统一，为区际示范法的立法提供了协调环境与机制。我国已经实现了香港与澳门的回归，在内地与港澳三个法域之间无论通过政府之间协调，还是通过民间具有仲裁研究功能的研究机构协商都是可行的。而台湾虽然政治上统一尚须时日，然而，民间协商途径并无中断。两岸目前政治体制与政治分歧确实相去甚远，然而，法律交流与认同反而更加进步。例如在我国四个法域之间，内地与台湾之间最早解决判决的承认与执行问题。内地与香港（基于协议）及澳门相互执行法院判决的文件反而较晚。我们认为，即便台湾地区基于政治考量暂时不参加，也可以在其他三个行政区之间进行，台湾地区在任何时候都可以直接采用。由于示范法仅仅是一种民间权威机制，并无强制约束力，从另一个角度而言，因为不是正式的法律文件也不要求各法域全体参加磋商。当然，台湾地区无论是官方或者民间机构能够参与协商机制当然是锦上添花的。

基于上述理由，作者认为，目前协商与起草《中国区际商事仲裁示范法》已然成熟。现在需要的是各法域有关机构与专家热心推动这一工作的展开。

二 《中国区际商事仲裁示范法》发起与起草

启动《中国区际商事仲裁示范法》的制定程序首先从发起与起草开始。

（一）区际示范法的发起

区际示范法的发起主要解决的是发起主体问题。作者认为，区际示范法的发起可以由如下任一个主体进行：

1. 由四个法域分管或者与仲裁关联的政府部门牵头发起。这是建立区际商事仲裁体系的最理想模式。实际上，我国内地与香港、澳门之间的司法协助（含裁决的承认与执行）都是通过政府间的协议进行的。签订协议后，再各自按照本法域的法律文化实施。除本书一再引用的《最高人民法院关于内地与香港特别行政区相互执行仲裁裁决的安排》外，还有 2006 年 2 月 28 日签署，2006 年 4 月 1 日生效的《内地与澳门特别行政区关于相互认可和执行民商事判决的安排》等都是通过两个法域的相关部门进行磋商签署的。如果区际商事仲裁制度的建立能够争取政府部门参与，可以说就可以很快进入实施状态，这将是包括作者在内的广大仲裁员及仲裁制度研究人员的最大心愿。但是，这种理想状态短期内可能不容易实现，尽管作者希望自己的预计是错误的。

2. 四法域权威仲裁机构发起，众多仲裁专家参与讨论。目前除澳门外，内地与港台都已经建立了具有一定悠久历史与行业地位的仲裁机构。这些常设仲裁机构不仅代表这法域内仲裁裁决的公信力，而且，多年来，在这些仲裁机构周围形成了以各类仲裁员为主体的仲裁制度的研究队伍。实际上，这些仲裁机构的名册中所载入的多是该法域内有相当资历的法学家，特别是仲裁专家，他们的质素与水准代表着该法域的仲裁研究与认知的最高境界，即便采取第一种模式，在进行具体制度的讨论时，各自法域最终一定会征求本法域权威仲裁机构的意见。我们认为，在四个法域中中国内地的中国国际经济贸易仲裁委员会、香港国际仲裁中心、澳门律师公会自愿仲裁中心、台湾中华仲裁协会应该扮演这样的发起角色作用。

第二种发起模式本来可能性也很大，然而，少数仲裁员可能担心新型的仲裁理论或者制度所产生新型的仲裁机构与现行区域仲裁机构重复或者竞争而不太积极。2004 年 11 月中国国际私法年会重庆会议时，作者首次提出建立中国区际商事中心的建议就遭到了猛烈的炮轰。除少数中国内地沿海地区学者谨慎赞成以外，以内地北方学者为主体强烈反对作者建议，理由不外乎所谓与现行仲裁机构功能重复，与现行仲裁机构竞争生命力不强等等。但是，作者要指出的是，区际商事仲裁中心与现行仲裁机构并不重复。由于区际商事仲裁中心处理的案件以"区际"与"商事"为主要管辖范围，对区域仲裁机构的"区域""民商"的管辖范围只有部分交叉，而且，作为区际商事仲裁中心肩负着下文将要讨论的引领区际法制价值观的重要使命，这是任何一个区域仲裁机构所不能替代的。更何况，在建立区际商事仲裁制度，筹建区际商事仲裁中心过程中，区域仲裁机构也不应该袖手旁观，而应该积极参与。作者认为，区域商事仲裁机构在未来的区际商事仲裁制度与筹组区际商事仲裁中心过程中可以发挥三种作用：

（1）参与筹建中国区际商事仲裁中心，甚至成为该中心的理事。

（2）根据中国区际商事仲裁中心的发展情况申请称为该中心在各自法域的分支机构。

（3）鼓励各自名册仲裁员积极参与区际商事仲裁，或者称为中国区际商事仲裁中心在册仲裁员，或者允许当事人选择适用《中国区际商事仲裁示范法》或者《中国区际商事仲裁中心仲裁示范规则》从事区际商事仲裁的临时仲裁工作。

由于上述三种作用涉及问题较多，作者在此仅作罗列，不作深入分析。

3. 学术研究机构发起。在第二种发起模式不能实现后，区域或者区际学术机构也可以发挥较重要的发起作用。中国国际私法学会每年召开的年会都有来自内地与港澳台的国际私法专家及各法域仲裁机构的仲裁员参加。每年年会讨论中，国（区）际仲裁问题是必不可少的专题。由中国国际私法学会发起起草《中国区际商事仲裁示范法》应该具有一定的权威效应。当然，这个过程中邀请港澳台仲裁专家的合作是完全必要的。

（二）区际示范法的起草

区际示范法的起草没有发起那么复杂。由于仲裁制度是一种同时包含深厚的理论功底及浓厚的实践认知的工作，因而，无论是采取上述哪一种模式，都需要既掌握国际商事仲裁理论，对区域仲裁制度有深刻的认识，同时又有丰富的仲裁实践经验的专家组成起草小组进行起草。示范法的起草必须听取各法域立法、理论及实务三大领域专业人士的意见，必要时需向四个法域仲裁界甚至各行政区人民征求意见，方可达成为各法域人民共同接受的示范法方案。

三　《中国区际商事仲裁示范法》的框架建议

框架协议是我们借鉴处理国有资产改制或者招投标过程中常常适用的一种文件形式。这种文件并非最后的文件，但是契约各方经常通过该项文件就正式协议文件达成意见前各方关注的问题达成一致意见，然而，各方根据框架协议继续谈判或者继续展开国有企业股权改制或者招投标的程序。如果这些框架协议涉及的问题无法取得一致意见，则后续程序无须展开。避免了工作时间及精力的浪费或者经营成本的不必要的投入。我们将框架协议形式引入中国区际商事仲裁示范法的起草工作，目的在于就各法域关注的问题首先取得一致意见，然后再行起草。这样避免起草区际仲裁法过程中发生不必要的争吵少走弯路。

根据本书分析，《中国区际商事仲裁示范法》定案前的框架协议至少必须解决如下问题：

（一）"商事"的概念与范围；

（二）履行监督与保障区域法院的管辖级别；

（三）无指定仲裁机构的协议效力问题；

（四）是否接受临时仲裁；

（五）仲裁员的补缺机制；

（六）仲裁的立案程序；

（七）裁决是否允许上诉；

（八）裁决被撤销后，仲裁协议的效力；

（九）是否认可"区域公共政策"作为拒绝执行区际裁决的理由；

（十）区际裁决的性质及区籍问题；

（十二）仲裁员的责任问题；

（十三）是否设置区际裁决的"承认程序"。

……

上述内容是前文进行研究时发现区域仲裁制度中分歧较大的地方或者进行区际仲裁立法时容易发生争议的焦点。关于上述问题的区域仲裁法观点及作者的观点前文已经讨论，本章不再赘述。

框架协议的形式与主体可以灵活多样。在形式上，可以是法域之间的正式协议（例如《XX安排》等），也可以是区域相关机构之间的备忘录，还可以是区际仲裁机构之间的筹建区际商事仲裁中心的宣言。甚至可以学习《国际法协会2002年新德里大会国际商事仲裁委员会以"公共政策"拒绝执行国际仲裁裁决的最终报告》的形式，以各法域仲裁相关学术团体甚至专家群体的"关于起草《中国区际商事仲裁示范法》相关问题的最终报告（宣言）"等形式。框架协议的主体可以是区域政府部门，可以是区域常设仲裁机构，也可以是区域仲裁问题的专家群体。总之，只要解决区域仲裁制度的实质性分歧，这种框架协议就是可行的。

第二节　中国区际商事仲裁制度的实施与推广

一　《中国区际商事仲裁示范法》的法制化

《中国区际商事仲裁示范法》除通过第一种模式由区域之间的政府部门直接磋商形成外，均属于建议性的法律草案，本身不具有直接约束力。这当然不是我们的目的，《中国区际商事仲裁示范法》出台后第一步就是推动其法制化。我们建议从三个方面达成这一目的。其一是政府措施；其二是立法行为；其三是契约行为。

（一）双边或者多边区际协议

《中国区际商事仲裁示范法》形成后，为了推动区际示范法的成果尽快付诸实施，各有关方面应首先吁请各行政区有关政府部门尽速签署双边或者多边区际协议，将区际示范法的成果以具有约束力的政府文件形式确定下来。这种区际协议可以是两个法域政府之间，也可以是多个法域之间，还可以由两个或者三个法域之间政府现行协议，其他尚未参与的法域在条件成熟时参加这一区际协议体制中来。区际协议机制是推动区际示范法由理论走向实践的最佳方案。由于区际示范法在很大程度上吸取了联合国示范法的精华，对各法域而言并不陌生，至少不会排斥。作者相信以中央政府解决港澳建立 CEPA 机制的魄力，只要有足够的重视与决心，建立内容上早已为各法域所熟悉并接受的区际仲裁机制恐怕不过小菜一碟。

（二）区域仲裁法的修改

我们知道，联合国示范法本身并非国际条约，各国也没有就落实联合国示范法费力费神地谈判签署任何旨在贯彻联合国示范法的国际条约。但这一切并没有成为联合国示范法广泛传播并为各国所认可的障碍。前文讨论区际商事仲裁的具体制度时我们多次谈到，各国或者国内法域是将联合国示范法的内容直接在本国仲裁立法中体现出来，甚至将联合国示范法换上本国标题，其中修改几个本国术语就直接转化为本国立法。这种方式对我们推广区际商事仲裁示范法也是一个重要启示。《中国区际商事仲裁示范法》形成后，如果能够通过第一种政府模式解决当然是皆大欢喜。但是，这需要两个以上法域的合作，而且如果某一法域为了落实一个具体内容在国际及区域司法中事实上已广为认可的区际示范法而讨价还价甚至提出其他法域不愿意接受的要求，那么就会影响区际示范法的推广实施。为此，引进联合国示范法的推介模式，各法域可以在无须其他法域配合的情况下，自我决定通过本法域立法的形式修订区域仲裁法，直接将区际示范法转化为本法域的区域仲裁法，从而赋予区际示范法以区域立法效力。就我国国内法域而言有了香港立法中的国际仲裁部分直接套用与澳门《涉外商事仲裁法》的照本宣科的先例，我国区际示范法首先为区域立法机构所接受的可能性是非常大的。联合国示范法通过后，几十年来，我们发现国际上许多国家的仲裁立法似曾相识，究其原因都是借鉴联合国示范法的结果。那么，放眼未来，《中国区际商事仲裁示范法》一旦出台，那么未来我国区域仲裁法会在现在的基础上更加趋同，更加相似，或者有一天，当我们翻阅仲裁法规时，如果我们不特别留意法规标题，或许我们仅凭内容已经无法区分所翻阅的究竟是区际示范法还是区域仲裁法，是此法域的区域仲裁法，还是彼法域的区域仲裁法。或许到这一天我们的区际商事仲裁制度的研究与推广才能称得上成功。

（三）《中国区际商事仲裁示范法》的直接适用

仲裁法的性质虽有实体法与程序法之争，但是，从目前学术与实务工作者角度看，仲裁法无疑主要是调整程序的。在前文我们在进行区际商事仲裁制度的法律适用分析及裁决的区籍界定时曾多次提及程序法问题。实际上我们所言的程序法就是仲裁法。仲裁法作为程序法在仲裁过程中是允许当事人通过意思自治进行选择的。也就是说，无论第一、第二模式是否能够实施，只要《中国区际商事仲裁示范法》实际成文出台，当事人就可以在具体仲裁案件中选择适用，作为个案程序法，这可以说是仲裁意思自治原则最完美体现，是其他领域的意思自治所没有的。例如在区域法院在处理国际民事诉讼时，实体法律关系的选择当然适用意思自治原则，但是，在国际民事诉讼中所选择适用的实体法通常应该是本国或者他国立法机关通过的生效法律（法律的时际冲突例外），而按照仲裁法原理，当事人既可以选择适用一份既存的仲裁规则，也可以选择适用个案适用的程序法，必要时，当事人还可以抛开任何现行有效的实体法或者仲裁机构建议的仲裁规则独立起草一份程序法或程序规则。那么，未来的日子，如果区际仲裁当事人坚持选择适用我们已经成文的《中国区际商事仲裁示范法》，只要是当事人的真实意愿，任何区域法院都是不能反对的。

二　'中国区际商事仲裁中心"的筹建

区际商事仲裁制度建立后，需要强有力的机构加以推动，作者在前文分析其中的组织形式时，由于联合国示范法及《纽约公约》都接受临时仲裁，我国香港澳门等法域的区域仲裁法也支持临时仲裁，因此，适应国际国内形势的需要，我们的区际商事仲裁制度对区际商事的临时仲裁采取包容态度。然而，就进一步推广区际商事仲裁制度而言，常设区际商事仲裁机构当仁不让地承担起主要角色，发挥主流作用。

（一）中国区际商事仲裁中心的发起成立

中国区际商事仲裁中心的发起建立既可以在全部或者部分法域的政府部门直接支持设立，也可以通过区域常设仲裁机构合作设立，还可以通过热心仲裁的企业法人赞助设立。当然，就重要性而言，作者肯定期望政府部门优先，这不仅仅是经费与中心网络扩展方便问题，重要的是为了中国区际商事仲裁中心的仲裁裁决能够尽快得到如同本法域仲裁机构裁决那样的同等待遇，更重要的是，作者满心期望中国区际商事中心承担一些促进区际法制交流，协调区际法制价值观等准公益职能。这些目标的实现，只有借助区域政府效果才会更好一点，效率才会更高一点。当然，其他发起人也可能发挥类似作用，但相较于政府而言，其缺陷是显著的。作者认为发起筹建中国区际商事仲裁中心需要经过如下几个必经程序：

1. 组合发起人，成立筹备小组。发起人与筹备小组应该有各法域的代表，不管是政府代表还是民间代表。如属民间代表，应该是深谙国际商事仲裁与区域仲裁制度，并且具有丰富的仲裁实践经验信誉卓著的专家或者实务工作者。在确保各法域代表的前提下，发起人可以是开放性的，边发起边等待，尽可能吸收各法域的政府、常设仲裁机构及著名专家参加。

2. 起草中国区际商事仲裁中心发起协议。发起协议应该包括发起人、筹备小组的工作安排、筹备经费的来源，筹备的程序计划、中心的性质及管理架构预期，及其他必须在发起协议中予以解决的事项等。

3. 起草中国区际商事仲裁中心章程。章程包括法定名称、法定地址，管理及决策模式，经费来源及盈利处分，财务制度及员工福利及中心的日常工作责任及其他应当列入章程的内容。

4. 购买或租赁中心办公场地。这并非纯粹的商业考量，需要决定区际商事仲裁中心具体设在哪个法域才能决定购买或租赁办公场所的地方。

5. 向住所地法域相关部门申请备案。

6. 取得备案审批后，向四个地区的主管部门及仲裁同行致函通知。特别是要求有关法域的相关部门将该中心列入可执行裁决之仲裁机构名单。

（二）《中国区际商事仲裁中心示范规则》的起草

中国区际商事仲裁中心成立后必须马上着手制定《中国区际商事仲裁中心示范规则》。主要原因有两个：其一是作为常设区际商事仲裁机构，理所当然地应当准备自己的仲裁规则，作为日常仲裁工作及仲裁庭运作程序的指引；其二是供区际商事仲裁临时仲裁庭选择适用。

关于《中国区际商事仲裁中心示范规则》（以下简称区际示范规则）的起草应作如下考量：

1. 区际示范规则必须以《中国区际商事仲裁示范法》为依据。区际示范法是区际商事仲裁的程序法，正如区域仲裁机构的仲裁规则不得违背区域《仲裁法》一样，区际示范规则也同样不能违背区际示范法，否则就可能导致仲裁裁决的效力遭到异议，最终可能被区域拒绝强制执行。

2. 可以参考《联合国国际贸易法委员会仲裁规则》。作者在研究与论证中国区际商事仲裁制度过程中，发现在各具体仲裁制度领域大凡共识部分多半都与《联合国国际商事仲裁示范法》观点一致，这些共识均被吸收纳入中国区际商事仲裁制度，在对区域仲裁制度的分歧进行甄别时，除我国具有特殊的国情外，一般纳入区际商事仲裁体系的也是符合联合国示范法等国际惯例的观点立场。也就是说，《中国区际商事仲裁示范法》从本质上讲与联合国区际商事仲裁示范法具有很大的相似性。而《联合国国际贸易法委员会仲裁规则》正是依托联合国示范法制定的仲裁程序规则，对起草《中国区际商事仲裁中心示范规则》应该具有相当的参考价值。

3. 应考虑我国区际商事仲裁所必须面对的国情。我国区际商事仲裁制度具有许多特别的国情需要予以考虑。例如前文我们在进行区际商事仲裁具体制度的论证时，反复提及的区际法院的缺位、中国"一国两制"政治体制下主权相同却没有共同的最高法院等现实，以及中国台湾地区与其他地区不仅仅是法制独立问题，在政治上的交流沟通尚有阻力、困难等等，在设计《中国区际商事仲裁中心示范规则》应有充分的考量。应该说有些是对区际示范规则的设计有帮助，有些则增加难度。不管如何，这些国情现实应予充分考虑。

（三）区际临时仲裁的识别标准

临时仲裁是区际商事仲裁的一部分，前文作者甚至预言过，区际临时仲裁甚至可能比区际商事仲裁中心的仲裁先行出现。然而，如何界定临时仲裁属于区际商事仲裁而非区域临时仲裁呢？作者认为，区际临时仲裁必须具备下述条件之一，否则当属区域临时仲裁：

1. 当事人选择或者仲裁庭依职权决定适用《中国区际商事仲裁示范法》。

2. 当事人选择或者仲裁庭依职权决定适用《中国区际商事仲裁中心示范规则》。

3. 当事人通过仲裁协议约定从中国区际商事仲裁中心仲裁员名册中指定仲裁员，且实际处理该项区际商事争议的仲裁员的确属于中国区际商事仲裁中心在册仲裁员。

4. 当事人通过仲裁协议约定或者临时协商约定中国区际商事仲裁中心为临时仲裁之仲裁员缺位指定机构。

5. 当事人选择或者仲裁庭依职权决定由中国区际商事仲裁中心提供仲裁服务。

三 区际商事仲裁制度的普及

《中国区际商事仲裁示范法》的成文与认可、中国区际商事仲裁中心的注册成立与认可及《中国区际商事仲裁中心示范规则》的出台与实施是中国区际商事仲裁制度从理论走向现实，从构想走向务实的成功标志。达成这一目标后，中国区际商事仲裁制度下一目标就是推广，为此作者提出如下建议方案。

（一）区际商事仲裁中心分支机构的网络化

中国区际商事仲裁中心在作者观念中实际上是中国区际商事仲裁制度的象征与代表。在推广中国区际商事仲裁制度中，该中心应该负有相当的历史使命。中国区际商事仲裁中心成立并在机构林立的仲裁机构中站稳脚跟后，马上应该着手进行扩展网点工作。因为中国区际商事仲裁中心所承担的是区际商事仲裁事务，为了更好地完成自己的使命。必须在各法域扩展自己的影响，尽管潜在的应对战略手段方式千千万万，但是最原始的方式就是扩展网点，既扩大宣传影响范围，也便于就地承揽案件，必要时还可以通过网点履行某些法律文书送达的功能。区际商事仲裁中心分支机构的网络化战略应该遵循如下原则：

1. 兼顾各法域原则。中国区际商事仲裁中心受理的仲裁案件主要是区际案件，这决定了中国区际商事仲裁中心设立网点时必须兼顾各法域，否则就不是区际仲裁机构而是区域仲裁机构了。因此，无论中国区际商事仲裁中心总部设在哪个法域，其设立分支机构时首先应该考虑在各法域至少拥有一个分支机构，然后才能进一步根据各具体法域的案源情况决定是否扩增网点。

2. 侧重法域邻近部位原则。这一策略也是考量中国区际商事仲裁中心的承接案件的范围而设定的。作者十余年的法律服务经验表明，区际民商事争议发生比较频繁的是行政区的结合部位或邻近部位。例如除港澳台外，内地的广东、广西、福建、浙江、上海等地所发生的区际商事争议相对较多，其他地方如内蒙古、新疆、西藏等内地腹地发生区际商事争议的概率相对较低。这一事实要求我们在进行网络战略时重点考虑的应该是法域邻近部位，然后有条件时才进行扇形扩展。

3. 虚实结合原则。这一原则主要指分支机构的性质分类。

作者认为，中国区际商事仲裁中心在考虑网点战略时，应该根据驻点地区的特点设立不同的分支机构。例如在前述法域邻近部位，由于可能产生众多的具体业务案源，这些地方的分支机构不仅担负宣传区际商事仲裁制度与中国区际商事仲裁中心使命，而且需要承担就地就近处理区际商事仲裁事务的功能。例如可以就地收案，就地开庭，就地裁决等。这些地方的分支机构规模相对较大，并且人员配备相对齐备。而在中国内地许多地位重要，但并无充分区际商事仲裁业务的地方例如北京、武汉、沈阳等地，则可能仅仅设立灵活多样的代表办事处即可。主要从事宣传推介工作，同时承担部分法律文书送达职能。当然虚与实相对的。有些地方本来设立正式的分支机构，但是斗转星移，该地区在区际商事交流中被边缘化，没有多少区际商事仲裁事务，那么可以将该分支机构降格为代表办事处；反之，随着国家西部开发战略的推行，原来仅仅考虑设立代表办事处的地区可能升格为分支机构。

（二）区际商事仲裁的有形与无形

区际商事仲裁是有形的，也是无形的。显然，中国区际商事仲裁中心作为中国区际商事仲裁制度的象征是有形的。由于对临时仲裁的包容与认可，使得各法域，每一个仲裁员，每一个仲裁机构都可能转化为区际商事仲裁，并为区际商事仲裁服务。前一标题我们归纳了区际临时仲裁的六项识别标准。只要满足任何一条，某一项仲裁可能由区域仲裁转为区际商事仲裁。例如，广州仲裁委员会受理了一件在它们看来是涉港商事仲裁的仲裁案件。在争议处理过程中，双方当事人一致协商要求仲裁庭适用《中国区际商事仲裁示范法》，并且按照《中国区际商事仲裁中心示范规则》进行处理。但是规定仲裁地在广州，由广州仲裁委员会提供仲裁服务等，那么，根据意思自治原则，仲裁庭就必须遵守。这就算使得本来为内地区域仲裁的案件转化为区际商事仲裁案件。区际商事仲裁的有形与无形使得区际商事仲裁可能打破区域仲裁与区际仲裁的对立局面，处理得好可以使得区际仲裁与区域仲裁互相支持，相得益彰。

（三）区域仲裁机构的多功能化

区际仲裁制度的研究以及中国区际商事仲裁中心的筹建可能会形成与区域仲裁机构发生竞争，从而造成区域常设仲裁机构的恐慌，正如 2004 年的中国国际私法年会作者所遭到的批判一样。但是，我们认为，这两者是可以协调的，而且可以互相支持：

1. 区际仲裁机构与区域仲裁机构可以互相提供仲裁员名册、场地、服务的支持。

2. 区际仲裁机构可以为区域仲裁机构提供其他法域法律资料及商业惯例的查询。

3. 区际仲裁机构可以利用自己的网点为区域仲裁机构向其他法域送运相应的法律文书、证据核实等工作。

4. 区域仲裁机构必要时可以与区际仲裁机构协议担任区际仲裁机构驻该法域或者该地区的代表办事处，甚至与区际仲裁机构合署办公，节省仲裁成本。

5. 区域仲裁机构与区际仲裁机构之间甚至可以相互委托代理就近就地受理对方管辖的仲裁案件。

上述几个方面充分表明，区际仲裁机构与区域仲裁机构的合作空间是相当大的，双方是可以兼容的，绝不是水与火的关系。

第三节　构建中国区际商事仲裁制度的意义

建立中国区际商事仲裁制度的意义不仅仅在于其提供了区际

商事争议解决的有效途径，也不仅仅是国际商事仲裁理论与联合国国际商事仲裁示范法在中国区际仲裁事务中得到又一次强有力的认可，中国区际商事仲裁制度的伟大意义远远超过仲裁制度本身，它的示范意义将为中国区际法制与政治事务带来不可低估的影响。本节力图从三个角度陈述中国区际商事仲裁制度超越仲裁的伟大意义。

一 区际商事仲裁理论对统一区际实体法的示范作用

我们知道，中国"一国两制"所保护的司法独立带来的不仅仅是区域仲裁制度的差异，在其他法律领域例如民商、诉讼、知识产权保护、刑事领域等其区域分歧仍然显而易见，甚至比仲裁领域分歧要大得多。为此，国际私法或者区际私法设计了许许多多的法律适用方案，以实现法律适用的表面公正，弥补因法律分歧而产生的同一案件在不同法域起诉或者在同一法域审理适用不同实体法所产生的不同的实体后果，进而诱发所谓"法律规避（evasion of law）"或者"挑选法院（forum shopping）"现象。然而，国际私法与区际私法只是解决现实世界所谓法律冲突问题，是解决国际或者区际法域之间一种法律冲突的工具与手段，它本身并不是理想状态。实际上，国际与区际私法或者冲突规范的终极目标是实现国际或者区际实体法的统一。然而，国际上，许多国家为了达成这一目标进行了不懈的努力，许多国际公约的成就正是这一努力的反映。例如 1883 年《保护工业产权巴黎公约》、1952 年《世界版权公约》、1924 年《统一提单的若干法律规则的国际公约》、1930 年《统一汇票及本票法公约》、1980 年《联合国国际货物销售合同公约》、1973 年《国际遗嘱方式统一法》、1940 年《国际民事诉讼程序法公约》、1971 年《民商事件外国判决的承认和执行的公约》等等都是国际社会为实现实体法的统一，至

少是走向统一而进行努力的结晶。我们在本书反复引用借鉴的
1958 年《关于承认与执行外国仲裁裁决》的《纽约公约》、联合
国《国际商事仲裁示范法》以及本书没有引用的 1966 年《规定统
一仲裁法的欧洲公约》、1975 年《美洲国家间关于国际商事仲裁
的公约》等都是国际社会为实现仲裁法的统一而取得的成果。我
国区际法律冲突形成前后，一代又一代的国际私法专家对我国区
际法律冲突进行了卓有成效的研究与探索。① 然而，港澳回归已经
多年，我国区际实体法的统一工作仍然进展缓慢。除本书已经提
及内地与香港之间就仲裁裁决的承认与执行达成安排以及内地与
澳门就民商判决的认可与执行达成的安排外，并无更多可以称道
的成果。作者认为，如果中国区际商事仲裁制度能够成功建立，
对统一区际实体法提供如下示范作用：

（一）以区域法律制度的共识为基础，参照同类国际统一实
体法规范，建立相应的区际统一实体法体系。

（二）以示范法带动具有法律效力的区际政府之间的协议或
者带动区域立法的修改，实现实体法的趋同。

（三）发挥学者在实现统一区际实体法中的应有作用，实现
以学术推动立法的循序渐进的统一化进程。

二 区际商事仲裁行为对融合司法理念，协调司法价值观的
示范作用

区域法律制度的差异不仅仅是内容表述的差异，而且是基于
法律文化等深层原因在立法技术上的反映。正是这些有时看起来

---

① 我国著名国际私法学家韩德培教授早在 1988 年就在《百科知识》第 11 期上
发表"谈'区际私法'"。参见黄进、刘卫翔等编：《韩德培文选》，武汉大学出版社
1996 年版，第 110—116 页。1989 年韩德培、黄进教授在《中国社会科学》第 1 期发表
"中国区际法律冲突问题研究"，参见上述《韩德培文选》，第 117—139 页。

不起眼的差异总和，最终决定了一个独特法律体系的形成。作者信手就可以罗列很多这类差异，例如：

（一）在立案程序方面，包括内地在内的大陆法系当事人都习惯向一个固定的机构（无论是法院还是仲裁机构）申请立案，然后由立案机构安排下一步程序。而英美法系所谓立案程序是当事人自己送达对方。联合国示范法，香港《仲裁条例》也是规定这种程序。这种差异充分反映的两种不同法律体系下公民或者居民的主体意识不同。我们在前文讨论区际商事仲裁制度时，鉴于对临时仲裁的首肯，支持了当事人送达的方式。但是，由于区际商事仲裁中心的机构仲裁职能又使得仲裁机构立案与送达仍属主流。这两种方式在未来的区际商事仲裁制度中将并存。

（二）在证据方面。大陆法系更看重书面证据，而英美法系对证人证言给予充分的重视。例如在我国内地私法审判过程中，无论民事诉讼法怎么表述，实际情况是，在中国内地的民事诉讼程序中，证人证言一般只起辅助作用。原因是，由于没有证人宣誓制度以及相应的伪证制裁，内地法院的证人一般在出庭之前就已经具有利益倾向性，法庭伪证屡见不鲜。而英美法系的宣誓具有强大的威慑力，作伪证要承担刑事后果，法庭证人不敢随意作伪证的。表现在电影镜头上英美的电影重点突出律师法庭盘问的细节，而我国内地电影突出所谓"铁证如山"——即书证堆积。在证据出示方面，中国内地已经习惯甚至接受当事人隐瞒对自己的不利的证据，除非对方明确知道某一确切证据，向法庭申请责令持有人出示，但在英美法系这是不允许的，争议一旦进入法律程序，所有相关文件都构成法庭证据。而且，在证据方面，律师是法庭的代表，律师有责任将所获悉的证据全部交给法庭，而不论证据对聘请方是否有利。这在我国内地是不可想象的。有一个案例是从香港某一仲裁专家处听说来的，说的是我国一家外贸公司在伦敦参加仲裁。该外贸公司为了案件胜诉，伪造了一份证据，并且将情况告诉伦敦的英国律师。该律师知情后，立即将包括信函在内的文件送交仲裁庭，其结果可想而知，裁决败诉。气急败坏的外贸公司想在英国起诉该律师，结果伦敦竟无一家律师行承接此案，原因是该名英国律师的行为在普通法系非常正常。未来的区际商事仲裁活动中，必将面对证人证言的采信问题与隐瞒证据的法律后果等程序问题，这需要未来的仲裁中心或者仲裁庭在不同的法律体系之间寻求公正与平衡。

（三）法律适用方面。中国内地及大陆法系的澳门、台湾以成文法为主。因为大陆法系"以法典法为主要法律渊源，法规法辅之"。① 而"内地法是内地法传统的最基本特征，也是它区别于普通法律传统的重要所在"。② 而普通法系重视判例，依循判例是普通法的传统规则。中国区际商事仲裁制度建立起来后，未来的仲裁庭在进行实体裁判时必然遇到判例法问题。而且，即便采纳香港实体法中的判例法还会滋生紧密相连的另外一个问题，那就是中国区际商事仲裁中心的裁决本身能否形成判例？

（四）推动法制进步方面。大陆法系系以民法为其法律制度的核心，"一般的说，民法传统中法学家的地位要高于法官，普通法传统中则是法官的地位高于法学家；在法律发展史上，民法传统中的法学家往往名垂后世，而普通法中的法官则往往倍享殊荣"。③ 区际商事仲裁制度当然也面临着发展的问题，区际商事仲裁制度发展的动力究竟是倚重法学家还是仲裁员呢？

---

① 参见米也夫《澳门法制于大陆法系》，中国政法大学出版社1996年版，第129页。

② 同上。

③ 同上书，第131页。

（五）诉讼或仲裁成本方面。中国区际商事仲裁制度构建之后，在进行实务操作时一个很现实的问题就是仲裁收费问题。目前香港的仲裁收费是按照仲裁员个人的资历、职业进行收费，而内地、澳门、台湾是按比例收费或者说是固定收费。同时，在香港法律体制下，律师费是作为诉讼成本的一部分由败诉方承担，内地司法体制虽几经呼吁迄今仍未接受，内地仲裁机构的仲裁规则虽然允许律师费转付，但是，至今少有支持案例。我国区际商事仲裁过程中，肯定面对区际商事仲裁案件中律师费转付的问题。

（六）判决或裁决的执行方面。由于内地诚信考核机制的缺乏，生效判决与裁决得不到执行的情况不在少数。而这些对法制健全的香港澳门等地而言并不是太大的问题。那么，未来的区际仲裁裁决在区域法院遭遇司法白条时，又如何应对呢？

上述问题并不全面，只是作者目前最关心的问题。但是，上述问题的解决牵涉问题太广，作者自己在本书也无法回答。但作者相信区际商事仲裁制度建立后，集中各法域仲裁精英的智慧，肯定能够解决上述问题。解决这些问题的过程实际上也是实现区际司法理念融合，协调区际司法价值观的过程。区际商事仲裁机构以其仲裁行为将为实现区域间的沟通融合发挥重要作用。

三 区际商事仲裁制度对统一区际宪制理念的促进作用

本书写到这里已经接近尾声了，本来应该把建立区际商事仲裁制度的终极理想和盘托出。作者作为一介实务工作者，没有宏观控制的管理经验，即便洋洋洒洒也很难令人信服。但是，既然关于建立中国区际商事仲裁制度的研究已经完成，作为蛇尾之作，仅作观点性介绍应无妨大局。

我们知道，香港、澳门主权回归的"一国两制"方式是所谓"50年不变"。50年对个人而言是大半岁月，对国家与民族而言不过弹指挥间的刹那。正如50年前我国内地在庆祝党的八大召开，社会主义改造基本完成。50年后，我们在歌颂改革开放的深入进行，公有制国民经济中已经由50年前的垄断地位，退居到次要地位，这恐怕是50年前的政治领袖所无法预料的。从1997年香港回归，到作者撰写本书已经过去近十年了。现在离"不变"的50年仅剩余40年了。我们这代人究竟将什么样的局面留给40年之后的子孙呢？这当然需要各法域政治家的宏观操盘。我个人认为，"一国两制"的格局是解决帝国主义长期殖民统治的权宜措施，本身是不正常的局面，而且在中华民族5000年的历史长河中也应该是昙花一现的浪花，50年解决不了的问题，可以放大到100年，100年解决不了的问题可以延长到200年，但绝不能永远存续下去。实现我们政制、宪制的统一，需要各法域人民的努力，特别是政治领袖的掌舵，那种无所作为，任其自然的消极态度不可能解决50年或者100年后的中国宪制统一问题。作者作为一名仲裁制度研究人员，从本专业出发，认为区际商事仲裁制度的建立或许能对中国宪制的最后统一发挥一些间接作用。这种理解是按照下属逻辑思维方式推论的：

（一）以个案是非正义判断促进各法域当事人是非正义观念的趋同

我们知道社会的是非观是除道德作用外，引领社会是非正义观的是司法裁判。然而，由于内地与港澳台的司法独立，无法通过共同的司法体系引领社会的是非正义观念。作者认为，区际商事仲裁制度建立后，通过区际商事仲裁的裁决，至少在经济领域能够引领区际是非正义观念，假以时日，特别是当区际商事仲裁制度与裁决在各法域广为接受与尊重时，各法域基于现行本法域的司法理念所产生的是非正义观可能逐渐趋同。如果在区际商事仲裁制度之外，其他司法领域尤其是刑事司法领域能否形成类似示范法的文件及相应的区际刑事司法协助，那么区际共同的是非正义观可能会成长得更快。

（二）以各法域人民是非观念的趋同促进区域间立法观念的磨合与区域实体法的趋同

立法是人民意志的升华，立法者本身也是人民的若干分子，通过区际商事仲裁行为的引领，形成区际共同或者相似的是非正义观后，对立法行为潜移默化的影响是必然的。加以其他法学学科领域，特别是民法、公司法领域各法域学者及实务工作者的努力与研究，实现实体法的内容趋同是可能的。特别是大陆法系的澳门与台湾以及类似大陆法系的中国内地，由于共同的法律文化背景。实现实体法的趋同可能性更大，速度可能更快。

（三）以区域立法实体内容的趋同促进区域间政制的兼容

区域实体法趋同后，其影响的并不仅仅是经济领域，经济基础决定上层建筑。上层建筑是经济基础的反映。当为趋同的实体法所调整的经济基础在各法域间逐渐趋同时，作为经济基础反映的政治体制理当逐渐趋同，即便法域仍然分立，但是各法域的政治体制应该是兼容的。当其时，"一国两制"可能演变为"一国多区"，即只有司法独立的概念，类似于今天美国各州，虽然属于独立的立法权，作为法域意义仍将长久，但是，各法域之间的政治体制应该基本相同，或者大体相同。

（四）以政制的趋同促进国家宪法体制的最终统一

当各法域政制趋同时，那么我们制定适用于所有法域的统一宪法（区别于现在的基本法）的时机就成熟了。当然，这可能是50年甚至100年以后的事了。

上述历史进程中，区际商事仲裁制度及相应的区际商事仲裁

行为只是发挥一种间接的作用，需要多方面的综合努力，特别是
要各法域有理想有抱负的政治精英的重视与努力才能实现。苟能
达成这一宏愿，那么，即便区际商事仲裁制度及相应的区际商事
仲裁行为仅发挥万分之一的作用，那么我们今天的努力也没有白
费。

结　　论

综合全书的研究，我们认为，构建中国区际商事仲裁制度不仅理论上可行，而且从仲裁实践角度看完全具备实际操作条件。通过本书的研究，我们形成以下主要结论：

1. 区际仲裁制度是克服我国"一国两制"下区际司法独立障碍，解决区际商事争议的最有效的方式；

2. 中国区际商事仲裁制度应该形成独立研究并发展的新的法学分支学科；

3. 建立中国区际商事仲裁中心是当前解决区际商事争议，推进区际商事仲裁制度形成与发展的最重要、最迫切的又切实可行的举措；

4. 建立我国区际商事仲裁裁决的委托承认与执行的机制是提高区际商事仲裁裁决承认与执行效率的有效及可行方式；

5. 建立与推广中国区际商事仲裁制度应该充分尊重各法域意见，采取区际双边或多边协议，到修订区域仲裁法，最后形成中国区际商事仲裁法的渐进过程；

6. 区际商事仲裁理论、行为及制度对统一区际实体法，融合区际司法理念，协调区际司法价值观及统一区际政治法制理念等将发挥巨大的示范作用；

7. 本书根据分析论证的结果形成了《中国区际商事仲裁示范法》建议草案。

附录

中国区际商事仲裁示范法
（建议稿）

第一章　总则

第一条　【适用范围】

（一）本法适用于中国区际商事仲裁，即依本法建立的，处理中国内地与港澳台之间商事争议的仲裁制度。

（二）本法调整的"中国区际商事仲裁"为下列条件之一者：

1. 任何以书面仲裁协议或者以仲裁条款约定提交中国区际商事仲裁中心仲裁管辖的仲裁；

2. 任何提交临时仲裁庭管辖，但适用本法作为程序法所进行的仲裁；

3. 仲裁地在我国境内，但不能被识别为任何区域裁决的仲裁。

第二条　【定义及解释规则】

为本法之目的：

（1）"商事"一词，包括不论是契约性或非契约性的一切商事性质的关系所引起的种种事情。商事性质的关系包括但不限于下列交易：供应或交换货物或服务的任何贸易交易；销售协议；商事代表或代理；租赁；建造工厂；咨询；工程；许可证；投资；筹资；银行；保险；开发协议或特许；合营和其他形式的工业或商业合作；货物或旅客的天空、海上、铁路或公路的载运；电子商务；虚拟财产的买卖与转让。

（2）"仲裁"包括常设仲裁机构进行的仲裁及临时仲裁；

（3）"仲裁庭"是指一名独任仲裁员或一组仲裁员；

（4）"中国区际商事仲裁裁决"是指属于第一条规定范围的仲裁裁决。本法根据具体情况有时亦表述为"区际裁决"；

（5）"法院"是指区域司法系统的管辖法院；

（6）本法之规定，除第七章外，凡允许当事各方协商确定者，亦得允许当事各方授权第三者（包括机构）协商确定；

（7）凡本法提及当事各方已达成或将要达成，或其他情况下所涉及当事人的协议时，该协议包含其提到的任何仲裁规则；

（8）除第二十八条（一）款、第三十八条（二）款1项外，本法提及索赔申诉时，也适用于反诉；提及答辩时，也适用于反诉答辩。

（9）中国区际商事仲裁中心（China Interregional Commercial Arbitration Center，CICAC）为依照成立地公司法成立的，自负盈亏的企业法人。

第三条　【送达】

（一）除非当事各方另有协议：

1. 任何书面信件，如经当面递交收件人，或投递到收件人的营业地点、惯常住所或通信地址，或经合理查询仍不能找一上述任一地点而以挂号信或能提供作过投递企图记录的其他任何方式投递到收件人最后一个为人所知的营业地点、惯常住所或通信地址，均应视为已经送达；

2. 信件应被视为已于以上述方式投递之日送达。

（二）本条各项规定不适用于法院诉讼程序中的信件。

第四条　【放弃提出异议的权利】

当事一方明知其他各方违反了本法规定的事项，但仍继续进行仲裁而没有不过分迟延地或在约定的时限内提出异议，则应视为已放弃其就该事项的异议权。

第五条　【法院干预的限度】

属本法调整的法律关系，任何法院均不得干预，除非本法有此规定。

第六条　【履行协助和监督仲裁的某种职责的机构】

中国区际商事仲裁中心除履行区际常设仲裁机构职责外，还根据本法授权履行协助和监督区际商事仲裁的部分职责。

第二章　仲裁协议

第七条　【仲裁协议的定义和形式】

（一）"仲裁协议"是指当事各方同意将在他们之间确定的不论是契约性或非契约性的法律关系上已经发生或可能发生的一切或某些争议提交中国区际商事仲裁中心仲裁或者临时仲裁的协议。仲裁协议可以采取合同中的仲裁条款形式或单独的仲裁协议形式。

（二）仲裁协议应是书面的。协议如载于当事各方签字的文件中，或载于往来的书信、电传、电报或提供协议记录的其他电讯手段中，或在申诉书和答辩书的交换中当事一方声称有协议而当事他方不否认即为书面协议。在合同中提出参照载有仲裁条款的一项文件即构成仲裁协议，如果该合同是书面的而且这种参照足以使该仲裁条款构成该合同的一部分的话。

第八条　【仲裁协议和向法院提出的实质性申诉】

（一）向法院提起仲裁协议标的诉讼时，如当事一方在其不迟于其就争议实质提出第一次申述的时候要求仲裁，法院应让当事各方付诸仲裁，除非法院发现仲裁协议无效、不能实行或不能履行。

（二）在本条第（一）款提及的诉讼已提起时，仍然可以开始或继续进行仲裁程序，并可作出裁决，同时等待法院对该问题的判决。

第九条　【仲裁协议和法院的临时措施】

在仲裁程序进行前或进行期间内，当事一方请求法院采取临时保护措施和法院准予采取这种措施，均与仲裁协议不相抵触。

第三章　仲裁庭的组成

第十条　【仲裁员之要件】

（一）仲裁员应为依据其住所地法为具有完全行为能力之自然人。

（二）当事人通过仲裁协议约定仲裁员条件的应该允许。

（三）区际常设仲裁机构有权按照自己的需要制定更严格的仲裁员资格条件并提供相应的仲裁员名册供当事人选择。

（四）仲裁协议或当事人随后之书面协议订定在正式仲裁前应预先进行调解时，曾担任调解人职务之人不得担任仲裁员之职务；但当事人另有约定者除外。

第十一条　【仲裁员人数】

（一）当事各方可以自由协商仲裁员的人数。

（二）如未作此确定，则仲裁员的人数应为三名。

第十二条　【公断人】

（一）除非仲裁协议另表明相反意图，否则每项提交予复数仲裁员的仲裁协议，须当作包括如下的规定，即：该复数仲裁员本身获委任后，可随时委任一名公断人，如仲裁员不能取得一致意见，则须立即委任一名公断人。

（二）除非仲裁协议另表明相反意图，否则在提交复数仲裁员裁决时，倘若仲裁员已向仲裁协议的任何一方或公断人递送通知书，述明他们不能取得一致意见，公断人可立即取代仲裁员而介入仲裁。

第十三条　【仲裁员的指定】

（一）除非当事各方另有协议，否则不应以所属住所地为理由排除任何人作为仲裁员。

（二）当事各方可以自由地就指定一名或数名仲裁员的程序达成协议，但须服从本条第（四）和第（五）款的规定。

（三）如未达成这种协议：

1. 当仲裁庭由三名仲裁员组成时，当事双方应当各自当指定一名仲裁员，这样指定的两名仲裁员应共同指定第三名仲裁员；如任何一方方未在收到当事他方指定仲裁员要求之30日内指定仲裁员或两名仲裁员在被指定后30日内未就第三名仲裁员达成协议，则经任何一方当事人均可请求中国区际商事仲裁中心指定。

2. 在独任仲裁员体制中，如果当事各方不能就仲裁员达成协议，则应由中国区际商事仲裁中心指定。

（四）如果，根据当事各方协议的指定程序：

1. 当事一方未按这种程序规定的要求行事；或

2. 当事各方或两名仲裁员未能根据这种程序达成预期的协议；或

3. 第三者，包括机构，未履行根据这种程序交托给它的任何职责，则任何一方均可请求中国区际商事仲裁中心采取必要措施，除非当事人另有协议。

（五）就本条第（三）或第（四）款交托给中国区际商事仲裁中心的事情所作出的决定，不得上诉。中国区际商事仲裁中心在指定仲裁员时应适当顾及当事各方协议的仲裁员资格条件，并适当顾及指定仲裁员可能具备的独立与公正的素质，而且在指定独任仲裁员或第三名仲裁员时，并应尽可能地指定一名住所地与当事各方均不相同的仲裁员。

第十四条　【披露与异议】

（一）某人被询有关他可能被指定为仲裁员的事情时，他应该可能会对他的公正性或独立性引起正当的怀疑的任何情况进行披露。仲裁员从被指定之时起至在整个仲裁程序进行期间，应不迟延地向当事各方进行此项披露，除非他已将这类情况告知当事各方。

（二）只有存在对仲裁员的公正性或独立性引起正当的怀疑的情况或他不具备当事各方商定的资格时，才可以对仲裁员提出异议。当事一方只有根据作出指定之后得知的理由才可以对他所指定的或他参加指定的仲裁员提出异议。

第十五条　【提出异议和程序】

（一）当事各方可以就对仲裁员的异议程序达成协议，不得排除本条第（三）款的适用。

（二）如未达成这种协议，拟提异议的当事一方，应于其得知仲裁庭组成或得知第十四条第（二）款所指的可异议情况后15日内向仲裁庭提出异议，并说明理由。仲裁庭应就异议事项作出决定，除非被异议的仲裁员自行辞职或当事他方同意所提出的异议。

（三）如根据当事各方协议的任何程序或根据本条第（二）款的程序提出的异议未能成立，提出异议的当事一方可以在收到驳回所提出异议决定的通知后30日内请求中国区际商事仲裁中心就该异议作出决定，该决定不容上诉；在等待对该请求作出决定的同时，仲裁庭包括被提出异议的仲裁员可以继续进行仲裁程序和作出裁决。

（四）如本条第（二）款所涉及的仲裁庭系临时仲裁，则不服仲裁庭异议决定的一方可于收到异议决定后30日内向仲裁地法院上诉。该法院作出的裁定为终局裁定，当事人不得再行上诉。

第十六条　【仲裁员的不作为或迟延作为】

（一）如果仲裁员在法律上或事实上不能履行其职责或者过分怠于履行职责，如果其选择辞职或当事各方就终止他的任命达成协议，则其任命立即终止。但如对上述任何原因仍有争议，任何当事一方均可以请求中国区际商事仲裁中心就终止其任命一事作出决定，该决定不容上诉。如属临时仲裁，则此项决定应由仲裁地法院作出。

（二）如果按照本条或第十五条第（二）款的规定，一名仲裁员辞职或当事一方同意终止对一名仲裁员的任命，这并不暗示其接受本条或第十四条第（二）款所指的任何理由。

第十七条　【仲裁员责任】

（一）仲裁员有下列情形之一的，应当依法承担法律责任，中国区际商事仲裁中心应当将其除名：

1. 私自会见当事人、代理人，或者接受当事人、代理人的请客送礼的；

2. 仲裁员在仲裁该案时有索贿受贿，徇私舞弊，枉法裁决行为的；

3. 接受仲裁员职务之人无合理理由推辞担任职务的。

（二）临时仲裁之仲裁员发生第（一）款情形的，该仲裁当事人有权依循民事程序向相关仲裁员索赔，并可以向仲裁地法院申请禁止该瑕疵仲裁员在仲裁地法域继续任何仲裁事务。

第十八条　【指定替代仲裁员】

因根据第十三条或第十四条的规定或因仲裁员由于任何其他原因而辞职或因当事各方协议解除仲裁员的任命而终止仲裁员的任命或在任何其他情况下终止仲裁员的任命时，应按照原指定程序指定替代仲裁员。

第四章　仲裁庭的管辖权

第十九条　【仲裁条款独立与仲裁庭管辖权自裁原则】

（一）仲裁庭可以对它自己的管辖权包括对仲裁协议的存在或效力的任何异议，作出裁定。为此目的，构成合同的一部分的仲裁条款应视为独立于其他合同条款以外的一项协议。仲裁庭作出关于合同无效的决定，不应在法律上导致仲裁条款的无效。

（二）有关仲裁庭无权管辖的抗辩不得在提出答辩书之后提出。当事一方已指定或参与指定仲裁员的事实，不得阻止该当事一方提出这种抗辩。有关仲裁庭超越其权力范围的抗辩，应在仲裁程序过程中提出越权的事情后立即提出。在这两种情况下，仲裁庭如认为推迟提出抗辩有正当理由，均可准许待后提出抗辩。

（三）仲裁庭可以根据案情将本条第（二）款所指的抗辩作为一个初步问题裁定或在裁决中裁定。如果仲裁庭作为一个初步问题裁定它有管辖权，当事任何一方均可以在收到裁定通知后30日内要求仲裁地法院对这一问题作出决定。该决定不容上诉，在等待对这种要求作出决定的同时，仲裁庭可以继续进行仲裁程序和作出裁决。

（四）尽管有仲裁地法院以外的其他法域法院对仲裁协议的无效认定，仲裁庭可以决定的继续仲裁程序。

第二十条　【仲裁庭命令采取临时措施的权力】

除非当事各方另有协议，仲裁庭经当事一方请求，可以命令当事任何一方就争议的标的采取仲裁庭可能认为有必要的任何临时性保全措施。仲裁庭可以要求当事任何一方提供有关此种措施的适当担保。

第五章　仲裁程序的进行

第二十一条　【对当事各方平等相待】

仲裁庭应平等对待当事各方，并应给予当事各方充分陈述其意见的机会。

第二十二条　【仲裁程序规则的确定】

（一）在不与本法冲突情况下，当事各方可以自由地就仲裁庭进行仲裁所应遵循的程序达成协议。

（二）中国区际商事仲裁中心可以根据本法制定相应的仲裁规则。除非当事人有明确相反约定，一般情况下，当事人对中国区际商事仲裁中心管辖选择，视同自动选择了仲裁行为发生时该中心现行有效的仲裁规则。

（三）在当事双方一致排除中国区际商事仲裁中心仲裁规则的适用或在临时仲裁案件中，在遵守本法前提下，仲裁庭可以按照其认为适当的方式进行仲裁。授予仲裁庭的权力包括确定任何证据的可采性、相关性、实质性和重要性的权力。

第二十三条　【仲裁地点】

（一）当事人可以约定仲裁地点。如未约定，中国区际商事仲裁中心或其处理该案分支机构所在地为仲裁地。临时仲裁仲裁地由仲裁庭在裁决中认定。

（二）虽有本条第（一）款的规定，除非当事各方另有协议，仲裁庭可以在它认为适当的任何地点聚会，以便于仲裁员之间磋商、听取证人、专家或当事各方的意见或检查货物、其他财产或文件。

第二十四条　【仲裁程序的开始】

（一）当事人选择中国区际商事仲裁中心仲裁的，仲裁程序自该中心受理立案之日开始。

（二）当事人选择临时仲裁的，仲裁程序自被申请人收到将该争议提交仲裁的请求之日开始。

第二十五条　【语文】

（一）区际商事仲裁的语文原则上为中文，除非当事人另有约定。

（二）仲裁庭可以责令各方提交的任何文件证据附具中文译本或者当事人协议约定语文译本。

（三）当仲裁语言确定为中文时，如需开庭审理，当事人有权选择以粤语或者台湾方言陈述意见。但是，如仲裁庭成员或者对方当事人非属上述地方语言区域，则以地方方言陈述意见一方，应当提供中文国语翻译，并自行承担翻译费用。

第二十六条 【申诉与答辩】

（一）在当事各方协议的或仲裁庭确定的期间内，申请人应申述支持其申诉的种种事实、争论之点以及所寻求的救济或补救，被申请人应于收到申诉书之日起 45 日内进行答辩，被申请人需要提起反诉的，亦得于答辩期内一并提出。当事人可以选择随同申诉书或答辩书提交相关证据，亦可以仅附随证据或文件清单。

（二）除非当事各方另有协议，在仲裁程序进行中，当事任何一方均可以修改或补充其申诉书或答辩书，除非仲裁庭认为过分迟延，而不宜允许。

第二十七条 【开庭和书面审理程序】

（一）仲裁案件是采取开庭审理，还是书面审理，由仲裁庭决定。然而，除非仲裁协议或者仲裁条款先行约定书面审理，否则，如一方当事人坚持要求开庭审理，仲裁庭应当在适当的阶段开庭审理。

（二）仲裁庭为检查货物、其他财产或文件而举行的质证或听证，均应充分提前通知当事各方。

（三）当事一方向仲裁庭提供的一切书面陈述、证据或其他文件资料均应送交当事他方，仲裁庭可能据以作出决定的任何专家报告或证据性文件也应送交当事各方。

第二十八条　【当事一方不履行责任】

除非当事各方另有协议，如在不提出充分理由的情况下：

（一）申请人①不按照第二十六条第（一）款的规定提交申诉书，仲裁庭应终止程序；

（二）被申请人不按照第二十六条第（一）款的规定提交答辩书，仲裁庭应继续进行仲裁程序，但不得据此视为被申请人认可申请人的申诉；

（三）当事任何一方不出庭或不提供文件证据，仲裁庭可以继续进行仲裁程序并根据它所收到的证据作出裁决。

第二十九条　【证据与证据交换】

（一）当事人应当对自己的主张提供证据。仲裁庭认为有必要收集的证据，可以自行收集。

（二）证据应当在开庭时出示，当事人可以质证。

（三）在证据可能灭失或者以后难以取得的情况下，当事人可以申请证据保全。当事人申请证据保全的，仲裁庭应当将当事人的申请提交证据所在地的管辖法院。

（四）中国区际商事仲裁中心可以在自己的仲裁规则中就提交证据得期限及延期理由作出具体规定。

（五）仲裁庭有权根据案件的具体情况决定就其个案是否需要进行庭前交换证据，当事人必须遵守。这一权力同时适用于机构仲裁于力临时仲裁。

---

①　仲裁当事人在中国内地被称之为申请人和被申请人。

第三十条　【仲裁庭指定的专家】

（一）除非当事各方另有协议，仲裁庭：

1. 可以指定相关专家就案件具体问题向仲裁庭提出专家意见；

2. 可以要求当事人一方向专家提供任何有关的资料，或出示或让其接触任何有关的文件、货物或其他财产，供其检验。

（二）经任何一方当事人请求或者仲裁庭认为有此必要，提出专家意见的专家应出庭接受当事各方或各方派出的专家证人的质询。

第三十一条　【在获取证据方面的法院协助】

仲裁庭或当事一方在仲裁庭同意之下，可以请求相关行政区主管法院协助获取证据或者采取证据保全措施。相关法院可以在其权限范围内并按照法院地法获取证据的规则的规定执行上述请求。

第三十二条　【财产保全方面的法院协助】

一方当事人因另一方当事人的行为或者其他原因，可能使裁决不能执行或者难以执行的，可以申请财产保全。当事人申请财产保全的，仲裁庭应当将当事人的申请提交相关行政区主管法院。申请有错误的，申请人应当赔偿被申请人因财产保全所遭受的损失。

第六章　裁决的作出和程序的终止

第三十三条　【仲裁庭裁决体制】

在有一名以上仲裁员的仲裁程序中，除非当事各方另有协议，仲裁庭任何决定，均应由其全体成员的多数作出。但经当事各方或仲裁庭全体成员的授权，首席仲裁员可以就程序问题作出决定。

在复数仲裁员体制下，如仲裁员不能就决定事项达成一致意见，则公断人介入仲裁，直至作出最后决定。

第三十四条　【和解】

（一）如当事各方共同提出和解解决争议，仲裁庭应终止仲裁程序。经当事各方共同申请，且仲裁庭无异议时，仲裁庭可以按当事人的和解条件制作仲裁裁决书。

（二）根据和解条件制作的裁决书应当符合第三十六条的形式与内容，并应说明它是一项裁决。该裁决应与根据案情作出的任何其他裁决具有同等的地位和效力。

第三十五条　【调解】

（一）未依本法订立仲裁协议者，仲裁机构得依当事人之申请，经他方同意后，由双方选定仲裁员进行调解。调解成立的，由仲裁员作成调解书。仲裁员在制作调解书时，应当建议双方当事人补签仲裁协议，或者将请求仲裁员调解区际商事争议的一致意向在调解协议中明示表达出来。

（二）依前款制定的调解书与仲裁和解、仲裁裁决具有同等法律效力。

第三十六条　【裁决的形式和内容】

（一）裁决应以书面作出，并应由一名或数名仲裁员签字，在有一名以上仲裁员程序中，仲裁庭全体成员的多数签字即可，但须对任何省去的签字说明原因。

（二）裁决应说明它所根据的理由，除非当事各方协议不要说明理由或该裁决是根据第三十五条的规定按和解条件作出的裁决。

（三）裁决应写其日期和按照第二十三条第（一）款的规定所确定的仲裁地点，该裁决应视为是在该地点作出的。

（四）裁决作出后，经各仲裁员按照本条第（一）款的规定签字的裁决书应送给当事各方各一份。

（五）如仲裁庭认为有必要或当事人提出请求并经仲裁庭同意时，仲裁庭可以在作出最终裁决之前的任何时候，就案件的任何问题作出中间裁决、临时裁决或部分裁决。本法所提及的裁决均包括中间裁决、临时裁决或部分裁决。

第三十七条　【程序的终止】

（一）仲裁程序依终局裁决或仲裁庭按照本条第（二）款发出的命令予以终止。

（二）仲裁庭在下列情况下应发出终止仲裁程序的命令：

1. 申请人撤回其申诉。除非被申请人对此表示反对而且仲裁庭承认彻底解决争议对他来说是有正当的利益的；

2. 当事各方同意终止程序；

3. 仲裁庭认定仲裁程序在任何其他理由之下均无必要或不可能继续进行。

（三）仲裁庭的任务随着仲裁程序的终止而结束，但须服从第三十八条和第四十六条第（四）款的规定。

第三十八条　【裁决的改正和解释；追加裁决】

（一）除非当事各方已就另一期限达成协议，在收到裁决书后 30 天内：

1. 当事一方可以在通知当事另一方后请求仲裁庭改正裁决书中的任何计算错误，任何抄写或排印错误或任何类似性质的错误；

2. 如果当事各方有此协议，当事一方可以在通知当事他方后请求仲裁庭对裁决书的具体一点或一部分作出解释。

如果仲裁庭认为此种请求合理，它应在收到请求后 30 日内作出改正或加以解释，解释应构成裁决的一部分。

（二）仲裁庭可以在作出裁决之日起 30 日内主动改正本条第（一）款（1）项所指的类型的任何错误。

（三）除非当事各方另有协议，当事一方在收到裁决书后 30 日内可以在通知当事他方后请求仲裁庭对已在仲裁程序中提出但在裁决书中遗漏的申诉事项作出追加裁决。如果仲裁庭认为其请求合理，仲裁庭在 60 日内作出追加裁决。

（四）如果必要，仲裁庭可以将根据本条第（一）或第（二）款作出的改正、解释或追加裁决的期限，予以延长。

（五）第三十六条的规定应适用于裁决的改正或解释并适用于追加裁决。

第七章　区际商事仲裁的法律适用

第三十九条　【仲裁协议】

仲裁协议的效力，除当事人的行为能力外，适用当事人选择的法律；当事人未作出选择的，适用仲裁地法或者裁决作出地法；当事人未作出选择，且仲裁地或者裁决地未作出决定的，适用争议事项的准据法，特别是主合同的准据法。

第四十条　【冲突规范】

如当事人无作出任何选择，仲裁庭应适用其认为可适用之法律冲突规则所指定之法律。指定适用某一行政区法律制度，应视为直接指定该地区之实体法规则，而非该地区之法律冲突规则；但另有明确指明者，不在此限。

第四十一条 【仲裁程序法】

当事人未约定仲裁程序法时，仲裁庭应推荐适用中国区际商事仲裁示范法。当事人不能达成一致意见的，仲裁庭应适用仲裁地的仲裁法。

第四十二条 【裁决的执行】

区际商事仲裁裁决的执行，依法院地法。

第四十三条 【适用于争议实体的准据法或实体规则】

（一）仲裁庭应按照当事各方选定准据法或实体法律规则对争议作出裁决。除非当事人另有约定，否则当事人通过一致协议选择适用某一行政区的法律或法律制度应当理解为仅限于该行政区的实体法而不包括冲突规范。

（二）当事人如无第（一）款之选择，仲裁庭可以根据第四十条之规定适用相应的冲突规范选择案件的准据法。

（三）如案情允许，仲裁庭应充分考虑直接适用双方合同的条款或结合适用于该项交易的贸易习惯而作出裁决的可行性。

（四）仲裁庭只有在当事各方明确授权的情况下，才可按照公平合理的原则或作为友好调解人作出决定。

第四十四条 【区际实体法规范】

仲裁庭在处理区际商事争议时，如存在与案件争议商业性质相关的双边或者多边区际协议或者具有约束力的安排性文件，且当事各方的住所地所在行政区（或法域）受上述法律文件之共同约束，则仲裁庭应优先适用该区际实体法规范。

第四十五条 【裁决区籍】

区际裁决的区籍，依其仲裁程序进行地界定。

第八章 对裁决的撤销之诉

第四十六条 【仲裁裁决的撤销】

（一）只有按照本条第（二）和第（三）款的规定申请撤销，才可以就仲裁裁决向仲裁地法院提起撤销之诉。

（二）仲裁裁决只有在下列情况下才可以被相关区域法院撤销：

1. 提出申请的当事一方提出证据证明：

（1）第七条所指的仲裁协议的当事一方欠缺行为能力；或根据当事各方所同意遵守的法律，或未认明有任何这种法律，则根据其准据法，上述协议是无效的；或

（2）未将有关指定仲裁员或仲裁程序的事情适当地通知提出申请的当事一方，或该方因其他理由未能陈述其案情；或

（3）裁决处理了不是提交仲裁的条款所考虑的或不是其范围以内的争议，或裁决包括有对提交仲裁以外的事项作出的决定，但如果对提交仲裁的事项所作的决定与对未提交仲裁的事项所作出的决定能分开的话，只可以撤销包括有对未提交仲裁的事项作出决定的那一部分裁决；或

（4）仲裁庭的组成或仲裁程序与当事各方的协议不一致，除非这种协议与当事各方不能背离的本法的规定相抵触，或当事各方并无此种协议，则与本法不符；或

2. 法院认为：该裁决与仲裁地的公共政策相抵触。

（三）提出申请的当事一方自收到裁决书之日起，三个月后不得申请撤销；如根据第三十九条提出了请求，则从该请求被仲裁庭处理完毕之日起三个月后不得申请撤销。

（四）法院被请求撤销裁决时，如果适当而且当事一方也要求暂时停止进行撤销程序，则可以在法院确定的一段期间内暂时停止进行，以便给予仲裁庭一个机会重新进行仲裁程序或采取仲裁庭认为能够消除请求撤销裁决的理由的其他行动。

第九章　裁决的效力与执行

第四十七条　【区际商事仲裁裁决的效力】

（一）除本章另有规定外，中国区际商事仲裁裁决可免予承认程序透过区域法院直接制执行，犹如凭借区域仲裁法强制执行区域裁决一样。

（二）任何根据本章可予强制执行的中国区际商事仲裁裁决，就一切目的而言，须视为对有关仲裁的各方当事人具有约束力；据此，任何此等人士均可在中国内地、香港、澳门及台湾地区进行的法律程序中援引该裁决作为抗辩、抵消或作其他用途。而在本章中，凡提述强制执行区际裁决之处，须解作包括提述援引该裁决。

第四十八条　【申请强制执行的文件】

（一）申请人向区域法院申请执行区际裁决的，应当提交以下文书：

1. 执行申请书；

2. 仲裁裁决书；

3. 仲裁协议。

（二）执行申请书的内容应当载明下列事项：

1. 申请人为自然人的情况下，该人的姓名、地址；申请人为法人或者其他组织的情况下，该法人或其他组织的名称、地址及法定代表人姓名；

2. 被申请人为自然人的情况下，该人的姓名、地址；被申请人为法人或者其他组织的情况下，该法人或其他组织的名称、地址及法定代表人姓名；

3. 申请人为法人或者其他组织的，应当提交企业注册登记的副本。申请人是外国籍法人或者其他组织的，应当提交相应的公证和认证材料；

4. 申请执行的理由与请求的内容，被申请人的财产所在地及财产状况。

执行申请书应当以中文文本提出，裁决书或者仲裁协议没有中文文本的，申请人应当提交正式证明的中文译本。

第四十九条　【拒绝执行的理由】

（一）只有在下列情况下才可拒绝执行区际仲裁裁决：

1. 经根据裁决被提出要求的当事一方请求，如果该当事一方向被要求执行裁决的主管法院提出证据证明：

（1）第七条所指的仲裁协议的当事一方欠缺行为能力，或根据当事各方所同意遵守的法律，或未订明有任何这种法律，则根据其准据法，上述协议是无效的；或

（2）未将有关指定仲裁员或仲裁程序的事情适当地通知依据裁决被提出要求的当事一方，或该方因其他理由未能陈述其案情；或

（3）裁决处理了不是提交仲裁的条款所考虑的或不是其范围以内的争议，或裁决包括有对提交仲裁以外的事项作出的决定，但如果对提交仲裁的事项所作出的决定与对未提交仲裁的事

项所作出的决定能分开的话，可以承认并执行包括有就提交仲裁的事项作决定的那一部分裁决；或

（4）仲裁庭的组成或仲裁程序与当事各方的协议不一致，或并无这种协议，则与仲裁所在国的法律不符；或

（5）裁决尚未对当事各方具有约束力，或作出裁决的行政区的法院，或根据其法律作出裁决的行政区的法院已将裁决撤销或中止；或

2. 如经法院认定：

（1）根据本行政区的法律，该争议的标的不能通过仲裁解决；或

（2）承认或执行该裁决与本行政区的公共政策相抵触。

（二）如已向本条第（一）款 1 项（5）目所指的法院申请撤销或中止裁决，被请求执行的法院如认为适当，可以暂停作出决定，而且如经要求承认或执行裁决的当事一方提出申请，还可以命令当事他方提供适当的担保。

第五十条 【区际裁决的委托强制执行】

（一）如区际裁决虽经某一区域法院强制执行，而该裁决并没有藉上述强制执行而完全履行，则在该裁决中尚未藉上述强制执行而完全履行的范围内，该裁决可由第一强制法院委托被执行人拥有或者可能拥有可执行财产的其他法域管辖法院根据本条强制执行。

（二）委托强制执行提交的法律文书

1. 当事人除应提交第四十八条所列强制执行申请必须文件，另应提交被执行人在需要被委托承认与强制执行之区域法院管辖范围内拥有或者可能拥有可执行财产的证据；

2. 委托法院应出具该委托裁决尚未强制履行完毕的执行标

的（即委托执行标的）证明文书。

（三）受委托法院得依本法域诉讼法并依本法第四十九条之条件进行审查，以决定是否需要予以强制执行。

（四）受委托法院如拒绝强制执行，该决定是否允许上诉，依拒绝地法决定。拒绝决定生效后，申请人可请求委托法院继续委托其他法域法院就区际裁决未履行完毕部分继续执行。

（五）受委托法院应于接受委托后六个月不变期限内就受委托执行裁决（或部分）完成委托执行程序，并将执行成果通过委托法院交付申请人。

（六）如受委托法院拒绝执行或仍未强制履行完毕，委托法院可就区际裁决中尚未执行完毕部分继续委托其他法域执行。但同一时期只能委托一个区域法院执行，而委托期间委托法院自身亦得中止强制执行程序，以避免对被执行人得重复执行。

（七）各法域法院得依本法域收费标准就受委托执行部分计收执行费用。

（八）如通过上述委托承认与执行程序，裁决仍未强制履行完毕，则由第一受案法院决定是否中（终）止执行程序。

主要参考书目

（一）中文书目

1. 韩德培主编：《国际私法新论》，武汉大学出版社 1997 年版。

2. 李双元等：《中国国际私法通论》，法律出版社 1996 年版。

3. 黄进主编：《国际私法》，法律出版社 1999 年版。

4. 黄进主编：《国际私法与国际商事仲裁》，武汉大学出版社 1994 年版。

5. 黄进、徐前权、宋连斌著：《仲裁法学》，中国政法大学出版社 1997 年版。

6. 河山、肖水著：《仲裁法概要》，中国法制出版社 1995 年版。

7. 杨荣新主编：《仲裁法理论与适用》，中国经济出版社 1998 年版。

8. 陈焕文著：《两岸商务纠纷及仲裁实务》，台湾永然出版社 1993 年版。

9. 赵秀文著：《香港仲裁制度》，河南人民出版社 1997 年版。

10. 杨贤坤、邓伟平、邢益强主编：《澳门特别行政区法律通览》，中山大学出版社 2004 年版。

11. 肖永平著：《中国仲裁法教程》，武汉大学出版社 1997 年版。

12. 陈焕文著：《国际仲裁法专论》，台湾永然出版社 1994 年版。

13. 谭兵主编：《中国仲裁制度研究》，法律出版社 1995 年版。

14. 李汉生、袁浩、徐劲等编：《仲裁法释论》，中国法制出版社 1995 年版。

15. 米健等著：《澳门法律》，中国友谊出版公司 1996 年版。

16. 国务院法制局研究室编：《重新组建仲裁机构手册》，中国法制出版社 1995 年版。

17. 杨良宜著：《国际商务仲裁》，中国政法大学出版社 1997 年版。

18. 韩健著：《现代国际商务仲裁法的理论与实践》，法律出版社 1993 年版。

19. 李玉泉主编：《国际民事诉讼与国际商务仲裁》，武汉大学出版社 1994 年版。

20. 姜宪明、李贵乾著：《中国仲裁法学》，东南大学出版社 1996 年版。

21. 苏庆、杨振山主编：《仲裁法及配套规定新释新解》，人民法院出版社 1999 年版。

22. 高菲著：《中国海事仲裁的理论与实践》，中国人民大学出版社 1998 年版。

23. 丁建忠编著：《外国仲裁法与实践》，中国对外经济贸易出版社 1992 年版。

24. 陈德钧、王生长主编：《涉外仲裁与法律》（第二辑），中国统计出版社 1994 年版。

25. 赵秉志、胡锦光主编：《香港法律制度》，中国人民公安大学出版社 1997 年版。

26. 赵秀文主编：《国际商事仲裁案例评析》，中国法制出版社 1999 年版。

27. 林俊益著：《国际商务仲裁》（一）（二），台湾长弘出版社。

28. 王志兴总编辑：《仲裁案例选辑》（一）（二）（三），中华商务仲裁协会出版。

29. 施米托夫著，赵秀文选译：《国际贸易法文选》，中国大百科全书出版社 1993 年版。

30. 中国国际商会仲裁研究所编:《典型国际经贸仲裁案例》,法律出版社 1999 年版。

31. 全国人大常委会法制工作委员会民法室、中国国际经济贸易仲裁委员会秘书局编著《中华人民共和国仲裁法全书》,法律出版社 1995 年版。

32. 肖蔚云主编:《澳门现行法律汇编》(第一、二、三辑),北京大学出版社 1998 年版。

33. 赵威主编:《国际仲裁法理论与实务》,中国政法大学出版社 1995 年版。

34. 单国军等编著:《中国仲裁实际务》,中国发展出版社 1998 年版。

35. 宋连斌著:《国际商事仲裁管辖权研究》,法律出版社 2000 年版。

36. 韩健著:《现代国际商事仲裁法的理论与实践》,法律出版社 1993 年版。

37. 韩德培著:《中国冲突法研究》,武汉大学出版社 1993 年版。

38. 肖永平著:《肖永平论冲突法》,武汉大学出版社 2002 年版。

39. [美] 汉斯·史密特主编:《国际合同》,中国社会科学出版社 1988 年版。

40. 若干期刊

(1)《中国国际私法与比较法年刊》

(2)《仲裁与法律通讯》

(3)《澳门政府公报》

(4)《澳门消费》

(5)《澳门日报》

(6)《澳门 1997》

(7)《仲裁工作通讯》

(8)《中国涉外仲裁年刊》

(9)《澳门法律学刊》

(二)外文部分

1. Ronald Bernstein, John Tackaberry, Arthur L. Marriott, Derek Wood,

Handbook of Arbitration Practice（1998）.

2. Christian Buhring-Uhle，Arbitration and Mediation in International Business（1996）.

3. A. J. van den Berg, ed. , Commentary on the UNCITRAL Model Law on International Commercial Arbitration（1990）.

4. N. Kaplan et al, Hong Kong and China Arbitration cases and Materials（1994）.

5. Mauro Rubino—Sammartano, International Arbitration Law and Practice

后　　记

　　2006年的"五一"国际劳动节对我来说既平凡又充实。我一向热衷黄金周旅游，但今次完全没有旅游的冲动。因为我满怀愉悦地迎接了两个新生命的诞生。三周前，感谢上苍的恩待，我的儿子詹迪诞生于中山二院，呱呱婴啼催人奋进，我加快了本书的写作计划，适逢黄金周，又给了我充裕的写作时间，终于在黄金周结束前完成了本书的初稿。本书系作者法学博士后研究课题，作者希望通过本书研究探讨一种解决中国区际商事争议的新模式——"中国区际商事仲裁制度"，建立一个处理"中国区际商事争议新机制——"中国区际商事仲裁中心"，催生一门新的学科——"中国区际商事仲裁法学"。

　　衷心感谢我的指导老师——中国社会科学院法学所陶正华教授。陶教授直接指导了我的选题、构思、资料与具体协助，特别是陶老师在美国访问期间仍对我的课题写作进度给予了及时的指导与关怀。师恩难忘，我辈绝非一个简单"谢"字所能表达。我辈惟殚精竭虑努力研究推进本书进步方能不辜负导师的培育之恩。

　　衷心感谢沈涓、刘楠来、王可菊教授的指导与支持。两年前，当我惴惴不安地向导师组陈述本书课题立项时，心里没有任何底气。是这些德高望重的教授给予了充分的肯定，特别是建议我及时将本书的观点形成论文先行发表，使我树立了完成本书的信心。

写作过程中我的博士生导师黄进教授、硕士导师余先予教授对我的课题研究也提出了宝贵意见，并且给予了必要的支持。我虽然毕业多年，但是两位导师的关怀始终如一，没有丝毫递减，一代国际私法学家的治学研究精神始终是我终身学习的典范。

我要对我的博士后导师中国社会科学院财贸所杨圣明教授表示特别的感谢。杨教授不仅对我应用经济学博士后（二站）的申报给予了积极支持，而且主动联系出版社，为本书的付梓提供了直接的帮助。

我要对我的同事们表示诚挚的谢意，我的助手周滨、周小康紧跟我的写作进度，进行实时的校对。我的律师同事余向辉、胡万龙放弃"五一"休假为我的书稿进行校对。这些同事的无私奉献，让我深切感受到了同行的温暖，在此我对他们一并表示感谢。

我一直对自己的家庭深感愧疚。为了保证课题的按时完成，作为丈夫、父亲及儿子多种角色，我对家庭亏欠太多。我的妻子在怀孕及生产期间，我沉浸在课题研究里，没有给予她应有的照顾。我的岳父，一名老政工以 65 岁的高龄除帮助我校对外，还帮我分担律师所的一些文字工作让我能够抽身进行课题研究，让我充满了感激与愧疚。家庭的支持让我无后顾之忧，保障了课题的充裕时间。

本书系基于我国一国两制、多法域的现实，以及仲裁制度克服司法独立障碍的特殊功能，并借鉴联合国《国际商事仲裁示范法》的权威效应所提出的构想，尽管构想不够成熟，但我仍期望它能为我国区际商事争议的有效解决提供一种可选择机制。构想缺陷在所难免，希望专家学者不吝斧正，帮助作者完善课题论证，以尽快实现课题理想。作者在此诚恳鞠躬！！！

2007 年 5 月 6 日审订于岭湖山庄